"女子颂"系列丛书

十字军东征时代的女性

[英]C.A.布劳斯(C.A.Bloss) 著
李菲 译

上海社会科学院出版社
SHANGHAI ACADEMY OF SOCIAL SCIENCES PRESS

前 言 | Forword

我很荣幸,也很乐意带领读者们穿过那深邃黢黑的历史隧道,去了解一段历史。在这里我要向你们,还有那些努力用自己的行动来体现自己优秀的人们说一说,以作为前言。

巴勒斯坦首都耶路撒冷是人类历史的重要舞台之一,无论是哲学家国王所罗门,还是他计划修建的华美圣殿,还有那象征着荣耀和耻辱的骷髅地①,都比世界上任何其他城市的名胜古迹更加有吸引力,也更加重要。

西罗马帝国灭亡后,多个民族陷入了精神上的漫漫长夜,而此时,耶路撒冷对人们思想的影响空前强大。伊斯兰教徒满怀着征服者的自豪感踏上这片废墟——非洲的隐士离开了故地,在橄榄山上悲泣——欧洲冒险家在圣山上给他的随员戴上了橄榄枝——身着粗布衣服的犹太人绝望地坐在沦陷的国门口。就连东方人也跟基督教教士们一样,对这个地方心驰神往,这里是最令人感到骄傲的艺术圣殿,这里的诗歌有着最庄重的主题。

对圣地发自内心的尊崇,再加上教会法令的推崇,人们便虔诚地向往着朝圣的征途。在救世主向弟子们传达追求和平信念的山谷里,人们开始检讨自己的过失,焦虑难安;变相之山上的盛景,都

---

① 骷髅地:据《圣经》记载,这里是耶稣被钉上十字架的地方。(译者注)

被写进了诗歌里;在耶稣受难的地方,人们都在忏悔,圣墓旁的守墓者们也都在忏悔。

11世纪初,基督教世界的各国普遍持有一种极端的思想。人们认为,天启的千年已经过去,在橄榄山上,圣子耶稣驾驶着云马车赶往天堂的地方,基督会复临。拉丁世界的每一个角落里,那些惊恐万分的基督徒们都抛家弃子,纷纷赶往圣地耶路撒冷——恐惧感加快了他们的脚步,好奇心激发了他们的热情。但巴勒斯坦的朝圣者们却遭遇了侮辱和暴行,在耶路撒冷,他们遭到了崇拜偶像的教徒们和伊斯兰教徒们的奚落和嘲讽。

为了让这些圣殿不再受穿拖鞋的异教徒们的污染,也为了给耶稣基督准备一个干净的休息之所,基督复临的想法鼓舞了当时的将士们,让他们举起十字旗,向异教徒们开战。

十字军东征就这么开始了,他们是怀着宗教热情的军人,来自欧洲各国,从巴尔的摩海岸到直布罗陀海峡沿岸,从多瑙河沿岸到比斯开湾,为了同一个目的,朝亚洲的平原区进发,这些人既包括狂热的宗教信徒,也包括将士和探险家。近两个世纪,基督教世界里最强悍、最优秀的将士们都在这无益的战争中丧命了,据统计,为这场残酷的战争耗费财力物力并牺牲的人数不少于六百万。

从历史角度而言,十字军东征是非常重要的事件,而且也影响了参与各国的政治局势,而从社会学角度来看,这也影响了后代的幸福生活,他们承受了战争造成的苦难;对学者而言,这开启了一个新时代,天才只能对着过去的废墟做无限的沉思,并像凤凰涅槃一样,从阿拉伯半岛的废墟中升起,在基督教的明亮光线之中翱翔,翅膀羽毛上的露珠滴落在北方的蛮夷之地上。现在,普通读者认为,自己对十字军东征的历史了解太少了,所以一旦谈及相关的话题,就说不清楚,而且总认为有某些应该了解的地方没有完全弄明白，这种感觉很痛苦。

为了在一定程度上弥补我们所熟悉的历史记载无法避免的缺陷，也让十字军东征的这段历史更有趣，本书用故事的形式来记载这段历史，这些女性们的传记都是经过精心挑选并整理成文的，她们的故事被写进了当时的民歌之中，鼓舞了将士，还有的女性亲自"举起了十字旗"，参加了东征。

这一段历史始于征服者威廉征服英格兰，取得胜利成功返回诺曼底时。他无疑是当时最伟大的统治者，对于他的孩子们的年龄排序，史学界各有各的说法，而我也是按照本书的目的对他们的长幼排序进行了处理，在本书中，与哈罗德订婚的西塞莉是征服者威廉的长女；埃德温的新娘阿加莎是次女，还有第一次十字军东征时代的女性阿德拉，本书记载了其野心勃勃的个性特征。

在本书中，根据撒克逊人的性格和迷信，以及对"传说"的挚爱，我将年轻时的莫德更加具体化。而成年之后的她则像你们都喜欢的老师一样坚持原则，孝顺长辈，对信仰虔诚。

还有异教徒哈德利格，对于介绍建设贝特修道院的计划，以及朝圣的原因和特点，他非常关键。他很可能是阿萨辛派的真正领袖，因为阿萨辛派在黎巴嫩山建立了自己的根据地，而且他们坚定的信念中也包含了《新约》中所述的那个时代的一些教义。

阿基坦的埃莉诺成年后的生活，从某种程度上而言弥补了青少年时期的愚蠢。阿格尼斯·斯格里特兰[①]曾引经据典地证明，美丽的罗莎蒙德最后在修道院里度过了 19 年，死时被奉为圣人。我是为了营造更感人的悲伤效果才说她在"如花一般的年轻时候"就死去的，相信读者能够理解。本书中的那些歌谣都不是我写的，

[①] 阿格尼斯·斯格里特兰(1796—1874)：英国历史题材作家、诗人。（译者注）

有些是在古老的作品中找到的,还有一首是从以往的小说家写的传奇故事中找到的。

贝伦加利亚故事中的比赛和与狮子的比拼,我也是引用了某些真实的史料记载,但我真的不敢确定,理查真的就从狮子的咽喉底部掏出了狮子的心脏,因为当时的"生理卫生学"并没有确定动物内脏器官的位置。

我很遗憾,没有让琼安的故事成为护身符中的伊迪斯那么有趣,但这显然并不重要——首先,因为我没有司各特那样的天赋;其次,本书的内容都是严格按照史实来进行的。想要跟尊贵的金雀花家族联姻的,是萨法丁而不是萨拉丁,我发现,让他和一位想去东方寻宝的虚拟女士联姻是很方便的。米什莱也支持我的这个决定,并称,当时是着重强调女性作用的时代,而且,在伊斯兰教地区,多年来都由一位女性掌控国家大局。

布朗德尔,这个人是否真的存在过还有很多疑点未解,但我认为,这是一个相当真实的角色,他"尽职尽责"地"演好了自己的角色"。

如果不是受篇幅所限,关于维奥兰特孙子手中的戒指,也就是引起西西里晚祷悲剧的导火索应该有更多的详述。出于同样的理由,在本书中,我只能顺便提一下圭尔夫派和保皇派之间的冲突,法兰西和英格兰的内战,对抗阿比尔教派的十字军,以及圣多明我宗教裁判所的建立,为了追求异端邪说,他穿过了法国朗格多克的多座山岭谷地,并将那些敢于拥护个人判断的勇士们处死。

伊娃是本书中唯一一个也是相当重要的虚拟角色,她是参照谁而捏造出来的,你们很容易就能看出来。在《圣战》这部作品中,富勒对埃莉诺拉从爱德华的伤口吸出毒液这个传说提出了质疑,但却说,"想要否认这一传说,也找不出证据",我也坦白,我不敢冒这个险提出什么质疑。

本书的出版发行，我要感谢罗彻斯特大学的工作人员，由于他们考虑周到，我才得以进入该校，查阅那些早期的作家们并未发表的多部作品，并摘录了其中的很多资料。

最后，我只能说，经过万般努力，我终于通过这一系列有趣的故事，向你们展现了一段真实的历史。我很自信，本书中提到的事件和史实都是真实的，至于是否有趣，我并不能那么自信地肯定；但如果本书中的这些女性确实引起了你们对历史的好奇心和探索欲，那我就会很欣慰，因为她们"获得了回报"。

1852年11月30日于克罗沃街

目 录 | Contents

布洛瓦的阿德拉 …………………………………… 1

阿基坦的埃莉诺 …………………………………… 109

纳瓦拉的贝伦加利亚 ……………………………… 193

昂古莱姆的伊莎贝拉 ……………………………… 275

耶路撒冷的维奥兰特 ……………………………… 303

卡斯蒂利亚的埃莉诺拉 …………………………… 337

布洛瓦的阿德拉

第1章

1067 年 3 月 20 日夜，
在悬崖上高举起手中的火炬，
让火炬的光芒照亮我们的战场。
战火暂停的时候朝敌人大喊，
告诉他们：胜利一定属于我们！

马杜的博特伦

一整晚，玛蒂尔达夫人[①]和她的孩子们，一直都衣着整齐地跪在古老的费斯盖普修道院的圣坛前。

晨曦初现，夜色在慢慢消散，夫人和孩子们还跪在那里，焦急地等待着，等着威廉一世的战船舰队洁白的风帆出现。但是直到现在都没有船只现身，英吉利海峡夜幕沉沉，海风凛冽，他们对未来的希望，像风浪一样，在午夜的海上颠簸漂浮，他们虔诚地祷告，希望主宰国家命运的神灵能听到。黑斯廷斯（英格兰东萨塞克斯郡港市；威廉一世击败哈罗德二世的战场）的战役，威廉一世取得

[①] 玛蒂尔达夫人：英格兰的众多王后之中，没有谁比这位王后的血统更加高贵的了。她的父亲是弗兰德斯伯爵鲍德温五世，她的母亲阿德莱德是之前的法国国王罗贝尔二世之女，也是当时法国国王亨利一世的妹妹，而且她跟德国皇帝是近亲，跟欧洲大部分王室都有血缘关系。(Queens of England, 24)

了胜利,英格兰国王哈罗德被处死了,英格兰被诺曼人征服了,征服者威廉的战舰队满载着诺曼的骑士精神之花,正迅速赶往诺曼海岸,后面还跟着那些因失去国土而悲伤难过的英格兰的撒克逊旧贵族。

益格鲁-撒克逊的风暴主神沃登对维京人的后裔(诺曼人)——撒克逊族的毁灭者感到非常恼怒吗?战争和雷之神托尔有没有警告过骄傲的征服者威廉,尽管英格兰的河流溪谷已经被英勇的撒克逊儿女们的血液染红了,但英格兰的心脏仍然会因自由的脉搏而跳动着?① 柔和的信仰之光是否照亮了那沉沉的黑夜?整晚暴风肆掠之后,清晨时分,英吉利海峡是否恢复了平静,灿烂的阳光是否照到了那些乘风破浪的战船上,船后的浪花是否也闪耀着太阳的光芒呢?

清晨,征服者威廉乘坐的穆拉号②,在一支庞大的护航队保护下,终于出现了。钟声响起,清脆响亮,玛蒂尔达正组织唱诗班念诵感谢辞和赞扬辞,小阿德拉却偷偷溜出去,独自穿过了黑漆漆的过道,去了教堂门口,好奇而兴奋地盯着眼前的这一幕。

庄严而神圣的祷告仪式结束了,玛蒂尔达率唱诗班离开了教堂,被一群贵族男女簇拥着,来到海边。征服者威廉的大船,借着

---

① 沃登和托尔:北欧神话中两位重要的神明。古撒克逊人尊沃登为战争之神,而德国人尊托尔为雷神。
② 穆拉号:威廉一世的船停靠在不列颠岛附近的海港里,正等着有合适的风将船送到不列颠岛时,他的妻子乘坐一艘名叫"穆拉号"的战舰抵达了海港,威廉惊讶不已,这艘船是在他不知道的情况下建造的,而且也是以最符合王室的奢华风格装饰的。当时,他们的小儿子威廉的铜像就被安置在船头,铜像面朝英格兰的方向,一只手将一面鼓举到了唇边,另一只手则握着一把上了箭的弓,箭的方向也直指英格兰。(*Queens of England*,40 页)

一股清风，驶进了海港之中。王室的孩子们①等得不耐烦了，大船一驶进海港，他们就急切地跑下了绿色的海堤，去了海边，拥到船上。"现在，我的亲人们，"慷慨激昂的威廉一世说，"我们每一个人，在这里扔三颗石子，谁击中渔夫们的浮标两次，谁就来统治英格兰这片美丽的土地。"他一边说一边捡起一块石头，正准备朝自己既定的目标扔过去时，阿德拉好玩似地抓住了他的手臂。石头掉进了海水里，溅到了军人们穿着的短斗篷上，溅到了女士们绣着花的外衣上。见此情景，大家都笑了起来，威廉举起手来，正准备打她，阿德拉早就料到他会这样，急忙从他身边跑开，躲到了理查身侧，理查一边用手护着她，一边说："罗贝尔，将那个浮标当成一个撒克逊公爵，勇敢地攻击。我放弃统治这个被征服的国度。"

"让我的兄弟理查带上拉丁裤文书和铃铛去漫游吧，"罗贝尔说着，捡起一块光滑的石头，正准备扔时，威廉就已经扔出去了一块石头，并且精准地击中了目标浮标，浮标沉入了水中，一会儿后才再次浮上来。罗贝尔轻蔑地瞥了他一眼，也扔出了石头，石头却掉进了浮标后的海水里。"英格兰是我的啦！"威廉喊道，再次用石头击中了那个浮标，"英格兰是我的啦！"他重复道，同时还指着穆拉号船头自己塑像手中的撒克逊旗帜。罗贝尔露出了轻蔑的微笑，他的母亲也微微一笑。

现在，所有的目光都投向了那艘趾高气扬地驶进港口的豪华船只，欢呼雀跃的人们挥舞着各色旗帜，船只桅杆上的各种长旗、

---

① 王室的孩子们：玛蒂尔达和征服者威廉的孩子有后来成为诺曼底公爵的罗贝尔，年纪轻轻便过世了的理查，后来先后当了英格兰国王的威廉和亨利，西塞莉、阿加莎、阿德拉、康斯坦丝、阿德莱德和岗德丽德。这几位的年龄排序，大家的看法不一，但都认为罗贝尔是长子，亨利是幼子，西塞莉是长女，岗德丽德是幼女。（参见 Queens of England, 33—82 页）

彩旗、旌旗，都在清晨的微风中飘扬。

聚集的人群中突然有人兴奋地喊道："征服者威廉陛下①万岁！我们善良的诺曼公爵万岁！"这欢呼声和着隆隆的鼓声和叮叮当当的钟声，响彻海滩，在这欢呼声中，胜利的国王威廉登陆了。威廉亲切地接受了欢呼雀跃的臣民们的庆贺，拥着他深爱的妻子和孩子们，转过身来，对跟在他身后的撒克逊贵族们说：

"王子埃德加·阿瑟林②的血脉中，也流淌着我妻子玛蒂尔达先人阿尔弗雷德大帝的血液，因此，她会欢迎埃德加王子的到来。莫卡伯爵和埃德温伯爵，尊贵的瓦尔塞奥夫和他美丽的女儿莫德，也是我们王庭的客人，我们决不能亏待了他们。"

玛蒂尔达迎接客人们，她举止得体，透着贵族的优雅端庄，客人们却很踟蹰，小阿德拉已经习惯于见到那些一身戎装的爵士，及他们所率领的将士们，因此她很快就被瓦尔塞奥夫伯爵身旁那个害怕得浑身发抖的害羞的女孩吸引住了。其他人也都被那个可爱的陌生女孩吸引住了。一件漂亮的黄色羊毛长裙层层叠叠地垂到她脚边，外面罩着紫色的长袍，上身着一件紧身上衣，用一条精致的腰带束好，更凸显出小女孩娇小的身姿。深红色的头巾上点缀着珍珠网，束着她棕褐色的长发，在阳光下闪着光芒，映衬着她洁白如玉的脖颈，非常美好。她紫罗兰色的眼眸温柔地看着阿德拉，

---

① 征服者威廉的母亲出身低微，但他并不以此为耻，而且跟其他兄弟们的关系也很不错，将他们都纳入了自己的势力范围之内。起初，他要说服那些鄙视自己的贵族加入自己的阵营是很困难的。他身材威武雄壮，秃头，非常勇敢、贪婪，也很狡诈，根据当时的观念，就是奸险。（Michelet, *History of France*, 193 页）

② 埃德加·阿瑟林："刚勇王"埃德蒙之子爱德华为了躲避残暴的丹麦王克努特，逃往匈牙利避难，在那里，他迎娶了匈牙利皇帝亨利二世之女阿加莎。她给他生了三个孩子：埃德加·阿瑟林、后来的苏格兰王后玛格丽特，还有一位克里斯蒂娜，后来进入了修道院，成了修女。（*Hume*, 115 页）

脸颊上浅浅的红晕转成了粉红色,活泼的阿德拉轻轻地挽起她的手,带她到了王后玛蒂尔达夫人身旁,玛蒂尔达则给了这位小客人一个吻以示欢迎。

第2章

但是,被流放的人真的倾心于流放地的明媚阳光吗?

一系列的盛大游行和骑士活动等待着威廉一世以及与他同行的贵族们和人质们,他们一起穿过诺曼底的城市和村镇。

罗贝尔已经披好了骑士装,戴上了银制的坠饰,高举坚韧的长矛,牵着马车;年轻的莫卡和埃德温伯爵以及埃德加王子跟在后面,而胸怀抱负的威廉王子,跟随父亲的一支优秀的弓箭手队伍,练习射击那些欢快的鸟儿,这种箭术他随后就练习得出神入化了。

阿德拉靠近了温顺可人的莫德,用很稚气的方法试图逗乐这位难过的撒克逊女孩。国王及其傲慢自大的部下利用圆滑的智慧,并不那么成功地哄骗着被俘虏的瓦尔塞奥夫。被俘的人们就这样强颜欢笑地跟着高兴的民众往前走。他们就这样沉默地坐在欢笑一片的厅堂里,吃着简单的斋饭①,而其他人则在享受盛宴,

---

① 他们吃着简单的斋饭:他(征服者威廉)热心又慈悲地抚慰英格兰民众,他认为可以安心地重游祖国,并接受臣民们的欢欣道贺。他将政务留给了自己同母异父的兄弟巴约主教奥多和威廉·菲茨·奥斯本。考虑到他们摄政可能比较安全。他带上了所有重要的英格兰贵族们,虽然这些贵族及其随从们在他的王廷中扮演着重要的角色,但实际上,他们却成了表现国家忠心的人质。这些贵族包括埃德加·阿瑟林、大主教斯蒂甘德、埃德温和莫卡伯爵、西沃德伯爵的儿子瓦尔塞奥夫,还有其他显贵家族的儿女们,以及身份高贵、教职高的宗教人士。他在费斯盖普教堂待过一段时间,法国国王的叔叔鲁道夫和其他贵族们、王子们都来见过他, （转下页）

他们回想起的都是痛苦辛酸,而其他人则兴高采烈,他们就是这样在思念英格兰。

在法国巴约王宫内,征服者威廉的后廷里,人们都在为日常生活忙碌着。在玛蒂尔达的监督下,手巧的女孩们都在沉默地工作着,她们在加工祭祀英格兰旗帜坠落的挂毯①。

"将你手头的活儿都留给这些女仆和手巧的工匠吧,你跟我来,"威廉一世说着,走了过来,将王后玛蒂尔达带到了窗口,"看一下外面热闹的场面,应该说,这是你和我的荣耀。"

聚会持续了很久,骑士比武场里,年轻的王子们召唤来女孩子们,观看他们的比赛,布列塔尼山头上,太阳已经躲到了山上的云朵后,野心勃勃的政治家已经完成了所有计划,将忏悔者爱德华的王冠顺利转交到了诺曼一脉。威廉有点儿担心瓦尔塞奥夫严肃的个性,却很喜欢瓦尔塞奥夫的妻子,也就是他的侄女朱迪丝·多梅尔。他一点儿也不害怕埃德加·阿瑟林。埃德加·阿瑟林还只是

(接上页)并跟他结成了同盟,他们都想要分享胜利的喜悦和利益。他的英格兰臣子们,为了巴结讨好他,开展了各种游乐活动和比赛;其奢侈程度令外国人都感到震惊。当时的一位诺曼史学家——波克提尔的威廉,很崇拜地谈到了他们华丽的装饰、银盘的做工,以及价格昂贵的装饰品(英格兰擅长这门技艺),他以这种方式表达了他对人民的富裕和教养的赞扬。虽然看上去一派喜庆,威廉一世对待自己的新臣民也很和善仁慈,但诺曼人的傲慢无礼也是无法完全忽略的,英格兰贵族们在这些游乐和比赛中一点儿也体会不到快乐,他们认为,在这场胜利中,他们是被虚伪的征服者带领着。(*Hume*,第1卷,184页)

① 著名的巴约挂毯:更著名的名称是诺曼公爵的装饰,是一块宽度十九英寸,长度六十七码的帆布,上面绣着纪念诺曼底的威廉征服英格兰这段历史的图案,这段历史自哈罗德拜访诺曼王廷开始,终结于1066年哈罗德在黑斯廷斯战役中的死亡。这一动乱时期的主要事件,如忏悔者爱德华之死,哈罗德在威斯敏斯特教堂的加冕礼,都在这幅绣品上清楚地展示出来,而且针脚匀称,一点儿也不乱。图案包括成百上千的将士、战马、鸟、野兽、树、房屋、城堡、教堂,颜色各异,还配有相应的文字阐述图案对应的事件。图案的设计者是一位名叫杜洛德的侏儒艺术家,绣品的图案和颜色都是由他描绘的。(*Queens of England*,第1卷,54页)

个寄住在外国王廷里的孩子,一点儿也不懂撒克逊族的语言和礼节,而且不愿意去争夺不适合自己年龄的尊贵待遇,也没能力这样做。埃德加现在跟罗贝尔关系很密切,也很听罗贝尔的话。

不过莫卡和埃德温更有野心。已故国王的同族们,只要有一点儿不满,就去激怒以击败麦克佩斯而著名的西沃德伯爵的朋友们。诺福克、伊利、亨廷顿和诺森比亚的乡绅们,扩张到了苏格兰边境。麦西亚勇士则跟令人闻风丧胆的威尔士人联合了起来。

"亲爱的,黑斯廷斯的胜仗,"威廉一世露出一如既往温柔的微笑,"并没有在英格兰确立和平统治的基础,靠勇气在战争中取胜之后,国家的安定还要靠明智的政策。我认为,我们亲爱的西塞莉应该用爱束缚住强悍的埃德温,我们应该把西塞莉嫁给他,这比不情不愿地俯首称臣和空洞的誓言更加有效。"

"西塞莉,哈罗德的未婚妻!①"玛蒂尔达叫道,"你们胜利的捷报跟哈罗德的死讯是一起来的,你没看到西塞莉多么悲伤!你可不能跟她提爱情!""真是天真!"威廉不耐烦地吼道,"愉快的歌声会让她不再悲伤流泪的,她必须当撒克逊人的新娘!"

"这不可能!"玛蒂尔达反驳道,"以圣母玛利亚的名义起誓,你们安全归来确实让我从心底里觉得高兴,但我还承担着这样的责任,把这位心碎的姑娘托付给一个合适的、正派的人。苏格兰的坎特伯雷主教兰弗朗克已经准许了。"

威廉在房间里急得团团转,因为恼怒和失望胡乱地系着斗篷,然后又扯掉。

---

① 西塞莉是哈罗德的未婚妻。毫不讲信用的撒克逊公爵哈罗德,罔顾与诺曼公主西塞莉的婚约,在忏悔者爱德华死前,迎娶了莫卡伯爵和埃德温伯爵的妹妹、威尔士王子格里菲斯的遗孀埃尔德古斯,这让威廉很生气。威廉责备哈罗德的时候,总会提到这件事,总是抱怨哈罗德,而恼怒不已的公爵却认为,威廉的责备就像是他篡夺了英格兰王位一样。(*Queens of England*,第 1 卷,35 页)

玛蒂尔达将手轻轻搭上他的手臂，安抚他说："阿加莎比西塞莉更漂亮——阿德拉这孩子早熟，虽然还只是个孩子，但却能够理解你的所有计划。"

"别跟我提阿德拉，她满肚子的计谋，跟我的弟弟奥多不相上下，得把她嫁给一个容忍她野心的男人，她想嫁的无外乎国王或君主。"

"阿加莎很有爱心。"玛蒂尔达说。

"你说得对，你们女人都是用心去衡量别人的。阿加莎应该在埃德温离开这儿之前跟他订婚。"

因此，就这样确定了。新任的王后成了格洛斯特的新领主，而将前任领主，也就是她昔日的情人终身囚禁了。① 美丽的莫德因父亲还算忠诚而没有遭到惩罚，之后，只要有合适的机会，她便可以让征服者和某位心怀不满的贵族联合起来。其他的人质和他们的财产都用相似的手段处理了，黑沉沉的夜色偷偷潜入了那黑乎乎的宫殿，就像是新任国王在贪婪和野心的祭坛上放的祭品一样。

订婚仪式在第二天晚上举行。宾客们身着华丽的服装，戴着珍贵的珠宝，灯光摇曳，乐声动听，比平常的节日庆典还要热闹，莫德的眼里只有埃德温，埃德温却握着小公主阿加莎的手，毫不犹豫地说："我只倾心于你，只属于你。"莫德的嘴唇和脸颊都变得苍白了，伤心欲绝。

大家纷纷送上贺礼和祝福，埃德温送给他的新娘一个小银制徽章，很高兴地说："这个将保护你，免得被别人再求爱。"威廉一世的脸上露出胜利的表情，似乎在告诉玛蒂尔达，埃德温赢得了美人的心。

---

① 将她昔日的情人终身囚禁了：根据 1086 年的土地志《末日审判书》，撒克逊领主阿尔加之子布利斯里克应该在忏悔者爱德华统治时拥有文中提到的这块封地，但他冒犯了弗兰德斯伯爵鲍德温之女玛蒂尔达，在她与诺曼公爵威廉结婚前，布利斯里克自己拒绝了与她的婚事。威廉征服英格兰时夺去了布利斯里克的领地，赐给了王后玛蒂尔达，以作为报复。（Ellis, *History of Thornbury Castle*）

第3章

噢！一切都是新鲜的，一切都是美好的，
一想到心里冒出的新奇想法，就令人欢欣
这些想法多姿多彩，照亮了未知的世界。

汉娜·莫尔

年轻的埃德温有着优雅和高贵的气质，深得征服者威廉赏识，春末夏初时，由于跟征服者威廉成功结盟，将很荣耀地回到失而复得的封地。

阿加莎因为他将要离开而泪流满面，但莫德却没有流泪，她所有外在的情绪都被埋葬在毫无希望的爱的坟墓里，那之后，她美丽的洁白无瑕的面容，看起来就像存放圣物的象牙神龛，再没有了任何神情，每一天都影响着她周围那些烦躁的情绪。

在莫德的影响下，征服者威廉那些调皮捣蛋、自私自利的孩子们变得冷静成熟了。过去，在漫长的黑夜里，她会跟那些孩子们聚在一起，给他们讲可怕的维京海盗①的故事，孩子们吓得连呼吸都

---

① 可怕的维京海盗：诺曼人或丹麦人中的海上之王；毕生都在海上抢掠冒险的海盗首领。斯堪的纳维亚国王和贵族们年幼的儿子们没有任何家族财物，只拥有幼年时便非常熟悉的海洋，他们周围也只有跟他们一样穷困潦倒的出身低微的年轻人。在英格兰和苏格兰，这样的人被称为"丹麦人"，但在欧洲大陆则被称为"诺曼人"，起初，这些人只在海岸附近活动，后来逐渐深入内陆地区，并在内陆定居。（参见 *Encyclopedia*）

不敢用力，他们跟随故事中的海盗，去未知的海域里闯荡，或跟海盗们一起将哭号不止的俘虏们囚禁在冰天雪地的北方，或让那些俘虏赤裸着身体在荒无人烟的海滩上忍受刺骨的寒风，瑟瑟发抖，只能期待曙光女神的光芒普照大地。

莫德还给孩子们讲伯利恒的圣婴的故事——诞生在马槽——天使们是这样预言的，他受到东方贤人们的尊崇，他是一位向众人传达欢乐和安逸的圣人，在朱迪亚地区葱翠的河谷一带传道——耶稣光脚趟过加利利海①，湖水清澈，爬上他泊山，穿着白色的长袍站在山顶，就像是照亮山顶的阳光一样明亮；耶稣在客西马尼②被捕，为了拯救一个陷于苦难中的民族，而在骷髅山③被钉上了十字架，莫德的嗓音温柔动听，让孩子们对救世主耶稣的生平产生了极大的兴趣，此前教堂里的圣像和圣物都没能激发出他们如此浓厚的兴趣。

不过，罗贝尔和阿德拉最感兴趣的还是包头巾的异教徒的故事。长长的商队穿过绿洲和反射着太阳的金光的沙漠——眉毛浓密的撒拉森人④带着长矛和弯刀，骑着阿拉伯战马，像沙尘暴一样飞驰而过——从柯瑟荒野驰骋而来的可怕的突厥人，速度比猎豹还要迅猛，比夜晚的狼群还要凶残——皮肤黝黑的努比亚人就像圣地里滋生的蝗虫——疲惫的朝圣者遭到了蹂躏和屠杀，基督教教徒们成了伊斯兰恶徒的口中之肉，这类故事总能引起罗贝尔和

---

① 虽名为海，但其实是一个内陆湖，在《旧约》中记作金奈勒特，本文按《新约》所记的名字，也是如今的名字，该湖周围地区气候良好，地势平坦，土肥水丰，自古就是各族人民繁衍之地。（译者注）
② 基督在这里被犹大出卖。（译者注）
③ 靠近耶路撒冷的一座山，根据《圣经》记载，耶稣正是在此地被钉上十字架，三天后死而复生。（译者注）
④ 撒拉森人（Saracens）：广义上指中世纪的所有阿拉伯人，大部分信仰伊斯兰教。（译者注）

阿德拉的强烈好奇心,他们总是嚷嚷着要复仇。

一次,听完一个故事之后,罗贝尔很坚决地站起来喊道:"神父们说,我的祖父老罗贝尔是被恶魔杀死而去了天堂的,愿圣斯蒂芬保佑,如果去了圣地耶路撒冷,我不会去那里朝圣,而是会带着刀剑和长矛,将那些可恶的坏蛋赶到地狱里去。"

"这是一项神圣的职责,"理查说,"圣徒们会保佑你的。"

"我要是个骑士就好了,女人要是能让异教徒们放下武器就好了,"阿德拉喊道,"那些可恶的异教徒们就不会杀基督徒了。真为诺曼底的贵族们感到羞耻,耶稣的圣墓都落到了异教徒手里,他们还沉默地待在法国鲁昂。"

"父亲跟兰弗朗克大主教讨论之后,诺曼底的贵族们才会有所行动,"小威廉说,"昨晚一艘小船靠了港,一位信使飞速跑进了王宫。我没跟他说上话,不过我知道,他带来了菲茨·奥斯本和我们的叔叔奥多的消息。休·德·格拉威尔认为,英格兰有叛徒。"

"母亲今天让女仆们退下的时候比平常早了一个小时,信使将木堡垒的图纸送给她看的时候,她只是皱了皱眉头,就把他打发走了,"西塞莉说着,叹了口气,"我担心会有什么不好的事情发生。"

"愿上帝保佑,无论将发生什么事,都不会殃及埃德温。"阿加莎很紧张,咬着嘴唇说道。

"愿上帝保佑,这混乱要一直持续到父亲将王廷迁到伦敦为止,"小威廉说着,从他们休息的长满青苔的河岸边起身,大家的焦虑情绪逐渐转换成了欢快,他们朝着餐厅走去,餐厅里,晚餐已经都准备好了。

大家沉默着吃过晚餐,莫德带着不断流泪的阿加莎到了自己的寝殿,掀开了祷告室的帘子,跟她一起站在圣坛前,圣坛上盖着一块色彩艳丽的刺绣花布,还摆放着一个金色的十字架,十字架前燃着一盏银灯,墙上的壁龛里,有一尊雪花石膏制成的圣母像。

"诺曼人威廉的女儿阿加莎,"莫德说着,握住阿加莎的双手,在圣坛前跪了下来,"在神圣的十字架面前,以及我们的圣母玛利亚面前,请跟我说实话,你确实爱着撒克逊的埃德温吗?"阿加莎低声却坚定地说:"我爱撒克逊的埃德温。"

"星星是不变的信仰的象征,请看向空中的星星,请跟我说实话,无论幸福还是难过时,你都会像守护天使伏尔加①一样守护埃德温吗?"阿加莎回答:"无论是幸福还是灾祸,我都会守护埃德温。"

"请把你的手放在这个神龛上,"莫德说着,揭开紫色的桌布,露出一个镶嵌着珠宝的小盒子,"请跟我说实话,尽管父母、兄弟、朋友和神父反对,你也会对埃德温不离不弃,一直遵守这个诺言吗?"阿加莎回答,"我会遵守今天的诺言,一直跟埃德温在一起的。""有圣母玛利亚、不眠的星星和这个圣约翰的圣像作见证,愿你能遵守这个诺言,阿门。"阿加莎也很庄严地回复道:"阿门。"

这天晚上,宽容大量的莫德用一根针绣了一个撒克逊神明像,作为订婚礼物送给了阿加莎,让她戴在胸前,以保护埃德温免遭危险、袭击乃至死亡!得到信任的阿加莎一直沉默着守在她身旁,宫殿外的院子里响起了马蹄声,全身戎装的将士们正忙着为离开做准备。

---

① 丹麦人很相信守护天使伏尔加。他们还有相应的名为莫斯沃莎的女祭司,也就是为死者祈祷的人。

第4章

> 她温柔的心因这残酷的话而震颤不已
> 全身骤然变得冰冷,
> 她感觉非常惊恐,
> 她如垂死前一般痉挛,
> 然后痛苦地倒了下去。
>
> 斯宾塞,《仙后》
>
> 福无双至,祸不单行。
>
> 莎士比亚,《哈姆雷特》

小威廉王子的推测一点儿也不错。诺曼底的贵族们再次应征入伍,加入了征服者威廉的阵营,第二年春天,整个王廷便搬到了温彻斯特。

玛蒂尔达的王后加冕礼是英格兰史上最为壮观的一次盛典,外国的王公贵族们纷纷来观礼,一大群诺曼底贵族将她送到教堂,还有一支盎格鲁-撒克逊的护卫,阿加莎在这群护卫中看到了埃德温,他英俊潇洒,看起来格外地与众不同,他的服装近乎东方风格,他引领着新王后和她装扮一新的孩子们去王宫参加盛宴,这场盛宴也宣告着庆典的结束。

狂欢的盛典之后,发生了一系列令人悲伤难过的事。1069年至1070年，英格兰发生的灾难让王后与贵族女性们再次去诺曼底避难。瓦尔塞奥夫伯爵的叛乱、丹麦人的入侵、埃德加·阿瑟林的逃跑①、苏格兰国王马尔科姆挑起的战争、约克城被毁、约克城慈善仁爱的大主教阿尔雷德之死、诺森伯兰郡的废墟、汉普郡土地荒废②、私有财产充公，这些事件导致大批人变成了无家可归的流浪者，他们为此哭喊抱怨，人们的希望破灭了，这造成了一场前所未有的灾难，与此同时，丹麦税赋③的重新征收，以及更令人讨厌的宵禁令的颁布④，让恼火的民众陷入了绝望之中，他们纷纷奋起反抗，各地爆发了各种起义和叛乱。

国王也因此恼怒不已，于是，完全疏远了他的撒克逊臣民们；埃德温伯爵求娶阿加莎，这个请求遭到了谴责和蔑视。

同时，诺曼王廷的贵妇们，不只是玛蒂尔达，都感到悲伤，因为她们的丈夫不在身边。随着时光流逝，抱怨取代了悲伤和不满，英

---

① 埃德加·阿瑟林害怕威廉一世的阴险，跟两位姐妹玛格丽特和克里斯蒂娜一起逃到了苏格兰。他们受到了苏格兰国王马尔科姆三世的热情接待，很快，国王就迎娶了更年长的玛格丽特。(Hume, *History of England*, 第1卷)

② 汉普郡土地荒废：国王威廉跟其他诺曼贵族和古撒克逊人都很喜欢狩猎这种活动。然而，这项娱乐活动都是靠着臣民们的资助才能进行，他总是无视臣民们的利益，但是税收减少了，他就会很恼怒。历任国王在英格兰各地都拥有大量的森林用于狩猎，他却还不满足，于是决定在自己的常住地温彻斯特开辟一片新的林地。为此他在汉普郡划了一块长三十英里的地，将当地居民驱逐出去，甚至夺走了他们的财产，摧毁了当地的教堂和修道院，任由这块地荒废，而且，当地居民的损失，他也不予赔偿。与此同时，他还颁布了新的法规，禁止所有臣民们去他划定的任何狩猎地打猎，违反这一禁令者所缴纳的罚金比以往违背类似的禁令需要缴纳的罚金都要多得多。如有其他猎人杀死了国王专属狩猎地里的一只鹿、熊或兔子，那么该猎人就要被挖去双眼；而当时，即便是杀死了一个人，也只要缴纳一笔罚金就足以免罪了。(*History of England*, 第1卷, 214页)

③ 中世纪时为筹措抗丹麦的军费或向丹麦进贡而征收的一种年度税，后作为土地税沿袭下来，本文用的原词是 Danegelt, 又称 Danegeld。（译者注）

④ 丹麦税赋的重新征收，以及更令人讨厌的宵禁令的颁布：为了阻止人们在夜间活动时聚会，诉说彼此的苦楚，并结成同盟反叛，于是颁布了宵禁令，规定每晚八点敲响晚钟后，民居中不得有灯光和火光，并据此称作"宵禁"。(*Queens of England*, 第1卷, 57页)

格兰的混乱需要诺曼人不断用武力干预才能平息。

征服者威廉突然率军赶到法国卡昂，这令大家感到开心，不过他的家人却并不怎么高兴。

公主们全神贯注地听莫德讲述一位北方贵族青年的爱情故事：每天晚上，月亮高挂在夜空中时，贵族青年就将自己的远洋豪华战船停靠在城堡的阴影下，在海上漂浮着，向美丽的奥克尼斯之珠邬娜求爱。邬娜斜倚在窗口，沉醉在求爱者的歌声之中，脖子上戴着洁白无瑕的珍珠项链，洁白的珍珠掉落了一颗，掉在了战船上，邬娜的父亲率船队飞奔而来，举着熊熊燃烧的火炬，不断呼喊，而在附近居住的神鸟展开了宽阔的翅膀，在窗扉前不断盘旋，遮挡住了他们。

故事讲到这里时，一位侍从匆匆赶来，打断了他们，他来请阿加莎去见她威严的父亲。

阿加莎好像有预感，知道会发生什么事，她悲伤地站起身来，沉默地跟着侍从离开了。在谒见厅里等着的，除了征服者威廉，还有王后玛蒂尔达、兰弗朗克大主教以及撒克逊大臣因戈尔福斯。

"孩子，坐到我身边来，听我说，"高傲的国王露出少有的温和神情说，"为了英格兰的和平，我曾让你嫁给埃德温伯爵，我不再相信刀剑了，这么久以来，因为这些战事，我心力交瘁，我也经常向神明祈祷，希望能减免我的罪过。上帝已经听到了我的祷告，让你免于痛苦。"

听到这话，阿加莎不由自主地颤抖了一下，但却什么也没说。

"加利西亚国王阿方索，是个勇猛的汉子，"国王威廉继续道，"他已经派遣使者来向你求婚了，他们在接待室里等着呢，好心的兰弗朗克已经答应，你之前的誓言可以作废了。① 西班牙王子阿

---

① 在诺曼底的卡昂，兰弗朗克已经成了圣斯蒂芬教堂的主教，而威廉征服了英国并获得了王位后，于 1070 年让他担任坎特伯雷大主教。（参见 *Encyclopedia*）

方索将这个价值连城的戒指送给你以示诚意。"

阿加莎本能地缩回了手。

"唉,不要退缩呀,孩子。那个撒克逊的家伙埃德温不值得得到你的爱。你难道不知道,他已经跟你父亲的敌人结盟了吗?你把他给的订婚礼物扔掉吧,我将把它还给那个傲慢的反叛者。让你的侍女给你换上适合身份的盛装。(确实,西班牙王冠会成为囚禁你的魔咒。)现在,一支浩大的船队正停泊在港口,等着将你送到未来的丈夫身边,善心的因戈尔福斯一直都想去瞻仰圣墓,我就让他陪你去西班牙吧。"

阿加莎什么话也没说,一动不动地待在那里。

"把你的订婚礼物给我,傻孩子,"威廉生气地喊道,他紧皱着眉头,任何人见了他这样都会害怕得瑟瑟发抖。

阿加莎颤颤巍巍地从胸前掏出了护身符,兰弗朗克从她手中接过,并为她戴上了戒指,重复了一遍免罪辞,并宣布订婚仪式礼成,他说完后,阿加莎跪在父亲脚边,身心冰凉,面色苍白,就像昏死了过去一样。玛蒂尔达为痛苦的女儿而伤心哭泣时,也非常痛恨那个诅咒她最心爱的大儿子的咒语。还很小的时候,罗贝尔就跟法国曼恩的女继承人订婚了;而且两人深爱着彼此。未婚妻死后,曼恩人拥立罗贝尔为国王,这位年轻的摄政国王,为人慷慨,且个性急躁,很快他就登上了王位,并以自己的名义确立了统治。

威廉要求罗贝尔放弃封地,并让他迎娶美丽的囚徒莫德,她一直跟威廉的姐妹们生活在一起。罗贝尔却相当有骑士风范,他愤怒地回应道:

"可爱的莫德已经倾心于埃德温伯爵了,我罗贝尔的新娘一定要是自愿嫁给我才行。你已经把温顺的阿加莎献祭给了你的占有欲,不过温柔的莫德不会因你的残忍而受苦,骑士的刀剑就能够守护她。如果我是英格兰国王，我将把亨廷顿的土地赐给她，并让她自由选择自己的丈夫。"

"别痴心妄想了，英格兰可不是你的。我已经用刀剑赢得了这片土地，教皇已经将王冠戴在了我头上，并将国王的权杖交到了我的手中，就算你用全世界来换，我也不会答应的！"威廉恼怒地喊道。

"我只要诺曼底和曼恩，大家都说这两个地方本该归我继承。"罗贝尔回复道。

"你最好记得《圣经》里押沙龙的下场，记得所罗门王的儿子罗波安所遭受的不幸，并且小心那些不怀好意的大臣们。"威廉反驳道。

罗贝尔无礼地回应道："我来这儿不是来听你说教的，而是来拿走本应属于我的东西，你只需回答我，我有权得到我要求的这些吗？"

"我睡觉前是不习惯脱衣服的，"威廉说，"只要我活着，我就不会分裂自己的国土，诺曼底和曼恩，我一个都不会分出去，因为《圣经·福音书》是这样写的：'凡一国自相纷争，就成为荒场。'"

"如果你不愿意遵守承诺，那我就会离开诺曼底，寻求外邦相助，我不会在这里俯首称臣的。"罗贝尔同样傲慢而轻蔑地回复。

"很好！"威廉喊道，同时动手抽剑，却没有拔出来，"从我手中抢东西的人还没出生呢。希望该隐的诅咒能让你头脑清醒一点儿，记得自己的职责。"

就这样，他们分开了，罗贝尔去了弗兰德斯①的舅舅那里避

---

① 弗兰德斯：中世纪欧洲地名，泛指古尼德兰南部地区，位于西欧低地西南部、北海沿岸，包括今比利时东佛兰德省和西佛兰德省、法国加来海峡省和北方省，以及荷兰的泽兰省。（译者注）

难，而威廉则回到了他混乱不堪的国度里，那里，内战的火焰仍然在炙烤着渴望自由的灵魂。

阿德拉就是在这种充满阴谋诡计的环境中成长起来的，她个性冲动鲁莽，随时都能想到最疯狂的计划并实施。

公众事故和民愤让英格兰国内一片混乱，这让国王威廉恼怒不已。来自北方的博兹人，带来了人们群起反抗威廉的消息，而诺曼底的信使们则向国王转述了贵族们的不满，以及法兰西国王的敌意。

威廉最富责任心、同情心的儿子理查陪伴他来英格兰。年轻的王子最喜欢狩猎，经常去汉普郡的森林里打猎，一去就是很多天。

英格兰爆发了严重的饥荒，人口逐渐减少，而活着的人努力寻找食物和住所，但却是徒劳，各地都是一片乌烟瘴气，王子看到这一切，非常难受，思虑成疾，很快就过世了，被埋葬在温彻斯特大教堂。

晚钟①的钟声悠长，回荡在寂静的王宫中，最后一声钟声敲响时，因爱子离世而深感悲痛，不断责骂和叹息的威廉绝望地倒在了躺椅上。

"从海外来的消息。"王宫内侍匆匆走进来，呈给威廉一封信。威廉剪开了丝带，读了起来。

"以圣母玛利亚、天使长圣马可的名义，您可怜的臣子因戈尔福斯祈祷，愿他们能够赐予您力量，在上帝的眷顾下，成了英格兰国王的威廉公爵，可以接受这个可怕的消息，我真的很难过，要向您传达这样的消息。我很悲痛地告知您，您可爱的女儿阿加莎已

---

① 中世纪时，英格兰各地晚间都会敲钟，示意人们该上床休息了。（译者注）

经不在人世了。从我们离开后,她一滴眼泪都没掉,只是呜咽着,就像一只受伤的鸽子的叫声一样,她总是发出这样哀伤的声音。她说,她的心完全托付给了她的前任,她一直祈祷上帝,让她去他身旁,而不是让她另嫁他人。她的祷告终于成真了。

"她的面色恢复了如订婚礼时那样苍白,而且会一直这样苍白下去,不过她不会再低声说话了;圣艾格尼丝之夜,她接受了圣教堂的加冕礼之后,就死去了,手中握着十字架,死前,嘴里还念着埃德温的名字。"

读到这里,威廉震惊不已,心头悔恨交织,连信从手中掉下去也不知道。

内侍再次走进来,身后跟着一个裹着黑色哔叽长斗篷的人,就是传教士们通常穿的那种衣服。这个陌生人跪在威廉脚边说:"知道吗?噢,国王!您对忠诚的仆人真是宽宏大量,正因如此,我深受感动,所以我臣服于您的统治,我发现那位为了获得王室的青睐而献上伊利岛的菲茨·奥兹本跟您的政敌有密切联系,请注意那个撒克逊人的首领。"

征服者威廉又惊又怕,埃德温熟悉的模样和女儿阿加莎苍白无光的面孔,瞬间就出现在他脑海之中。

"该死的叛徒!"威廉叫道,从座椅上跳起来,"你觉得把你被害的主子的头送过来,就能赢得我的欢心?嚄!把这个叛徒押到地牢去,囚禁起来。在那里,他将领教到,威廉是如何奖赏背叛自己主子的叛徒的。"囚犯很快就被带走了。

国王威廉双手捂着脸,泪水从指缝中溢出来,他情难自控地呼喊道:"噢,真是可悲,我的女儿,居然是因为父肮脏的野心而死的——你深爱的埃德温已经被害了,死在了他自己的炉石上。赢得王位之后,我得到了什么?白天劳神费力,夜晚不得安眠——家庭已经分崩离析,孩子们还年轻就死去了。《圣经》里说的不错:'为本家积蓄不义之财的必遭祸。'"

威廉低下头去,却看到了那枚银制的护身符。他很虔诚地从地上拾起来,将光滑表面的血渍擦去,仔细辨认着由撒克逊文字翻译而来的英文,译文如下:

> 这是埃德温的誓言,
> 上战场之前准备好:
> 他的守护天使将是,
> 胸前佩戴本护身符的女人。

> 她可能向他表露过真心,
> 噢! 上帝呀,我向您发誓;
> 从战场上归来之后,
> 埃德温一定会好好回报她的爱。

> 不过,倘若她忘记了自己的誓言,
> 愿上帝保佑她不会忘却,
> 她卖掉了她恋人的爱的信物,
> 这信物是无价之宝;

> 如果她自己丢弃了这个信物;
> 那么埃德温也将不再活在世上,
> 让她独自后悔。

第5章

你仍然一心追求真相，
却飞向了骗子的地方。
不过大家却没有停止脚步，
仍然坚定前行，
每天早晨，你都斗志昂扬，
请快一点儿，骑士先生，去夫人们抱怨的地方；
保障她们的权益，为她们变得坚强。

征服英格兰的最后一场血腥之战发生于1074年，瓦尔塞奥夫伯爵已经加入了反对王室的阵营，却遭到了自己的诺曼人妻子朱迪丝的出卖，朱迪丝将丈夫的行径告知了自己的叔叔征服者威廉，因此他最终被送上了断头台，但并不在温彻斯特王宫的大门外，他也是第一个被刽子手施以断头刑的盎格鲁-撒克逊人。

背信弃义的朱迪丝倾心于一位法兰西伯爵，但威廉却为了自己的利益，给她挑选了一位诺曼底贵族，名叫西蒙，他是个残疾人，长得很丑，威廉希望朱迪丝嫁给他，以期获得富裕的北安普敦和亨廷顿伯爵的支持。

傲慢的朱迪丝很看不惯这样的联盟，被剥夺了名利和地位之后，去了约克郡荒无人烟的地方独自潦倒一生。

听到阿加莎和埃德温的噩耗,莫德流下了悲痛的泪水,而父亲惨死的消息更令她感伤。她患上了一种长期性的疾病,休息的时候,她经常做甜美的梦,梦到自己回到了小时候,回到了童年时的家里,她和埃德温一起穿过丛林,或是坐在窗口看着满天星空,唱着北欧和撒克逊的民谣,歌声悦耳动听,堪比丛林中的夜莺。细心的阿德拉也明白这一点。只有疾病的痛苦才能将她的神志从死神的怀抱中拉出来。这些甜美的梦境一点点消退,她不得不强撑着面对眼前黑暗的现实。

威廉已经决定,将美丽的亨廷顿的女继承人莫德交付给顺从于自己的西蒙,因为她的继母之前拒绝这门婚事,让威廉感觉很没有面子。订婚仪式就在征服者威廉抵达诺曼底时举行,不过莫德已经顾不上这些了,而阿德拉的请求和罗贝尔的威胁,只是延迟了莫德和西蒙无可避免的婚姻悲剧上演的时间。

威廉已经控制住了曼恩的反叛,由于自己的健康状况每况愈下,加上自己的爱妻不断乞求,他完全原谅了不听话的儿子,"并承诺,会为儿子提供一切力所能及的东西,这既是出于父亲对儿子的关爱,也是出于国王对臣民的职责"。

这时,威廉统治的国土才完全恢复了和平,国王一家幸福地团聚在一起,在鲁昂开心地过圣诞。

"亲爱的妹妹,"罗贝尔对阿德拉说,她正坐在一边,忙着刺绣那幅著名的巴约挂毯,"请不要绣我们的勇士父亲的鼻子,你用十字针法刺绣,那鼻子看上去就像是被你刺伤而流血了一样,请你抽空听一听你哥哥的话。"

"噢,天啊!柯索斯[①],"阿德拉大笑着说,"你对你高尚的父亲

[①] 罗贝尔的全名是罗贝尔·柯索斯。(编者注)

的面容一定没什么印象,因为你没有看出来,父亲的鼻子就像是彗星,后面红色的一片,就像是彗星后面拖着的长尾巴。"

"不,"罗贝尔借用这个比喻说,"父亲在英格兰率领的队伍,是自恺撒大帝以来最优秀、最有战斗力的一支。你还是过来,把那条丑陋的挂毯放在一边吧,我还有别的事需要你帮忙。"

"我尽职尽责的哥哥也许会雇用他们去战场厮杀,但女人的针可没有战士的刀剑厉害。①"阿德拉俏皮地说。

"你的舌头可真比你的针还厉害,"罗贝尔说着,涨红了脸,"而你的眼睛又胜过你的舌头。在战场上,我的确刺伤了父亲的手臂,而你也看到了,与此同时,一支利剑刺中了斯蒂芬伯爵的心脏。"

"我认为,容易受伤的心灵,应该用盔甲来护卫。"阿德拉也红着脸说。

"你们女人的头脑就是比我们男人的嘴还快,说说我的使命吧,"罗贝尔说,"来自布洛瓦的斯蒂芬伯爵,让我恳请美丽的阿德拉跟他联合,说罗贝尔的朋友也会是他的战友。"

"他让你!"阿德拉喊道,丢掉了针线,"是鲁昂的伯爵吗?"

"即便如此,亲爱的,"罗贝尔说,"你难道没发现,有位高贵的青年黄昏时分进入教堂,早晨才出来,其间他一直垂头祈祷,我亲爱的妹妹你陪母亲去做晨祷和晚祷时,他才会偶尔偷偷看你一眼?"

"我注意到,确实有这样一个年轻人,"阿德拉羞红了面颊,"不过他为什么总也不在王廷里?"

"他会一直守夜到主显节②,"罗贝尔说,"父亲已经承诺,在阿

---

① 在阿奇穆布雷战场,罗贝尔不清楚自己所面临的对手是谁,用长矛刺穿了自己父亲的手臂,使他从马上跌落了。(*Queens of England*,第1卷,71页)

② 主显节:东方教会庆祝耶稣诞生的节日,每年的1月6日。(译者注)

瑟林所说的圣诞柴不再燃烧之时,他就会授予这位年轻的伯爵'骑士'的称号。① 父亲希望自己的孩子们都能支持这个仪式。"

"父亲希望!"阿德拉十分惊诧地喊道。

"确实如此,亲爱的,"罗贝尔说,"你认为,父亲没看到法国布洛瓦青青的草地上那些洁白的羊群吗?你认为,父亲没听到法国沙特尔织布机的轰鸣声吗?你认为,父亲不喜欢香醇美味的法国香槟酒吗?"

"罗贝尔,你弄断了我的针,"阿德拉说着,慌乱地想要躲过哥哥罗贝尔尖锐的目光,那目光似乎能够穿透她的身体,探查到她的勃勃野心。

"我弄断了你的羊毛针,你本来可以用它制作一张更精美的丝绸来给你英勇的骑士做围巾的呀。"罗贝尔说着,站起身来走开了。阿德拉跟随罗贝尔来到接待室,遣散了那些随从侍者,跟他一起为盛会做准备。

极少承认自己对爱情有所期待的阿德拉,第一次产生了渴盼,假期里,她停止了一切游乐会和舞会,独自一人待在闺阁中,只有诚实的莫德陪在她身旁。阿德拉正忙着在一幅紫红色的布料上绣布洛瓦的金色狮子,用法国香巴尼的鸢尾绣出灿烂的花纹,在蔚蓝色的布上还绣出了布洛瓦的珍珠月牙。塔楼里的钟声深沉而悠长,打破了城堡午夜的寂静,此时,在灯光的照耀下,阿德拉从刺绣品上扯下最后一根丝线,举起了美丽的配饰,她的好友莫德钦佩地

---

① 授予称号(accolade):有志者的等级越高,支持他的人的地位也就越尊贵。故事里常说,西班牙国王赠给骑士的是盾牌,英格兰国王赠予的是剑,法国国王赠予的则是头盔。"授予称号"(dub)这个词源自撒克逊语。法语"adouber"(授予兵器和盔甲)跟拉丁语单词"adoptare"相似,因为骑士的身份并不是有了骑士的装束而确定的,而是要接受骑士制度,并按照骑士的规章制度执行。许多作家都认为,授予称号是战士做错事后免罚的最后一道护身符。(Mill, *History of Chivalry*, 28 页)

看着她。

"嘘！别出声！"莫德说着，将自己的手指放到阿德拉唇边，阻止她欢呼出声，"我们北方有一句谚语，'完成手头的活儿做梦会很灵验'——快点儿去睡，不过要当心，你的目光不要离开你的守护星星，它的光芒现在正好透过窗口照进来。我用你的丝绸制作围巾，低声说着祖先崇拜的话语时，不要说话。"阿德拉微笑着，虽然不太相信但还是听了她的话，遣散了侍女后，莫德便离开了阿德拉，阿德拉很快便睡着了。莫德再次进入阿德拉的闺阁时，太阳才刚刚升起来。

"你睡的时候应该梦到了未来吧，"莫德说着，瞥见了阿德拉若有所思的表情。

"不要问我哦，"阿德拉回答，"一个承诺和一种恐惧让我忧心忡忡——只有将来才能给我答案。"

王宫大厅里都已经装扮一新，大家都在为一场盛大的仪式而等待着。诺曼底及其附近省市的所有骑士贵族、主教和神父，都身着各自的官服和礼服，还有出身名门的女士们，戴着璀璨的珠宝，聚集到一起，征服者威廉一家站在主位上，他们身旁还有一张铺了金色毯子的圣坛。

年轻的王子罗贝尔和小威廉陪着斯蒂芬伯爵去了浴室，给斯蒂芬穿上了白色的衣服，然后又裹上一件深红色的斗篷，白色寓意着他灵魂的纯洁，红色则表明他愿为自己的梦想流血牺牲的决心。在大家的欢呼庆祝之后，他身着这简单的衣服，进入了大厅，接近了圣坛，将自己的剑交给了主教兰弗朗克，主教为这把剑祈福，然后将它送上了圣坛。

然后，兰弗朗克对他说："布洛瓦伯爵，你想要成为骑士，当然，你确实出身高贵，有天赋的才干和无限的勇气——危难时刻你必须坚强——秘密参加议会会议——艰难时刻要耐心——面对敌人要强势，处理事务要精明。将你的手放到这本弥撒书上，发誓遵守以下我所说的规则。"斯蒂芬将手放到厚厚的弥撒书上，跟着神父一字一句地念道：

"我庄严承诺，我会为了保护天主教的信仰而流血牺牲——我会帮助所有的寡妇和孤儿，会保护无辜之人和受压迫之人，会始终谦逊、诚实，维护我臣民的权益，护卫我的王国，并做一个正直的人，接受上帝和臣民的监督。"

然后，斯蒂芬站了起来，脱掉了斗篷，很虔诚地面对着主教，威廉王子为他扣好象征骑士身份的靴子，埃德加·阿瑟林为他套上护胫套，罗贝尔为他穿上盔甲。他心怀感激地单膝跪地，莫德走上前来给他整理头盔，康斯坦丝递过来一支翼片下垂的矛。斯蒂芬很虔诚地低着头，温暖的血液涌上他俊逸的面庞，而他喜欢的人阿德拉，激动地替他围好围巾——并整理好他胸前的衣物，将镶嵌着宝石的蝴蝶结系在他的象牙剑鞘上。

身着威武气派的盔甲，年轻的伯爵斯蒂芬从祭坛上取下圣剑，跪下来，将它呈交给国王，国王站起来，轻轻拍了三次他的肩膀，说话的声音回荡在整个大厅里："以圣马可、圣斯蒂芬的名义，我授予你骑士称号，你必须忠心、勇敢和诚实。"

其他的骑士也都跟征服者威廉那样，向前跨出一大步，从剑鞘里抽出剑，大厅里顿时因为剑出鞘而亮堂了不少，神父再次开始讲话，祝福新晋骑士斯蒂芬，以及一直在圣战中冲锋陷阵的将士们，并祈祷所有上帝的敌人，都会被信仰基督教的骑士们摧毁。

外面的鼓声震耳欲聋，骑士们手挽着手围在斯蒂芬身旁，簇拥着他前往下面的校场，在那里他们骑上战马，周围的人们都带着崇拜的眼神看着他们，斯蒂芬给他们分发了大量的物品。

宴会结束后,一大群骑士和女士骑马离开园林,沿着塞纳河河岸前行。一只狐狸突然从隐蔽处跳出来,大家都沿途追逐,这真是一场很棒的赛马会,马儿们奔驰而过,追逐狐狸,原本青翠的草地上沙尘飞扬;不过斯蒂芬却仍然坚持原定的路线,由于他经常跟阿德拉偷偷说情话,他的马也扭过头去,露出光洁的脖颈,轻轻蹭着阿德拉的斑点马,而且步伐中也透着坚定和高贵的气质。在这样甜蜜的交谈中,白天的时光很快就过去了,肃穆的夜晚降临时,夜空中群星闪耀,塞纳河的河水浅吟低唱着,这对恋人仍然在说着悄悄话,这时,阿德拉向布洛瓦伯爵斯蒂芬告白了。

不过,一场比订婚更欢快、比葬礼更肃穆的仪式在王廷搬去费斯盖普时发生了。

自哈罗德死后,他的未婚妻西塞莉就进了修道院,她的父亲威廉向她所选择的修道院赠与了大量财物,并在复活节这天送她去了修道院。四月的斋戒期结束,她也就跟童年的快乐无忧告别了,她最后再看了一眼那些山丘、河谷和河流,早春时节,它们都焕发出勃勃生机——她向面前的修女们分发物品,跟所有村镇上的百姓们道别,并祈求上帝保佑她完成自己的使命。

阿德拉再次来到了费斯盖普的旧修道院[①],听着欢快的晨祷钟声,但这熟悉的场景唤起的快乐回忆和早恋的温馨甜蜜并不能驱散她内心的悲伤。

阿德拉进入了黑漆漆的修道院,将在圣像前无眠无休、疲惫不堪的西塞莉拉了出来,给她戴上珠宝首饰,最后一次将她打扮成公主的样子。出于任性,阿德拉还带上了莫德一起。

[①] 1075年,威廉一世和玛蒂尔达携家人在费斯盖普举行了盛大的复活节庆典,而且以父母的名义,参加了长女西塞莉成为修女的仪式,该仪式也是在费斯盖普教堂,主持仪式的是主教约翰。(Queens of England,第1卷,63页)

听到姐姐西塞莉轻声说着要加入教会,阿德拉感觉就像是在听临终遗言一样,眼泪也顺着脸颊流了下来。

晨祷的钟声刚刚结束,一大群人突然涌进了教堂的走廊里,来为这位新晋的修女作见证。

一心向神的西塞莉倚在父亲威廉的怀里,双臂轻轻环绕着他的脖子,最后还在他脸颊上印上一个吻,威廉既觉得骄傲,也为之心痛。而这种温馨的氛围盖过了所有其他的情绪,她和母亲、阿德拉哭泣着相拥,阿德拉更像是疯了一样不愿意放开她,威廉费了一番周折才将西塞莉拉出来,让她褪去了所有华贵的衣服和饰物,将年轻的她送进了堪称坟墓的地方。西塞莉的三位姐妹既顾不上为这离别太过伤心,也没有因为盛会而开心不已,她们匆匆跟她道别,然后就为了接下来的仪式而忙着做准备。

戴着一个镶嵌着珠宝的小十字架,阿德拉轻轻地迈开步子,引领着正轻声哼唱圣歌的修女们走了过来,康斯坦丝和岗德跟在后面,她们一手拿了一支燃烧着的细蜡烛,另一手则合力抬着一个银制的百合花形状的篮子,里面装着修女所穿的衣物和戴的面纱,她们将这些都放在了祭坛上。

在主教的召唤下,美丽的西塞莉走了进来,已经装扮一新,准备好迎接神了,长长的过道里,修女们列在两旁,她白色的礼服就像是一团薄雾,包裹着她纤细的身体,她头上戴着花环,薄纱遮面,面容平静安详,透着天使般的甜美可爱,在莫德看来,她已经像天使一样圣洁高尚了。教堂的乐队奏起了动听的音乐,修女们随之唱起了欢迎曲《弗吉尼亚贞女荣耀颂》,唱完后,大家都沉默不语,西塞莉回应道:"噢,请接受我吧,主啊,按照您的圣言,请接受我吧。"

西塞莉跪在主教面前,祈求他的赐福,并要求更名为塞西莉亚。神父应允了她的这个要求,给她赐名塞西莉亚,并在她的服装上泼洒了圣水。

大家都开始为此庆贺,并大声吟唱《慈悲经》,修女们递给她一支细蜡烛,她虔心听着,大主教所说的接受这一神圣使命后会受到怎样的赐福,会让她远离尘世的浮华,进入圣洁的天国;让她毫无希望的生活终结,成为圣洁的天国新娘;让她不再头戴那公主的头饰,而换上一顶永恒的王冠,最后,大主教还说了这样的话以作总结:"许多女孩都品行良好,而你是最优秀的一位。"乐队又演奏起了颂歌,《荣归主颂》的声音响彻空荡荡的走廊,飘扬到拱形的屋顶,将真正的欢快之情吹进了等待着的新修女塞西莉亚的心中。衣物得到了赐福,并重新放进了银制的神龛之中,孩子们履行职责,继续带着她们的姐妹去了里边的一个房间,修女们替她脱掉了华丽的衣服,取下了她戴着的昂贵的饰物,将她的长辫子解散,这长发再不会令她产生自豪感。

塞西莉亚前额绑上了一根发带,换上了黑色的哔叽服装,再次跪在主教面前说:"我是基督的侍女。"听到这话,阿德拉不禁颤抖了一下,惊叹塞西莉亚容颜的转变之大,命运之黯淡——不过除了自己肩负的神圣使命,塞西莉亚却什么也没看到,什么也没听到。她卑躬屈膝,伏趴在大理石地板上,唱诗班则吟唱着祷词,她轻轻地靠向女修道院院长,十分恭顺的样子;她虔诚地低下头,接受了院长给她戴的面罩,它将她和整个世界永远地隔绝了;她欢快地接过了那个藏着不变更的誓言的戒指,唱诗班唱道:"来吧,基督的新娘,请接受这个王冠。"修女们往她头上安放了一个玫瑰和荆棘编织成的花环,就这样,塞西莉亚成了修女。

嘹亮的歌声飘过教堂的穹顶,大家欢呼着迎接新晋的修女来到新家。

王室的客人们坐在修道院大厅里用宴,修女和教徒们也都在场;不过塞西莉亚和她的家人之间却出现了一道不可逾越的屏障,四堵又厚又冷的石墙将她与幼年时的朋友们永远隔绝开了。

第6章

我们为什么而活？
为了吃、喝、睡、爱，并享受
然后便是为了不爱！
为了谈论我们所不知道的事物，
也为了那些不值得成为谈资的事物，
这真是可笑之至！

小 R. 费恩爵士

"我认为，"跟莫德坐在一起做晚祷时，阿德拉说，"像我姐姐西塞莉那样，进行斋戒和祈祷，永远只看着那些冰冷的天使石像和画像，真是无聊透顶，因为那些天使和圣人的圣洁程度，哪是我们这些寻常人能够企及的呀。"

"亲爱的，你之所以会这样想，是因为你的未来是美好而充满活力的，"莫德说，"而死神一旦熄灭了希望之光，爱神就会用圣人的形象来为你指路。"

"我认为，只有你才是撒克逊族的圣人，亲爱的，"阿德拉说着，给了莫德一个深情的吻，"西塞莉倾心的人，差点儿就从父亲手中夺过了英格兰这个王国，但她却仍然对他一往情深。"

"而阿加莎所爱的人，是愿意忠于她父亲的人。"莫德斥责似地说。

"我真的看不透生活之谜,"阿德拉沉思着说道,"也读不懂爱之谜。人希望获得幸福难道不就像花儿需要阳光一样吗?还有人们所称的'生命有限,好好活着',财富、权势和地位,以不满、绝望和死亡为结束。自罗马时代以来,还没有哪位诺曼公爵取得过像父亲征服者威廉这样的成就,然而即便是最卑下的奴隶都比他要幸福:这种让我的心灵像欢快的鸟儿一样翱翔的爱,让我们的阿加莎英年早逝,把我们的西塞莉送进了可恶的修道院,"她说着,不以为然地瞥了莫德一眼,"也从我可爱的莫德脸颊上摘下了最后一朵粉色的玫瑰,让你变得面色苍白。"

"你这样说,是因为你既不懂生活,也不懂爱,"莫德说,"你说崇高的梦想就一定能召唤坚强的人去努力追求,否则就会因缺乏活力而枯竭,这是对的。我们虔诚的主教阿尔德雷德过去常说,任何至高的梦想都会实现,就像是敬献圣饼,这圣饼就让人记住了耶稣基督真正的模样。"

"你说的都是什么呀,我一点儿也听不懂。"阿德拉说,"我还不知道你的爱人是谁呢,跟我说说呗。"

"你觉得你爱着斯蒂芬伯爵,"莫德说着,叹了口气,"但如果他向别的女孩求爱,你就会讨厌他,责怪他。"

"是的,确实如此。"阿德拉说着,脸上开始发烫,她思考着,深色的眼睛一眨一眨的。

"因此埃德温伯爵并不爱莫德,你的父亲让他求娶阿加莎,我也以为他们最终会走到一起,并为他们祈祷,我心中充满了期许和希望。不过现在,爱却一直照着他们,一直在他们的坟头闪着金光。"

"莫德!"阿德拉激动地喊道,"你本来就不属于这个罪恶的世界，你应该跟天使们在一起，因为你确实是一位天使。"

"不要称赞我，"莫德说，"当我得知，我不能跟西塞莉一起去修道院的时候，我心里的怨念你一点儿也不知道，你也不明白，要跟西蒙这样联姻，我心里有多么难过。"

"你宁可跪在那冰冷的石地板上，被人用鞭子狠狠抽打，也不愿在英格兰当一名无忧无虑的公主！"阿德拉惊讶地说。

"是的，如果有机会的话，我宁可去巴勒斯坦朝圣，去恩盖迪①附近荒无人烟的窑洞里独自修行，只不过旅途比较辛苦而已。"莫德回复道。

"朝圣也并不是那么令人悲伤的，"阿德拉说，"童年时你告诉我的那些迷人的传说故事，已经深入我心，乃至现在，耶路撒冷这个名字对我来说就像是伊甸园里的树荫一样，我从没想过，朝圣者们认为千年前的预言实现了，他们就都会涌向圣地，期望着能见证圣墓之上，蔚蓝色的天堂向他们敞开大门，而救世主就坐在橄榄山顶，看着众生接受末日审判。"

"哎，自那时以来，还不过一个世纪，"莫德叹道，"人们一直都在寻找这个天堂般的国度，他们在预言书里找到了希望。我的祖父是在约旦河岸边过世的，过世前还一直希望能见到上帝降临。"

"月光中好像有武器的闪光，"阿德拉从宫殿的门缝里往外看，打断了莫德的话，"你没看到那在山顶上跋涉的马队吗？如果没看错的话，那就是斯蒂芬伯爵了。我认为，他一定是已经去过曼恩边境了。他旁边的那个就是罗贝尔，愿圣母玛利亚保佑，他们来了就意味着一切安好。"

---

① 恩盖迪：位于今死海西岸的一个小镇，附近有同名的温泉。（译者注）

"他们已经快到门前了,"莫德说,"他们并没有都骑马,那些人还是步行的,穿着男修士的长袍,那些拄杖而来的,多么疲乏啊。"

"他们是去朝圣的!"两个女孩异口同声地说,"我们下去迎接他们吧!"

在过道里,他们遇到了亨利王子,他说:"斯蒂芬伯爵回来了,他现在正在挂毯间等我的姐姐。"

"跟我来,亲爱的,"莫德说着,引开了年轻的王子,"你应该带我去见见那些高尚的朝圣者。"

阿德拉一进入房间,斯蒂芬就跑过去亲吻她的手,并叫道:"阿德拉!你看起来很惊讶,但我希望,这次没有告诉你就回来不会让你不高兴。"

"我还担心有什么噩耗,"阿德拉说,"但看到你们还好,我很高兴,不过你为什么会来呀?"

"你的哥哥罗贝尔,"斯蒂芬回答,"答应跟我带二十支长矛去芒特城,不过到了厄尔河岸边,我们却发现桥不见了,水势汹涌,根本无法通行。一群朝圣者正在河对岸露营,一看到诺曼的旗帜,他们就大声呼救,看着挺可怜的。我们驱赶马匹趟过了湍急的河水赶到对岸,然后安全地将他们带过了河,每位马夫身后都坐着一个朝圣者①。令我感到高兴的是,这群人之中有一个名叫因戈尔福斯,他居然是我心爱的阿德拉小时候的家教老师。"

"真是圣母保佑,好心的因戈尔福斯安全回来了。他的学生我应该好好感谢解救了他的人。"

---

① 朝圣者:他(朝圣者)回来后,将从耶路撒冷的神圣棕榈树上摘下的树枝放在了他所在的教堂的祭坛上,以证明自己兑现了承诺。人们举行感恩的宗教性仪式纪念他,还有淳朴的节日庆典,他因虔诚和成功朝圣归来而受人尊重。(Mill, *Crusades*,14 页)

"他旅途劳累,"斯蒂芬继续说,"在长期的朝圣过程中非常辛苦,他从巴勒斯坦带回了很多珍贵的宝物。他非常感激,并送给我一些圣土①,让我带到这个小教堂里。我希望你能够听到他的感谢之词。他说,如果斯蒂芬遭遇了什么不幸,那么阿德拉在神龛旁的祈祷会保佑他。"

听到这话,阿德拉吃了一惊,面颊上开始泛红,她很惊讶地盯着那个美丽的水晶瓮,瓮盖是紫水晶的,上面刻着阿德拉和斯蒂芬的名字。

"你不喜欢这个礼物吗,还是你现在不太舒服?"斯蒂芬发现恋人脸上奇怪的神情,很紧张地问道。

"一个愚蠢的梦——我现在已经想不起来了,"阿德拉说着,抓着瓮的手都在颤抖,嘴唇亲吻着那两个名字,"现在很晚了,我们明天见。"

年轻的伯爵在她前额印上一个吻,搀着她颤颤巍巍走到前厅,并交代侍女们好好照顾她。

第二天一大早,王室的所有成员都到了这间小教堂,教堂高高的祭坛上,朝圣者们举着棕榈树树枝庆贺自己平安归来,阿德拉和斯蒂芬伯爵这对恋人也再次见面了,不过这时候,阿德拉不再是前一晚那样心烦意乱的神情了。斯蒂芬也就不再胡乱猜忌和恐慌,而是沉浸在她的微笑之中。后来,康斯坦丝跟布列塔尼伯爵艾伦订婚。年轻的新娘获得了不幸的埃德温伯爵的遗产——切斯特城领地。与此同时,国王威廉宣布同意斯蒂芬和阿德拉的恋情。大

---

① 当时,就连巴勒斯坦的尘土都会受到人们的敬仰:它被安全带到了欧洲,据说,只要获得了这尘土,无论是自己挖来的还是从别处购买来的,获得的人都不会受到恶魔的侵袭。为了证明他的时代也有奇迹发生,圣奥古斯丁讲过一个年轻人将圣城的尘土装在包里挂在床头,治好了自己疾病的故事。(Mill, *Crusades*, 14页)

家都很高兴,庆典不断。那段时间里,白天总是有各种竞赛、狩猎、射箭等活动,晚上则一起赌博,或是听因戈尔福斯讲述在外游历的故事①。

---

① 1051 年,当时还是诺曼公爵的威廉去英格兰拜访忏悔者爱德华,并任命当时 21 岁的因戈尔福斯为自己的大臣。因戈尔福斯陪伴威廉,之后去圣地朝圣,回来后,因戈尔福斯成了克洛兰教堂的主教。(参见 *Encyclopedia*)

第7章

有的人为了赎罪而忏悔,
或者是自己忏悔,或者是找代替者;
有的正病着,有的曾患过病;
有的人认为能骗过魔鬼;
有的人喜欢这段历程;
而专职人员感到厌倦并反复地练习着
吹笛人进行着演奏;
于是,愉快的朝圣者一路上都与乐声相伴。

骚塞

"我带着亲爱的阿加莎公主的遗物回到卡昂,"因戈尔福斯说,"我放弃了所有朝圣的想法,后来却听说,德国的某教士也想去拜访圣地,于是我又开始蠢蠢欲动,想要去探访圣墓了,然后,我就被介绍加入了一支诺曼部队,在门茨跟大主教他们会合了①。我们

---

① 德国的教会发出公告,称希望去耶路撒冷朝圣。作为英格兰本土的史学家,因戈尔福斯也加入了诺曼军队,跟他们在德国的美因兹会合。朝圣者人数总共有七千人,其中,教职比较高的包括美因兹大主教、班贝克大主教、雷根斯堡大主教和乌特勒支大主教。他们横穿欧洲大陆,经过希腊帝国,一路通行无阻。但进入异教徒的国度时,他们遭遇了一群阿拉伯敌人,最终抵达耶路撒冷时,钱物和人都失去了大半。(*History of Crusades*,17页)

是一个优秀的民族,"他继续说,"远胜过拉丁世界的其他民族,无论是血统、语言还是人,都是如此——上帝让我们用这种方式赎罪,并为我们指明了方向,给我们提供衣食住行,让我们既能在宫殿里过着天上人间的生活,也可以忍受下等人的茅草屋。"

"那里的教堂,许多都是虔诚的德国信徒修建的,那里有为疲惫的旅人准备的休息地,病患都住在医院里。我们抵达了富饶的匈牙利王国,发现了一个奇怪的民族,他们的贵族和将士们都住在有城墙做壁垒的城镇里,城堡都是建在石头上的;而大部分普通民众都像先知亚伯拉罕一样,住在帐篷里,他们饲养的牲畜都是吃河流、溪水、湖泊边的青草,我们的教士们都认为这些人是《圣经》中记载的歌格和玛各人①,他们像是一阵飓风,刮进了欧洲,像云朵一样覆盖着这片土地——他们和他们的伙伴。因为他们到来的时间靠近圣约翰所预言的千年之末,所以许多人认为,他们是世界末日的标志和预兆。末日还没有到,所以现在也没有多少人相信这一点。"

"不是有人说,歌格和玛各人是亵渎主神的异教徒吗?"罗贝尔问。

"虽然如此,"因戈尔福斯回答,"不过《圣经》上不是这样说的,不能听信'道听途说',它不代表上帝的旨意。这些人的身份已经得到了证实,他们来自波斯和北部地区,而他们最喜欢被人称作'马扎尔人',也就是玛各人,我认为,任何近期定居在匈牙利的人,都会领略到'战争及其传言'的厉害。我了解了许多关于他们的事。也不知是我罪孽太过深重,还是路况真的太差,我骑的马成了

---

① 歌格人和玛各人:马扎尔是匈牙利的本土民族,也是匈牙利的东方教派。但在东欧和西亚之间的塞西亚地区,希腊人称呼他们为"突厥人",这个名称听起来很奇怪,但却是恰如其分的名称,因为强悍的突厥民族曾经统治过这里的一大片领地。(Gibbon,*Rome*,第5卷,411页)

跛足，因此，我不得不离开骑行者的队伍，步行尾随，我用朝圣者的心态一直坚持着前行。我们之中有的人，朝圣的时候并不是抱着鞠躬尽瘁的心态，而是喜欢冒险而继续旅程的。他们只会夸夸其谈，言行举止都对神明不敬，这真让我头疼。其中有个人，在行李中带了一支牧羊人的牧笛，因此一直在那儿自吹自唱，不过唱的不是教堂的圣歌，而是那些露骨而下流的情歌。这时，他看出我对他唱的并不高兴，反而更加兴致勃勃地唱开了，而且还走到我身边来了，我实在受不了他的歌声，于是就问了他的来历。"

"他说，他是北方某国的盎格鲁-丹麦人，是埃德温伯爵的奴隶，从小在外流浪。这个家伙名叫哈德雷格，就是那个出卖了埃德温的叛徒，征服者威廉公正地判他终生监禁。而在这个世界上，国王要想成功实施自己的计划，就不得不用一些本不该重用的人。你们的父亲认为，为了国家的和平安宁，要惩罚叛国者瓦尔塞奥夫伯爵，但却没人愿意去当这个刽子手执行判决，哈德雷格就充当了这个刽子手，于是获得了特赦。"

"他通过朝圣之旅来赎罪不是挺好嘛。"阿德拉说。

"不，"因戈尔福斯说，"他并没想过真正去赎罪，他也并不对主上的仁慈感恩戴德，而是过着逍遥浪荡的生活，在新森林①追逐野兔和野鹿；后来因罪行而失去了一只耳朵，并且一直罔顾律法行事，被判处死刑；全能的上帝将他视作'眼中钉'，哈德雷格却再次逃过了厄运。在黑斯廷斯战场上，你们的父亲建了一座战役修道院②，

---

① 新森林：位于汉普郡南部的一片林区，1079 年，威廉一世宣布这里为王室财产，最初是王室的狩猎场所，后来成了普通民众也可进入的公众场所。（译者注）
② 战役修道院：主持修建该修道院的是征服者威廉，当时称"圣马丁修道院"，是为了纪念在血腥残酷的黑斯廷斯战役中牺牲的人而修建的，修道院的修士们经常为这些牺牲将士的亡灵而祈祷，希望他们得到安息。这座象征着诺曼胜利的修道院的祭坛就设在哈罗德的尸体被发现的地方，也有人称，这是哈罗德第一次竖起旌旗的地方。(*Queens of England*，第 1 卷，50 页)

并让修道士在那里给为国捐躯的将士们祈祷,还赋予了修道院院长赦免罪人的权力。碰巧这时哈德雷格从地牢里出来了,被送去绞刑架,尊贵的院长看到了,勒令停止,他为犯人感到遗憾,并赦免了他的刑罚,劝他开始朝圣之旅以赎罪。因此,哈德雷格很快就离开了英格兰,在莱茵河岸边,他设法加入了我们之中。他看起来很有钱,斋戒期时,他总能在主教那里获得特许,让自己和其他人一起大口喝酒,大口吃肉,而他似乎也是有罪恶感的,并且对教士们的要求都是有求必应的。他每天很早就起床,并且很循规蹈矩地进行祈祷,每天晚上都会用鞭子抽打自己裸露的肩膀。我认为这种规律的生活是他洗心革面的开始,但他却告诉我,他这么做并不是为了给自己免罪①,而是为那个资助他游历的人免罪。因为贫穷,他曾经苦修三年,日常生活都靠这位恩人接济,说到这里,他轻笑道:'我自己抽打自己,那我的身体就更能忍受疼痛,这比强制禁食的效果要好多了。'"

"圣斯蒂芬保佑,"罗贝尔大笑着说,"这个狡猾的无赖真是《圣经》中的替罪羊。让某些可怜的家伙受罪来赦免我们的罪过,这主意真不错。"

"但愿不会如此,"斯蒂芬说,"我们不能用这样的手段来管理国家。"

"人们总是滥用教堂定罪和赦免罪行的权力,"因戈尔福斯严肃地说,"我感谢圣母,让我生病,离开了那个邪恶的团体。那段时

---

① 民法中有一条准则,不能用金钱偿还债务的人,必须通过让身体受苦来偿还。教士们接受了鞭刑,这种刑罚并不费钱,但却很痛。通过精密的计算,一年内未能偿还的需要挨三千鞭,著名的隐士圣多明我就有这样的能力和耐心,他身着铁甲,在六天的时间里挨了三十万鞭,以偿还债务。很多悔罪的人都用他的这种方法赎罪过。作为一种替代性的惩罚方式,欠债人还可以代替承受他的恩人所犯的罪过。(Gibbon, *Rome*,第 5 卷,58 页)

间,我艰难地继续着行程,而哈德雷格却一点儿也不累,总是用自己坚实的臂膀搀扶我,直到进入了一个很有势力的匈牙利人的地方,他饲养的牲畜都在山上放牧,我们落在了其他朝圣者的后面,我感觉越来越疲惫了,终于累晕了,令我惊讶的是,恢复了意识之后,我发现抱着我的居然是哈德雷格,他试图把我放到他从附近的草地上偷拐来的一匹马的背上,他用腰带抽打着马匹,赶着它前行,说:'快点儿,我的天啊,上帝送你来是为了拯救苦难者的。我会一直在你身边,我们很快就会向那些无情的懒汉们证明,最后一名会得第一。'遭到我的反对之后,他露出一个不信任的微笑,继续道:'不,《圣经》上不是说,不义之人的财富将会遭到剥夺吗,那野蛮的马扎尔人会很高兴有别人代替他去圣城的。'

"我明确表示不骑偷来的马,他站在一边迟疑了一会儿,然后微笑着,半开玩笑半认真地,在我面前单膝跪地,说:'请对我仁慈一点儿,好心的修士,在我们分别前,我想请你赐福,免除我的罪过,既然你不能够接受天堂,那我就自己去享受了。'他看出了我的不情愿,很快地站了起来,说:'真没意思,你用鞭子抽我,我的肩膀是可以忍受的。再见,神父,你的思想挡住了你前进的路,对这一点我感到悲痛。'说着,他跳上了一旁的马,飞快地离开了。"

"不,我认为我应该更宽容一点儿,"威廉大笑着说,"这家伙思维敏捷,应该得到赦免。"

因戈尔福斯继续道:"我身心俱疲,独自一人躺在草地上,只盼一死解脱,不过那个一贯连一只麻雀的离开都要关注的上帝突然怜悯起了我,给我送来了一位乐善好施的恩人,解救了我。那位高贵的马扎尔人科舍狩猎回来,经过我这里,看到我奄奄一息,便让他的仆人来看情况,将我接到他住的城堡里,我在那里住了一个月,我受伤的双脚恢复了,我重获了健康。"

"这就是基督宣扬的仁善,我很想去认识这些陌生人。"阿德拉说,"他们知道我们教堂的仪式是怎样的吗?"

"这个世纪初,"因戈尔福斯回答,"堪称那个国家的阿尔弗雷德大帝的圣斯蒂芬,将那个国家分成了七十二个郡和十二个主教辖区,尽管大部分人都接受了洗礼,但他们之中还有人,既相信那些虚无缥缈的传说故事,也相信主耶稣的真理,他们使用的语言已经跟东方人那优美动听的语言结合到一起了。由于坚持读预言书,我也就知道有歌格人和玛各人,我向那位高贵的马扎尔人了解他的国家和民族的情况。'我们的民族,'他说,'人就像天上的星星那样多,就像天上的雨点那样数不清,那里的榆树投影到地上的最细小的枝丫,都比这里的树干要粗,也比匈牙利的树枝要粗大,古塞基太的树,树根都伸到了中国的土壤之中,而它们的枝干却覆盖到了阿尔卑斯山——而这种榆树的枝叶盖过了北方黑暗的海洋,荫蔽了富饶的波斯和中国。你越过我们的国土向东,'他继续说,'那就不要再去了,因为那里是一片荒漠和黑暗的土地,从那边的海岸一直延伸至伊甸园。诺亚经历过那次水灾之后①,陆地上又出现了高山丘陵,柔软的土壤被水冲走,地面下沉,形成了山谷。伊甸园是世界的最高点,甚至都碰到了月亮。天使们通过一条光芒四射的道路走过早晨的大门,来跟亚当和夏娃谈心,不过撒旦派蛇诱惑过他们之后,那条路便被封了,因为这样撒旦也进不了这个充满光的世界,后来撒旦和亚当、夏娃被赶出了伊甸园。而夏娃手中还带着那个给丈夫咬了一口的苹果的种子,不管她走到哪里,都会将苹果种子种在地上,并对着它们掉泪,于是,这些种子都生根

---

① 根据《圣经》记载,上帝曾后悔造世界,但又不舍将所有造物都毁掉,在罪孽深重的人群中,只有诺亚在上帝面前蒙恩,于是上帝选择留下诺亚一家人,并嘱咐诺亚造方舟以避之后的水灾。(译者注)

发芽，开始成长，并结出了果实，有的是好果子，有的是坏果子，也因为这些种子，地上长出了绿树和青草。伊甸园被一堵墙围着，看起来并不是天然的石头墙——大门闪着红宝石的光彩，而且特别闪耀，每一道光芒就像是带着火光的剑刃一样锋芒毕露。因此，有的幻想家认为那是火光，许多人因此而崇拜它。在伊甸园中间的最高处，有一口水井，井里喷涌出四条河，灌溉着这世间的土地，河流的源头上有四位星星之神，锻造着这世间的事物，并将这些事物放到河里，无论流到哪里，这些事物都将某些精神注入了河岸边居住的人的身体中，有了这些精神，他们便起来征服其他人。因此，明智的人研究星辰，并从天象之中参悟上帝的意愿。天国和尘世所使用的水，都是从伊甸园的那口井中出来的。早晨我们见到的露珠也来自那里，大雨过后，云也会回归到那里。在那里，轻柔的和风能够收集到各种芬芳的气味，它们将那些气味带到世间，让每一种花都散发出芬芳。因为在那里发现了很多珍贵的东西，许多人都跳进了那些河水溪流，希望能游过繁杂的尘世，去伊甸园观赏观赏，不过他们的速度并不快，许多人都因游得太过疲累而亡，还有很多人撞上了深色的石头而粉身碎骨。很多铁船都被西普曼石头卡住了无法前行。'于是我就问他西普曼石头是什么石头，"因戈尔福斯说，"他告诉我，在东部的海洋之中，'有种坚硬的能够吸铁的石头'，人们可以把这种石头断成一片一片的，将它们用针挂起来，由此，针的一头就会指向北方，另一头则指向南方，他还说，天空中有两颗星星，天空中的所有星辰都像轮轴一样围绕着它们运转。他还说，陆地和海洋组成了一个圆球形，用这种石头，许多航海家都围绕着地球环行了一圈，并最终回到了出发地。他告诉我的远不止这些，他所说的这些都是有一点儿见解的，而且也融合了我们的信仰的优点。不过这个人虽然很有学问，也很虔诚，但让我难过的是，他仍然相信以前的迷信，因为他总是会去一个神秘的偶像前祈祷。当他知道我为这一点而感到难过时，他解释说他并不是在崇拜那位偶像，而是崇拜那位偶像所代表的某种精神，就像我们也为圣母玛利亚和其他神明天使塑的像那样，他们也会去那些塑像前忏悔，将圣洁铭记在心。这个人对我非常友善，当我完全康复的时候，他还送给了我一匹强健的、训练有素的马，给了我足够的钱，陪我到了我旅途的下一站。

"我颇花了点儿时间才赶上我的同伴们，如果他们没在君士坦丁堡休息的话，我可能就赶不上他们了。

"君士坦丁堡起初叫做拜占庭，现在仍然有一种王室的金币沿用了这个名称，叫拜占庭币。经神学家提议，这种钱币的名称才得到更改。君士坦丁大帝向东方扩张时，曾经在那儿停留休息，睡梦中，他看到一个年老的妇人，眉眼间布满了深深浅浅的皱纹，接着这张脸上就罩上了一层面纱，揭开面纱，年老的妇人变成了一个年轻美貌的姑娘，他被深深地迷住了——后来他醒了，不久又睡着了，梦里有个人到他身边，告诉他：'你之前见到的老妇人就是这座古老的城市，你将要重新修建它的城墙，她的美貌要因你而得以恢复，她将以你的名字为名。骑上你的马，松开它的缰绳，让它随意走走。你手中握着长矛，用它画出你要修建的城墙的样子来。'

"君士坦丁大帝按照梦中人所说，画下了城墙的轮廓，并请了最优秀的工匠来筑城。他们用砂石围堵湖海，这样海水便无法浸润土地，但却围出了一块容纳万物生长的土地。君士坦丁在那里建造了圆形广场，塑造了高大的英雄人物塑像，并从希腊古都特尔斐运来了圆鼎。他从各国搜集来的圣人的塑像，也都被运送了过去。君士坦丁堡有一座世界上最宏伟壮观的教堂，名叫圣索菲亚，被建造成了圆形，里面的穹顶都是圆形，廊柱都是用金银锻造的，头上的灯也是由贵重金属打造的。那里的每座祭坛上,每天都供奉着不同的祭品。教堂北面的最里边,有一个很大、很精致的房间,里面放着一个箱子,箱子里保存着三座十字架。每年,这个箱子都会被搬到教堂的中殿三次,并安放在一个金色的祭坛上,所有进入教堂的人都会来这儿瞻仰,但我并没有见过,这真是莫大的遗憾呀。他们说,亚当死前,他的儿子塞特去乞求守卫伊甸园的天使,希望能为父亲求得仁慈之油,而天使却给了他三颗生命之树的种子。塞特把这些种子种在亚当的坟上,三颗种子很快就长成了三棵大树,组成了耶稣被钉死的十字架的形状,正如《圣经》所言,'用棕榈树、柏树和橄榄树组成了一个十字架',因此,亚当之死给这个世界养育了新的生命。我们的主复活之后,犹太人心生嫉妒,将十字架从伽略山搬走,埋在了土里。君士坦丁大帝的母亲圣荷勒娜是古英格兰国王的后裔,她找到了十字架,但她分辨不出耶稣的十字架跟其他囚犯的十字架有何不同,于是她就将一个死尸放到了那个十字架上,当尸体碰到真正的十字架时,它开始缓缓上升。圣荷勒娜将这些十字架运到了君士坦丁堡,而那个强盗狄斯马斯的十字架则被运到了塞浦路斯,那里的人们瞻仰的就是那个十字架。她还在那里发现了上帝无缝的外套,以及钉住他手脚的四颗钉子。君士坦丁大帝用其中一颗给马做了辔头,这样他便能骑马上战场,去砍杀所有敌人和对手,随后统治了从波斯到英格兰沿海的这一大片区域。他们还给我看了我们上帝的桂冠,用奥布河上的松树做的一个半成品,我也有幸得到了一束珍贵的荆棘,它有这样的作用:只要拥有它,就能够免遭雷击和风雨,免遭邪恶的精灵和恶魔侵袭。我们在君士坦丁堡停留了很长时间,因为那里美不胜收。每年圣诞节,大家都会大肆庆祝,这时,居住在世界各地的人们也都前来庆贺,普通民众也都很高兴,他们参与这场杂耍盛会，看到矫健的野兽，以及被训练的用于互斗的鸟。皇帝在布雷克纳的宫殿里，接见了这些主教和教士，大办筵席和酒会，给他们送上价值连城的礼物，赏赐大量的金银珠宝和衣物，这样他们才会对这里恋恋不舍，许多跟我们一起去的人都留在了那里，成了皇帝的臣民。"

第二天，因戈尔福斯正在书房里时，阿德拉突然来访，把他吓了一跳。

"我来，"她说，"是想得到你手里那束我们主珍贵的桂冠上的荆棘。"

一听这话，因戈尔福斯马上就露出了犹豫的表情，他显然不想将这珍贵的宝贝拱手相让，但又很想要满足公主阿德拉。

"我不会白拿的，"她一眼就看出了他的犹豫，说道，"我知道它是无价之宝，我也准备给你一份价值不菲的回礼。"

"只有卑鄙无耻的朝圣者，才会去买卖这种珍贵的纪念品，"因戈尔福斯说，"我可不能用我们神圣的上帝用过的东西谋利，这个无偿送给您，我也不要什么回馈。"

阿德拉的眼里涌现感激的泪水，说："好心的神父，我很明白，因为您有圣德，所以您才逃过了突如其来的灾难，因此您一定不像您的学生那样非常需要这个护身符，但是这个礼物对您来说真的非常珍贵，我不给您一点儿酬劳是不会心安的。只要在我阿德拉的能力范围之内，您的任何要求我都会答应。"

"你的父亲曾经承诺过，"因戈尔福斯谨慎地回复，"会给我提供俸禄，我知道我做得还不够，不过能在英格兰待上几天我很开心。我想回去我出生的克洛兰的教堂里，在那里终老。"

"相信我吧，我一定能帮您达成愿望。"阿德拉说着，低下头接受他的赐福。然后，她将那束荆棘用一块薄纱包好，捧在怀里离开了。

第8章

你若是见到
一个正遭到惩罚的老人
请原谅他吧,毁灭者塔拉巴!
是的,还请替他向上帝祈祷!

骚塞

因戈尔福斯的故事继续着。

我们穿过博斯普鲁斯海峡①,从君士坦丁堡穿过了小亚细亚②,我们的旅程冗长乏味到了极点,进入异教徒的国度之后,我们经常受到阿拉伯强盗的侵袭,这导致了我们许多人死亡,还有的人掉队了,在山里迷路了,而我们再也没见过他们。最终,朝圣者们抵达了伽百农村③,那里盗贼猖獗,但他们不得不在那里停留,于是他们在土耳其的安提俄客找了当地的高级官员们,寻求庇护。这些都是我在耶路撒冷时听说的,因为那时我踏上了另一场奇怪的旅途,没跟同伴们在一起。那儿的山里有两条河,分别叫"约"和

---

① 博斯普鲁斯海峡:又称伊斯坦布尔海峡,位于今土耳其境内,是沟通黑海和马尔马拉海的一条狭窄水道,跟达达尼尔海峡和马尔马拉海峡一起组成土耳其海峡,并将土耳其的亚洲部分和欧洲部分领土分隔开。(译者注)
② 小亚细亚:亚洲西部今属土耳其的半岛。(译者注)
③ 伽百农村:古巴勒斯坦靠近加利利海的一个地方。(译者注)

"旦",从山上流到山下汇合,形成了约旦河。渡过这两条河的时候,我被迫跟那些牧羊人在一起,他们在那里青青的草地上牧羊,有几个虔诚的信徒跟我在一起,第二天,我们离开了那里,继续前行,来到了那两条河的交汇地,我们看到约旦河时,每个人衣服都没脱就跳进了河里,大家都希望在上帝受洗礼的河流中沐浴一番。不过我们太过沉醉于眼前的河流,根本没有发现,有一群阿拉伯人埋伏在那里,他们用石头和标枪向我们发起攻击,将我们打成一盘散沙,我不知道这场冲突持续了多久,因为我遭到了突袭,被一支箭射中,失去了知觉。

我再睁开眼睛的时候,还以为自己到了地狱呢,我赶忙伸手去摸我的十字架,却发现自己被裹在了精美的被子里,被子是轻轻裹着的,很暖和。我逐渐恢复了神志,也就开始辨认身边的环境。那个房间就像是一个又深又黑的洞穴,我看不到这洞穴的尽头,只看到另一头有一堆火,有一些皮肤黝黑、身体半裸的人正在旁边忙着烤肉,还有些人则坐在地毯上,他们面前的地上铺着布,都用长长的大弯刀切割肉片,或者直接吃,大口大口地吞食。有一个很高大强壮的人,双腿交叉,坐在一个高垫子上,头发和胡须都洁白如雪,头发过肩,胡须过胸。他并没有跟地上的那群人一起喝酒吃肉狂欢,不过那群人的胡言乱语似乎都受到他的控制,这样他们才没有吵到我,因为我一直都是迷迷糊糊、半梦半醒的状态。他一直都在关注着我,他的神情唤醒了我以往的某种记忆,不过我当时怎么也想不起来,他一声号令,所有人就都消失在了某个墙角。然后,那个老人举起一支火炬,走到我身旁,小心翼翼地解开了我头上的绷带,用很好闻的香油擦拭我的伤口,他又给我喝了一点儿烈性的酒,这就像是万能药一样,让我瞬间恢复了活力。他看出了我的疑惑,微微一笑,取下了假胡须和头发,令我惊讶的是,出现在我面前的居然是哈德雷格黝黑的面庞。

"你好呀,神父,"他说着,习惯性地大笑起来,"你是来为我的住地祈福的吗?"

"这就是你的住所?"我说,"那这里跟炼狱也差不了多少!"(因为我实在受不了那个奇怪的地方和那糟糕的环境。)"不过我是造过什么孽要来这种地方啊?因为我的罪孽深重,所以上帝不让我去圣墓朝拜么?"我陷入了绝望中。

"不,"哈德雷格说,"上帝痛惜你,为了让你避难,才让你来到这里。"

"那我现在是到了哪里?"我激动地问道。

"你现在在山中老人的大本营,守护你的是黎巴嫩山的阿萨辛派①。"他回答。

"愿上帝保佑!"我惊呼,喊出了一句祈祷词。

"你对我并没有感激之情,"哈德雷格说,"我可是救了你一命的人。(我是该谢谢那匹带我到你这儿来的匈牙利马。)你难道没听说过那句谚语吗,'凡是帮助过你的人,你都应知恩,都应感谢。'"

从哈德雷格的话语中,尤其是他严肃认真的神情中,我发现这个疯子是真的保护了我,我对他的看法也有所改变了,而且也愿意去听一听他的故事。他因两位撒克逊贵族埃德温和瓦尔塞奥夫的亡故而伤心不已,因此决定,朝圣结束之后,就去君士坦丁堡加入哇兰吉亚人②的部落,并且要一直跟英格兰的征服者们为敌开战。

---

① 黎巴嫩山阿萨辛派:哈桑及其后的七位继承者,在东方以"山中老人"的名号著称,因为他们的居住地位于叙利亚山间的堡垒之中。他们是伊斯玛仪派信徒,因此西方人称他们为阿萨辛派,而后,西欧国家称呼他们为"刺客"。(参见 Encyclopedia
② 哇兰吉亚人:公元9世纪在俄罗斯建立了第一个俄罗斯王朝的北欧人。(译者注)

经过叙利亚的时候，他遇到了一群阿拉伯人，跟他自己一样鲁莽粗俗，他们不屑于臣服任何人，而是在黎巴嫩山间那些荒芜的、石头遍地的村镇里住了下来，此后便靠着打劫从那一带经过的人为生。他们穿着伊斯兰教徒的服装，并且遵守《古兰经》的教义，不过都是预言家之父阿里的信徒。哈德雷格超凡的能力和学识让他很快就学会了阿拉伯人的语言，接受了他们的信仰，很走运的是，他们相信他就是他们信仰的真主阿拉，而且很快都听命于他。哈德雷格虽然背弃了自己祖先的信仰，但还是保留了一本《新约》，完成了他来圣墓的承诺，并且在自己的鞭笞之下变成了一个更优秀的人。而且他也逐渐让他的手下们都憎恶诺曼人，也正是因此，在约旦河时，他们才狠狠地攻击我们。如果不是哈德雷格认出了我是个撒克逊人，并解救了我，我可能就跟其他同伴们一起死了，为了找到钱，那些强盗们把那些死伤者都开膛破肚了。他很细心地将我送到了距发现我的地方最近的一处他们的驻点，让我躺到了那里的床上，长时间的昏睡之后，我醒来就发现自己躺在了那个洞穴里的床上。我恢复了健康之后，他带我骑上了一匹马扎尔的马，由于我还不能走路，所以也根本不能骑马，而他一直陪着我，直到找到了在橄榄山休息的我的同伴们，他一眼就辨认出了那些人，并且让我抄近路跟他们会合。

"为您祈福，尊敬的神父，"哈德雷格轻轻扶我下马，然后很尊敬地朝我鞠了一躬，说，"给我一句撒克逊语的祝福吧，因为它能够安抚我罪恶的灵魂。"

哈德雷格的眼里闪着泪光，我觉得，那时上帝会赦免我的某种罪责，因为我受不住他的哀求，所以说了一句祝福辞，"再见，好心的神父，"他说，"你卸下了我心上的一个负担。请收下我哈德雷格的谢礼吧，虽然你并不喜欢我，不过在你需要的时候，你喜欢的东西可能派不上用场,我这个礼物却能帮得上忙。"这么说着,他递给我一小片羊皮纸,纸上写着阿拉伯文字,然后他骑着马慢慢地走开了。我将这小纸片放到包里,但我一点儿也不知道这纸片有什么用途。我终于见到了久仰盛名的圣城——耶路撒冷。像上帝那样,我爬上了橄榄山,俯瞰耶路撒冷城,并为它而大哭了起来,因为辉煌的所罗门时代已经一去不返了;那些先知圣贤也都不在了,夕阳的余晖照耀着这城里神圣的街道,异教徒们锋利的弯刀反射着夕阳的光,各路异教徒们都在圣殿里开战。神圣的教堂里传出了悠扬的晚祷钟声,召唤着我们前去祷告。我们非常高兴地在印下了救世主最后的足迹的石头上留下了吻,我们去了那里的教堂,带着虔诚之心从祭坛里抓了一把圣土回来。

从山上下来时,已经入夜了,我们在客西马尼园①里举行斋戒活动并做祷告,第一次鸡啼时,我们都起了床,渡过了汲沦溪②。在约沙法谷③,我们遇到了尊贵的主教,以及耶路撒冷的拉丁和叙利亚两族的基督徒们,他们庄严肃穆地带领我们穿过圣城,赶往圣墓所在的教堂。

在那教堂里,耳边传来铙钹的叮咚声,伴着索尔特里琴和竖琴动听的乐声,我们虔诚地弯腰下拜,香火散发出袅袅的烟雾,火光闪烁,就像是上帝的荣耀云团一样,只有耶稣明白我们为何唉声叹气,为何悲伤流泪,他听得到我们的祈祷,也能够理解我们表达的感恩之情。

我们结束了祷告,得到了主教的赐福,然后,我们又爬上了骷

---

① 客西马尼园:据说这里是耶稣基督经常祷告与默想之处。(译者注)
② 汲沦溪:位于圣城耶路撒冷和橄榄山之间。(译者注)
③ 约沙法谷:位于橄榄山和圣殿山之间,据传,这里是最后审判日发生的地方,上帝在这里决定人类灵魂的最终去处。(译者注)

髑山,参观了毕士大池①,以及被穆罕默德的信徒们荒废了的所有有趣的地方。我们之中有个人,因自己所犯的罪过而悔恨不已,他希望在圣墓这里结束生命。

这个人你们也认识,就是安茹的富尔克伯爵,因为有两个仆人宣誓效忠于他,他就强迫他们服从他的任何要求。我们的旅途结束,获得了免罪时,这位伯爵大人却赤身裸体地被两位仆人拉着穿过大街,赶去圣墓,其中一位仆人用一根细柳条束缚住他的脖子,另一人用一根棍棒抽打着他光秃秃的背部,他则大喊着:"噢,上帝啊,请饶恕可恶的富尔克吧,我虽然是个不忠的罪人,是个叛徒——但我真的后悔了,噢,上帝呀!"

但是,富尔克当时并没有获得赦免。我们都很想从耶路撒冷赶去杰利科②,去吉尔盖尔做礼拜,观赏那里漆黑的海水涌过那平原上的城市的壮观之景。不过那里的教士们很富有,这是举世皆知的,那些地区的盗贼们,只抢掠路过那一带的人,将那些过路者打伤打残,然后离开,任那些人自生自灭。而我们诺曼人,有一群德国人陪伴我们前行,他们都携带武器,希望去参观伯利恒的耶稣诞生教堂。因为他们,我们安全抵达了目的地,完成了我们的目标之后,又按原路返回,经过之前那片林地的时候,我们遇到了一群骑着马的撒拉森人,他们大喊大叫着朝我们扑过来。我们赶快抽出武器,准备血战一场。这次袭击对我们诺曼人伤害最大,尽管我们都奋力抵抗,但敌人进行着疯狂的进攻,我们的人都差不多要死光了。他们头上戴着的绿色头巾,让我瞬间想起了哈德雷格居住的山洞,以及分别时他所说的话,于是我快速地打开了包,抽出了

---

① 毕士大池:传说中耶路撒冷附近的池子,据说池水能治百病。(译者注)
② 杰利科:巴勒斯坦一乡村。(译者注)

那张写着阿拉伯文的纸片,一个强盗拿刀向我头上砍来时,我将纸片举到了他眼前。

一看到这纸片,强盗的行为就发生了翻天覆地的改变。他马上跳下了马,扶我起来,一只手放在心口,用以表示他明白刚刚发生的事,并朝他的同伙们大喊"阿拉、阿克巴",阻止他们继续砍杀,就这样,这群强盗完全消失了踪迹。我们这边有近一半人遇害,剩下侥幸逃过一劫的人也都受了伤,因此完全提不起精神,就这样我们缓慢地回到了耶路撒冷,放弃了参观这一带其他圣迹的念头。虽然我们受到了大主教和其他修道院修士们的热情接待,但整个旅途都太过沉重了,这一路上,因为疲乏、饥饿、疾病和抢掠,我们的人折损了大半,因此我们都想尽快回家。

听说有一艘载满了意大利热亚那商人的船停靠在约帕港,我们决定登上那艘船,跟他们一起返回。因此,主教们召集了众教徒,清点了一下人数,七千人从美因茨出发过来,现在只剩下了三千人。那些盗贼们大多都藏匿在从耶路撒冷到约帕港的山谷里,这一路上,我们的人数又减少了约一千。

在意大利的布林迪西,我们重新振作了起来。随后,我们到了罗马,我在那里觐见了教皇,他赦免了我精神上的负担,这一路上,我太过焦虑担心,因为跟那么多不同信仰和宗派的人一起旅行,人们总会有许多要担心的事。然后我们穿过了意大利,主教们去了德国。而我们这群离开诺曼底的人,三十个装备齐全的马夫,二十位痛苦的朝圣者,再次翻过了阿尔卑斯山,进入了法国,这时候我们疲乏不已,身无分文,如果不是遇上了尊贵的罗贝尔和斯蒂芬伯爵,我们可能就死在厄尔河了。

第9章

平息纷争能够消弭世仇,
能够为仇恨造成的伤口止血吗?
基督的信仰能够做到这些吗?
爱国者的热忱之心能够做到吗?
神的仁爱能够做到吗?

1077年开始时,诺曼底一片欢欣鼓舞。王室成员们最后一次聚集到一起,庆祝阿德拉和康斯坦丝两位公主的婚礼,她们的丈夫都富甲一方,很有权势,也是征服者威廉看中的。年轻的布洛瓦伯爵和夫人,他们的城堡多得数不胜数,因此他们决定去自己的领地举行庆典,而布列塔尼伯爵及夫人,以及他们的小妹妹葛伦德,还有她的恋人沃伦伯爵,也加入了这幸福的盛典之中。

沉浸在新婚的幸福之中,阿德拉也没有忘记自己对因戈尔福斯的承诺。离开的前一晚,她来到了因戈尔福斯身旁,陪他去克洛兰教堂。因戈尔福斯的感激和兴奋之情溢于言表。

"神父,"阿德拉说,"我还有个请求,希望你能答应。"

"说吧,"因戈尔福斯回应道,"只要我能办到,就一定在所不辞。"

"正因为你能办到,我才要交托于你,"阿德拉继续说,"我们可怜的莫德的父亲,瓦尔塞奥夫伯爵的遗体,被葬在了四号十字路口,而不是温彻斯特,希望你就任圣职时,能给他在克洛兰的墓地举行基督徒的葬礼,并每天举行弥撒,以告慰他的灵魂。"

因戈尔福斯答应了。

阿德拉继续说:"让可爱的莫德跟你一起去英格兰,她会被迫嫁给西蒙。她命途多舛,你一定要尽量让她过得舒心,一切都要为她着想,劝慰她,让她开心。"

"我一定做到。"因戈尔福斯热切地说。

"神父,我还要忏悔。"

阿德拉庄严地跪在了因戈尔福斯脚下,跟他吐露了自己的心声,就像个小孩子一样单纯。

正如阿德拉所预测的那样,一回到英格兰,征服者威廉就让莫德嫁给了西蒙。罗贝尔也跟他们同船返回,征服者威廉委派他帮新任的亨廷顿伯爵西蒙在自己的新领地安家。

小威廉也跟父亲在一起,因为他比其他的兄弟们更理解征服者威廉的决策,也继承了更多威廉的精神。

王后玛蒂尔达,在巴约的王宫里孤独终老。公主阿德莉萨早逝,康斯坦丝的身体状况也很差,不能陪伴她,加上家人不断的纷争和吵闹,让她不堪重负,后来又患上了一种长期性的疾病,这更加速了她的亡故。

深爱的妻子过世,加上儿子们的叛逆,老威廉更加独断专行,个性更加敏感、易怒,根据英国编年史作者所说,"妻子死后,他就变成了一个十足的暴君"。生命的最后四年里,他不断遭遇烦心的事,跟法兰西国王腓力一世开战,也以失败收场。

法国沙特尔辉煌的宫殿里，坐着可爱的伯爵夫人阿德拉，她正忙着刺绣，在那个时代，这是女性在家里唯一的活儿。她脸上露出母亲担忧孩子时的难过而焦虑的神情，尽管有侍女劝慰，但她的这种神情不曾消退。

"特蕾莎，把小威廉的床移到我这边来，"看到侍女眼里的泪水，她又说，"这活儿可不轻松。把这些东西拿开，"她继续对侍女们说，"你们都去休息吧，我自己看着儿子睡觉就好了。"

小孩子朝母亲阿德拉伸出手去，头靠在母亲怀里安静地睡着了。

"可怜的孩子，"阿德拉自言自语道，"你只知道母亲的爱，而你的弟弟们却鄙视你的低智，那些朝臣视你为无物，就连最卑微的人也嘲笑你。我的第一个孩子永远不会被封为公爵，更戴不了国王的王冠。"

过道里传来的沉重的脚步声惊醒了睡觉的孩子。孩子抬起头来，大口大口地喘气，茫然地瞥了一眼走进来的人。

"罗贝尔，我亲爱的哥哥！"阿德拉叫道，脸上重新露出了欢快的神情。

罗贝尔却用郁郁寡欢的神情回应阿德拉，他重重地坐在了她身旁，很不耐烦地说："我之所以来你这儿，是想听听你的看法，因为你跟我们的母亲一样精明。我被剥夺了继承权和其他权益。"

"你难道不是诺曼公爵了吗？"阿德拉惊讶地问道。

"是啊。父亲赐予我爵位的时候，说的那句祝福语真像是诅咒。'诺曼底的领地和爵位，'他说，'我将它授予我的儿子罗贝尔，希望他发誓效忠于我，这一荣誉是不能被撤销的；不过我还是要说，罗贝尔是个狂妄自大的无赖，会遭到厄运惩罚的。'"

"愿天使保佑你，"阿德拉说着，露出惊慌的神情，"保佑英格兰——"

罗贝尔打断她的话,说:"我也想这样说。他悲叹自己带给英格兰的荒芜和灾难,坚称他糟蹋了那片美丽的土地,还说他不敢任命谁来接替他管理英格兰,继承者的问题应交由上帝来决定。"

"你应该是国王的不二人选啊①,"阿德拉说,"因为你是他的长子。"

"我本应该是的,"罗贝尔说,"因为是威廉的儿子。我逗留在德国的时候,从没想过父亲的病会突然恶化,我的弟弟,红头发的篡位者威廉已经赶过去了,并且获得了兰弗朗克的支持。"

"世事无常,唉,"阿德拉叹道,"年长的都忙着,只有年轻的亨利在将死的父亲身边,是吗?"

"征服者威廉的床边没什么人看护,"罗贝尔说着,露出一个嘲讽的微笑,"孝顺的布克勒科②去保卫财产了,那些侍从们贪得无厌、毫无人性,抢掠了王宫里的所有钱财、金属物件和珍贵的饰物,甚至脱掉了他身上华贵的衣物。赫尔温将他的遗体运到了圣斯蒂芬教堂,下葬的时候,那里跑出来一个傲慢的贵族,阻止了他们。'这个地方,'他说,'曾是我父亲的家,威廉公爵成为国王之前,从我父亲手中夺走了这个地方,而我继承了这里之后在这里建立了教堂。因此,我要捍卫这里,你们必须答应我,不要将毁掉我父亲的人的尸骨埋在我祖先的故地上。'他们只得在围观者的嘲笑声中等待,而亨利则跟那片土地的主人做了笔交易,用六十先令买下了

---

① 征服者威廉死时,长子罗贝尔在德国失踪,小威廉正在赶往英格兰的途中。亨利原本是在主管父亲的葬礼事宜,但突然因为个人的私事离开了,而王廷中的其他贵族们都分作好几派,有的效忠于罗贝尔,有的效忠于小威廉,王廷中的仆从们则抢夺了宫中的所有财物,将国王威廉的衣服都脱光了,只留下他赤裸的遗体躺在地板上。(*Queens of England*,第一卷,85 页)
② 指威廉一世的小儿子亨利。(编者注)

那块地。噢，阿德拉！"罗贝尔说着站了起来，心烦意乱地在房间里走来走去，"我真是受够了这种荣耀，将兄弟变成了仇敌，最终连一块墓地都还要购买。"

阿德拉低头看着熟睡的儿子，罗贝尔继续说道："有时候我真希望自己是个隐士，只有你明智的头脑才能想出能让我保留继承权，并惩罚这个胆大包天的鲁弗斯①的办法来，不然我只能被流放了。"

"你说过，兰弗朗克侍奉过威廉，而我们的叔叔奥多讨厌兰弗朗克②，你可以去取得叔叔奥多的支持。"阿德拉说。

听到这句话，罗贝尔眼前一亮，热情地说："好妹妹，真的谢谢你。你让我离登上王位更近了一步，我要去诺曼底，召集我的支持者们共商大计。亨廷顿伯爵西蒙、诺福克伯爵休、达勒姆伯爵威廉也都忿忿不平，随时准备反抗新国王。叔叔奥多正在策划英格兰的起义。"

罗贝尔一边思考着新的策略，一边快速离开了。阿德拉明白他的经济状况，忙准备去拿点儿钱给他，却只见到他匆匆离去的背影。

由于罗贝尔懒惰拖沓，反抗威廉二世的人精心策划的计谋泡汤了。奥多不光彩地从英格兰逃跑了，反抗的伯爵们跟国王威廉二世重归于好。许多叛乱的人都逃去了诺曼底，他们的财产都被充公了。布洛瓦伯爵夫人阿德拉每天都在期待罗贝尔加冕礼的消

---

① 指征服者威廉的儿子小威廉，即后来的英国国王威廉二世。（编者注）
② 威廉公爵个性英勇，为人坦率、真诚、慷慨大方。即便是他的缺点，如懒散和为人随和，也都得到了那些促成独立的傲慢贵族们的认可，但威廉成为国王后，他们却不能接受国王太过强势的统治。巴约主教奥多和蒙太尼伯爵罗伯特，都是跟征服者威廉同母的兄弟，他们非常嫉妒兰弗朗克，他因为当时所做出的贡献，而获得了威廉一世的赏识和信任，于是他们决定，共谋推翻威廉二世的统治。（Hume, *History of England*，第1卷221页）

息,当突然收到情报称新国王威廉二世率一支军队穿过海洋,用威胁、恐吓或欺骗的手段,夺得了塞纳河右岸的所有要塞和堡垒的控制权时,她非常惊诧。

在法兰西国王的调解下,威廉二世和罗贝尔两兄弟暂时没有到兵戎相见的地步。

罗贝尔仍然依靠妹妹阿德拉及富庶的妹夫的救助,不愿意和解;不过阿德拉理解他这种倔强的个性,仅得到诺曼底的领地和爵位是无法让他接受和解协议的。

布洛瓦伯爵夫人阿德拉与年幼的儿子蒂博、斯蒂芬和亨利要从沙特尔去布洛瓦,他们在大路上疾驰前行,路旁树木形成的绿色长廊一直延伸到卢瓦尔河的一条支流旁,就像是在欢迎他们去那里午休似的。跑了一会儿,他们就停下来休息,随着缰绳的松脱,有的马儿啃食着路旁柔软的青草,有的马儿去河边喝水休息。孩子们畅快地欢笑着,有时为他们的母亲采摘野花,有时则沿着河岸相互追逐,欢笑和嬉闹的声音回荡在树丛间。

被他们欢快的嬉闹所吸引,阿德拉也会静静地跟着他们,看他们在她面前蹦蹦跳跳。跟着他们来到了一片开阔的谷地时,她在一个古老的十字架前停住了脚步,这个十字架是很久之前的某位信徒在泉水边竖起来的。由于在这个地方回忆起了美好的过往,阿德拉根本没有发现,孩子们已经不见了踪影,后来,小亨利拉着她的长袍,欢快地说:"到这边来,妈妈,蒂博说,我们发现了一位隐士的住所,斯蒂芬正在跟那位隐士聊天。"他牵着妈妈,快步跑过去,发现在一栋乡间小屋的门口,正是十字架在夕阳下投影的终点处,坐着一个年轻的圣徒模样的人,他正一边捻着念珠,一边虔诚地读着每日祈祷书。

"布克勒科!"仔细审视了一番那人并不太清晰的身形,阿德拉喊道。

"你还认得我啊,"那个假扮成修道士的人说着,带着一种责怪的腔调,站起身来,扔掉灰色的修道士服装和斗篷,"我还以为父亲家的家人都忘记了我呢!"

"这是我们的舅舅亨利!"看到这个刚刚发现的隐士的真面目,蒂博叫道,既有点儿吃惊,也有点儿失落。

"你难道也怀疑我对你的情感吗?"阿德拉问。

"你是我对手的盟友,怀疑你也不为过吧?"亨利悲哀地说。

"怎么是你对手的盟友呢?"阿德拉十分惊讶地问道。

"你不是跟我开玩笑吧,"亨利留意到她眼眶涌上了泪水,说,"可你的表情看起来很真诚。我难道不是被那些诡计多端的兄弟们耍得团团转吗,我难道不是他们的囊中之物吗。"

"如果你不信任我对你的感情,你说的就没错,"阿德拉回答,"但还是跟我来吧。我的丈夫正在布洛瓦的城堡等着我们,他会查清你的事,并弥补你犯的过错。"

"跟我们走吧,舅舅。"孩子们看出了他的犹豫,也说道。

"投降吧。"小斯蒂芬将一根木棒当做长矛,成功地带走了亨利。

"你难道没听说圣马可山的围攻战①吗?"和阿德拉在车前骑马前行的时候,亨利问道。

---

① 亨利王子因为家人都不关心他的利益,于是去了诺曼底海岸的圣马可山那里的一处堡垒之中居住,经常侵扰临近地区。罗贝尔和威廉联合起来,将亨利围困在这里,由于缺水,他差点儿渴死,而长兄罗贝尔听说了他的困境,便允许他自己取水,还给他送了一些红酒,供他饮用。当威廉责怪罗贝尔太过大方时,罗贝尔说:"什么?难道我应该让我弟弟渴死吗?如果他死了,我们哪还有弟弟呀?"(Hume,*England*,第1卷)

"我听说过,我很担心,又不能去打听,怕会弄错,"阿德拉回答,"你现在把一切都告诉我吧。"

"你知道的,"亨利继续道,"根据父亲的遗言,诺曼底的爵位由罗贝尔继承,英格兰富饶的土地则给了威廉,而我亨利既没有祖传的遗产,也没有任何领地,我只有一点儿小钱。因为罗贝尔需要,我把不多的财产都给了他,这才换得了科唐坦半岛的土地,然后进入了英格兰,守护母亲的遗产。回来的时候,罗贝尔这家伙挥霍了我给他的钱,然后将我囚禁在他的牢房里。诺曼底被攻克的时候,他又把我放出来,我竭尽全力,跟他一起对抗威廉,包围了鲁昂。你支持罗贝尔继承王位,我却成了主要的受害者,因此,"他很动情地说,"我才认为,狡猾的罗贝尔,一定是抢先获得了你的庇护,夺走了我最宝贵的财富,就是你的爱。"

"我可怜的弟弟啊!"阿德拉深情地唤道,"我不知道那损害了你的利益,不然我会给他别的建议的,还是继续说你的故事吧。"

"我背信弃义的兄弟们就像《圣经》中的比拉多和希律王一样结盟了,"亨利继续说着,语气愈发地忿忿不平起来,"他们夺走了我科唐坦的城堡,还跟踪我,就像侦探抓逃犯一样,后来我逃到了圣马可山避难,这座山在一座孤岛上,他们来抓我时,正好遇上涨潮,所以他们没有渡过来;不知道罗贝尔是同情我,还是他本性拖沓,让我得到了机会逃脱,不然我会一直被困在那里,差点儿渴死。自那时起,我就居无定所,到处流浪,期待着我的兄弟多少能够客气一点儿,给我一块领地,在疲累的时候能读一读经文。"

"勇敢一点儿,亲爱的弟弟,"阿德拉热情地说,"你现在不必再流浪了。斯蒂芬伯爵会让你重新获得你的财富;可能,某天你也能获得两位哥哥那么多的财富和权势呢。看!那里闪光的尖顶就是布洛瓦了,我们快到了,这路上好壮观的一支队伍呀!听!守卫吹响了号角,吊桥放下来啦。快点儿走,我们就不会拖后腿了。"这样说着,阿德拉和亨利向前冲去,进入了院子里,此时,诺曼公爵罗贝尔率随从们正好踏上了通往宫殿大厅的楼梯。

一看到罗贝尔,亨利的眼里就闪出了怒火,恼火地做了一个手势道别,然后准备离开,但阿德拉却坚决地拉住他的手臂,阻止他离开,并说:"留下来,铁闸门一关,城堡的所有出口就都关上了,他只有还你一个公道,你才能够离开。"

斯蒂芬伯爵热烈欢迎罗贝尔的到来,很深情地跟妻子打了招呼,不过看到亨利时,他却有点儿慌乱,虽然他的妻子很勇敢地站在了不和的兄弟俩之间,并热切地注视着罗贝尔,但他面露尴尬之色。

这时罗贝尔表现得很大度,他的行为愉快地化解了这即将到来的风暴。

"不要怪他,亲爱的妹妹,"罗贝尔说,"我的兄弟,请原谅我曾让你经受的苦难,请接受我的道歉以及和好的心意。我将科唐坦还给你,为了补偿你的损失,现在,让我陷入贫困无助的境地中吧。我决定去圣地朝拜,我会处理掉所有这些繁杂的事物,这样,我以后也不会再回来了,请你不要在上帝面前控诉我的罪过。"

罗贝尔直接而坦诚地悔罪,态度诚恳认真,这平息了亨利的怒火,并且两兄弟也达成了和解。和解之后,罗贝尔趁机提出了他再次来找阿德拉商议的希望和目的。

那个保障了威廉二世统治英格兰的协议,也确保了罗贝尔在诺曼底拥有坚固的堡垒,但王位的争夺战让他身心俱疲。他开始了漫无目的的远游,途中,他被一位修道士所吸引,这位修道士具备道士、朝圣者和军人的精神,他光头,脚上没有穿鞋,因为时常进行斋戒,瘦小的身躯更显单薄。他的祷词冗长却热切,眼里闪烁着圣洁的光辉,经过的每一个村镇农庄,都会被他眼里的光辉照耀到。他骑马走过街道,街道上的人熙熙攘攘,都赶来膜拜他高举着的沉重的十字架,带着叹息和泪水聆听,听到他说着巴勒斯坦的基督徒所受的苦难时,人们大声向基督和圣母祷告,乞求基督和圣母保佑将士们救助他们的同胞,从异教徒手中夺回圣墓。

罗贝尔的好奇心被调动了起来。他跟随着人流,追着那位修道士①,倾听着他激情澎湃的讲道,终于,一直被掩藏在心中的朝圣的想法复苏了,他皈依到了那位隐士修道者彼得的门下。看到修道士的衣着和日常生活时,他开始还是有点儿犹豫,不过在彼得的骑士精神和宗教信仰的诱惑下,他还是穿上了盔甲,拿起了他的剑。

在普拉森舍召开的教会会议上,希腊的皇帝阿莱克修斯·科穆宁②派出的外交使臣们陈述了皇帝所面临的压力,还说,由于土耳其人战无不胜,君士坦丁堡已陷入危难之中。听了东部同胞们所述的悲惨经历,与会人员们都为他们难过落泪,好几位勇士都宣称已经准备好向东方进军。

希腊人没有得到快速有效的支援。教皇乌尔班二世批准了进军东方的计划,并于第二年十一月在克勒芒召开了会议,协商进军亚细亚的具体方案。

---

① 社会等级较低的人们都听从亚眠城修道士——隐士彼得的话。起初,他以修道士的身份独居,但后来,人们见他走街串巷,四处讲道。人们都围聚在他身旁——送他礼物,不断地称赞他的圣洁,在我的印象中,没有人获得过像他一样多的尊荣。无论他说什么做什么,看起来都非常神圣,人们甚至会拔下他骑的骡子的毛,当做圣品供奉。我所说的这些,其实并不是什么值得赞赏的行为,但普通的民众就是喜欢非凡的事物。他只穿一件羊毛束腰外衣,外面则裹着一件深色的材质粗劣的斗篷,斗篷长及他的脚后跟。他的衣服没有袖子,双脚也不穿鞋,他不吃面包,每天只吃鱼喝酒。(Michelet,209页)

② 阿莱克修斯·科穆宁是拜占庭帝国科穆宁王朝的第二位皇帝。(编者注)

为了得到阿德拉的支持，为了跟布洛瓦伯爵合作，罗贝尔现在到了布洛瓦。

在阿德拉的心中，她哥哥罗贝尔的话，唤醒了她对童年时光的回忆，并让她想起了年轻时自己定下的那些小目标。她向来是个目标明确的人，看清了局势，辨明了哪些是可以完成的，哪些是不可能完成的，然后便为哥哥做出了决定，让他自由去闯出自己的天地，并让自己的丈夫也在其中尽了一份职责，让他也参与了这次东征，真正成了"第一次十字军东征时代的女性"。

第*10*章

他们来了,队伍浩浩荡荡,
就像天上聚集的乌云一样,黑压压的。

"我会处理掉所有这些繁杂的事务,请你不要在上帝面前控诉我的罪过",这句承诺实施起来比诺曼公爵罗贝尔参与过的其他事务更严肃、更缓慢,只准备而不行动让斯蒂芬的耐性消磨殆尽,直到克勒芒会议举行了好几天,贵族们才进入了法国中南部的奥福涅区。他们抵达会议地点时,大批民众聚集到通往城区的道路上,人眼所及之处,到处都是帐篷和货摊,如果有人找不着落脚点,那么,他们就能在这些帐篷里和货摊上休息调整。

会议开到第八天,一大早,教士们随教皇登上广场上的一个木制的讲道坛,教皇向他们宣读了宗教会议的决议,提到了当时教会所面临的各种问题。不过,大家都不关心教会的决策是否影响了他们的利益,他们的所思所想都受到了天国的赐福,大家都安静地等待着,就像是风暴来临前的寂静一样。法国亚眠的修道士彼得则告诉他们,东方的同胞们正遭受着难以忍受的苦难,伊斯兰教徒们要求基督徒们进贡,贡物给人们造成了沉重的负担。他还说,在耶路撒冷的主教西蒙家里,他就见到过这些贡物,西蒙主教曾邀西方所有的王公贵族来挽救他们。彼得说,某个悲伤的日子里,他进入了复兴教堂,虔心祈祷,晕倒在了冰冷的石头过道上,呼出的气体喷洒在地面上——这时,一串像是牧笛声的轻柔乐声传来,打破了这沉寂,基督降临时天使也是这样柔声演奏的,接着,人们高唱圣歌的声音配合着轰隆隆的鼓声,还有武器出鞘的摩擦声,就像希伯来先知以利亚那样,他听到了一个小小的声音说:"起来吧,彼得,不要担心害怕,我的禁令要靠你去执行,因为我会站在你这边。现在是时候将这圣地神圣化了,因为我的仆人们将会得到拯救,他们将脱离这苦难。"这幻境消失的时候,外面的光唤醒了他,他发现自己正躺在祭坛上,身旁还有一封信,信里写着救世主告诉他的话,他自己朝圣用的衣钵都化作了一把利剑。

彼得停了下来,将那神圣的信纸展示给众人看。大家都开始痛哭起来,所有人都弯腰鞠躬,就像是暴风雨时的树木一样。

抓住了最佳的机会,教皇站了出来,对大家说:"我的同胞们,亲爱的孩子们,无论是国王、王子、侯爵、伯爵、男爵还是骑士,所有肉身凡胎的人,上帝的后裔们,听听上帝对你们所说的不满吧,这些都是他在亚细亚所遭到的不公和伤害,亚细亚是我们的信仰的诞生地,也是使徒们的遭难地,而如今,这里遭受迫害的基督徒们仍然只能暗自叹息,期待着能够得到救赎。怜悯一下你们居住在耶路撒冷以及那一带的同胞吧——看到那些蛮夷狂妄的行为,并对他们进行惩戒,你们就会得到后世的赞扬——积极投入这次远征之中,制止那些劫掠、偷盗、杀人夺命、无法无天的人,这些人已经因犯下了这些事而触怒了上帝,将你们的武器对准基督的敌人,用你们的生命来保护自己的同胞,捍卫自己的信仰。对在场的人,我提出了这个要求,而不在场的人,我希望你们能转告,并行动起来。我们自己一定要相信至高无上的上帝的仁慈,凭借他赋予我们的权力,以及使徒彼得和保罗的赐福,我们赦免了所有参与这次东征的人的罪过，他们一定总是在心底里和口头上忏悔吧，而这是正义的惩罚，我们也承诺他们会得到永恒的救赎。而我们不仅仅要宽恕他们，还要宽恕资助圣战的人们。勇敢的将士们，上前去战斗吧，为你们自己赢得一世盛名。你们的征途中，上帝会一直伴随着你们——此刻正是丰收时节，果实累累，风和日丽，正是好时机。那些牺牲的人，将会坐到天堂的来宾室中，而那些活下来的人，则会亲眼见到救世主圣墓的风采。那些应邀参加远征的人们很幸运，因为他们可能会见到我们的上帝跟人讲道的圣地，以及那些上帝出生、被钉上十字架、死去的地方，还有上帝下葬和复活升天拯救世人的地方。从你们面前的道路出发，以拯救你们的罪过吧，你们要相信，此时的光荣过后，你们会等来无尽的荣耀，甚至是在天堂也一样。"

来自不同地方的各种人，用不同的语言不断高呼"上帝的旨意""上帝的旨意"，突然，教皇一挥手，打断了他们的呼声，继续说道：

"亲爱的同胞们，上帝命令他的传道者我，来告诉你们：'无论在哪里，有两三个人奉我的名聚会，那里就有我在他们中间。'因为如果上帝没有跟你们的灵魂同在，你们是不会说出这种话的，更确切地说，是上帝把这话放在你们心中，再通过你们的嘴说出来的。你们在战争中呼喊的口号也是如此，因为那些口号也是上帝自己说的。上帝的军团出征教训敌人的时候，让他们喊出'上帝的旨意'①。噢，勇敢的骑士们啊！请记住你们先祖的美德；如果你因为父母妻儿而下不了决心出发，那就想想上帝的话：'爱父母过于

---

① 原文为拉丁语"Deus Vult"。教皇乌尔班正准备继续，这时，他听到了民众的呼喊声。他的助手们流着眼泪，捶着胸膛，举起手来，面向天空，齐声高呼："我们前进吧，这是上帝的旨意！上帝的旨意！"(*History of the Popes*, 384页)

爱我的，不配作我的门徒；凡为我的名撇下房屋或是弟兄、姐妹、父亲、母亲、妻子、儿女、田地的，必要得着百倍，并且承受永生。'那么，勇士们，武装好自己，准备上战场吧，那些准备去远征的人，戴好上帝的十字架吧，这是为了教你们铭记救世主的训诫：'不背着他的十字架跟从我的，也不配做我的门徒。'"

一时间群情激奋，叹息声和哭声交织起伏，他们就像被砍的树木一样，都跪下来伏在地上，悲伤地捶着胸，不断地忏悔，有的人参与了神圣的十字军东征，有的人献出了自己的财产。

第11章

> 东征军们急切地聚集到一起,
> 欧洲的将士们整装待发;
> 他们相信,这场关于天国的风暴,
> 会让异教徒们坠入地狱。
>
> 卡莱尔

很快,欧洲各国都知道了克勒芒会议的结果。不论国度有多偏远,人民有多疲累,但一收到这条情报,不管是通过大家的传言还是自己的推测得知的,所有国家都开始准备起来了。

威尔士人放弃了狩猎,苏格兰人离开了山间的故居,丹麦人放下了祝酒杯,挪威人将渔具丢在了沙滩上。粮仓里储存的所有食物,以及家里的所有财物,都被卖掉了,用于购买武器装备,无论是贪婪的财主,还是吝啬的农夫,都变得慷慨大方起来。

"热情和怜悯,愤慨和侠义精神,以及对光荣的渴求,进取之心,十字军东征的动机很复杂,一千个人有一千种动机,不过本质上都是很神圣而尊贵的。这种想法会相互感染而变得更加强烈——因为共享而扩张——它传遍了千家万户——深入大众心间——成了一种大家普遍共有的愿望——一种激情、动力,令人为之痴狂。"

王公贵族们就像是进入了机械厂或兵工厂的农夫们一样忙了起来。出身高贵的贵妇们都取下了首饰，用她们的青葱玉指为丈夫准备出征的战衣。

布洛瓦伯爵夫人阿德拉放下了那条著名的巴约挂毯，这条毯子是她母亲留给她完成的。她开始随着丈夫在他们的封地里四处游转，开始做战衣，侍女们也帮忙，虔心地将那红色的十字架绣在了战士们的战衣上[①]。

罗贝尔将自己的公爵领地抵押给了贪婪的鲁弗斯，以期获得一小笔不足以满足远征需求的资金；而埃德加·阿瑟林将已成孤儿的侄女们送进了沃尔顿的修道院，然后加入了他朋友的阵营里。

法国王子、洛林公爵戈弗雷召集了自己从莱茵河畔到易北河畔[②]的拥趸们；图卢兹的雷蒙、多姆主教阿德赫马喊着先知摩西和亚伦，召集哥特人和加斯科涅人，以及居住在比利牛斯山到阿尔卑斯山之间的民众；意大利阿普利亚的博西蒙德则号令从托斯卡纳海到亚德里亚海一线的民众，而欧洲各地的人们或自愿加入了这些高级将领的麾下，或加入了隐士彼得的队伍。

期待已久的时刻就要到了，灰白色的冬装已经褪下，整个世界焕然一新，散发着春日的勃勃生机，邀请朝圣者们向东方进发。1097年三月初，这一大群欧洲将士整装待发。第一支扫荡过德国进入匈牙利的军队包括两万步兵，将领是"穷汉"瓦尔特；紧随其后的是隐士彼得的队伍，男人、女人和孩子一共四万人；还有一位德

[①] 所有将士的肩上都绣着一个红色的十字架图案。为此，各种红色的布料和衣服都被扯成了碎片，然而，这些还不够让所有人都绣上十字架图案。还有些人甚至用烧红的热铁在自己身上烙上了十字架的印记。（Michelet，210页）

[②] 易北河：中欧主要航运水道之一，发源于捷克、波兰两国边境附近的克尔科诺谢山南麓，其穿过捷克西北部的波希米亚，在德勒斯登东南40公里处进入德国东部，在德国下萨克森州库克斯港注入北海。（译者注）

国传教士,携一万五千名宗教狂热者,以及二十万手无寸铁、毫无纪律与制度的闲散人群也在匆匆赶路[1];在这群不顾一切的冒险者抵达希腊帝国边境之前,欧洲的大量将士都已经聚集到了一起,由当时最伟大的将领们率领,浩浩荡荡地出发了。

没有哪位将领率领的将士比布洛瓦和沙特尔伯爵斯蒂芬的还多了。尽管罗贝尔很热衷于这次东征,阿德拉的政治计谋及时又准确,但夏天的时光还是白白耽搁了;直到秋分时节,这些名声在外的贵族们才跟韦尔芒杜瓦伯爵于格的部队汇合,翻过了阿尔卑斯山,希望能由海路赶往圣地。他们在意大利西北部城市卢卡遇到了教皇乌尔班,并从他手中获得了圣彼得的旗帜。那个秋天,伯爵们安排部队成员们建立冬季营地,起初大家还很高兴,但后来也不那么激动了。由于对东征的胜利不抱希望,斯蒂芬伯爵回到了布洛瓦。冬去春来,在教皇定下出征一年之后,阿德拉的丈夫斯蒂芬伯爵,在盟友罗贝尔和于格的陪同下,乘船去了巴勒斯坦。与此同时,许多人都对第一次东征时遇到的艰难困苦感到无法忍受,他们回来后都获得了布洛瓦伯爵夫人阿德拉的赏金。

"我好心的姐姐,我认为,"亨利见她对那些将士们那么仁慈,就说,"如果你见到乞丐,把他们的牛群和羊群卖了,只卖了几个先令,你就会更愿意嘲笑他们的愚蠢,而不会好心救济他们。"

"我认为,人以上帝的名义付出所有,一心为国一点儿也不愚蠢。"

---

[1] 隐士彼得率领的有六万人。"穷汉"沃特则率领一万五千名步兵,还有一位狂热的宗教信徒,名叫葛兹沙,他的讲道激励了两万名德国农民,跟在前两位将领的部队后面出征。他们的后方跟着二十万人,这群人是愚蠢且野蛮的废物,干着抢掠、卖淫、酗酒的勾当。根据可靠的记载,还有三千名伯爵和绅士参与到了他们的队伍之中;但他们真正的领袖(如果我们真的能够相信的话)是一只鹅和一只羊,它们被队伍最前方的人带着,重要的基督徒们都认为它们代表着圣灵。(Gibbon, *Rome*,第5卷,553页)

"我想,"亨利大笑着说,"那些有自我牺牲精神的人专注于'今生多付出',而没有想要从天国获得什么;我认为,某些人一提到天国,就会认为是巴勒斯坦公国吧。"

"在亚细亚建立基督教国家难道不值得吗?"阿德拉说着,对弟弟的暗讽非常不高兴。

"的确如你所说,亲爱的姐姐。不过你为什么要留着那个卑鄙的布克勒科,他难道不能获得王国或领地吗?"

"不!我不是一定要留你住在这里,"阿德拉说,"因为我认为,我是无法束缚你的,束缚你的是比我的房子更坚固的东西。"

"红脸国王①的身体状况越来越不行了,我只得多关心关心他,这在某种程度上影响了我的决策,这我不能否认。"亨利闪烁其词地说。

"难道不是因为红脸国王身边那个貌美的护士吸引了你的注意力吗?"阿德拉问道。

"不仅如此,姐姐,既然你发现了我的秘密,"亨利坦白说,"那我就把一切都告诉你。我明白,你们东征会抽调诺曼的军人,如果我的兄弟会死,那么让我将个人的利益跟撒克逊民族联系起来,以此巩固跟英格兰人的情感,是很明智的决定。于是,罗贝尔送我到英格兰跟鲁弗斯谈判,以他的领地做抵押,那时,我跟埃德加·阿瑟林一起参观了沃尔顿的修道院。"

"你就是在那里见到了那个新修女玛蒂尔达。"阿德拉插话道。

"不要叫她修女,她讨厌这个称呼,而且她有一种女王的精神。在她舅舅阿瑟林面前,她会扯下头上的面纱,将它扔到脚底。"

"那这位活力四射的女孩嘲笑你的头衔了吗?"

---

① 指威廉二世,因脸颊红而被称为"红脸威廉"。(编者注)

"我是跟他舅舅一起去的,所以除了叫我舅舅,我再没别的头衔了。"

"阿瑟林对你的想法怎么看?"

"他承诺,东征回来后就把她交给我,并祝福我。"

"不过这边又来了个人,为布洛瓦伯爵夫人送消息来了。他衣衫褴褛,走路一瘸一拐的,从这些就能判断出,他所说的会让过去的一切都黯然失色。不要再谈我的想法了,你还是先去会见这位东方大使吧。"亨利露出一个讽刺性的微笑,离开了。

进来见阿德拉的人,以及他带来的消息,确实印证了亨利挖苦性的推测。他是从"穷汉"瓦尔特的阵营里逃出来避难的,他们参与圣战的唯一缘由就是他们的贫穷。出发之前,他们每个人都进行过搜身,这个人身上搜出了两苏[①]铜币,因而被赶出了营地。在一种盲目的狂热情绪驱使下,他们认为,东征时,河流会为他们让道,肉体也能获得神秘的供养,天上降下的是甘露,受到重击的石头里流出的是清凉的河水。进入匈牙利时,匈牙利人的殷勤好客让他们更坚定了信念;不过,当他们进入保加利亚王国时,之前的幻象被完全打破了,他们饥寒交迫,不再对美好的天堂抱有希望,而是习惯了烧杀抢掠。恼怒的当地居民不再害怕他们,也不再对他们仁慈相待,而是开始攻击他们。他们死了很多人,也有一些逃到了森林之中,还有一些虔诚的信徒因失望而回国。

听了这位逃亡者悲惨的故事,阿德拉声称,他们的不幸是因为忘记了救世主最后的教诲:"有钱囊的可以带着,有口袋的也可以带着,没有刀的要卖衣服来买刀。"

"啊,夫人!"这名逃亡者说,"不要觉得我们的不幸是因为缺钱

---

① 苏:法国中世纪时的一种钱币。(译者注)

或武器，而是因为我们急于离开，本来我们是定在星期五走的，而不是等过完安息日。"

另一位亨利所说的"东方使者"来访时，阿德拉正跟家人住在法国的特鲁瓦城。

这个人是傍晚时分来访的，他骑着一匹很糟糕的骡子，和数月前隐士彼得所骑的相似，它参与的大战次数比亚历山大大帝所骑的爱马参与的还多，它扬名在外，乃至于身体上的毛发也被人当成了纪念物。此刻，它疲乏不堪，低着头，垂着耳朵，拖着沉重的脚步，缓缓地走向城堡的大门。骑这匹骡子的人看起来也很疲乏难受，他没精打采地下了骡子，温顺地跟仆人们一起等候着，直到女主人的召唤。

"请明鉴，高贵的夫人，"他说，"我就是那样的人，我的命运就是会毁掉自己参与的远征活动。"

"你真不幸！"阿德拉叫道，"你已经背叛了上帝的部队吗？"

"愿上帝原谅我的这条罪状，"这个人一边说一边在胸前画着十字，"不过我仍然受到了约拿的诅咒，真是罪孽哟，因为罗贝尔公爵的战争，我们已经变得穷困不已，那天，我抢了教堂里的舰船，并将它们贩卖了出去，以便给我饥饿的家人换得一点儿食物。我的这种想法真是有罪的，为了赎罪，我加入了隐士彼得的队伍。但我对孩子自私的爱超过了信奉神明的虔心，撒旦用我对孩子的爱做诱惑，如果他们跟着我，至少能戴上殉难者的冠冕，但他们的父亲则会因罪过而受到惩罚。我们费尽心力，买了几头牛和一辆车，高贵的伯爵夫人（愿上帝保佑您）则为我可怜的老父亲和无助的孩子们送了衣物。愿上帝宽恕我，我跟珍爱的家人们坐在一起，陪着他们前行，心里充满了自豪感，无论是到了村镇还是城市里，我都听到小家伙们叽叽喳喳地问，是不是到了耶路撒冷，我很开心。可是我却没有记住救世主的这句话:'无论什么人,若不撇下一切所有的,就不能作我的门徒。'这真是愚蠢。还有许多犯了同样错误的人,带了很多没用的东西,还有很多老弱病残的人,男女都有,这让我们的行程缓慢,而且显得格外冗长。我的孩子们也不再闲聊,只是四仰八叉地躺在车里。我的父亲睡着了,我们不能吵醒他;我的妻子将怀里的一个小孩子递给了我——他已经死了——我们就把他埋在了路边。这是我们苦难的开始。我因为罪责过重而惊恐不安,跟我们同行的一个坏蛋的儿子,在我们经过的村子里放火烧房子,这激怒了当地的所有村民,因此他们联手来对付我们,而我实在是无法描述后来的血腥场景了。他们因为这次放火而对我们大打出手,用武力抗击我们所有人,并且杀死了我们之中因患病而毫无还手之力的人。我的妻儿都被他们俘虏了去,我的爱女特蕾莎,也被一个粗鲁的无赖从我手中夺走了。"

"不幸的特蕾莎!"阿德拉说着,流下了眼泪,"我可怜的威廉正为这位耐心的护士而憔悴不堪呢。"

"万般绝望之下,"那个人继续道,"我也冲进了战场之中,我一心求死,但却是徒劳。我的罪孽太过深重,我活着,就是为了哀悼我的亲人们,我为了他们甚至出卖了自己的灵魂,他们怎么就留下我一个人活着了呢?"

"为我的罪孽,以及像我一样的人所犯的罪过对朝圣造成的损害而感到遗憾,因此我决定隐藏在一间修道院里,决定以苦修来了此余生,我希望能在圣墓旁获得救赎;后来在一块沼泽地边缘,我发现了我们将领留下的毛驴,于是我骑着它,沿路乞讨回来。"

阿德拉给了他一些钱以便他能顺利抵达卡昂的修道院,并沉重地跟他道别。

一位尊贵的德国修道士住在特鲁瓦森林里一间位置偏僻的小屋子里。据称,他能够通过神秘的药剂治疗各种病人,因此,阿德拉为了自己患病在身的儿子来拜访他。蒂博和斯蒂芬也率一小批人马,陪她一起过来。

回家的路上,他们遇到了一群人挡道,其中那个为首的人看起来很奇怪,外面穿着盔甲,里面却露出了修道士的服装一角。他的头上戴着一顶小丑似的帽子,帽子顶上有一个十字架形状的羽毛饰物。他的肩膀上挂着很多皮带,后面拖着各种颜色和尺寸的箱子和包,一串人的小骨头挂在他脖子上。偶尔,他会摇晃这串骨头打节奏唱歌,露出恶魔般的笑容,看上去似乎很虔诚,有时又会说亵渎性的话语。

"关于战争的新闻!"他喊着,靠近了阿德拉他们。

> 为有罪之人提供圣人遗物,
> 有圣彼得的手指,圣保罗的牙齿。

"还有更多——巴比伦已经沦陷——犹太人,犹太人——沙德拉、米煞和亚伯尼哥,都被投进了熔炉里——哈!哈!那火焰多么明亮啊——那些长胡子的人不断躲避、退缩,但还是被烧成了灰烬!灰烬!"他说着,将一个箱子里的东西都扔到了旁观者的脸上——"还有还有——喝下——这疗伤的——酒!"说着,他从一个瓶子里倒出一种液体,散发着恶臭,闻到这种气味,大家都露出厌恶的神情,扭过头去。

> 东征军们跟随着圣灵的脚步,
> 圣灵将水和血液变成了酒;

> 让我们坚强地面对屠戮。

"恶魔在森林里尖叫——小鬼在沼泽地里眨眼——它们将我们带到了圣墓——尸体之桥——生锈的盔甲——眼睛闪闪发亮。狼在我们经过的道路上大声嚎叫——黑乌鸦在死者的躯体上空盘旋——听到他们呻吟真是享受。"

> 山羊头领让跟从的山羊们爬上那陡峭的岩石,
> 鹅拍打着翅膀,引领着鹅群;
> 合着死者的骨头敲击出的音乐节奏前行。

那个疯子开始跳起了欢快的舞蹈,不断敲打着箱子,疯狂地摇晃着手中的骨头。

亨利王子走过去,将那个疯子安顿好,驱散了围观的人群,让车队通过了,阿德拉这才从那惊悚一幕的震惊中回过神来。

面对阿德拉焦急的询问,亨利王子回答说,她刚刚见到的那个人,来自一个疯狂的团队,他们没有任何首领和向导,自发前往圣地,他们的信仰很奇怪,认为圣灵在一只羊和一只鹅的身上,所以很崇拜羊和鹅。

他们的主要目标是反对犹太人,无论走到哪里,都会杀犹太人。这些疯狂的人试图从多瑙河沿岸突围出去,匈牙利人则拒绝他们入境。接下来的几天,他们大肆屠杀匈牙利人,田地里尸横遍野,河流也因堆满了尸体而滞流了。

"上帝对不虔诚的他们惩罚得太过了,唉。"阿德拉说着,叹了口气。

"他们的不虔诚也不虔诚得太过了,"亨利干巴巴地回应道,

"只有你宽恕他们,亲爱的姐姐,你看,报告远征队坏消息的报信人,都令人想起了约伯的坏使者,他们每一个人都独自逃跑来告诉你。"

"你说得对,这些糟糕的消息都是失败后逃跑回来的人送来的,这些家伙非但没有帮助我们进行远征,反而成了我们的拖累。我们应当听信将士们发来的情报,他们英勇地实施了明智的计划,我相信,我们的敌人遭受的打击会成为他们送来的情报的主题。"阿德拉情绪高涨起来。

"不,我并不想让你烦恼,"亨利安慰道,"为了证明我求和的意愿,我带来了一张'停战书'。"说着,他把她丈夫斯蒂芬的信递给了她。

斯蒂芬给阿德拉的信里包含了最令人高兴的信息。[1] 斯蒂芬伯爵称,拜占庭帝国皇帝阿莱克修斯对自己很热情,并对自己在君士坦丁堡所受到的接待,以及拉丁首领们为了赢得巴勒斯坦的城市,向希腊皇帝表达敬意而举行的盛大仪式,进行了热情洋溢的赞扬。他说,阿莱克修斯已经准备好了船只,将他们送过博斯普鲁斯海峡,在小亚细亚(安纳托利亚)已经有一小支军队准备就绪了,将他们皇帝的宽宏大量宣扬了出去,每周,皇帝都要赐予远征队首领很多的黄金,这些黄金足够两个仆人扛在肩上了。

信的末尾,斯蒂芬还提到了自己所蒙受的恩泽,并让阿德拉按照他的要求,将她的儿子斯蒂芬送到君士坦丁堡,来接受这世上最高等的王室教育。

---

[1] 拜占庭皇帝表示,希望斯蒂芬将自己的一个儿子送到拜占庭帝国王廷接受教育,还给了很多其他的承诺,斯蒂芬将这些当做神圣的事情,在信中告诉了自己的妻子。(Mill, *Crusades*, 49 页)

阿德拉美丽的双眼里盈满了感恩、深情的泪水,看着自己年幼的儿子,喃喃地说:"我的儿子可能会戴上恺撒的王冠。我的父亲被称作'征服者',因为他除了自己的封地诺曼底,还获得了一座贫瘠的岛屿,而让一块大陆重新信仰基督教的人,应该授予他什么封号呢?"

接下来的三个月,阿德拉没有收到关于东征的任何确实的消息,只听到了一些关于基督教阵营遭遇了饥荒的谣传,还有他们跟异教徒之间的残酷战争;不过这些战况陈述都很含糊。

亨利王子不久前去诺曼底镇压一场暴动,至今未归,阿德拉孤身一人,陷入焦虑担忧的情绪中,她有种不好的预感,因此一直郁郁寡欢。

亨利一回来,就看到她面色苍白,说话的语调也很悲伤。

"开心一点儿,亲爱的姐姐,"亨利说,"你真是个预言家,你说将士们的胜利可以安抚下层民众,这话真准。"

"你是带来了好消息么?"阿德拉问道,精神为之一振。

"是的,确实如此,"亨利兴致勃勃地说,"十字军确实胜利了,正如传奇故事所描述的那样,确实是一场激战呀。"

"不要考验我的耐心,"阿德拉说,"告诉我,你的使者的名字,以及他告诉你的消息。"

"信使是贝克特的吉尔伯特,是埃德加·阿瑟林手下的一位撒克逊绅士,因此,也是罗贝尔公爵和斯蒂芬伯爵介绍来的。他跟他们一起渡过了爱奥尼亚海①,带着他主人的盾牌参加了君士坦丁堡的游行。"

---

① 爱奥尼亚海:地中海的支海,位于希腊以西、西西里岛以东和意大利东南部之间。(译者注)

听到这里,阿德拉打断了他的话,问道:"从他们离开那座城市开始,那之后的事我都明白,我现在想知道,他们跟异教徒交战的时候,战况如何呢?"

"他们袭击的第一个重要据点,"亨利说,"就是古姆拉森首府尼斯,被塞尔柱突厥人占领了,突厥人要求小亚细亚的所有居民向他们进贡。听到东征军入侵的消息,苏丹就离开了堡垒坚固的都城,跑到了山里征召各路部队。首支抵达君士坦丁堡的东征军,是由布永伯爵戈弗雷和韦尔芒杜瓦的于格率领的,他们占领了城市的东部。图卢兹的雷蒙和多姆主教阿德赫马占领了南部,而弗兰德斯的罗贝尔和塔伦特姆的博西蒙德则据守在北部。我必须要告诉你,这个博西蒙德是奥特兰托的主将。我们的父亲参与的战争中,有四十名诺曼绅士一战成名,去圣地朝圣回来之后,隐居在意大利。据说当年,萨勒诺亲王被撒拉森人包围,那四十名诺曼绅士就备好了武器和战马,出征萨勒诺,很快就让异教徒们撤军了。亲王的副将们回国后,到诺曼底请求援助。在诺曼公爵的承诺和说服下,罗伯特·吉斯卡得和他的十一位兄弟组织了多支探险队,将意大利南部地区从强盗一样的入侵者手中夺回,并自封为阿普利亚和卡拉布利亚的领主。罗伯特·吉斯卡得一生的大部分时间都在跟希腊的皇帝打仗,最终被阿莱克修斯毒死。这位吉斯卡得的儿子博西蒙德则继续开战,准备为父亲之死报仇,东征的消息更让他斗志高昂,就像是火上浇油一般。他用战斧将盔甲砍成了碎片,用这些碎片做成了很多小十字架,将它们分发给手下的将士们,然后,他放弃了在意大利的所有财产,跟他的堂兄坦克雷德一起加入了朝圣的队伍,这位坦克雷德年轻俊美、英勇善战、慷慨善良、热情开朗——"

"我一点儿也不在乎,"阿德拉插话说,"他是否像《圣经》中的押沙龙一样俊美,是否像所罗门一样聪明。更让我感兴趣的是另外两位不太著名的将领。"

"不久你就会了解一点儿他们的事了,"亨利说,"这位博西蒙德在君士坦丁堡时,皇帝阿莱克修斯还想跟他交朋友呢。"

"不要再说那个博西蒙德了,"阿德拉说,"我想听斯蒂芬和罗贝尔的事。"

"哎呀,姐姐,"亨利开玩笑地说,"你不知道你拒绝的是什么。为了让博西蒙德保持忠心,阿莱克修斯赐给了他布拉克纳尔宫,里面堆满了钱财、珠宝、名贵的衣物,以及罕见的珍贵丝绸,这些不会让你们女人感到好奇么?"

"除了我丈夫的消息,"阿德拉说,"别的我什么都不感兴趣。"

"那么,接下来的消息会让你开心起来了,"亨利说着,发出戏谑的笑声,"布洛瓦、沙特尔和香槟三城的伯爵斯蒂芬,我才赋过人的姐姐的丈夫,"说到这里,亨利朝阿德拉鞠了一躬,"征服者威廉的女婿,也是多位伯爵的父亲,我毫不怀疑,他以后也会成为国王的父亲,这个时代最俊美、最有修养、最有口才也最精明的人,被选为了将领之首。"

"你带来的这个消息真不赖,愿上帝保佑你!"阿德拉欢快地说着,"那罗贝尔呢?"

"一改年轻时什么都不做准备的作风,他是最后一个抵达尼斯的,然而,他所率的部队都是活力十足、精力充沛的,他们抵达城市西部的宿营地之后,他无所畏惧地盯着那双层的城墙,上面有三百五十座堡垒,里面挤满了勇猛的弓箭手和枪兵。他率领诺曼底、布洛瓦和沙特尔的将士们,还有布永的一支部队,之前,'穷汉'瓦尔特和隐士彼得曾经在那里被击败,牺牲了很多人。那些异教徒在那里摆放了一大堆他们的骨头,并用泥土掩埋着,以此嘲弄他们;

罗贝尔率军抵达之后，安营的地方正好在那些遇难者的坟堆旁。隐士彼得跟自己的残余部队，加入了围攻的军队之后，根据当时的统计，有六十万步兵和十万装甲骑兵。每个人都坦陈了自己的罪过，以及民众所承受的苦难，他们开始为围攻准备武器和其他装备。苏丹自己也扎营在距城区十英里以外的山里，他不断在思考，该怎样将自己的城市从敌人的围攻中解救出来。东征军将领戈弗雷收买了苏丹的两位使者，他们承认，他们是被派遣来跟被东征军围困的人协力，对基督教军队进行夹攻的。听到这个消息，东征军立马开始准备战斗。天破晓时，伊斯兰阵营的将士们下山，从城里出发了，而基督教阵营的将士们对伊斯兰军队进行了有力的打击，并且完全击退了他们，转守为攻后，尼斯附近的所有地区都开战了。两军开战了两次，看到像狮子一样的法兰克人[①]，只要有一千把长矛，就能让两万土耳其人溃逃，苏丹深感惊讶。不过根据那位吉尔伯特的说法，虽然这些战争速战速决，并且取得了不错的战绩，但是，傍晚时将士们清理同伴们的遗体，并悲伤地将那些遗体埋葬在附近的柏树林里，透过微弱的火光能够看到，那些遗体并没有穿寿衣，更没有被装进棺材就下葬了，这样的场景让人心生悲凉之感。

"为了吓住被困的伊斯兰将士，东征军砍下了掉落的伊斯兰将士的头颅，并将那些头颅扔回城里。

"突厥人独创了一种令人胆战心惊的方式进行回击。他们从城墙上放下了长长的铁钩，将那些基督徒的尸体吊着，挂在空中，剥去衣服后，将伤痕累累的俘虏重重地摔到地上。

"年轻的吉尔伯特受了重伤，失去了知觉，就这样被带进了城

[①] 法兰克人：本书中的"法兰克人"指欧洲人（尤指西欧人）。（编者注）

里,不过突厥人发现他并没有死,于是就将他送到了苏丹的医生那里,他们把他当成了一个重要的囚犯。攻城战打了很长一段时间,东征军成功破坏了城墙东北角上的一座大堡垒。苏丹的王后发现失去了这么重要的堡垒,于是决定开战。王后准备了一些舰船,率领自己的部队出征了,年轻的吉尔伯特也被带来了,随行的还有一位突厥高级官员的女儿,名叫泽达,貌美如花,她喜欢吉尔伯特。晚上的时候,她准备帮吉尔伯特从湖上逃跑。在悬崖峭壁的阴影中,小船偷偷地快速航行着,快接近东征军阵营的时候,吉尔伯特向阵营的岗哨方向射出了一支箭,想引起岗哨注意。

"弓箭的拉弦声引起了伊斯兰将士的注意,泽达则拿起了最爱的竖琴,弹奏起来,巧妙地遮盖了弓箭的拉弦声,分散了伊斯兰将士的注意力。

"吉尔伯特之后才知道,那支飞射出去的箭正好掉在了正在打盹的哨兵的火堆上,那名哨兵立刻起身,唤醒了同伴们,很快,罗贝尔公爵手下的骑士们就聚集到了岸边。

"异教徒们试图乘船离开,不过却是徒劳,诺曼人拦截了他们的船,俘虏了苏丹的王后,载着吉尔伯特的泽达的船却逃脱了东征军的追捕,吉尔伯特很失望。

"基督教一方的将士们发现了城里被困的伊斯兰将士们获取供给的办法,于是就截住了从君士坦丁堡出去的船只,将围困变成了囚禁。突厥人完全失去了希望,到夏至日时,他们投降了。

"随后的议和谈判也很成功,但是拜占庭帝国皇帝阿莱克修斯很狡诈,他派遣了塔图斯,跟被困的伊斯兰将士私下签订了一份和约,要求伊斯兰将士们在城门上挂上他们帝国的旗帜,城门大开时,看到这一幕,东征军们非常愤怒。阿莱克修斯将获得的赃物分给将领们,并给了士兵们大量赏赐,试图以此平息大家的怒火,不过他们却并不接受,恼火地拆掉了营帐,并未踏足他们攻克下的城市就离开了。

"与此同时,被俘的吉尔伯特则被送到了苏丹的营帐里,虽然他满腔热血,想要为东征军效力,不过那名突厥官员之女的温柔多情和动听的歌声却磨掉了他的斗志,让他沉醉在温柔乡里。

"苏丹的大军一共二十万,跟在东征军后面,由于他完全了解东征军的实力,不敢与他们硬拼,因此掩藏好自己,一直盯着东征军的动向,就像是老鹰盯着自己的猎物一样。由于某些缘由,罗贝尔和博西蒙德跟主力部队分开了,他们住在戈尔甘谷的一条河边,那里景色优美,晚上很安静。第二天一大早,他们还没起床,苏丹的大军就出现在附近的山上。吉尔伯特也在山顶上,看到了苏丹大军和东征军的激战,从那些基督徒俘虏那里,他了解了许多关于他的同伴们的消息。

"我们的兄弟罗贝尔一反常态,很快地召集了自己的主力军,用货车和辎重筑成了一座堡垒,抚慰他的部下们,让他们勇敢地面对这场战争。突厥人冲向他们,声嘶力竭地吼叫着,骑兵们的动作——盔甲、盾牌的摩擦声,基督教阵营的鼓声,将领们的呼喊声,交织在一起,没有人能分辨出这些声音是敌军还是友军发出的。然而,吉尔伯特却发现,基督派将士们放下了长矛,改用刀剑,突然伊斯兰人举起了弓,吉尔伯特往前飞奔,空中似乎有一片厚厚的云完全遮蔽了他的视线,原来,有二十万支箭射向了东征军。"

听到这里,阿德拉不由得颤栗了起来,她双手捂着眼睛,似乎是不敢去想那恐怖的一幕。

她的弟弟继续道:"欧洲的骑士们聚集在山头对抗敌人,土耳其人按照他们的习惯,都下了马,就像古时候的帕提亚人一样,就算是逃跑,也带着弓箭不离手。他们再次转过身来,大声呼喊着,冲向了疲惫不堪的欧洲军队，将东征军逼到了山谷里。东征军跟撒拉森人激战，在诺曼战斧的威力下，异教徒们纷纷倒下，不过敌军的援军不断赶来，欧洲的骑士们又要去对付他们，所以将士们疲惫不堪，有的人想要放弃，东征军阵营的将士们摇摆不定。在这个关键时刻，罗贝尔勇敢地站起来，抓起帽子往地上一丢，举起他的旗帜，狂呼着'保卫诺曼底！'奋勇直前，吉尔伯特听出了他诺曼底的嗓音！东征军士气高涨，奋勇作战，将撒拉森人打退了。过了一会儿，撒拉森人再次朝他们冲了过来，没有给他们一点儿休息整顿的时间。东征军的将士们一个个地倒了下去。吉尔伯特骑马飞奔经过东征军阵营，因此他只注意到了那些军营中的女人从河里提了水，去给那些受伤的将士们清洗。当他看到山间漫起了乌云时，战争已经持续了好几个小时。然后出现在吉尔伯特眼前的就是十字军的标志和闪闪发光的武器，以及在风中飘扬的十字旗。十字军将士们骑着马撤退，一直到了十字军营的西部，敌军也一直追到了西部。没有人在等着谁，每一个人都赶忙加入战斗中，每一个军人都在喊着'上帝的旨意''上帝的旨意'，翻过了高山，又开始了激战，击溃了敌人。十字军的战争口号让吉尔伯特心潮澎湃，他气喘吁吁地向我们神圣的十字军的战队跑来。他解开了泽达绑在他眉间的白色绷带，举起来挥舞，希望能引起他的同胞们的注意，让他们帮他回到十字军队伍中来。但是，我们军队中的所有人都注意着异教徒的动向，没有发现吉尔伯特的信号，所以，吉尔伯特失望不已。不过那些异教徒却认为他这样做是别有用心的，是想把十字军引过来。泽达的父亲也认为，吉尔伯特的行为会引起手下将士们的不满，所以他很害怕，让仆人将阵地上的女人和囚犯带进了山里一座坚固的堡垒里，同时还带上了吉尔伯特，直到上了山腰，吉尔伯特还盯着战场，无疑是想多看看雷蒙和戈弗雷率领的部队，这两位圣人一样的人,身着像太阳一样闪亮的盔甲;他发现,他们的出现会让敌人恐慌不已。不过关于这场战争的详细情况,他也只能从那些撒拉森人那里了解到一些,撒拉森人似乎战败了,他们赶在东征军之前,穿过了佛里吉亚和西里西亚①,破坏了那里的村庄,将他们经过的地方都变成了废墟。在塔尔苏斯②,泽达的父亲把吉尔伯特和倾心于他的泽达分开了,并将吉尔伯特囚禁在一个异教徒的塔楼里,在那里可以俯瞰基多尼亚。在那里,他忍受着孤独的煎熬,整天就只能透过塔楼射箭的口子,呆看着那永恒的山峦,或是无聊地望着那水鸟在河边嬉戏。有一天,东征军的部队从他的塔楼前经过,他看到了罗贝尔、斯蒂芬和阿瑟林的身影,看到部队的武器和徽章。他像被关在笼中的鸟儿一样渴望着自由,他站在塔楼上,呼喊着那些受人尊敬的领袖人物的名字,以及东征军振奋人心的战争口号,呼唤救世主和圣母玛利亚,以及所有天使和圣人的名字,以求获得解救,但却没有得到任何回应,他只能听到自己在塔楼中呼喊的回声;没有人听到他的呼喊,也没有人来探望他。他一直看着同胞们离开的身影,最后一面十字旗消失在远方时,他绝望地倒在了地上。

"后来,他感觉到一只手轻柔地触碰自己,便清醒了过来,此时,夜色已经笼罩在大地上,月亮已经高挂空中了,他听到泽达轻声唤道:'吉尔伯特!英格兰!'这是他教给泽达的唯一的撒克逊语。他跳了起来,正准备欢呼,而泽达却悄声警告他不要出声,并让他跟她走。他摸索着,跟着泽达偷偷溜出了城堡,通过一段凹凸不平的石头阶梯,到了山崖底部的河边,这里停泊着一艘小帆船。她示意他上船,他就顺从地先上去了,不过等他转身想要拉她上来

---

① 佛里吉亚和西里西亚:这两国都是小亚细亚的古国。(译者注)
② 塔尔苏斯:今土耳其城市。(译者注)

时,她却离开了,他只看到她白色的长袍飘扬在陡峭的悬崖上。他本想去追她,但却被人用一支尖锐的武器逼到了船里。桨手们弯腰划桨,小船就这样载着他静悄悄地离开了。"

"那他回到东征军阵营了吗?"阿德拉问。

"他很痛苦地,"亨利回答,"看着河岸边东征军营地里的营火,听着那些再熟悉不过的口号,不过那些押着他的人却不让他说话,也不准他做任何动作,到了塞浦路斯海,他们就把他送上了一艘大船,去了布林迪西。"

"那些押送他的人是异教徒吗?"阿德拉又问道。

"他们不是撒拉森人,"亨利说,"不过他们是不是信仰我们的圣教,吉尔伯特也不清楚。他们说好几种欧洲方言,东征开始时,他们就将目的地转向了圣地,希望能够在侍奉上帝的同时,还能用刀剑掠夺财富。"

"那位撒克逊人吉尔伯特后来经历了什么?"阿德拉继续发问。

"他回来了,途中经过法国,我在费斯盖普见到了他,就打算跟他去英格兰。好啦,亲爱的姐姐,我要去陪他了,就跟你说再见啦。"

"你带来的消息卸下了我心头的一个重负,让我记起了自己的职责,"阿德拉说,"不过你为什么要去英格兰?"

"我听说布列塔尼公爵正在追求美丽的玛蒂尔达,我必须去那里看看,以便掌握他们的情况。"

"亨廷顿伯爵夫人莫德那边有消息吗?"阿德拉问。

"是的,我正要跟你说说关于她的怪事。你知道,自她丈夫西蒙过世到现在,还不到一年,她就再次结婚了。"

"不可能!"阿德拉惊叫道,"她是那么喜欢修女生活的人!"

"她是为了躲避鲁弗斯才放弃了自己的喜好的。"亨利解释道。

"莫德真可怜！"阿德拉叹道，"她一生都在为别人的私利而奉献自己。"

"她的温柔懦弱让她的命运更显残酷，"亨利说，"西蒙为了她倾尽所有，还让她继承了她父亲的所有遗产。据说，我们的兄弟鲁弗斯早就看上了这位美丽的寡妇，为了躲避他的追求，她被迫嫁给了苏格兰王子大卫。"

"而她也支持你跟大卫的妹妹玛蒂尔达在一起。"

"确实如此，"亨利说，"苏格兰王后将帮助未来的英格兰王后得到后位。再见了，等我回来的时候，我就会带上我可爱的新娘过来了。"

"愿上帝保佑你早日达成所愿。"阿德拉热切地说，然后，他们就分开了。

第 12 章

我是在告诉你,什么才是可怕的,
而不是我自己害怕什么。

　　由于要忙于家务,布洛瓦夫人实在很难再去关心那些由于战乱而变得无依无靠的人们了;而她那个傻儿子更加痴傻了,这也更加重了她的负担。此时是圣诞节上午,是她订婚的周年纪念日。一大群宾客聚集到了沙特尔的大教堂里,一起参加这一天庄严的纪念仪式,并且为小女爵露西的洗礼做见证。阿德拉专心盯着自己的小女儿,并没有留意到有好几位骑士进来了,他们看上去气质尊贵,但却衣衫褴褛,这种奇特的样子吸引了大家好奇的目光;她也没看到,主教将圣水泼到女婴身上,并将她献给上帝时,那群骑士的首领也上了祭坛,并跪在了她身旁的洗礼盘边:那名首领伸出手臂,要从主教手中接过被裹在白布中的女婴时,她转过了身去,看到了自己的丈夫正非常温柔地看着幼女,这可是他第一次见到自己的女儿。

　　伯爵出人意料的回归,让他的下属们更加高兴地完成了这一天的庆典仪式。

　　欢快的庆典结束后,阿德拉和斯蒂芬才有时间进行单独的交流,阿德拉自认为斯蒂芬不打招呼就回家一定是出了什么事,因此她希望听听斯蒂芬的解释。"为什么你一个人回来了,罗贝尔呢?"阿德拉问。

"我认为,你还是不要问那么多的好,"斯蒂芬说着,温柔地看着她,"罗贝尔可没权利阻止我回家,冒险和战争对他而言就像妻子和儿女一样。"

"那我的丈夫是因为妻子儿女的束缚才无法去荣耀之路,为上帝的事业而打拼吗?"阿德拉也顺着他的话问道。

"你想象中的荣耀之路,"斯蒂芬说,"不过是那些卑鄙的家伙和野兽所走的路,那条道路崎岖不平,有很多沼泽陷阱,里面充满了毒液。我们顺着这条道路走下去,却经历了无尽的磨难,而且让我们深陷惨败的困境。至于上帝的事业,如果你了解了这些圣战的罪恶,看到过这些将士们承受的磨难,你可能会怀疑,他们究竟是不是上帝的儿女,或者说,上帝根本没有注意到他虔诚的信徒们所承受的苦难。"

"只有不够坚定的人才觉得那很辛苦,并且也不相信上帝会关爱自己,"阿德拉责备道,"你放弃了神圣的事业,这难道是骑士应该做的吗?"

"放弃一项上帝和人都不愿继续的事业,是我经过深谋远虑才决定的。"斯蒂芬被阿德拉的话惹恼了,反驳道。

"深谋远虑是怯懦的表现,"她回应道,语调仍然温和,"到目前为止,我听到的都是我们的将士勇猛奋战,并旗开得胜的消息,而不是战乱溃败的消息。"

"你反应这么大,是因为你不了解情况,"斯蒂芬说,"如果你耐心听我说,你可能就会了解得更详细、更全面。"

"我不想知道我丈夫有多么懦弱无能!"阿德拉叫道,"我一直都很高兴,主将能够让属下的将士们投身于有重要意义的事业中!"一向高贵矜持的她流下了泪水,是充满了柔情,虽然带着一丝后悔,却仍为丈夫感到骄傲的泪水。

"以卢卡的十字架起誓!"斯蒂芬说着,激动地站了起来,"我这样说是很理智的,如果你不愿意听,那么说再多也没用。"

"如果你回家是理智做出的决定,那为什么只有你一个人回来了?"阿德拉努力控制住情绪,问道。

"一个人!"斯蒂芬重复道,"在彼得的劝诫下离开欧洲的那么多人,有四分之三的人已经回来了,或者沦为了敌人的俘虏。隐士彼得自己也无法忍受看到或经历这种苦难,逃跑了。鲍德温也加入了一伙在西里西亚一带为非作歹的盗贼团伙。图卢兹的雷蒙也染上了瘟疫,高烧不退。戈弗雷是东征的灵魂人物,也受了重伤,带着伤口与野兽为伍;阿莱克修斯的中尉塔图斯已经撤军了;我也因为身体不适休息了一个季度,没有参与土耳其安提俄客的围攻战,而当时,一万五千名突厥将士从亚细亚中部出发,赶去加入围攻东征军的战争之中。"

"那么,是谁照顾你的呢?"阿德拉问道,一想到丈夫生病难受,她就重新变得温柔了。

"士兵们的露营地允许病人带看护的,"她丈夫回答,语气柔和了不少,"我只是微恙,休息的时间不长,如果不是收到了一点儿情报,让我放弃了完成东征的希望,我本来应该跟部队汇合了的。

"我告诉你,征服亚细亚真是个愚蠢的计划,没有一点儿意义。希腊帝国是欧洲东部的城墙,不过那里的人就跟伊斯兰教徒一样,都是异教徒;而且每一次征战都是阿莱克修斯以封建君主的名义而发起的。我们获胜之时,他从我们手中夺去了尼斯城。回来的时候,我遇到他正率军去攻打安提俄客,我跟他分析了突厥人的实力,这才让他止步了。"

"难道我们在跟异教徒的战争中没有取得胜利吗?"阿德拉问。

"单打独斗或公平开战,"斯蒂芬说,"东征军都是无往不胜的;不过再怎么热心都抵不过饥饿和疾病。我们的部队远离故土,只能依靠阿莱克修斯的支援,因此,我们的每一场胜利都需要用另一种竞争来赢得,如果要把巴勒斯坦从突厥人手中夺回来,那我们还需要花费更大的努力先让它脱离希腊的控制。"阿德拉沉默了,因为斯蒂芬说的话很有道理,她无法出言反驳,但她心底里是不服的。她表面上还是同意了丈夫的决定,但脑中却在思考着每一条可能对他的名声造成损害的谣传。听说圣战战士们在安提俄客遭到围困,因饥饿和疾病虚弱不堪,奄奄一息,她感觉更难受了;因为他不仅撤回了自己的军队,还率军对抗那些来给他们解困的友军。听到这些,她深感颜面无光,而且自己的雄心壮志也无法实现,她了解到,基督教派将士们,即使快要饿死了,也坚持着战斗,誓死也要捍卫圣墓;幻想天使和圣徒的降临,让他们重新焕发出活力,救世主好像也被他们的诚心深深打动,派遣了"一支浩浩荡荡的天使之军"来支援东征军阵营,将撒拉森军队赶出了奥伦特斯河河谷。她感觉自己的丈夫不仅很没骨气地拒绝了至高无上的权力,同样也拒绝了进入天堂的机会。她失望至极、懊恼不已,于是发誓一定要让他回归圣地,如果需要的话,即使是牺牲他的生命,也要挽回他的名声,否则她会一直这样要求他。

由于阿德拉的这种心理状态,斯蒂芬发现,他们平常的消遣和娱乐活动根本无法吸引她的注意力。只有十字军的消息才能让她恢复活力和生气,而这些消息通常都是不经过他的,他也尽可能地避免接收来自东方的所有情报消息,在自己领地里偏僻的地方打发时光。阿德拉长期焦虑不安,因此,她特地派遣了一位密使去意大利。密使带回了一封官方信件的副本,是东征军将领写给教皇乌尔班的。信中先是详细描述了沿着海岸从安提俄客经的黎波里、西顿到拉姆拉的征途行程,然后继续描述:"此后,我们的部队继续赶路,抵达了之前被称作埃莫的村庄,就像古时的圣徒一样,在长途跋涉之后,有从伯利恒来的同胞来迎接我们去那片神圣而美丽的土地,并一路照顾我们,'我们觉得心中热血沸腾'。大家都没有了睡意,直到午夜刚过,大家心中充满了希望和憧憬,披上盔甲,带上武器,从营帐里出来,准备开战。我们在黑暗中沿着道路和田野前行;终于,东方的天空出现了曙光,阳光照到了橄榄山山腰上,圣城已经在我们眼前了。大家开始欢呼:'耶路撒冷!耶路撒冷!'大家忘记了身体的疲乏,曾经遇到的艰难和危险都被抛之脑后,将武器扔在一旁,所有人都激动不已,不停地手舞足蹈。有的人朝天空大声呼喊,有的人低声哭泣,有的人跪在地上祈祷,还有的俯下身子亲吻圣地——所有人都难以抑制自己的兴奋之情。我们脱下了鞋子,光脚踩在圣地上,走到城门前,将我们的营帐安在北方的圣斯蒂芬门和大卫塔之间的空地上。这时正是初夏,雨水正盛,我们已经能看到丰收的景象了,葡萄藤上的葡萄已经成熟了,我们头顶的耶路撒冷城墙上,十字军的旗帜正迎风飘扬。我们一直试图攻破堡垒,却从未成功过,于是我们准备了很坚固的可移动堡垒,推送到城墙边,准备开始攻击,我们并不打算像以往那样,以军鼓声为号令,而是以鼓舞人心的圣歌和圣曲为号令,神父们在锡安山上弯下腰,为开战的圣战战士们祈祷。而异教徒们则树起了我们圣教的象征物十字架,往上面倾倒灰尘垃圾,以表达他们的愤怒,不过上帝一直跟我们在一起,而且他们很快就为这种亵渎圣教的行径付出了血的代价,因为戈弗雷和鲍德温从一座堡垒中跳出来,在战场上插了一面旗帜,坦克雷德和罗贝尔撞开了一扇大门,雷蒙率下属将领登上了城墙,因此我们将这座城市从异教徒手中夺了回来,为上帝的事业报仇了。然后我们放下了武器,洗去了手上的血渍,谦卑而虔诚地开始忏悔,我们不敢抬头,也不敢乱动,只是在救世主出现过的地方游走。已故的阿德赫马主教的灵魂也加入了我们之中,跟我们一起庆祝,还有那些从欧洲到耶路撒冷这一路上故去的人的灵魂,也跟他们的同胞们同在。整个城市都欢欣鼓舞,感激的呼声直冲云霄。1099年,在救世主被钉上十字架同一天的这个时间,耶路撒冷城再次回到了基督教派的手中。在这个幸运的时刻,教皇乌尔班再次坐镇罗马帝国;此时,德意志由亨利四世执政,希腊的帝国是阿莱克修斯,法兰西的国王是腓力一世,而威廉·鲁弗斯统治英格兰,这世间的一切,都由我们的上帝耶稣主宰,他也将名垂千古。"

第13章

> 我很明白
> 我的灵魂跪拜的那座神龛有多么可笑。
> 我的灵魂多年来平静不已，
> 以上提及的战争让我看不到希望。
>
> 惠蒂尔

根据阿德拉的提示，亨利王子修复了跟亨廷顿伯爵家的关系，并一直保护着莫德和她的丈夫，而且开始跟美丽的修女玛蒂尔达交往。他干扰了他的劲敌萨里伯爵瓦伦的行动，鲁弗斯曾承诺将修女玛蒂尔达嫁给这位萨里伯爵。亨利认为离开英格兰是不安全的，因此他住在王廷里，一直忙着狩猎，这也是当时最盛行的贵族活动。新森林一直是这些贵族快活的首选活动地。以往沉寂的林地现在每天都会举办酒会，这些放荡的大笑和咒骂的声音回荡在谷地里。尊贵的绅士们大声抗议反对这种低俗的潮流，而虔诚的神父们通过预测和梦境来告诫红脸国王鲁弗斯，让他避开那个危险的谷地，据称，理查王子就是在那里染上致命疾病的。而这位不虔诚的鲁弗斯，带着一种很高傲、蔑视的神情率队到了那里，对那些警告根本不屑一顾，并挥手遣散了侍从。"来吧，拿抓钩过来，"他开玩笑地对亨利说，"把驯鹿绑好。跟玛蒂尔达订婚的家伙，快去拿下那个鹿角王冠。""我劲弩上的弦被弄断了,我必须去这树林的小木屋里把弦续上。"亨利冷冷地说。"加把劲儿,你们这群落后的家伙!嗬!蒂勒尔,只有你和我敢去死!"鲁弗斯喊道,抽打着马匹加速前行。亨利进入小屋,一个奇怪的妇人出现了,好像是从他面前的地里冒出来的一样,用诺曼法语①吟诵道:

> 我给您带来了急切的消息——
> 亨利,你现在成了国王。
> 千万要留意我跟你说的话。

后来的话却被匆忙的警告呼喊声打断。亨利转过身,蒂勒尔惊恐万状地跑到了门口,因为他射出的箭误杀了国王鲁弗斯。亨利听说了事情的经过,立刻骑上了马,全速赶往温彻斯特,从守卫那里夺过钥匙,获得了王权和王室的财富。街道上的人们都簇拥在他身旁,他承诺拥护英格兰法律,而且他的未婚妻是英格兰人②,所以他深得英格兰民众的拥护,整个城市的民众高呼:"亨利国王万岁。"贵族和高级教士们则争论着罗贝尔是否有继承权。三天后,在温彻斯特,伦敦的主教给亨利戴上了王冠,承认他是英格兰的国王。

布洛瓦伯爵夫人阿德拉听到这些消息还不到一个月的时间,总是慢一拍的罗贝尔抵达了沙特尔。此前他一直待在意大利的阿普利亚,向博西蒙德美丽的表妹西比拉求婚,此时回来是因为听说

---

① 诺曼法语:指中世纪时诺曼底和英格兰使用的法语。(译者注)
② 玛蒂尔达是唯一一位享有英格兰后位的苏格兰公主。她发现,她的母族也跟英格兰有不解的渊源。她的母亲玛格丽特·阿瑟林,是"刚勇王"埃德蒙的孙女,逃亡者爱德华·阿瑟林的女儿,爱德华·阿瑟林娶了德意志皇帝亨利二世之女阿加莎。(*Queens of England*,91页)

弟弟继承了王位,所以回来主张自己的继承权。阿德拉非常开心地接待他,并以最尊贵的礼节招待他无与伦比的新婚妻子;不过听说罗贝尔要依靠她和斯蒂芬的援助去征服英格兰,阿德拉出于对弟弟亨利的爱,和对罗贝尔犹豫不决的个性的忧虑,决定不支持罗贝尔争夺王位,她暗暗期望,他能够帮自己说服丈夫回去圣地参与圣战。她从罗贝尔这里了解到,东征军将领们又取得了几次胜利。有的人仍然在用武器打天下,而博西蒙德却成了安提俄客的亲王,鲍德温则是埃德萨的亲王,戈弗雷却不一样,成了耶路撒冷之王。

"我兄长罗贝尔的英明神武举世闻名,"阿德拉说,"难道你的同僚们没有让你在巴勒斯坦获得一块领地么?"

"不,这不需要他们的同意,因为神把我的要求看得比其他的一切都更重要。"罗贝尔说,"选国王的时候,主教们给每位将领一根蜡烛,指引着我们前往圣墓。当我们进入圣墓时,一道火光点亮了我手中的蜡烛,正在这时,我突然想到了鲁弗斯过世的消息,想到了王位,我吹灭了蜡烛。"

"真是不幸!"阿德拉叫道,"你拒绝接受天国的召唤,以后不要想功成名就了。希望上帝支持你自己努力,而不要靠你妹妹的支撑。"

"以十字架的名义起誓!"罗贝尔恼怒地喊道,"你那懦弱的丈夫可是第一个逃离军队的。想让我接受一位懦夫的帮助,真是疯了!"还不等阿德拉对这话做出回应,罗贝尔就跑了。

这时,亨利也听说罗贝尔到了诺曼底,为了巩固权力,亨利安抚英格兰民众,并履行之前的承诺,立玛蒂尔达为王后。不过不知道出于什么缘由,撒克逊公主玛蒂尔达却不愿离开修道院,她说除非他答应采用她的先祖阿尔弗雷德大帝的律法和政策,否则就不嫁给这位最英俊、最成功的男士,忏悔者爱德华就批准过使用阿尔弗雷德大帝的律法和政策。关于这些权利和豁免的文件制作完成了，一百份复印件落入了英格兰教士和教会的手中，玛蒂尔达希望成为"分裂国度的和平希望——新成立的诺曼王国和她的人民之间的和平鸽"。

亨利的权力得以巩固，罗贝尔的所有努力也就付诸东流了。罗贝尔用美丽的妻子西比拉丰厚的嫁妆，不断享乐，大吃大喝，婚后第三年，西比拉过世，只剩了他孤家寡人一个，为了得到年金，他将诺曼底送给了亨利，并被人算计参与了叛乱，最终被关在卡迪夫城堡，在这种看似体面的囚禁生活中度过了余生。

十字军东征的精神仍然在欧洲风行，跟随这种精神而来的，是收获的希望，因为第一次东征的将领们就收获了大量的财富和领地。巴勒斯坦这片满目疮痍的土地上很快就住满了罪人和信徒，戈弗雷死后不久，鲍德温一世当选为耶路撒冷的国王，并派出了数支部队侵入亚细亚。斯蒂芬伯爵因为实在经不住妻子强势而执着的要求，也因韦尔芒杜瓦伯爵于格的事例而自惭形秽，也许还期待着东征会更加容易，获得荣耀不再像以前那么危险，于是回到了圣地。在君士坦丁堡，他们还遇到了图卢兹伯爵雷蒙，他本是回来求救的，遇到了斯蒂芬伯爵，于是就跟着他们继续前行。通过小亚细亚的时候，他们又遇到了突厥人，经过与突厥人的战争，损失了十万人，而韦尔芒杜瓦的于格，也因伤死在了突厥南部城市塔尔苏斯。图卢兹的雷蒙牺牲于黎波里，而布洛瓦伯爵斯蒂芬和其他将领们则顺利抵达了耶路撒冷；而且，完成了征程之后，斯蒂芬一扫之前逃离之时的颓废姿态，登上一艘船返回了欧洲。听到丈夫的光辉事迹，布洛瓦伯爵夫人阿德拉既为他感到骄傲，又为他开心，她感觉自己就像年轻时那样崇拜自己的丈夫，日夜期盼着他的回归。一天傍晚，她独自一人坐在房里，一位仆人传话说，前厅里来了一位修道士,希望能见伯爵夫人。阿德拉允许了,一看到那个披着黑纱站在面前的瘦小身影,她心里就有了不好的预感。

"快点儿说说,你来这儿的目的,"阿德拉心烦意乱,面色苍白,气都喘不过来了,"我丈夫怎么样了?"他只是举起了一只手,阿德拉就知道,自己的丈夫已经死了。她无力地跌到座位上,双手紧握在一起,不过眼睛却一直盯着面前那个露出悲悯神情的修道士,继续道,"把所有的经过都告诉我,好心的神父。"她的声音透着悲伤,但却很坚定。

"尊贵的夫人,我知道的不多,"修道士说,"虽然我一路从巴勒斯坦过来这里,就为了告诉你这个消息,但我要说的很简单。无疑,您应该听说过隐士彼得的事了,他带了一大批欧洲将士,赶去耶路撒冷那个地方,我就是彼得。我曾因神的眷顾,亲自率领这个时代最伟大的将士们去占领圣墓,也见过那些摆脱了突厥人压迫的基督徒们拜倒在我的脚下,我感觉就像是《圣经》中的西面一样,说:'主啊,如今可以照你的话,释放仆人安然去世,因为我的眼睛已看见你的救恩。'我感觉很羞耻,因为受到邪念的诱惑,我的信念动摇了,我想在加利利湖边找一座修道院,安静地度过余生。一天傍晚,我在岸边散步,胡思乱想的时候,我突然觉得有人从后面抓住了我。我的双眼被蒙住了,然后又被扔到了一头骡子上,骡子驮着我跑掉了。我想要叫喊,但是我感觉一只手伸到了我的嘴边,有人用盎格鲁-诺曼语跟我说:'不要害怕,我们不是你的敌人,是来帮你完成神圣的召唤的。'听到这话,我放弃了抵抗。我不知道走了多远,不过眼睛上的布被取掉之后,我发现自己在一个山洞里,旁边躺着一个奄奄一息的东征者,我辨认出,那个人正是布洛瓦伯爵斯蒂芬。'尊贵的伯爵,要勇敢起来,'那个之前在我耳边说话的声音说,'我已经带了一位神父来,他那虔诚的祷告,会让你准备好开始这场迟早会开始的漫长旅行。'在这种荒凉的地方,人们本来极少能见到什么温情的画面,不过我却看到那个说话的人轻轻扶起了躺在地上的伯爵,然后支撑着他坐起来,而我则按照他的指示,准备为伯爵做逝前祈祷。伯爵让我发誓,一定会把他在病中艰难写成的信带给您。因为我一直坚持的信仰,我有点儿犹豫,不过伯爵却鼓起最后的一丝力气,颤抖着掏出了一张法国蒙婕谷地的证书,他让我把它带给您,您可以签名批准这张证书,您慷慨大方,一定会帮助修道院的。不过他还没说完,伤口就又流出了血,他虚弱地倒了下去。那个带我去的人把他安放在了垫子上。我把十字架放到了伯爵眼前,低声说着祈祷词,他念着他的妻子和儿子的名字,死了。那天晚上,我在黎巴嫩山旁边的一棵雪松下给他举行了基督徒的葬礼,那些黑皮肤的野蛮人举着火炬看着这庄严的一幕,露出毕恭毕敬的神情。天亮之前,那里的人再次给我蒙上了双眼,回到了海边,乘上了一艘去意大利的船。"隐士彼得沉浸在自己讲述的故事之中,根本没有发现,伯爵夫人阿德拉已经变得僵硬无力,像一具石雕一样呆立在那里;她终于回过神来,颤抖着双手接过了他递过来的包裹,他朝她鞠了一躬,然后便离开了。

阿德拉拆开了包裹,初恋时刺绣的那条围巾掉了出来,围巾上污渍很多,血迹斑斑,飘落到她的膝盖处,掉到了脚下。她打开了包裹里的信,读道:

"我唯一的挚爱阿德拉:

这是你的丈夫斯蒂芬留给你的最后一封信。在我的生命即将走到尽头时,令我感到安慰的是,我的剑终于驱散了长期弥漫在我们之间的迷雾,而我也看到了我的阿德拉,像年轻的时候那样对我微笑。我在约旦河里沐浴过,也在圣墓旁边祈祷过,不过,让我的灵魂重获欢乐的,让我受伤的灵魂重获抚慰的,是人性的爱,而不是神的爱。我在这神明的故乡寻找荣耀，而我也找到了；不过，在那些名人的声音里，我只听到了阿德拉的声音。上帝见我崇拜偶像，于是惩罚了我。该死的风把那艘载我回家的船吹回到我出发的地方。耶路撒冷之王再次向我们求助。我们在拉姆拉平原开战①，七百位骑士与突厥的正规军对战。我们四面都被包围了，不过我们还是勇敢地护卫着十字架，因此而牺牲了很多人。虽然因失血过多而体力不支，但我还是听到了那些突厥人喊着'真主万岁'。我就像曾经做梦时那样，喊出了哈德雷格的名字，很快，他就到了我身边，抚慰我，给我做精神疗伤，并用那条我在战争中一直围在胸前的围巾来抚慰我。我和因戈尔福斯一样都被人带走了，在对手们驻扎的山洞里醒了过来。我知道我就要死了。我实在坚持不了多久了，时间一到，我最后的血液就都会流干。哈德雷格承诺给我做基督徒的葬礼，并带了一位神父来为我做忏悔。我最爱的人，请记得我的好，为我感到自豪吧。让我的孩子们都以他们的父亲为傲，因为他死于圣地的战争之中。替我亲吻我可爱的女儿露西，我回家的时候，她总是微笑着来迎接我。我眼前一片漆黑，年轻时那些令我开心的人都浮现在我眼前，其中最漂亮的是我的新娘阿德拉。"信的最后还有一些文字，字迹已经被泪水浸透，模糊不清，最后的签名"斯蒂芬"已经看不清楚了。

之后的多年里，阿德拉一直沉浸在那天晚上的悲痛之中无法自拔。她一直因这种悲痛而伤心难过，因此忽略掉了其他的事务。她因为失去了丈夫而悲伤不已，从那之后，她对生活中的一切都失

---

① 小队被埃及人打败了！沙特尔伯爵斯蒂芬被敌人囚禁并杀害了。他是从东征途中逃跑的英雄。他的妻子是英格兰国王威廉一世之女阿德拉，这位雄心勃勃的女士发誓，要到丈夫在巴勒斯坦恢复了名声之后，她才会让他好好休息。于是他便奔赴了巴勒斯坦，并以如上所述的方式死去了。（Mill, *Crusades*, 95 页）

去了兴趣。朋友们为她担心忧虑,童年时的愉快回忆、宗教信仰,以及她曾经定下的宏伟计划,都无法激起她的兴趣。她去了一次诺曼底,用一如既往的冷静和智慧化解了弟弟亨利和大主教安塞姆之间的矛盾。她还去了布洛涅,优雅得体地为儿子斯蒂芬举行婚礼。她将小女儿露西嫁给了英格兰的切斯特伯爵,并为她祝福,毫无表情地看着女儿乘坐那艘注定不幸的白船①离开。不过,当她再次站在费斯盖普的大门前,再次欢迎莫德来诺曼底时,她就像是再次回到了少女时光,重新恢复了活力。阿德拉和莫德!如今幸福的公主阿德拉和伤心的莫德都已经改头换面,一个成了雍容优雅的布洛瓦伯爵夫人,而另一个则是温柔高贵的苏格兰王妃,她们现在都已不复年轻时如花的美貌,脸上都刻上了皱纹。阿德拉曾经欢快的模样已经变成了专注而冷静的神情,这种转变标志着情感的死亡,这种平静也只是因为屈从了无情的命运。莫德的面容依然美丽,散发出柔和平静的光芒,好像到了现在,她才感受到真正的快乐。

她们再次回顾了以前征服者威廉得胜回来后的场景,不过,这回,莫德的任务是要抚慰阿德拉,让她不再为过去的一切而遗憾难过。西塞莉因为虔心奉神成了卡昂修道院的院长,阿德拉很想来看看她主管的修道院。整理房间的时候,阿德拉将所有华贵的东西都放在一旁,唯一一件以前用的东西就是一张华丽的门帘,将她的房间和毫无乐趣的房间隔开来,以后,这里就是她的家了。

她们一起坐在房间里时,阿德拉说:"莫德,还记得以前我们一起交谈生活与爱之谜的时光吗?你那时候渴望去修道院,而我却

---

① 1120年11月25日,白船在靠近诺曼底巴尔夫勒的英吉利海峡沉没。(编者注)

因为生活与爱的谜团而颤抖不已。"

"啊,"莫德说,"我当然记得,我那时候太过傲慢,甚至试图去解开人类生存的巨大谜团,妄想着未来的选择会是怎样;而神却只让我忠于自己的职责。"

"我现在记得,"阿德拉说,"你温和的警告起了效果。不过我讨厌被控制,我看着父亲用残暴的手段控制了英格兰,于是决定,我绝不接受政治联姻,多年后,我才发现,斯蒂芬和我的约会是一场有预谋的计划,让我嫁给了一个跟我的价值观念完全不符的人,我是有野心和抱负的,而我的丈夫却是个个性温软的人。你告诉我,要选择合适的目标,我决定弥补我丈夫个性中的缺陷,希望以宗教为借口提出的愿望能够实现。我把我的能力跟他对我的宽容结合了起来,然后他放弃了继承家族的一切,去寻找殊荣,到头来,却让他一个人孤独地躺在了异国他乡的土壤之中。"

"不要责怪自己。"莫德温和地说。

阿德拉却并没留意她说的话,继续说道:"你和我的结局是不一样的,我一直都渴盼着你这样的生活。"

莫德本想回复她,不过阿德拉激动地继续说道:"不,你让我说吧。自得知了噩耗之后,我从未向别人吐露过心声。你是被俘虏来的,你给征服者威廉的家里带来了上帝的赐福;你温柔甜美的个性让粗野的西蒙成了他的家臣愿意信任的人,我很清楚,是你的仁慈让玛蒂尔达愿意护卫英格兰的自由和亨利的王位。你的沉默隐忍得到了仁慈的回报,而我犯下的过错却让我从天堂掉进了迷惘之中。我的大儿子威廉生来就是白痴,而我太过骄傲,总是对此抱怨不止,这在我的其他孩子们心中种下了悲伤的种子。蒂博在他的领地全副武装,斯蒂芬成了一个善变易怒的国王的臣子,亨利去了教会，而我亲爱的露西，她父亲的爱女，却葬身海底。① 哦！莫德！莫德！我最好、最真诚的朋友，请为我感到遗憾吧，这么多年了，我所获得的唯一的消遣就是'让自己觉得痛苦'！不过我本该早就知道的，"她急切地继续说道，"因为上帝派你来，就是来提醒我自己的命运不好的，要不是你的爱拯救了我，我不该跟你说这些的。"

阿德拉开了房间的门帘，将莫德带到了后面。秋天的阳光透过房间的壁外窗轻轻地照射着房里的祭坛，旁边有一个十字架，十字架旁边是那个装着巴勒斯坦的圣土的水晶瓮。斯蒂芬的那条沾染了血液的围巾裹着这个瓮，上面还用因戈尔福斯带回来的荆棘做装饰。

"一切都像是昨天发生的，"阿德拉说着，温柔地解下佩饰，"我自豪而高兴地在你面前举起这个，看到你坐在我的沙发上将这个做成花环，我很惊讶。我的生活看起来仿若一场梦，而那个梦似乎是我真正存活过的唯一证明。我把这些告诉你，是因为我已经感受到了你对我同情的慰藉。

"我似乎陷入了睡梦中。我好像跟斯蒂芬和罗贝尔在东方的土地上，急匆匆地穿过石堆和沙漠，去追寻一项总是在前面诱惑我们的王冠，我们追得很累，始终没有追到。首先，我发现斯蒂芬不见了，然后罗贝尔也消失了，最后，我周围挤满了可怜的人，他们都因干渴而奄奄一息。我在惊恐之中醒来，过了很久很久，我才平复心情，重新休息。我不知道后来有没有睡着，不过，我躺在那里盯

---

① 除了英格兰的继承者威廉王子（英格兰国王亨利一世的儿子），乘坐白船丧命的还有切斯特伯爵理查和他的新娘——年轻的露西夫人，她是亨利一世的姐姐——布洛瓦伯爵夫人阿德拉之女，是年轻的贵妇，在撒克逊编年史中，他们被称作"无与伦比的一家人"。（Queens of England，131页）

着天空的时候,似乎看到了满天的星星,从那最遥远的地方出现了一个人,他轻轻掠过那些星星,然后站在了窗扉里,打扮成我丈夫的样子。

"他戴着我织的围巾,右手递给我一个瓮,它好像是由光编织而成的,紫水晶盖上面刻着'人之爱'几个字。我伸出手,握住这个宝贝,不过上面的文字却碎了,掉进了瓮中。我抬起头,看到他对我露出了一个遗憾的微笑,很快,那些碎屑之中就长出了一朵美丽的花来,花瓣徐徐展开,里面透出一道光来,光晕组成了'神之爱'的标签,然后整个空中繁花盛开,芬芳馥郁。

"晨祷的钟声唤醒了我,眼前的房间里,清晨的阳光一点点洒进来,照亮了整个房间。"

"你说对了!"莫德说,"你的梦其实是真的,因为在'人之爱'的灰烬里,神播下了生活最甜蜜的希望之种。"

阿德拉一直隐忍着的眼泪此时涌了出来,这象征着她心理防线的崩溃,她长期麻痹的感官再次感受到了情感的冲击,这个坚毅而骄傲的女人,变得像个孩子一样脆弱卑微。

"莫德,"阿德拉叫道,出于感激握住了她的手,"你真的很神奇。我本来打算以悲伤度过余生,而你却给我带来了快乐:你的开导让我甘之如饴,让我原本索然无味的未来变得丰富充盈起来,就像是鲜花遍野的天堂一样。"

说到这里,西塞莉走了进来,带她们去了大厅里,在这里,莫德拥抱了自己的儿子,并接待了丈夫派来送她去斯特灵的大臣们,她将在那里接受加冕,成为苏格兰王后。

"去吧,"阿德拉看着她离开,高兴地说,"奔赴你的目的地吧,你的未来是光明的,就像是《圣经》里所说的那样:'你在不多的事上有忠心,我要把许多事派你管理。'"

阿基坦的埃莉诺

第1章

> 这里有一位更雍容的妇人，
> 她身份高贵，美貌无双，是他们的女王。

法国南部诸省普瓦图、圣东日、奥弗涅、佩里戈尔、利穆赞、昂古穆瓦和吉耶纳，这一带地区被罗马人称为阿基坦。这片美丽的土地是加龙河和卢瓦尔河交汇的地方，清澈的河水从郁郁葱葱的山上奔流而下，灌溉着这片世间最美丽的土地。这里的海港也是这世间最漂亮的，12世纪时，这一片土地上居住着世界上最礼貌、最文雅的民族。这里的文艺气息浓厚，艺术和理想以及精致高雅的生活方式，就像阳光灿烂的谷地里的花朵，似乎因这里临山傍海，气候温和而馥郁芬芳。这里有无数独立的小国度，其封建制度吸收了骑士精神的精华，也积淀了东征军的精神。图卢兹的雷蒙伯爵，就是在克勒芒会议上最先举起十字军旗帜的将领之一。他被视作这次远征队里的摩西，是最有才干和智慧的人。踏上去巴勒斯坦的有去无回的征途之前，他把自己的领地赠给了他的女儿①，即普瓦图公爵威廉九世的妻子。威廉九世有两位孙女，埃莉诺和佩得罗妮拉，她们的父亲威廉十世，于1132年跟她们的叔叔

---

① 此处可能是作者笔误，实际上应该是雷蒙的哥哥图卢兹伯爵威廉四世的女儿。（编者注）

雷蒙离开了阿基坦，这位雷蒙就是安提俄克亲王。

埃莉诺的祖母早逝，埃莉诺的祖父就像是吟游诗人一样，快活地生活在吉耶纳，因此她在祖父这里的童年生活也非常自由，也正是在这时，埃莉诺受到了诗歌文化的熏陶，这培养了她在诗歌方面的才赋。法国南部所通行的语言，被称为普罗旺斯语，这种语言也是埃莉诺的祖父威廉的母语，吟游诗人们喜欢用诗去歌颂爱和战争，而威廉九世是这方面的鼻祖，他也经常资助诗人们进行创作。埃莉诺在南方长大，受到了南方文化的熏陶，她也变得更有魅力了。她擅长普罗旺斯诗歌中的佣人歌和香颂小调，她总是一边弹奏竖琴，一边吟唱着这些小调。她不仅从祖父那里继承了封地，还继承了吟游诗人的才华，是一位有品位的女王，也是爱之王廷①的女王。

纵欲寻欢的威廉公爵觉得自己年事已高，于是开始寻找最简单的摆脱罪恶重负的办法。他决定将欧洲最强国之一的统治权交到他年幼且毫无经验的孙女手中，自己则在圣詹姆斯-德孔波斯特拉野外的一间小屋子里整日祈祷赎罪，以度余生。祖父自动放弃权位，将阿基坦公爵之位交到她手中时，埃莉诺还不满十五岁；她继任爵位之后，老公爵拜访了法兰西国王路易六世，并将她嫁给了后来的路易七世。当时还是王子的路易七世自愿接受了这门婚事，阿基坦这片区域并不属于法国，埃莉诺继承了这块地方，而且她的祖父还将这一区域作为她的嫁妆，跟法国王室联姻。路易七世迫不及待地想要得到这礼物，很快就率随从去了波尔多②。路易王子受到的教育，是查理大帝时期的宫廷教育，所以，埃莉诺很快就被路易无

---

① 埃莉诺天生就是普罗旺斯诗歌的评论家。她依照先祖的惯例举行的某些节日庆典，就被称作"爱之王廷"，吟游诗人们都要在她面前吟诵新作的讽刺诗歌和香颂小调。她自己则跟一群女士评审们坐在一旁，对这些诗歌小调进行评判，听到佳句她们也会跟着念。（*Queens of England*，188页）

② 波尔多：法国西南部城市、港口，是吉耶纳省的首府。（编者注）

与伦比的魅力所吸引；她这边的女伴们不断奉承着随新郎而来的温柔的骑士们。随着客人的到来，在埃莉诺的住处，叙事诗人们和吟游诗人们作诗的热情更加高涨，每天都在作诗比拼，歌颂埃莉诺的魅力，而哪一派的诗歌最好由埃莉诺决定，因为她可是诗歌天才。

夏季的白天时间更长，天气更晴朗，七月的最后一个傍晚，爱之王廷里的诗歌竞赛一直持续到夜幕降临，西边天空的夕阳已经完全沉入了海中，皎洁的月光如水一般倾泻而下，好像是穿着银色服装的精灵，赶去参加王廷中的诗会。王廷的女王，装扮得像维纳斯一样，坐在王座上，王座上方盖着毛洋槐枝叶做成的天蓬盖，枝叶覆盖，投下的阴影遮掩了她的微笑。她的脚旁坐着她最喜欢的男侍者，他的肩膀上挂着一对薄纱制作的翅膀，手中抱着七弦竖琴，就像是丘比特的弓一样，他隔一段时间就拨一下琴，示意着大家更换诗歌。一些美貌的少女们则打扮成美惠三女神和仙女们，围绕在女王身旁，斜躺在翠绿色的毯子上。还有一些女孩，装扮成女神们的样子，热切地聆听着她们热爱的吟游诗人们的诗，诗人们用巧妙的艺术手法，想方设法地去歌颂她们的魅力。一直吟唱的讽刺诗歌和香颂小调让大家感到腻烦了，都在期待更有意思的东西。女王露出一点点兴奋和好奇的微笑，用一根花杖触碰男侍者的脸庞，问："为什么可爱的佩罗尔不弹奏竖琴了呢？难道他没有准备好唱歌吗？"

"佩罗尔不会唱瓦隆语的歌①。"那位男侍者佩罗尔回答，他低

---

① 瓦隆语歌：瓦隆这个名称起源于沃启兰，这是德国人对意大利的称呼。征服者威廉就很喜欢瓦隆诗歌，他甚至鼓励臣民们学习这种文学体裁，还用严苛的法令，逼迫英格兰人学习，用以取代古撒克逊的文化，他的斯堪的纳维亚的祖先们也曾做过这种事。

从纳瓦拉到奥弗涅的多芬的领地，这一片地区的人们说的都是普罗旺斯语——这种语言结合了法语和意大利语的优点，很适合进行诗歌创作。这种语言也被称作多克语(d'oc)，因为在法国卢瓦河以南的地区，"是"和"否"的发音是"oc"和"no"，而其他地区的发音为"oui"和"non"。埃莉诺的祖先被称为多克语的专家。
(*Queens of England*，60—116 页)

着头,没有看埃莉诺和她身边的路易王子,这也正好遮住了他眼里嫉妒的光芒。

"真是自负,"女王说,"你最好知道,虽然我们都喜欢听到瓦隆语的韵律,但是我们却并不都喜欢听瓦隆语。我们想听一首格林纳达的叙事诗,或者你能给我们唱一首让我们感到愉悦欢快的歌曲吗?"

"不行,尊贵的女士,"男侍者回答,"因为愉悦和欢快在欢乐之源分道扬镳了,七弦竖琴也不能创造和谐,就连爱之女神也无法使它们协调。"

"真是胡扯,无礼之徒。"女王回应道,偷偷瞥了一眼佩得罗妮拉。

从女王说话的语调,侍者觉得自己太放肆了,于是,他低下头,再次拨动琴弦,很抱歉地说:

"如果您想听布列塔尼曲,那我愿意为您效劳。"

"这种甜美的音调跟北方的歌词一点儿也不搭调,"女王说,"不要再争论了,调好你的七弦竖琴吧。"不等第二道命令,男侍者就唱道①:

> 在晴朗的天气里,在美丽的法国某省,
> 一条弯弯绕绕的河流中,
> 浪花跳着欢快的舞蹈,
> 阳光明媚,
> 河岸边有一座高大雄伟的城堡,看起来很壮观,
> 占地宽广,

---

① 这首歌谣是古时的英国律诗。

里面住着一位高贵的爵士;
我知道,他还有一位美丽的妻子
还有三个天真善良的孩子。

大家都尊敬他,
他对人也慷慨而热情,
对那些低等的乞丐
他也尽力提供帮助。
他温柔多情,
彬彬有礼。
狩猎中他英勇无畏,
我知道
他是个优秀的弓箭手。

命运之神如此眷顾他
真是他的幸运,
他开始骄傲了,
忘记了造物主对他的恩宠
忘记了作为基督徒,应该做到谦卑。
为了惩罚他的傲慢自大,
圣母赐给了他灾难和不幸。

伊桑布拉斯爵士趾高气昂地,
骑马去狩猎,
清晨的露珠还未褪去,
他就带着猎鹰和猎狗出发了。

这时,他遇到一位温柔美貌的仙子,
从天边缓缓降落到他面前,
我认为,那应是一位天使。
她告诉他,
他将遭遇不幸
让他为此做好准备。

那天爵士非常难过,
他很沮丧地掉头回家,
他的骏马却倒地身亡,
他的猎鹰和猎狗顿时也失去了生命,
伊桑布拉斯爵士
什么活物也没有带回家。
这时,他的一位侍者,
急匆匆地赶来,对他说:
尊贵的主人,
我给您带来了坏消息。
您华贵的城堡已经变成了一片废墟,
您的夫人和孩子们虽然免于一死,
但却陷入了危险的境地。
对于上帝的这种安排
爵士只得接受;
他虽然悲伤,但却理智,
救出了他的妻子和三个孩子,
伊桑布拉斯爵士决定越过海洋——
去神圣的巴勒斯坦赎罪。

他们穿过了七片贫瘠的土地——
孩子们已经花光了所有力气,
他们现在又冷又饿。
他们经过一片树林,鲜花遍地——
又经过了一条汹涌的大河,
这里从来没有阳光照耀。

为了避难,
伊桑布拉斯将大儿子送去了遥远的海边;
不过自那之后他便再也没有回来,
一只狮子从丛林中蹿出来——
扑向了他的小儿子
小儿子也跟他们分别了,
他们都回不来了。

他看到自己的妻子独自悲伤地哭泣,
才知道,自他离开后,
一只强壮的豹子猛扑过来,
带着一只血淋淋的独角兽,
她怀里的孩子也被它们叼走了。

他的夫人真希望去死,
她再也不想经历,
这么令人伤感的悲剧了;
不过伊桑布拉斯爵士却谦卑地,
向圣母玛利亚祈祷,

他的赎罪很快就要结束了——
经过这片贫瘠的土地时，
他和妻子变成了苏丹的囚徒
并被带到了苏丹面前。

我猜
苏丹并没有见过
气质和身材都如此好的女士，
也没有见过这样无畏而真诚的爵士。
"爵士先生，我将赐给你，
无尽的黄金和财宝，
只要你放弃基督教的信仰，
加入我们伊斯兰教，
并将你美貌如花的妻子卖给我。"
听到这话，爵士站了起来。

"我们的圣母规定
无论怎样都应该遵循，
结婚的时候所许下的诺言；
无论贫富我都应对妻子不离不弃；
一旦违背了这条诺言
我就是个叛徒。"

他们脱下了他的深红色长袍；
他们将他从太阳神之地赶走，
将他丢弃，任其生死，

他的夫人被送到了一个遥远的地方,
当苏丹从与基督教派的战争中获胜归来时,
她就会成了苏丹的新娘。

虔诚的爵士躺在树林里睡着了
当第二天清晨醒来时
他发现自己的珍宝已被夺走,
夺走珍宝的是一只找寻猎物的鹰——
它找到了猎物马上就飞走了。
他热切地向圣母祈祷
希望得到她的庇佑。
然后回到了巴勒斯坦。

这位爵士的朝圣之旅
持续了十年漫长的时光;
他穿好了闪亮的战袍,
心情轻松无比,
他已经为战争做好了准备,
他是一位英勇无名的爵士
没有任何财产。

令他的同伴们感到诧异的是
一个像他这样不出名的战士,
在战场上却如此英勇。
他们知道,他不是一个普通人,
而是一个有魔法的精灵,

在一次激烈的战斗中
苏丹被他杀了。

他们将他带到了信奉基督教的国王面前
他们热情地欢迎他的到来,
他受到了国王的褒奖;
他的目的已经达到了,
因为他已经杀掉了强劲的敌人。
他再次开始了朝圣之旅。

阳光炙热而耀眼,
照在沙地上,沙子反射出金灿灿的光芒;
疲惫不堪的爵士走到这里,
一座巍峨雄伟的城堡矗立在这里
这座城堡是这里的乐土。
高大的棕榈树在金色的阳光下摇曳,
像是在邀请爵士过来休息。

他经过王宫的门口,
侍卫和骑士们站在两旁,
就像是盛大的节日盛典一样。

一位美貌的妇人,
坐在华贵的华盖下。
她是那个国度的王后,
她为人慷慨大方,

仁爱慈悲。
异教徒们都很尊敬她,
见爵士经过,
她的侍从就报告给王后,
王后邀请爵士进王宫;
她真善良。

但是爵士却心情沉重,
因为
他总是回忆起悲伤的过往。
他沉默着
走进高塔的大厅。

某天中午,王后跟她的客人
坐在宴席旁用餐,
这时她最喜欢的侍者匆匆赶来。
他过来告诉王后
在某座高山的顶端
他发现了一个鹰巢,
鹰巢里有大量的珍宝,
被裹在一件深红色长袍里。

还不等侍者的话说完,
王后的眼中就盈满了泪水。
她哭喊着:"我忠心诚恳的爵士啊!"
(异教徒见此情景十分惊讶。)

你就是伊桑布拉斯爵士吗?
他们沉默着打量彼此
尘封的记忆再次涌上心头;
她紧紧依偎在他怀里——
失踪的人终于找到了。
他们开始大摆宴席庆祝;
王廷中
宫人们用鲁特琴演奏欢快的情歌小调;
举行马上长枪比赛,
在观众的欢呼声中
折断对手的长矛,
美丽的女士见此情景
更加兴高采烈;
然后在苏丹的国度之中,
爵士和夫人破镜重圆;
他们夫妇共同统治这个国家,
但是虔诚的爵士
非常希望脱离异教的束缚,
不愿意统治这个国度。

不过,我猜,
除了上帝和王后;
再没有其他人能为他做见证,
他虽然英勇
不过也敌不过,
异教徒们的诸多武器。

然后，因为某种神奇的缘由，
战争的局势发生了扭转。
以圣母的名义
三位骑士侵入了这里，
好像是跟这片土地有仇。
第一位骑着一只强健的狮子；
第二位带着一只猎豹；
第三位驾着一只独角兽。
他们都非常高大勇敢；
这三位其实就是爵士的孩子们
撒拉森将士们沮丧地逃跑了，
他们因自己的不忠而感到后悔，
然后他们重新宣誓效忠于自己的国家；
爵士和夫人平安归来，
还有他们的三个孩子们，
他们重新获得了幸福安乐
和平静，
他们一生富足，长寿。

他们活着的时候善良；
死去了灵魂也回归了天国。
他们死的时候，
天国的国王耶稣基督，
为他们祈福，
并保护他们免遭苦难。

埃莉诺努力让自己专心听侍者的吟唱："你的这个故事比较长，对我们来说，我们更希望爵士和他的妻子一直统治苏丹的王国。你的韵律用得很巧妙，我们认为，你的道德观念跟北方的苦行僧很像。"她伸出了花杖，然后侍者站了起来，用一支芦笛吹奏出几个音符，唱道：

> 没有什么理由，
> 可以遗忘掉我们的历史，
> 无论贵妇、爵士或吟游诗人都不能忘。

这几句连续唱了三次，然后有人从一个像洞穴的房间里低声附和歌手，房间的窗口奇怪地挂着很多藤蔓。

"我们的姐妹佩得罗妮拉也带着她的吟游诗人来了。"埃莉诺赞赏地说道，年轻的公主佩得罗妮拉从阴影下娉婷而出，跪在了埃莉诺的脚凳前。

"佩得罗妮拉女士[①]，"佩得罗妮拉的游吟诗人说，"来这里，是想控诉她的心上人——韦尔芒杜瓦伯爵鲁道夫。她装扮得再美，他的反应都很冷淡，也从不回应她温柔的微笑；他不戴手套的时候，从不主动牵她的手，她送他的丝带，他从未绑上自己闪光的武器。"说完这些，游吟诗人停顿了一会儿，然后站起来，询问是否能够写成歌来控诉她情人的行为。没有人回答，也没有人奏乐，佩得罗妮拉的游吟诗人第三次询问时，埃莉诺的侍者站了起来，非常恭敬地让大家听他说。

---

① 佩得罗妮拉女士：埃莉诺的妹妹，美貌堪比姐姐，但却比姐姐更加有魅力，法国的单身男士都倾心于她，但她却引诱了韦尔芒杜瓦伯爵鲁道夫，迫使他与妻子离婚。（*Queens of England*，189页）

"韦尔芒杜瓦伯爵鲁道夫,"他说,"我曾见过,他放下长矛休息的时候,总是对香槟的阿德莱德①尽责,他一直看着她,对她微笑,牵着她的手,心思全都在她身上,作为忠诚的丈夫和真正的骑士,只倾心于她。"

大家都开始低语起来,不太赞成侍者的这一说法,因为在吉耶纳有这样一条谚语:"真正的夫妻,是没有亲密行为的。"然而这次控诉已经变得非常重要,引起了吟游诗人们的激烈争论,没有哪次事件比这次引起的争论更为激烈,也没有哪次事件比这事更令人浮想联翩,更让人觉得微妙的了,因为佩得罗妮拉是图卢兹的菲利帕的孙女,她非常有心计,而她引诱的那位伯爵鲁道夫,则是布洛瓦伯爵夫人阿德拉的孙女婿。最终,当时的听众就跟如今的陪审员一样做出了裁决,但这一裁决是有成见的,而不是秉公或根据争论做出的结论。然后埃莉诺宣布休会,并准备迎接王室来宾,那些宾客已经赶往这里了。埃莉诺在恋人的搀扶下走上了通往城堡的阶梯,露出迷人的微笑说:"我们的小妹佩得罗妮拉,就交付给我们的兄弟韦尔芒杜瓦伯爵照顾了。"伯爵掩饰好自己的不情愿,朝埃莉诺鞠了一躬,然后朝佩得罗妮拉伸出手去,而埃莉诺低声跟妹妹说:"别担心,是你的就是你的,他人是夺不走的。"

---

① 原书中此处为"香槟的阿德莱德",但实际上,韦尔芒杜瓦伯爵的第一任妻子应该是叫"埃莉诺",史称"布洛瓦的埃莉诺",她是布洛瓦伯爵夫人阿德拉的孙女。(编者注)

第 2 章

> 过去那种深得女人芳心的荣耀,
> 都去哪儿了?
> 某些人的英勇成就都去哪儿了?
> 以往的战争和刀光剑影都去哪儿了?
> 那些征战的将士都去哪儿了?
> 他们都死了吗?还会重生吗?
>
> 斯宾塞

1137年8月1日,波尔多举行了一场盛大的典礼,吉耶纳的臣民耗费了巨大的财力来举办这次典礼,因为这一天,埃莉诺的臣民们接受了威廉公爵的请辞,并同意让他们的女王埃莉诺嫁给法国的王储。虽然埃莉诺很想要掌管法国的后宫,但她很有远见,明白自己的职责是什么,她要通过契约协议来保护阿基坦的法规和风俗不受侵犯,并且将阿基坦的统治权集于自己手中。仪式结束的时候,威廉公爵褪去了礼服和统治者的徽章,在他亲爱的臣民的见证下,在孙辈们的哭声中,他戴好了隐士的帽子,拿起了隐士所用的东西,独自踏上了朝圣的旅程。

第二天,年轻的公爵路易和夫人埃莉诺率随从北上,只在主要城镇停下休息,在这些城镇里,公爵和夫人受到了封建领主们的一致敬拜。

在布洛瓦,韦尔芒杜瓦伯爵认为,他之所以经常去参加佩得罗妮拉出席的宴会,完全是被迫无奈,他再次拥抱着美丽的阿德莱德,由于她身体不好,他向国王提出了离开王廷一段时间的请求。佩得罗妮拉得知这个消息,失望不已,他不在王廷,她也无法向国王控诉,她恼怒不已,从那一刻起,她就想好了一条对付无辜的对手的最残暴的办法。公爵路易和公爵夫人埃莉诺抵达巴黎后,并没有遇到如埃莉诺想象的那种盛大的庆祝活动,他们经过的街道两旁,围满了哭泣的侍者,他们将新婚夫妇带到了路易六世的病床前。路易六世很认真、很慈爱地看着跪在自己床前,渴望得到祝福的年轻夫妇,提醒他们,他们的结合不仅关乎他们个人的幸福,也象征着南北双方的和平安定,他努力撑着最后一口气,告诉他们:"记住,王权的建立是由于大众对你们的信任,政策是否能够严格执行,只能靠那个掌握了王权的人。"

路易七世认为,他父亲临终前的这些话是很有道理的,不过他轻率的妻子还没等被加冕为法兰西王后,就开始做出一系列愚蠢的行为,她行使王后的职责,运用她的才华,动用她的人脉,加入了王室错综复杂的阴谋诡计之中。阿伯拉德[①]为自己才赋过人但内心脆弱的女学生海洛薇姿所写的热情洋溢的情诗,成了埃莉诺的普罗旺斯诗人们讨论的主题,而这也成了王公贵族们茶余饭后的谈资。在桑斯会议[②]上,埃莉诺为被指控的阿伯拉德做辩护,阿伯拉德死后,她派人将他的遗体送到了圣灵教堂,并交给了悲伤难过

---

① 彼得·阿伯拉德:原姓阿贝拉尔,圣本笃教堂的一位修道士,他因自己的学识和跟海洛薇姿不幸的恋情而闻名,他生于 1079 年,出生地在法国西部的南斯港市附近的小村庄帕莱,这个村庄的领主是他的父亲贝伦格尔。(*Encyclopedia*)
② 桑斯会议:由法国桑斯教会主办的教会会议。(译者注)

的海洛薇姿,让她去安排阿伯拉德的后事。她让路易七世相信,巴黎非常需要像韦尔芒杜瓦伯爵这样的大臣,于是,韦尔芒杜瓦伯爵再次进入了法国王宫,落入了佩得罗妮拉的掌控之中。与此同时,埃莉诺自己也成了蓬蒂约伯爵的崇拜者,而她的所有愿望,蓬蒂约伯爵也都清楚。通过他的帮忙,埃莉诺成功地让美丽的阿德莱德陷入了流言蜚语之中,然后又让韦尔芒杜瓦伯爵为阿德莱德而吃醋嫉妒,并让他对自己的妹妹佩得罗妮拉倾心,最终,韦尔芒杜瓦伯爵与他温柔可爱的妻子阿德莱德离婚,并娶了狡猾的佩得罗妮拉。

阿德莱德选择进入修道院,将之前的过错和悲伤都抛在脑后,不过她的哥哥勇敢的香槟伯爵蒂博,却不堪忍受这种侮辱。通过埃莉诺的劝说,路易七世更倾向于同情佩得罗妮拉,因此蒂博的所有反抗都遭到了镇压。蒂博发现国王根本不听他的陈情,于是向教皇告状,而教皇让韦尔芒杜瓦伯爵与有罪的佩得罗妮拉离婚,重新与阿德莱德结合。被人抛弃让阿德莱德感到非常耻辱,而佩得罗妮拉毫不掩饰地炫耀夺得了别人丈夫的喜悦,隐居的阿德莱德非常愤怒,哭着向埃莉诺求助。而埃莉诺对阿德莱德的仇恨也不比妹妹少,手腕却比妹妹更多,她很快就激起了路易和蒂博之间的矛盾,让双方发生冲突。路易七世率大军侵袭香槟省,并在那里大开杀戒。香槟省首府维特里城防御坚固,国王的军队很长一段时间都夺不下来;王后埃莉诺却担心丈夫个性温和,于是派苏格拖住丈夫,私底下却率一群加斯科涅人,在维特里城将士们宣布投降的时候,在城里放火。大火迅速蔓延到每家每户,最终席卷了教堂,将在那里避难的一千三百人活活烧死。路易七世被受苦难的民众的哭喊声所感染,努力试图拯救他们,但却没能成功,这种可怕的场景让他觉得害怕、恐慌,而这也严重影响了他的健康状况。他总是回想起父亲将死之时很严肃认真地告诉他的话："孩子,王权的建立是由于大众对你们的信任,政策是否严格执行,只能靠那个掌握了王权的人。"这话一直回荡在他耳边,让他寝食难安。王后埃莉诺陪伴他从一处圣地游到另一处圣地,并以他的名义恳请虔诚的修道士来为他祈祷,不过他情绪非常沮丧,她的甜言蜜语也无法让他重振精神。埃莉诺再怎么努力都无法让丈夫重新振作,埃莉诺生气地对已投入新恋人莫列讷伯爵怀抱的佩得罗妮拉说:"命运赐给了我王后之名,却让我过着修女般的生活。我们还能回到从前吗？我真的厌倦了现在的生活。我并没有好好领教西南方欢快的吟游技艺,而是一直在吟诵着赞美诗和圣歌,我真的厌倦了,我曾经想用'令人愉悦的诗歌文学'来消磨时光,不过这个想法却无法实施,因为我听到的都是祈祷词,听起来虚情假意,一点儿意思也没有。我嫁的人更像是一个修道士,而不像国王。"埃莉诺流下了苦闷的眼泪。

意志消沉的路易和他不满的妻子之间的关系剑拔弩张之时,美索不达米亚古城埃德萨和努尔丁沦陷的消息传到了欧洲,聪明的埃莉诺发现,这一消息激发了大部分人的感情,而她可以利用这一点,将路易的忧郁治好,让他们的生活快乐起来。她放弃了纵情享乐的生活,陪伴丈夫去救济民众,为民祈祷,对王室表亲们的不幸遭遇表示遗憾,而且还希望能率领勇敢的普罗旺斯人,帮助科特尼人收复埃德萨。埃莉诺个性上的巨大改变让心情沮丧的路易七世很高兴,埃莉诺总是跟他提议,要他去朝圣,朝圣能够减轻他在维特里不幸事件中所犯的罪过,他对这个提议很赞成。他心中升腾起新的希望,于是召集了教士和贵族们开会,商议筹资去圣地远征的事,在他们的提议下,路易七世还派遣使臣去争取教皇尤金四世的支持,教皇很快就同意了,并命著名的克莱尔沃修道士圣伯纳德①宣传发动第二次十字军东征。路易七世和王后埃莉诺,率王廷人员参加了这次布道,大量民众前来倾听,没有哪家修道院能够容纳得了那么多人!大家都被修道士的肃穆、热忱所感染,纷纷喊着"十字架!""十字架!"路易和王后首先接过了神圣的十字架,大家也都纷纷过去取十字架,很快,修道士准备的十字架就被拿光了,受人尊敬的修道士将自己的教士服撕成了碎片,并将碎片放到了跪在一旁的听众们的肩膀上。

因为这一次得到了民众的响应,圣伯纳德又进入了德国,从德国的康斯坦茨到奥地利的卡林西亚,每一个城镇乡村都响应了开战的号召。那一带的人虽然听不懂圣伯纳德的话,但还是被他器宇轩昂的形象和慷慨激昂的语调所感染,他就像神一样富于魅力。圣伯纳德对世界末日的悚然描述让神圣罗马帝国国王康拉德三世(未加冕为皇帝)心动,他宣称,到末日的时候,无所事事的人将受到惩罚,而忠于上帝的人将得到褒奖,并公开声称,德意志的国王明白自己的职责,会对教会尽职。

埃莉诺非常希望自己能成为一名女性东征战士,她很有才干,也拥有足够的财富,很快,王廷中那些无所事事又多愁善感的人们,都跟她一起行动起来。她的行为荒诞,根本没理性可言。那些不愿意参加东征的贵族和骑士们认为,上帝更希望他们平安待在家里,而不是出去毁掉自己的同胞;埃莉诺让女性新兵们将自己的女红和刺绣送给他们,这种巧妙的讽刺行为达到了埃莉诺预期的效果,他们害怕女人的嘲讽和玩笑,也为了证明自己的勇气,而开

---

① 圣伯纳德:1091 年生于勃艮第的方丹城,他出身权贵之家,是中世纪最有影响力的神职人员之一。他被人称为"亲切的老师",他的作品被认为是来自天堂的清流。
  他推动了 1146 年的十字军东征,并化解了当时一群修道士反对德意志境内的犹太人的骚动。(*Encyclopedia*)

始了远征。英勇的将士们戴着头盔,身披锁子甲,左侧肩膀上刻着金色的十字架;脚踩金色的战靴,长矛闪着光彩,长剑的剑鞘是银制的,骑上盛装打扮的战马,组成了一支英姿飒爽的骑兵队,他们在巴黎环游,在公众面前轮番表演时事讽刺剧,并自称为"金足贵妇"的护卫。

第3章

> 傍晚时分,
> 南部的清风
> 如长笛之乐声一般
> 轻柔地拂过澄澈的海面。

　　1146年,路易七世参加了十字军,第二年,从教皇那里得到了象征战士身份的神圣旗帜之后,路易就率军去门茨,跟王后埃莉诺和她的阿基坦骑士团汇合。在那里,他们还遇到了一大群贵族将士,其中有来自英格兰和遥远的北部海岛上的东征军。距第一次东征半个世纪后的第二次东征,出征人数二十万,也是沿着多瑙河的河岸出发,因盲从而加入第一次东征的将士们的尸骨就曾堆积在这里。如今拜占庭帝国的皇帝是曼努埃尔·科穆宁,他采取了与祖父阿莱克修斯不同的政策措施。他派遣的使臣们带着满篇恭维讨好之辞的信,迎接东征的将士们,不过他们却暗地里给将士们选了一条迂回曲折、很难通行的道路,而他们的神父也得到了密令,在道路上铺满了面粉和石灰。曼努埃尔的姐夫康拉德三世① 对这种表里不一的行为感到愤慨,于是他没跟皇帝打招呼就渡过

---

① 曼努埃尔的第一任妻子苏尔茨巴赫的贝莎是康拉德三世妻子的妹妹。(编者注)

了博斯普鲁斯海峡,迎接东征军——女将士们在美丽的君士坦丁堡流连忘返,不愿意匆忙离开。

诡计多端的曼努埃尔很快就发现,要削弱东征军的力量,就应取悦喜怒无常的法兰西王后埃莉诺。希腊王宫竭尽奢华地留住了这群不受欢迎的访客。连第一次东征中贪得无厌的博西蒙德都被奢华的王宫所吸引了,那么埃莉诺为她房间里那些充满东方色彩的奢侈品,以及等候她命令的衣着华丽的奴仆而心动就一点儿也不奇怪了。最终,他们离开的时候,一点儿也不顾及他人感受的王后埃莉诺带上了很多曼努埃尔为喜欢华丽装饰的女士们准备的波纹丝绸、珍贵的珠宝和礼物,这增加了远征军的行李负担。

因曼努埃尔的阿谀奉承,路易七世一直留在希腊帝国,直到传来了康拉德三世在伊康战败的消息,这个消息是败逃的德意志人带过来的,路易这才沿着小亚细亚海岸边率军出发。他们顺利通过了锡亚蒂拉①、萨迪斯②和费拉德尔菲亚③,在岸边击败了突厥人,安全抵达了劳迪西亚④。埃莉诺和她的女性部下们的任性是法国军队遭遇不幸的缘由之一。在他们离开劳迪西亚的第二天,他们遇到了盘绕崎岖的上坡路。谨慎的国王路易派遣莫列讷伯爵率最优秀的护卫,送埃莉诺和她的女性部下们离开,让她们自己在能够俯瞰劳迪西亚的绿树成荫的山上扎营。路易自己则跟背着沉重行囊的后备军在一起,他们在途中遭到了阿拉伯人袭击。莫列讷伯爵的身边是佩得罗妮拉,他们威风凛凛地骑马上山,在指定地点停了下来,埃莉诺过来的时候,被这附近谷地的迷人风光所吸

---

① 锡亚蒂拉:今土耳其城市阿克希萨尔的古称,位于土耳其西部。(译者注)
② 萨迪斯:西亚古吕底亚王国的首都。(译者注)
③ 费拉德尔菲亚:小亚细亚西部的吕底亚古城。(译者注)
④ 劳迪西亚:叙利亚最大海港拉塔基亚的古称。(译者注)

引,拒绝继续赶路,并在这里安营扎寨,这里的瀑布一落千丈,树木郁郁葱葱,似乎是在邀请他们留下来。莫列讷伯爵试图说服王后不要停留在这里,告诉她放弃国王所指定的驻扎地是很危险的,但这种反对却让她更加坚持己见,在佩得罗妮拉的眼神示意下,不满的伯爵最终服从了埃莉诺的安排。① 他们进入谷地,谷地的全景也逐渐展现在他们眼前,这美丽的景色让他们忘记了所有的疲惫和担心。太阳渐渐沉入西面的山崖后,山崖顶端漂浮着朵朵白云;湛蓝的地中海则在谷地南方;东部则是一大片林地、草场和沼泽,更远处,托罗斯山脉的山脊隐入空中,挡住了叙利亚的一片荒漠。大家兴高采烈地进入了谷地,并快速给驮着货物的骡子卸了货,接着,他们又安放好了圆木桩,并支起了帐篷,还做了些冷点心吃,以补充体力。用过餐后,埃莉诺命人将自己的座位搬到了帐篷门前,这样她就能看到谷地里的野玫瑰了,她倚靠在座位上,眼睛像星星一样闪烁着光彩,问道:"亲爱的妹妹佩得罗妮拉,这里是不是像我们可爱的普罗旺斯?我都认为我现在回到了玫瑰园。"

"的确很像,"佩得罗妮拉说,"那时候,我们不正是在爱之王廷举行盛大的节日盛典吗?我认为,伯爵,"她说着,俏皮地瞥了一眼莫列讷,"你还是跟我们一起,过来享受这美好的景色吧。"

"谢谢您的好意,夫人们,"伯爵非常认真地说,"我担心惹国王陛下不高兴,却更害怕他的这道禁令,这也许是我的过错,但我是真的担心您。"

"我要指控伯爵——"佩得罗妮拉喊道,但莫列讷却打断了她的话,"我的控告者佩得罗妮拉!那我确实输了,我本来希望她能

---

① 国王命令他们选择荒芜的,但能够俯瞰劳迪西亚谷的地方扎营。但王后埃莉诺却坚持要在一个风景秀美,长满鲜花绿草,溪流奔涌的地方扎营。(*Queens of England*,190 页)

为我辩护的。"

"不，不！"埃莉诺说着，用小脚蹬着天鹅绒般柔软的草地，"王廷不允许这样不讲程序的控诉。布洛瓦的亨利，既然公主在抱怨，就把莫列讷伯爵扣下，用这串珠宝束缚住他的双手，把他和控诉他的人都带过来。勇敢的沃伦，拿好你的长矛，在那边的灌木丛那里放哨。我们这支队伍让你们撒拉森人放哨真是再好不过了。绅士和贵妇们，在这片青翠的土地上休息吧。这个罪犯的案件应该好好审理，也许到时你们也能发现自己所犯过的同样的错误。"

"愿上帝保佑！"随行的人一边喊道，一边愉快地大笑。

埃莉诺让大家停止了大笑，但莫列讷和佩得罗妮拉都绷着脸，露出十分严肃的样子，大家在私底下窃笑起来。

"性急的佩罗尔在哪里？"埃莉诺问道，环顾周围的人，"如果没有音乐，没有歌曲，我们的重要聚会就无法继续下去了。"

"宠臣佩罗尔，前来伴驾，"一位西班牙骑士喊道，佩罗尔近期一直都陪在埃莉诺身旁，因此大家都把他当成了埃莉诺的宠臣。

"冈萨尔沃，"埃莉诺说，"听说你最近偶尔会弹奏鲁特琴，不要因为那个偷懒的家伙而虚度了这美好的时光，如果你想不到更好的音乐作品，就给我们唱一曲摩尔人的歌谣吧，国王不久就会过来，让我们一起祈祷吧。"

"我就是个可怜的修道士，而且一点儿也不懂得娱乐之道，"冈萨尔沃很谦虚地回应道，"但是王后您的话给了我鼓舞。"他演奏起了一支优美乐曲的前奏，歌唱的声音清晰，富于男子气概：

我是格林纳达的吟游诗人，名叫冈萨尔沃·博西奥，
　　曾经像一个漫游者一样四处流浪，发现了一片丰茂的草场，

>各色鲜花点缀在青翠的绿草间,
>疲惫的人来到这里,就会变得身心愉悦。
>
>这里的鲜花芬芳馥郁,
>让我心情愉悦,
>四周的泉水都朝这个方向涌来,
>冬暖夏凉。
>
>郁郁葱葱的树丛中有一大片果树,
>树上葡萄成串,苹果红红绿绿,色彩鲜艳,无花果闪耀着金光,
>还有各种各样的水果,我实在说不出更多赞美之词,
>但是没有一种水果会变酸,也没有一种水果会腐烂。
>
>草场清新的空气,芬芳的花朵,
>露珠从树上掉落,就像冰凉的雨水一样,
>给我疲惫的身躯注入了新的活力,
>我认为这种芬芳能够让我活力持久。

唱到这里,一支箭从帐篷外射进来,掉落在冈萨尔沃的鲁特琴琴弦之间,打断了人们的吟唱,他们惊恐地大喊大叫起来。一会儿,受伤流血不止的沃伦伯爵上气不接下气地闯了进来,告诉了大家一个令人惊恐的消息,说突厥人已经占领了他们打算露营的山头,而国王路易完全没有意识到如今的险境,正率军往那座山赶去。莫列讷马上挣脱了束缚,让大家都尽可能地待在树荫下,并下令让一小支护卫保护他们,然后飞速去救国王。

月亮已经从东方的天空升起来了，女士们像一群受惊的羊一样，聚集在一起，她们惊恐地发现，前方寄托了她们所有希望的那些将士们，在往山顶慢慢爬行时，遭遇了山顶的敌人投射下的如雨而下的箭和石头。人、马和行李，都没能抵挡住这突然的侵袭，从险峻的高峰滚落下去，在这宁静的山间，人和马滚下去的惨叫声，听起来格外的刺耳。莫列讷很快就让袭击国王前锋部队的阿拉伯人溃逃了，不过路易七世的将士们遭遇了浩劫，国王凭着自己的奋勇努力才摆脱了困境。七万法国将士因为王后埃莉诺的任性而付出了生命的代价。装着女将士们衣物的行李，成了阿拉伯人的战利品，他们吃晚饭时所剩下的一点残羹也成了他们唯一的食物。

法国部队接下来的行程也是充满危险、困苦不堪的。部队的纪律被抛在了一旁，他们漫无目的地沿着潘菲利亚的海岸前行，购买或抢夺沿途受惊的居民们的食物；饥荒让部队很快就变得疲软无力，这大大削弱了他们的实力，大量的马和其他驮运货物的牲畜在途中死去，最后，他们决定渡海去安提俄克，而不再走陆路。不过抵达海岸边时，他们又遭遇了一件麻烦事。虽然船的数量很多，但还是无法将所有人都带走，英勇的法国将士们很自豪地做出决定，让女士和孩子们跟随国王乘船过去，而男士们则继续通过陆路前行。路易七世将所有的钱都分发给走陆路的将士们，因为他们走陆路遇到的风险更多，并且还命令一位希腊护卫兼向导给他们指路，然后自己登上船离开了，那些选择走陆路的将士们则自此走向了毁灭。因为那名希腊护卫很快就离开了法国部队，向导抛弃了他们，那么他们也就无法赶去叙利亚了。

路易七世的船队抵达安提俄克时，状况比乞丐还不如；但埃莉诺的叔叔雷蒙亲王对他们慷慨大方，在奥龙特斯美丽的河流边，疲乏不堪的十字军们终于恢复了活力，而轻率的王后埃莉诺也再次获得了马匹,她欢快的笑容也重新回归了。近期的经历完全打消了她参军的热情,她厌倦了在叙利亚的沙漠中苦行,更喜欢在安提俄克的行宫里玩乐。雷蒙亲王想要利用这次新的十字军抵达土耳其的良机,扩大自己的疆域,于是阻止路易七世离开,不让他那么快地赶去耶路撒冷。雷蒙是他那个时代最为英俊的人,他开始向可爱的侄女埃莉诺大献殷勤。而埃莉诺也因他的关注而受宠若惊,并开始跟他幽会,和他眉来眼去①,路易七世得知此事,又惊又怒。直到后来,埃莉诺试图说服丈夫,让他跟雷蒙一起去侵略凯撒利亚②,这时,一贯温和待人的国王路易再也无法忍受了,她把路易激怒了。路易恼怒地离开了埃莉诺,率部队赶往耶路撒冷,而他也在那里受到了热情的欢迎。大量教士和普通民众欢迎他的到来,引着他走进了圣城的城门,还边走边唱道:"愿上帝赐福以他的名义而来的客人。"

因为路易没有跟他去攻打凯撒利亚,雷蒙非常失望,于是他决定与老苏丹的年轻后裔萨拉丁结成联盟。此时,埃莉诺仍然因丈夫的离开而懊恼,在雷蒙为取悦她而举行的一场比赛上,她第一次见到了那位英俊的萨拉丁,他眉毛浓密,精准而快速地用标枪射中了目标,这迅速俘获了她的心。她立刻就想,要是能让这个强势的异教徒皈依基督教,比率领所有的十字军更有成就感。雷蒙亲王也想要抓住机会将这位阿拉伯将领留在安提俄克,于是支持埃莉诺的计划。不过,要让伊斯兰教徒考虑加入基督教,需要双方更多的交流,也需要基督教一方展示出自己更大的魅力,而这些都是东方社会所不允许的,也不是严格的道德规范所允许的。然而,冲动

---

① 有人说,埃莉诺是被安提俄克的雷蒙迷得神魂颠倒,有人说,她爱上的是一位英俊的撒拉森奴隶,也有谣传称,她收到了苏丹的很多礼物。(Michelet, 233 页)
② 凯撒利亚:以色列在罗马时代的一座古城。(译者注)

的埃莉诺可不喜欢受到如此严格的束缚。她的住所外有一条小道，小道尽头连着一个花园，里面种着各种芬芳的灌木和花，这一大片植物的后面有一把绿色的座椅，座椅周围长着一大片橄榄树，树荫正好为这座椅遮挡住阳光。葡萄藤下的一扇小门是花园通往街道的过道，埃莉诺掌管着这扇门的钥匙。正是在这里，她收下了自己年轻的信徒，在这次静修中，她带着传道的热情，开始为让伊斯兰教的萨拉丁皈依基督教而努力。这时候，欧洲人和亚洲人还没有完全了解彼此，虽然萨拉丁会说通用语，但他的词汇量很小，仅限于日常交流用语和战争用语。当时的贤者是否明白，某些语言是不足以表达一些特定的概念的，这一点我们现在也不清楚，但是所有关于爱的表达，都应该差不多，埃莉诺和她的弟子，因为他们的交往都已经认识到了这一点。不过埃莉诺的宗教计划可不包括接受门不当户不对的婚姻，因此被埃莉诺深深吸引住的萨拉丁向她表达爱慕之情时，她开玩笑地说，她只懂得普罗旺斯语的爱。于是，萨拉丁离开了，虽然她一直希望再次见到他来时所射出的带着鹰毛的箭，但再见面时已经是二十天后了[1]。她期待已久的箭终于再次出现了，年轻的萨拉丁穿着深红色的长袍，戴着绿色的肩带站在她面前，脸上和黑色的眼睛里闪耀着激动和兴奋的光芒，她听到他用她所熟悉的普罗旺斯语表达爱慕之情，而且他说得就像是普罗旺斯当地人一样流利清晰，她感觉这真是个奇迹，而且认为，不让这样的一个天才加入基督教就是犯了不可饶恕的罪。很快，萨拉丁就向埃莉诺发誓，说只爱她一人，而且这份爱赋予了他超凡的能力，并不断用花言巧语讨好她，于是，她也决定竭尽所能回报他。年轻的萨拉丁将一根好几码长的丝带系在腰间，在这根

---

[1] 据《法国女王和王后》（*Queens of France*）记载，萨拉丁在二十天内学会了普罗旺斯语。

丝带上，埃莉诺亲自绣上了一个十字架，萨拉丁很有绅士风度地接受了这一礼物，并称："我敬仰它所代表的神。"第二天，他就回赠了她一小盒钻石，以及一瓶用象牙盒盛装的香水。他拜倒在她的脚下，她则打开了香水盒，手指上缠绕着他的乌发，将盒里的香水洒在了他的头上。

自小时候开始，佩罗尔就发现，他的这位女王拥有南方人那样的激情，而且几乎不跟路易七世交流心事。自结婚以来，她强烈的征服欲让佩罗尔一直留意提防。佩罗尔是首先发现埃莉诺和萨拉丁偷情的人，她接受萨拉丁的珠宝时，他就藏身在花园之中，目睹了整个过程。意识到她的危险后，佩罗尔立刻出发去耶路撒冷，将王后的事告知了路易七世，埃莉诺还在想着让撒拉森人之王萨拉丁皈依基督教，路易七世却回到了安提俄克，将她带走了，只让她跟叔叔匆匆道别，并没有让她跟自己几乎要改变信仰的弟子见面。埃莉诺不得不顺从丈夫的蛮横，但其实她很不乐意。她试图跟丈夫解释，声称她所做的都是在为保护圣墓而努力，她所付出的比耶路撒冷国王鲍德温还要多。她认为自己受到了国王路易没有事实依据的猜忌，因此非常恼怒，进入圣城耶路撒冷的时候，她仍然因此而气愤不已。路易七世真心无法理解埃莉诺的恼怒，也不理解让妻子做出跟情人交换礼物这种行为的理由；自此之后，路易七世夫妻俩再也不相信彼此了。虽然法国王后埃莉诺在耶路撒冷也受到了热情招待，但是路易七世派佩罗尔监视她，以防止她跟雷蒙见面。

叙利亚和巴勒斯坦的基督教势力和欧洲的东征军，在托勒密召开了会议，虽然他们出征的目的是为了收复科特尼的失地，但他们最终认定，相比远方的埃德萨，近邻大马士革对耶路撒冷的威胁更大。于是，他们决定，由路易七世、鲍德温三世和康拉德三世率军进攻大马士革。

队伍中最有纪律性的是圣殿骑士团①和圣约翰骑士团②。朝圣早期,在耶路撒冷成立了一家照顾病患的医院。在这家医院里,第一次东征时受伤和奄奄一息的将士们都得到了精心照料。戈弗雷国王还曾出于感激,将比利时中部的布拉班特省的一处房子赠给了这家医院,自此这家医院也有了稳定的收入。这次馈赠非常重要,并且最终形成了一家施洗者约翰保护下的修道院。加入修道院的人发誓要保持贞洁、顺从和贫穷,耶路撒冷的主教给他们买了一件黑色的长袍,左侧胸部有一个用白色亚麻绣成的十字架。

1113年,这家医院受到了罗马教廷的庇护,他们的收入也随之增加,很快就超过了平常布施所需的,约1130年,他们决定与不信基督教的敌人开战,后被公称为"医院骑士团"。医院骑士团分作三个阶层,贵族、教士和他们的仆人们,他们有三项职责,贵族骑士负责对异教徒开战,仆人们负责照料伤病的基督教将士,而教士们则负责为那些死者的灵魂而祈祷。勇敢而虔诚的崇拜者们有的

---

① 圣殿骑士团:这个著名的骑士团跟圣约翰骑士团和日耳曼骑士团一样,都是因十字军东征而建立的。该骑士团成立于1119年,最初是为了保护去巴勒斯坦的朝圣者们而成立的,但后来,其使命变成了维护基督教和圣墓,免遭撒拉森人攻击。

　　该骑士团既要遵守宗教法令,也要服从军事命令,随时准备着海上或陆上作战,它能够更有效地利用自己的资源,根据自己的计划进行远征,此外,它还能得到当时民众因迷信而捐献的财物。

　　这支部队的主力驻扎在法国,大部分骑士也都是法国人,主将通常也是法国人。1244年时,这支部队占领的地区包括九千个辖区、地方支部和教会教堂,不受驻扎地王室的管理。

　　十四世纪初,法国国王腓力四世解散了这支部队。(*Encyclopedia*)

② 圣约翰骑士团:或称圣约翰医院骑士团、罗兹骑士团、马耳他骑士团,是一支建立于十字军东征初期的著名骑士团。其中的修道士们被称作圣约翰的兄弟或医院牧师,他们的职责是照料贫病者,并帮助朝圣者们。这支部队拥有大量的财产,以团结和勇敢抵抗了突厥和撒拉森部队的侵袭。

　　1309年,骑士们在罗兹岛创立了这支部队,它拥有两百年的历史。1530年,查理五世提出条件,只要他们一直对抗异教徒和海盗,就将马耳他岛赐给他们。从此时开始,他们也被人称作"马耳他骑士团"。(*Encyclopedia*)

加入了他们的阵营之中,有的则忙着将自己的财物投入到骑士团的金库之中。贵族们都将自己的儿子送进这个骑士团,让他们接受教育,很快,医院骑士团就变成了一支很强势的修道士军团。

数年后,某些法国绅士建立了同样可敬的红十字骑士团,最初,设立这个军团是为了守护欧洲和圣地之间的交流通道,使两地畅通无阻。他们一开始是受到了医院骑士团的供养,连衣服都是后者提供的,他们看起来很贫穷,出征时还两人共骑一匹马。他们严格遵守上述的三条规则,并做出艰苦朴素的样子,让他们拥有上帝和民众的支持。起初,他们被称作基督军,但鲍德温一世让他们驻扎在王宫之中,靠近所罗门圣殿的地方,随后他们才被称作"圣殿骑士团"。他们头上戴着红帽子,裹着尼龙头巾,穿着深色的衣服和袜子,腰间宽宽的皮带上挂着刀剑,外面再披上一件及地的白色长袍。这样的装扮也逐渐成了尊贵和权势的象征,医院骑士团和圣殿骑士团,很快就成了基督教派的堡垒,成了"具有男子气概和英雄气概的护理军团"。

圣殿骑士团熟悉道路,在通向大马士革的路上领路,援助弱者,医院骑士团还带上了基督教军队的武器。大马士革东部和南部的城墙坚不可摧,但北部和西部却是一大片田野和花园,只有一些堡垒和壕沟。十字军们就在这里扎营,基督教派和伊斯兰教派的军队之间进行了无数场持续时间很长的战争。十字军成功闯入了异教徒的阵地,夺取了多座防御堡垒,他们在那里俯瞰大马士革,就像看着自己的家一样。但是,此时一场更严肃的争论开始了。大马士革是应该成为耶路撒冷的副地、法兰西王室的封地还是德意志的公国呢?十字军们为此争论了数周都无果,最终,他们让弗兰德斯伯爵接管大马士革,因为他曾两次去过圣地,而这个决定引起了更多人的不满。大家都盛传伯爵背叛了祖国,而圣殿骑士团的人也被传收受贿赂。有人提议移营去阿斯卡隆①,他们争论的时候,撒拉森人得以修复大马士革的防御工事,并向苏丹请求帮助。听说摩苏尔的埃米尔②正向耶路撒冷进军,康拉德三世恐慌不已,最先放弃了围攻;而其他领导者们,也因彼此的矛盾而垂头丧气地回到了耶路撒冷。康拉德带着德国自己那些破烂的遗留物,即刻返回了欧洲;但法国国王却在耶路撒冷停留了好几个月,参观了多处圣地,并且找机会采取对远征有利的军事行动;但他从佩罗尔那里得知,埃莉诺在佩得罗妮拉的帮助下仍跟萨拉丁通信,于是他考虑攻打萨拉丁居住的安提俄克。他召集起残余的部队,一共只有300人,恼怒不已的王后埃莉诺率垂头丧气的随从们跟着他,一起出发前往君士坦丁堡。埃莉诺在君士坦丁堡找到了一点点安慰,弥补了在劳迪西亚损失的行装。这对不满的夫妇也是从这里出发回法国的。

路易七世本打算一回国就跟王后解除婚约,但有远见的苏格主教却劝他不要离婚,因为离婚就会失去阿基坦这一大片直辖领地,而且年幼的公主玛丽和阿利克斯也可能因此丧失继承权。然而,王后埃莉诺还是受到了严密监视,而且不得巡视她在南方的领地。1150年,金雀花王朝的安茹伯爵戈弗雷,带着儿子亨利来路易七世的王廷拜访,亨利跟萨拉丁同龄,他为人谦和,饱读诗书,很受巴黎贵妇小姐们的欢迎。埃莉诺向戈弗雷坦露了自己的烦恼,她说最大的苦恼之一就是,国王路易拒不接受当时的王宫配饰,尤其不喜欢穿长趾鞋,不喜欢将鞋上配有的金链条绑在膝盖处;最令她烦恼的是,在神父的建议下,他剃掉了自己的长卷发、英俊的胡须和髭须。

---

① 阿斯卡隆:古巴勒斯坦城市。(译者注)
② 埃米尔:尤指伊斯兰酋长等的称号,是穆罕默德后裔的尊称。(编者注)

"他，"埃莉诺说，"下巴上已经光秃秃的了，穿上哔叽长袍，只要剃光头发，戴上头巾，他就成了修道士。"

戈弗雷伯爵也向她诉说了自己的苦恼，傲慢的伯爵夫人玛蒂尔达与斯蒂芬竞争英格兰王位失败①，变得更加暴躁。埃莉诺和戈弗雷伯爵同病相怜。

两年后，继承了安茹爵位的亨利再次到访巴黎，向法兰西国王表示忠心，王后埃莉诺对他像对他的父亲一样热情。年轻的亨利看起来高大威猛，而外表温柔和善，眼里闪耀着智慧之光，炯炯有神。从新的文件中，埃莉诺发现，国王路易跟自己是五代旁系血亲的关系，而他之所以提出离婚，是因为他认为埃莉诺的行为有失礼教，且没有道德心。多年来，路易和埃莉诺第一次就同一个问题达成一致，两人都同意离婚。教会在博让西召开会议，埃莉诺和路易七世亲自到场，在多位亲属的见证下，路易七世和埃莉诺的婚姻因双方属于族亲而被宣布无效。

自由了的埃莉诺将女儿们都留给了父亲照顾，高兴地跟妹妹佩得罗妮拉，率她的普罗旺斯的随从们，回到了自己的领地里。回南方的路上，她来到了布洛瓦城堡，这里是妹妹的情敌阿德莱德的父亲老蒂博伯爵的领地，而她无所顾忌的到来打破了他的平静生活，老蒂博伯爵迷恋她，并向她示爱。埃莉诺马上就拒绝了，老蒂博却丝毫不退却，打算将她囚禁在自己的城堡之中，直到她同意他的示好为止；但是，佩罗尔偶然间得知了老蒂博的这个打算，于是让自己的女主人和她的妹妹女扮男装，在夜色的掩护下带着她们从暗道溜出去，登上了一艘渔船，顺着卢瓦尔河逃走了。也正是在这里，她们遇上了新的危机。亨利的弟弟小戈弗雷，被佩得罗妮拉

---

① 伯爵夫人玛蒂尔达是英国国王亨利一世的女儿，也就是征服者威廉的孙女。而斯蒂芬是阿德拉的儿子，也就是亨利一世的外甥，征服者威廉的外孙。（编者注）

的美貌所吸引，跟一个强大的护卫联合起来隐蔽在河上的桥边，试图将她强抢过来。还不等靠近桥边，埃莉诺她们就发现了伏兵，两姐妹分别抓住一只船桨挡住脸，以防止被人认出来，佩罗尔则巧妙地回应着守兵提出的问题，一边拿出了捕鱼用具，一边准备让船进入一条小溪之中，似乎是要开始劳作了一样。借着河边柳树的遮掩，他们飞快地逃离了，还不等伯爵发现，他们就已经走远了，即便是想要追也追不上了。

普罗旺斯人热情欢迎他们挚爱的女公爵回家，还不等这热情平息，年轻的亨利就跟着她到了波尔多。1152年5月，在这个富庶的城市里，民众们竭尽所能地为亨利和埃莉诺举行了盛大的婚礼。自此，法国南部这片美丽的土地就变成了英格兰王室的属地，而这片领地的归属权，也一度让英法两国的残酷战争持续了多个世纪。

第4章

王室中人！
即便犯千百错，
也有权势在手上。

亨利很快就带新娘埃莉诺回到了诺曼底，并让她住在巴约的王宫里，这里曾经是征服者威廉一家居住的地方。埃莉诺的这次结婚，距与路易七世离婚才过了一个多月，这震惊了整个欧洲，尤其是法国国王路易七世，因为这一次离婚，他失去了七个美丽而富庶的省。

很快，路易就与英格兰国王斯蒂芬联盟来打压诺曼底的亨利，并煽动不明真相的小戈弗雷来对抗自己的哥哥。

"让愚蠢的路易使出最凶狠的手段吧，"埃莉诺叫佩罗尔让波尔多的船舰驶进英吉利海峡时，对自己的丈夫说，"我部下的贵族们将高举圣乔治和金色猎豹的旗帜，对抗法兰西的红色王旗，他们将会很高兴跟曾囚禁他们女领主的原宗主开战的。"

普罗旺斯的舰队此后便守卫在英格兰的海岸边，这支舰队对亨利来说是至关重要的，不仅平息了由法国国王路易七世引起的骚乱，而且还让亨利顺利继承了祖父亨利一世留下的王位。前国王斯蒂芬刚刚过世的六周时间里，亨利继承王位之前，英格兰海港里停泊的舰队保护了英格兰公众的安全,让外国的敌军无法近前挑衅。1154年12月初,亨利和埃莉诺率一支大军,登陆了英格兰南部的汉普郡,并直接朝温彻斯特进发。来自英国各地的高级教士和贵族们簇拥着他们,又一路从温彻斯特赶往伦敦。

他们的王位加冕仪式是在伦敦威斯敏斯特教堂举行的,仪式之盛大也是空前绝后的。王后从君士坦丁堡带来的丝绸、织锦和丝绒都是用金银做刺绣花纹的,那些珠宝都是在巴勒斯坦时她自己储藏的,她把这些奢华之物都用在了这次仪式上。这位南方美人浓密的乌发被编成了辫子,盘在头上,就像是一个东方人戴的宝冠,发间点缀着原来的情人萨拉丁送她的钻石,闪闪发光。她洁白如雪的长裙,是用上好的印度织物制成的,她的颈部戴着一条用珠宝串成的饰物,紧身上衣上束着一根珠宝腰带,布料层层叠叠地坠到她脚边,外面罩着一件薄纱衣物,圆润的双臂都露在外面,上面再罩上一件美丽的皮衣,用羽毛做装饰,袖子又宽又阔,是用貂皮制作的。与娇媚动人的王后形成鲜明对比的是她身旁的亨利,他是好战的金雀花家族的第一个国王。他的面容和身形都极具撒克逊人的特色,棕色的头发浓密,再加上浓厚而卷曲的胡须,给他原本稚嫩的脸庞增添了几分成熟男人的味道,但当时他年轻的面容相当平静,并没有后来眉眼间透露出的那种激情和坚韧。他穿着一件深红色的锦缎紧身上衣,披着一件非常短的安茹斗篷,这让他赢得了一个"短斗篷"的绰号。参与这次加冕仪式的神职人员也穿着丝绸和丝绒制作的教士服,这也是埃莉诺从君士坦丁堡带来的纪念品。经过了基督教的加冕仪式和庆典,亨利夫妇住在了柏孟塞,这里是伦敦城对岸一处以牧业为主业的乡村,这里还有一座古老的撒克逊王宫和一座修道院。

埃莉诺就住在这宁静的乡野间,而亨利却忙着处理政务,其审慎和周密的态度和逻辑，远超过他的同龄人。一次会议上，他任命了王廷的官员们，另一次会议上，他确保让臣民们享有由亨利一世签署的权利和自由宪章所明确的权益。他们的长子威廉出生后，亨利曾在会议上要求贵族们效忠他的长子威廉，威廉死后，他又要求他们忠于自己的次子小亨利，而他当时还只是个小婴孩。前国王斯蒂芬统治期间，贵族们叛变修建了很多城堡，亨利把它们都摧毁了；亨利还解散了由外国人组成的雇佣兵，这种部队在英格兰的历史悠久；亨利企图迫使大卫和莫德的孙子——苏格兰国王马尔科姆用北方的三个郡来换取亨廷顿的爵位，而苏格兰国王声称他是瓦尔塞奥夫伯爵的后裔，不需要交换。亨利的统治期内，国内局势变幻、风起云涌，教会的权威比国王还大，因此国王非常希望能够改革，削弱教会的权势。然而，亨利还是非常依赖坎特伯雷大主教西奥伯尔德，他发现，自己这位虔诚的朋友在教会行使职权时尽职尽责，很难对他的管理方式进行改变和革新。而埃莉诺当时则沉溺在自己的生活中，她忙着照顾自己的孩子，对政局的变化没有任何兴趣；此外，长子的离世和女儿的诞生，让她明白了自己作为母亲的职责。在为儿子小亨利选择教师这件事上，她非常操心，甚至为此跟主教谈论了很久。几天后，亨利二世心情非常好地来到了她的住所。

"好心的西奥伯尔德，"亨利说，"曾为我母亲而忍受流放之苦，他派遣了他的得力助手，他的副主教，来帮我教导儿子。"

"那这个人是怎样的人，是我们可以信赖的吗，是博学而明智之人吗？"埃莉诺问道。

"不仅如此，"亨利说，"西奥伯尔德主教很有远见，他早就打算把这个人推荐给我们，他认为这个人值得我们信任，因为他派来的这个人有一半的撒克逊血统，一半的撒拉森血统。"

"原来是普莱尼人，"埃莉诺叫道，她的好奇心马上就被激发了出来，"在巴勒斯坦，我见过许多这种人，他是从圣地耶路撒冷来的吗？"

"不，他出生在伦敦，虽然有他们那个民族老谋深算的特性，但他跟我们的随从们一样，是个虔诚的基督徒。他的父亲吉尔伯特·贝克特，在第一次东征时被俘了，被囚禁在一位突厥官员的家中。那位突厥异教徒的女儿深深地爱上了年轻的吉尔伯特，于是趁着晚上偷偷放走了他，并将自己的珠宝给了一群江洋大盗，请他们帮忙将恋人吉尔伯特送到欧洲。然后她也经历了重重危险和磨难去寻找他，一路上，不论遇到谁，她都只说'伦敦'和'吉尔伯特'两个词。这两个有魔力的词汇将她带到了伦敦，在那里她找到了自己的恋人。她接受了基督教的洗礼，并被赐予了一个撒克逊族名字玛蒂尔达，作为对她的回报，吉尔伯特娶了她。他们只生育了一个儿子，名叫托马斯·贝克特。[①] 他童年时是由默顿的教士们照顾的，他曾在牛津和巴黎的学校就读，经常参加博洛尼亚的哲学讲座，对民法和教会法很有研究，曾经去过罗马，很得教皇和大主教的欢心，虽然有这样的学识，"亨利非常高兴地继续道，"但他并不像其他教士那样，总摆出高人一等的样子。"

埃莉诺对这个故事很感兴趣，于是贝克特很快就被任命为小

---

① 托马斯·贝克特：英国编年史中最著名的罗马天主教教士，他于1119年生于伦敦。他的父亲名叫吉尔伯特，是伦敦的一名商人。他的母亲是撒拉森人，吉尔伯特在第一次东征时被俘虏了。这位撒拉森女士跟被囚禁的人相爱了，凭借着她所学会的唯一的两个英文单词——"吉尔伯特—伦敦"——跟着他到了伦敦，并且在那里结了婚。

大主教西奥伯尔德向亨利二世推荐了托马斯·贝克特，1158年，他成了上议院院长和亨利王子的导师，此时作为一名朝臣，他遵从国王的每一条指令。

他死时是52岁，两年后，他被奉为圣人。根据英国诗人乔叟的《坎特伯雷故事集》的记载，去他的坟墓前祈祷的人特别多。(*Encyclopedia*)

亨利王子的导师。贝克特家浪漫的故事、贝克特对人彬彬有礼的态度，尤其是他能够很机灵地面对宫廷中的时势变化，立刻让他获得了国王和王后的青睐。国王一家主要居住在温彻斯特的威斯敏斯特宫以及伍德斯托克的宫殿，这里是亨利一世及其王后玛蒂尔达最爱的住所。在这个可爱的地方，埃莉诺命神父和其他神职人员演哑剧和神秘故事来取悦自己和王廷中的一大群贵妇们，就连《圣经》中的神圣故事也成了他们用来玩笑取乐的资料。埃莉诺非常喜欢这些舞台剧，有一次甚至邀请剧作家们将圣邓斯坦的审判改编为剧本。这场重要的戏剧中有许多角色，附近的小修道院里新来的主教、神父和学者们纷纷赶来参与演出，王后手下的那群贵妇也受邀加入了唱诗班，一起哼唱着那些奇怪的曲调。教堂里的宗教礼拜仪式也暂停了许多天。随后，木匠们也开始忙碌起来，这里不再有晨祷和晚祷的钟声，取而代之的是木匠的锯子声，因为他们都要为这次演出准备舞台。园中的树都被砍掉了，堆积在高高的圣坛上，加上一块木板，一些干树叶、苔藓和卵石，就成了戏中人物所居住的岩洞。演出的日子到了，大家都对这次演出翘首以盼，如今终于能够坐下来好好观赏了，这时，根据剧情安排，舞台的背景处有一扇窗户，窗内应该有一块圆形的大金属片，并在金属片下点燃火炬，火光映照到金属片上，并被反射出去，以当做月亮。因为窗帘的挂钩坏了，所以拉窗帘时有点儿拉不动，拉不动的时候就会发出吱吱嘎嘎的声响，但有人告诉王后，按照剧本安排，这里是不应出现这种声音的。即便有机智的佩罗尔帮忙，舞台效果却仍然不佳，但是后台布景都已经尽力了，希望王后埃莉诺能够宽容。

　　戏剧一开场就是一片荒野，中间有一堆垃圾、一大堆草，还有一块大石头，这是耗费了许多人力和物力，从附近的一个巨石阵中拉回来的。旁边站着一个年轻人，他局促不安地抬起头，笨拙地转

动着一根木棒,由此开始了戏剧吟唱:

> 这里有一座山和一块石头,
> 你可能不知道它们的来历。
> 这个故事所讲的是神圣的圣邓斯坦(St. Dunstan):
> "Dun"就是山(hill),"Stane"就是石头(stone),
> 这就是圣邓斯坦名字的由来。
> 圣邓斯坦这位圣人遭遇了磨难,
> 我们的故事就从这里说起——

年轻的演员结束了开场白,然后就停下来,抬头看窗帘,但窗帘并没有落下来,他又跑到舞台的一侧,用尽全力试图将它拉下来。

后台的喧闹声逐渐增大,观众们不断低声讨论着究竟是怎么回事,并嗤笑不止,在戏剧演出的时候,如果出现了什么变故,观众们通常都会议论不停的。

幕布再次被缓缓拉开,而这次出现在观众面前的不再是之前的山和石头,而是扮演圣邓斯坦的演员,他是个身材高大结实的撒克逊神父,强行挤进了那个"岩洞"之中,"岩洞"大小正好能容纳他,但是无论是坐着、站着还是躺着,都很不舒服。圣邓斯坦专心祈祷,因为这位演员不太会说拉丁语,只能吭吭哧哧地念着基督教使徒信经,并念着万福玛利亚。诡计多端的魔鬼在他之后上场,圣邓斯坦显然也厌倦了那么长的一段祈祷文,正开始重复之前的祈祷内容时,魔鬼变作农民拿着一把铁锹出现了。他靠近了"岩洞",拿出了一包金子,邀请圣邓斯坦跟他走。圣邓斯坦很不耐烦地摆了摆手,很坚决地转过了头,不去看那闪闪发光的金子,于是,魔鬼离开了舞台。随后，一群孩子不断尖叫呻吟，而看不见的天使们齐声唱道：

魔鬼用金子引诱圣人，
不过这是没有用处的。

接下来的一幕更令人惊讶。这一次，圣邓斯坦的祈祷被一位美女的出现所打断，她像个幽灵一般出现在树林中，停在了"岩洞"前，往他的祈祷书上洒玫瑰花瓣，用一种最令人痴迷的方式试图干扰他。然而圣人仍然不为所动，她的手抚上他的手臂，他却抓过了一把钳子，狠狠钳住了美女的鼻子，美女先是可怜兮兮地哭，然后就开始大喊大叫——但虔诚的修道士还是没有被打动。在与美女的纠缠中，美女闪着光的面具不幸掉落了下来，连带着演员的所有伪装，全都被揭开了，露出了一名长相英俊的男侍者的脸，他根本没有预料到会有这样的意外发生，惊慌失措地跑下了舞台，这让所有的演员都很有挫败感，而观众们则认为很有趣。这次意外事故引起了后台更大的骚乱，然而舞台上的演唱仍然在继续：

魔鬼用情爱引诱圣人，
不过这仍然不管用。

观众们的欢笑声还没消停，幕布第三次升起来了。浓重的烟雾遮盖住了整个舞台，雷电轰鸣，撒旦之王从舞台上的活动门里出来，他头上有角，脚上有蹄，身后还拖着一条尾巴。似乎是为了让瑟瑟发抖的圣人变得坚强，为最后的战斗做好准备，后台的演员们继续欢快地唱道：

> 魔鬼试图让你感到害怕，
> 但这样仍然吓不到你。

恶魔露出令人恐惧的表情，走上前来，整个舞台因为他的踩踏而不断颤动，惊慌不已的圣人畏缩在舞台一角，双手牢牢地抱住木制的大十字架，一边捻着念珠，一边惊慌不已地念祈祷词。显然，恶魔是想将圣邓斯坦跟十字架分开，不过，虽然恶魔竭尽所能地诱惑他，但宽肩膀的圣人远比强壮的恶魔更加坚决。激烈的战斗继续，圣人牢牢地抓住十字架，好像在绝望的时候抓住了能量，十字架是神圣的象征，贯穿全剧，圣人得到了力量，将恶魔打败，合唱队正准备高唱胜利之歌时，舞台塌陷了，修道士、恶魔和天使以及舞台上的其他道具都落到了舞台下面。与此同时，舞台上当月亮的火把也熄灭了，陷入一片黑暗中。演员们惊恐得尖叫起来，场面十分混乱，观众们见到这种情景，感觉好像是恶魔来了，都急匆匆地溜走了。直到回了自己的住所，花容失色的侍女们急匆匆地过来服侍埃莉诺时，她才忘记了自己的惊惧，放声大笑了起来。随后赶来的少女们看到埃莉诺开心的笑，也不明所以地跟着大笑起来。

"欢迎你们，我的天使们，"王后喊道，"我担心刚刚发生的事让你们忘了自己的职责，但是，让我很高兴的是，你们知道了，不忠之人是会受到惩罚的，所以，你们今天晚上就更加警醒了。我很想要休息，希望能马上上床睡觉。"

虽然那场演出并不成功，但埃莉诺并不感到失望。她派人从布洛瓦请来一位有名望的修道院院长威廉，由于她帮忙资助，他写下了关于马库斯和弗洛拉的悲剧，这也是英国历史上第一部正规的戏剧。

第5章

> 睿智而冷静的头脑
> 才能思考出天衣无缝又错综复杂的计谋来；
> 原则和立场摇摆不定，
> 就会因蒙受耻辱而焦躁难耐，难以开怀。

托马斯·贝克特在王室的受欢迎程度与日俱增。他处事冷静而周密，被挑中当家教后，他十分关心小亨利的学习和成长，这也让他赢得了埃莉诺的心，而且他高贵的品质和绅士般的言行让他赢得了各阶层人士的心。国王亨利对他礼遇有加，命他看守伦敦塔，还提拔他为王国的大臣。他心思通透，总能够应对亨利多变的情绪，也因此成了国王离不开的伙伴。他的地位逐渐升高，因此仕途也相当顺畅。他家中的富庶程度可与王宫媲美，他对那些拜访国王的人非常有耐心，也成了其他臣民与国王交流沟通的渠道。国王经常去他家，他跟这位宠臣之间似乎建立了真正的友谊。1157年，儿子理查也就是未来的狮心王出生时，王后埃莉诺才从伍德斯托克搬到了牛津的博蒙特宫。一收到这个令人兴奋的消息，国王亨利就跟贝克特一起赶往牛津，跟家人团圆。在途中，他们正在交谈着令人轻松愉快的话题，一个穷困不已的乞丐跟在他们身后，乞求施舍。国王很不以为意地投下了几枚便士，而贝克特却留意到这位乞丐褴褛的衣衫,开玩笑地说:"施舍,不仅是要喂饱饿汉,还要让没有衣服的人穿上衣服。"

"你说得对,"国王说,"你自己去实施这条教义吧。"

说着,国王揪住了贝克特的斗篷,试图将它扯下来。贝克特不让国王扯,并用马刺扎自己的马,马快速往前跑,国王仍然揪着斗篷,也不断地催促着自己的马快速前行,试图抓住小气的宠臣,在他们嬉笑打闹时,两个人都从马上滚落了下来。最后,贝克特还是脱下了自己的斗篷,一直看着他们嬉闹而莫名其妙的乞丐,就用王国里最好的斗篷裹着自己瑟瑟发抖的身体。

经过伊夫洛德大草场时,他们隐隐约约能看到掩映在树丛之中的戈斯托修道院,还不等到外墙边,他们就看到,不远处一座简陋的小桥上,有一匹黑色的骏马,跨坐其上的是一位美貌的少女。她手执缰绳,匀称的身材被包裹在衣服之中,这飒爽英姿很快就吸引住了国王。她头上戴着一顶像头巾一样的骑士帽,金褐色的长发从帽子中倾泻而下,就像在她肩头披上了一条纱巾,如百合花一般洁白如玉的面庞,因为骑马而变得透着粉红,明亮的眼睛里闪耀着动人的光彩。这位美貌的少女驾着马朝他们赶来,进入了骑马专用道,她身后跟着一位表情肃穆的随从,穿着绿色的仆从服,见到她们,亨利本能地拉住了缰绳。

"真是美啊!"亨利感叹了一句,然后便不再说话了,似乎是想要回忆起什么差不多被忘光了的事情来,"我见过她吗,还是我看错了?"

"那个随从好像是克利福德的。"贝克特冷冷地回应道。

"那这位长着金色卷发的美女叫什么名字?"亨利问道。

"这位好像是克利福德的沃尔特爵士之女,她的名字叫作罗莎蒙德。"贝克特不情愿地回答,他其实很不想回答亨利的问题。

"克利福德的沃尔特！"国王惊叫道，这时，他才回想起来，"现在我明白了，苏格兰国王将骑士之剑放在我肩上时，是克利福德的勋爵扣紧了我的马刺，而这位美女，当时还是个漂亮的小女孩，就坐在王后的那一群侍女之中，王后当时是那次比赛的主持者。一个在国外长大的国王在自己统治的国家就像是个外国人，这真令人感到悲伤。你能带我去这位美女家里吗？"

贝克特见国王非常性急，不容找借口回避，于是回道："克利福德的城堡位于瓦伊河边，从这里过去还要两天时间，许多年前，克利福德曾加入十字军，去过巴勒斯坦，而他的这个女儿，在母亲死后，就一直由戈斯托修道院的修女们抚养，她应该是要回修道院了吧。她身后的那位仆从，是老亚当·亨利德，是她身边的总管。"

"我们继续走吧，"亨利说，"今晚我们在戈斯托吃晚饭。我很好奇，"他沉思着继续说，"她是否还记得年轻时的我呢。"

"贝克特，"他又大声说道，"不要称呼我为国王，今晚，我就是曼恩伯爵，而你是我的侍从。我们从这儿经过，要去牛津。"这么说着，急不可耐的国王用马刺扎了一下马，快速飞驰而去，身后跟着不太情愿的宠臣贝克特。罗莎蒙德刚进入修道院，他们也就抵达了。听到钟声，女看门人离开餐桌，手中仍然端着她的晚餐，一把韭葱和一片黑面包。

"您怎么来了，爵士先生？"看门人生硬地问道。

"我们是来休息放松一下的，"亨利用法语回答，"我们出远门路过此地，希望晚上能在这儿休息一下。"

"你们是从海对岸来的？"看门人说，"您这种奇怪的腔调我们可不会，这条路是通往牛津的。"

"贝克特，"国王低声说道，"你足智多谋，应该能够应付这种状况吧，你要是帮我这个忙，我将会很感激你的。"机智的大臣可不会错过国王的承诺,于是用撒克逊语对看门人说道:"好心的嬷嬷,让我们进去吧。这位是曼恩伯爵,他是个乐于资助教堂的热心人,您这间修道院要是让他进去休息了,他一定会给你们更多资助的。"

听到这话,看门人一下就心软了,马上将他们迎进了门,还很抱歉地低声说:"仁慈的上帝啊,让圣伯纳德的姐妹们收留这两位长途跋涉的旅客吧。"

年幼的理查是个很有前途的孩子,他雄心勃勃的母亲早就开始为他的未来而谋划了。她请求丈夫赐封理查为阿基坦公爵,请求丈夫让她带理查去阿基坦,接受下属们的朝拜,并想安排儿子理查和小费丽帕订婚,小费丽帕是她的妹妹佩得罗妮拉和阿拉贡伯爵雷蒙的女儿。令她又惊又喜的是,亨利很快就同意了,并配合她的计划,在她的南方属地中做摄政者。

埃莉诺将自己的两个大女儿留给了法国国王路易七世,她们分别嫁给了布洛瓦伯爵和香槟伯爵;路易七世的第二任妻子康斯坦丝过世之后,他又迎娶了香槟的阿德莱德。他还让香槟伯爵协助管理王国事务,而这原本是安茹伯爵亨利的职责,亨利得知这一消息,非常恼怒,于是对法国国王宣战。法国国王为了平息战争,就提出联姻,将三女儿玛格丽特嫁给亨利二世的嫡长子小亨利。国王亨利和埃莉诺非常满意,高兴地赶赴诺曼底去准备婚礼,而贝克特则被派遣去巴黎将新娘接到鲁昂来。因这次重要的使命,贝克特才有机会来这最强大的国家游历。一路上,有两百五十位男孩唱着民谣引领着他的队伍前行,在那些盖着皮毛,有护卫和狗守护的马车旁,人们都在尽情享用英格兰的啤酒。每辆马车都由五匹马拉着,赶车的侍从都身着华贵的服装,后面跟着贝克特的侍从,他们带着他的洗漱和床上用具,以及他使用的刀叉盘杯和食物等。紧随其后的是十二匹拉货用的马，每一匹马上都坐着一位男仆和一只猴子；随后是一群绅士、贵族的儿子，和一群驯养猎鹰的人，鹰都停在他们的手腕上；跟在这群人后面的是王室的官员、贵族和教士，最后是贝克特跟几位朋友，他们一边前行一边闲聊。法国的民众看到外国的使臣出行，带的人竟然比他们的国王都多，纷纷叹道："英格兰国王的大臣出行规模如此庞大，那这位国王究竟是个多么有威势的人啊！"法国国王以最高礼节接待了贝克特，并拜托他照顾玛格丽特公主。贝克特将小公主玛格丽特带来了鲁昂，年幼的新娘和新郎都由贝克特教育，路易还将三座城让给了亨利，以此作为女儿的嫁妆。

不过，事情却发生了变化，阿拉贡小公主后来去世了，婚姻就取消了。为了保持友好关系，路易七世又将自己的小女儿爱丽丝许配给理查，而且这位公主也来到了英格兰接受教育。亨利二世的计划是通过这样的联姻来巩固自己的政权。接着，亨利二世又让自己的三儿子戈弗雷和布列塔尼女继承人康斯坦丝联姻，让自己的长女玛蒂尔达跟萨克森公爵"狮子"亨利联姻。

在这些政治联姻结成期间，坎特伯雷大主教西奥伯尔德去世了；国王亨利终于可以实现图谋已久的梦想，对教会进行改革了。他非常信赖贝克特，要求他去当主教。贝克特声称自己不是教士，但亨利二世却坚持说，这不会耽误太多时间，而贝克特还是不同意，他表示，如果一定要他当主教，他同样会维护教会的权益，国王也同意了。在任圣职的前一天晚上，贝克特十分认真地告诉国王，这次任命会让他和国王之间产生一道不可被摧毁的屏障，但是亨利二世却仍然坚持，最后，贝克特顺服地接受了王国的这一最高职位。

这位新主教跟前任主教一样，以勤俭克己著称。他辞去了大臣职务，解雇了自己的骑士团，穿着粗布衣服，吃着最粗糙的食物，喝着难闻的茴香水，每天都要跪着为十三位乞丐洗脚，还给他们施舍救济。无论什么情况下，他都坚决维护教会的权力，而不维护国王。由于他是整个王国最有学识、口才最好，也最受人尊敬和爱戴的人，所有阶层的人都乐于听从他的话，很快，亨利就发现，这个自己最为信赖的臣子已经成了自己最强势的对手。

但即便如此，国王仍然没有放弃改革教会的计划。当时，一位教区神父因故意杀人而犯了谋杀罪，法院试图审判这名犯人。而主教贝克特却争辩说，教士犯罪不能由政府审判，应该由教会来定罪。这次事件很快就在王国之中引起了轩然大波，最终，亨利二世召集了贵族和教士们共同商议此事。他们出台了一部《克拉伦登宪章》[①]，根据这部宪章的规定，教士在平民面前不能享有绝对的权威。贝克特起初拒绝签署，而其他教士们也都效仿他，不赞成这部宪章的颁布。受到被流放甚至被处死的威胁之后，贝克特才放弃了反抗，不过后来，他发现教皇并不同意宪章，于是他又继续反抗了。自己的宠臣居然做出了这样的事，亨利二世感到很恼怒，于是指控大主教，要他受审判。贝克特拒绝接受审判，并告到了教皇处，最终，他漂洋过海，去投靠了法国国王。

当时，阿基坦的形势严峻，于是，埃莉诺决定回阿基坦去住，跟她的孩子们在一起，这样她才能使用摄政的权力。王子亨利非常喜欢他的老师贝克特，为了让他远离贝克特，亨利二世召他去威斯敏斯特加冕，并允许儿子跟自己共同执政。小亨利的妻子玛格丽特发现自己童年时的老师无法给自己加冕戴王冠，一把夺过加冕礼服，狠狠地扔到脚下，用力地践踏，不愿意去伦敦。路易七世赶

---

① 《克拉伦登宪章》：亨利二世于1164年颁布的法律，试图将英格兰教会法院置于王室司法管辖权的全面控制之下。（编者注）

来声援女儿，亲率一支精兵奔赴诺曼底。亨利二世也赶紧来护卫自己的领土，很快双方就开战了，但是两位国王有过一次私下会面，最终，亨利二世承诺，将尽快与被流放的贝克特达成和解。鲁昂的大主教和纳韦尔主教负责安排这次和解会面的事宜，让亨利二世在法国都兰地区一片空阔的牧场里等着这位叛变的宠臣到来。贝克特一现身，不等别人来调解，亨利二世就翻身上马，赶过去，将帽子拿在手上，态度谦和，说话的时候也跟原来一样轻快随意。听到主人亲切的话语，贝克特下了马，跪到了亨利二世的脚边，但亨利二世却控制住了自己的马，坚持让他再上马，并说道：

"让我们恢复以往的情谊吧——在那些监视着我们行动的人面前，给我一点儿尊严吧，"然后他又回头对那些负责调解的贵族说："我发现大主教对我是最好的，如果我不了解他，那我就是最坏的家伙。"离开英格兰之前，亨利曾答应给贝克特一笔钱，但一直没有给他，贝克特只好借钱用于流放途中的开支，虽然现在国王说得很好，但是，国王却没有跟他亲吻示好，贝克特发现了这一点，心中隐隐产生了不好的预感，不过，他没有听从朋友们的建议，还是返回了自己的坎特伯雷主教区。他返回主教区以后，送了一封信给在鲁昂的国王亨利，信的结尾是这样说的：

"我很想要在您的身边服侍您，但是却不能如愿，我现在无依无靠，只能重回我深爱的教堂。我的离开，是得到了您的许可的，若非您的保护，我也无法安全离开，但无论我是活着还是死去，我都是您的臣子，以上帝的名义起誓，我将永远忠于您。无论我的命运如何，我都将为您和您的孩子而向上帝祷告。"

贝克特和国王见面之前，教皇就下令，将那些帮助年轻的小亨利加冕的神职人员撤职，这个命令是由贝克特带回英格兰的，贝克特一回国,就马上撤掉了几位神职人员。这些消息都是乘第一艘去诺曼底的船的人带给亨利二世的,恼怒的亨利二世激动地问道:"那些依靠我的废物就不能帮我解决掉这个麻烦的教士吗?"以雷金纳德·费泽斯为首的四位骑士,听到国王的诘问,立即赶往了英格兰,直接去了坎特伯雷大教堂,闯进了大主教的家中,并以国王的名义,要求他不要解雇那几位高级的神职人员。贝克特拒绝了,并平静地赶去教堂主持晚祷。唱诗班风琴低沉的声音停止了,大主教翻开了祈祷书,开始讲圣斯蒂芬殉难的那一节:"虽有首领坐着妄论我,"这时,那四位骑士率十二名同伴,手持武器,冲进了教堂里,"那个叛徒在哪里?大主教在哪里?"费泽斯喊道。"我在这里,"贝克特回答,"我是大主教,可不是叛徒。"看着这些追踪自己的人的眼睛,贝克特知道自己难逃一劫了,于是低声说:"暴君,我死了,你也就活不久了。"他快速在一块木板上写下了"伍德斯托克"几个字,并将它递给了自己唯一的仆人,低声吩咐道:"将这个送给王后埃莉诺,一定要快点儿找到她,不要耽搁。"然后,他平静地面对那群骑士。

"雷金纳德,"贝克特说,"我自问对你很不错,你为什么要来对付我?如果你要我的命,那我以上帝的名义请求你,不要伤害我的人。"

"我不是来夺命的,"雷金纳德说,"而是来监督那些神职人员被赦免的。"

"我不会让你们如愿,我不会赦免他们的。"贝克特说。

"那就去死吧!"雷金纳德大喊了一句,试图砍掉贝克特的头。雷金纳德的仆人扣住贝克特的手臂,打伤了他的手,而其他人则夺走了贝克特的帽子,伤了他的头。贝克特感觉到血液从脸颊上流下来,双手紧握在一起,低着头说:"以上帝的名义,为了保护教堂,我已经准备好赴死了。"说着,他转向了那些骑士,然后他们再次袭击了他,让他跪了下去,另有一人将他打趴在地上,他并没有抵抗或逃跑,更没有发出呻吟声,他倒在了圣贝纳特的祭坛旁。杀人者很快溜走了,信众们这时才反应过来,涌入了教堂里。神父们非常庄重地抬着大主教的尸体,并将他放在了高高的祭坛前。他们将他的衣服撕成碎片,将每一片碎片都当做圣物供了起来。他们擦干了他的血渍,将他的东西都当做圣物珍藏,还把他的头发也供奉起来。人们将他葬在了坎特伯雷大教堂,而且出席葬礼的人都神情肃穆,他死时所受到的尊崇甚至远超过了生前。

此时,国王亨利正在诺曼底度假,听闻这一噩耗,他也陷入了深深的悲痛之中。显然,这次事故会引发更大的灾难,这让亨利二世对自己的王位感到担忧,这次事件本不在他的预料之中,他也不知道该怎样处理。他不知道该怎样面对那些谋害大主教的凶手,也不知道该怎样跟教皇交代,最终,他将此事交由教会法院进行处理。随后,法院将凶手们送到了罗马,最终,他们被罚去耶路撒冷朝圣。教皇为此事决定与国王亨利会面,为了逃避这次会面,亨利二世决定趁机实施入侵爱尔兰的规划。

在亨利二世和埃莉诺加冕的那个月里,尼古拉斯·布雷克斯皮尔成了梵蒂冈的教皇,史称阿德里安四世[①],他也是史上唯一的一位英格兰籍教皇。他对祖国的热爱,让他赐予了亨利一块爱尔兰的属地。如今,那块属地陷入了麻烦之中,而且那块属地没有自

[①] 阿德里安四世:他是英国人,本名尼古拉斯·布雷克斯皮尔,因才华过人而从一群清贫的修道士中脱颖而出,晋升为红衣主教和罗马教皇在欧洲北部的使节。1154年,他被选为教皇,他反对西西里国王威廉一世的加冕,但并未获得成功。
　　他允许英格兰国王亨利二世入侵爱尔兰,条件是爱尔兰的所有臣民每年都应向教皇支付一便士,因为所有的岛屿都属于教皇,因此应得到重视。根据这一授权,后任的教皇们都能收到爱尔兰进贡的钱财。(*Encyclopedia*)

己的领主,于是国王亲率一支部队,奔赴爱尔兰。

自女儿玛蒂尔达和萨克森公爵"狮子"亨利结婚后,埃莉诺还从未去过英格兰。贝克特的使者抵达波尔多,向她报告贝克特已经死去的消息;而那个神秘的词语"伍德斯托克"让她想起,之前她想去这个地方,但亨利二世却极力阻止,她觉得很蹊跷,女人的好奇心立刻赶超了她对权力的渴望,她将政事交由儿子小亨利管理,立刻赶赴英格兰,去了伍德斯托克。一抵达伍德斯托克,她便马上观察,看看是否有什么可疑的迹象,但是除了没有什么人气,而且不整洁之外,这个地方似乎并没有什么特别的不同。虽然她来的时候带的人不多,而且也未经事前通告,但宫廷门口的吊桥仍然因她的到来而降落,年长的看门人真心地微笑着来迎接她。客厅都开了门,而且很快就装扮一新,以备王后一行居住,这里的仆人们早就因长期没人居住而觉得空虚乏味,而如今他们便开始忙碌地穿梭着,执行女主人下达的命令,而且速度非常快。埃莉诺命令木匠和泥瓦匠对这里进行了装修,她去参观每一个房间,检查每一面墙,拆掉所有的窗棂,以看看是否有人藏在里面。她甚至毫不犹豫地进入了城堡底下的地牢;当地的迷信教条不允许人进入地牢,其他人都恐慌害怕,而她拿起火炬,独自穿过那又潮又暗的地下通道,进入黑黢黢的地牢。她进行的所有调查都没有什么收获,只有里面的庭苑她不方便搜查。当初,这庭苑是按照古老的模式修建的,但由于长期没有人打理,这里已经变得混乱不堪,刚来的时候,她根本都进不去。庭苑的下方有一条暗道,暗道尽头有一扇小门,门外是一个庄园,园外只有一道阶梯,通往牛津郡的大森林。埃莉诺骑着西班牙小马,通过了这个庄园,闯进了远处的森林里,她很快就了解到,仆人们从不去庄园墙外的一处树丛掩映的地方。埃莉诺命令马夫们带她前往那个方向,却得知那里曾经是关押野生动物的地方,还是亨利一世确定的,而现在那里遍布荆棘和树丛,遮蔽了那里的阳光。看管该地的年老的仆人还告诉她,他年轻的时候,就再没人去过那里,那里还有野兽出没,寻常人根本不敢靠近。他还说,曾经有个年轻的守林人去过那里,但却不见他回来,应该是在那里丧命了;那里可能有鬼怪,教士们的驱魔术都拿它没辙。老人一边说,一边惊恐万分地在胸前划着十字,然后转身准备离开;但埃莉诺却命令他牵着马,她想独自去闯一闯那片闹鬼的林地。她却怎么都没闯过那厚厚的灌木丛,只能稍稍往前行几步路,而她突然的闯入却惊起了一群甲虫和蝙蝠,然后传来了猴子和鸟儿受到惊吓而发出的鸣叫,她还瞥到了一只什么动物,眼睛闪闪发亮,她认为可能是一只狼。她从灌木丛中出来的时候,一只猫头鹰飞了出来,那位胆怯的仆人欢迎她回来,还不断地感谢神明,感谢天使;但扶着她上马的时候,他还是狠狠地摇了摇头,说:

"我想,那只可怜的猫头鹰已经去空心橡树上休息了吧,我们这里有句谚语是这样说的:'有武器就有杀戮,有猫头鹰就有大祸。'"

在这树林里失望而归后,埃莉诺重新开始了调查和搜索,但也没有结果。然而通过调查,她发现,虽然这座宫殿看似乱糟糟的,疏于打理,但曾经却是亨利二世和贝克特经常光顾的地方,贝克特死后,亨利二世去爱尔兰之前还曾来过这里。除此之外,埃莉诺什么别的消息也没打听到。出人意料的是,亨利二世居然也来了伍德斯托克,发现埃莉诺也在,他非常惊讶,也很慌张,埃莉诺的疑心也更重了。他对曾经跟贝克特来这里的事总是遮遮掩掩的,这让她感到困惑,不过,他待在伍德斯托克的那一周时间里,埃莉诺没发现任何破绽。亨利已经跟教皇商量过赦免谋杀贝克特的人,现在则要返回诺曼底跟教皇的使节会面。离开的那天清晨,埃莉诺见亨利二世在庭苑中散步，于是很快就跟上了他。靠近他的时候，埃莉诺发现了一根丝线系在了他的马刺上，而且这条丝线很长，似乎是从灌木丛的小道上扯出来的。她小心翼翼地弄断了丝线，然后便专心为丈夫的出行做准备，直到他出发去法国了。那天下午，她快速回到庭苑中，顺着那根丝线左拐右拐，这条线到了墙边的一块空地上，这块地刚好被一丛灌木遮挡住了。丝线的另一头就在这里，她在这里发现了一个丝线球，到这里，这条道路似乎就终止了，然而她的疑虑却一点儿也没有减少，"这里怎么会有丝线？"她决定继续搜寻。一根折断的树枝引起了她的注意，因为上面的叶子还没有完全枯掉，所以她断定这里有人来过，她将这根树枝拨开，发现了一扇隐藏在枝叶下的门。她很费力地打开了门，通过一段阶梯往下走，走到了城堡的墙外。爬到一条狭窄的小道的另一侧，她甚至能够用手触碰到小道两旁的石头和泥土，她进入了一个之前是猎豹的洞的地方，这里满是石头、沼泽和落叶。她绕着洞走了一圈，发现了一个出口，出口的尽头有一道翠绿的屏障，推开这道屏障，她走上了一条乡间小道，小道两旁长满了树，还有一段段废弃的城墙，是很久很久以前这一带的居民为防止彼此开战而修建的，而这里也有以前看守野兽的人的住所；不过无论走到哪里，她发现这里的树、花和灌木都是经人细心布置过的，似乎是想要掩盖腐败的痕迹，在这乡野之中布置出一个天堂般的地方。最终，她感觉自己似乎身处一个由树林组建而成的迷宫之中，这里的树又繁又密，她根本既看不清来路，也不知道自己会走向何方。突然，她伸手触碰到了阶梯，此时已是日暮时分了。她艰难地爬上了阶梯，又回到了在之前的树林中停下的那条道路。她听到了狼狗的吠叫声，这让她加快了脚步，她又累又怕，上气不接下气地跑到了宫殿旁。晚上，她怎么也睡不着。她不断在脑海中回忆下午的经历。"亨利从哪里找到的丝线球？那座迷宫是为谁设计的？谁在那些山楂和黑刺李旁边种下了那些外国的树？那条弯弯曲曲的小道通往的地方，是住人的吗？那住在里面的究竟是什么人呢？"她实在无法等待了，终于天亮了之后，她变得更加不耐烦了，因为黑沉沉的乌云遮挡住了太阳，而且这场雨一下就下了好几天。

　　第二次探险的时候，她采取了必要的防御措施，带上了忠心且精力充沛的助手佩罗尔，他一贯诚恳，沉默着跟在她身后，猜测着他们这次神秘的旅行将会获得什么样的收获。她之前在那扇密门上系了一根线，所以很快就找到了方向，赶到了迷宫；她颇费了一番功夫才找到了之前的那段阶梯，经过仔细搜查，她发现了一段简陋的台阶，中间有一块普通的石头，再经过一段长长的拱形过道，就看到一座高塔掩映在树丛之中，从这些植物的缝隙中，还能看到后面的树林。也是在这里，被掩藏着的建筑才完全展露出来。房间里的装饰非常奢华，从精细的布置来看，住在这里的应该是女人。新摘的花儿让房间里散发出一阵阵芬芳，琴弦松动的竖琴躺在桌子上，一张未完成的《圣子一家》①的画靠在墙边，跟之前看到的一样的丝线球和孩子的玩具杂乱地堆放在一起。这一切都显示，这里近期有人打扫过，然而此时房间里却没有任何其他人。他们回到了树林中，沿着一条小溪边的小道，进入了一块多卵石的盆地，水流在这里汇聚成一个宁静的湖。一阵音乐声让他们停下了脚步，接着，他们就听到一个轻柔的声音伴着孩子口齿不清的声音在唱致圣母的晚祷歌。他们偷偷地走过去，由香桃木和野蔷薇组成的枝叶下，一个漂亮的女人跪在一个十字架前，十字架旁边还放着许多贡物。她面容娇美，抬眼看着十字架，眼里的光彩似乎是从

---

① 即耶稣的养父约瑟、圣母玛利亚和圣子耶稣。（译者注）

天而降的,面颊粉红,红润的嘴唇不断念着祈祷词,露出了洁白如珍珠的牙齿。这样的姿势让她的脖颈显得更细,胸部显得更圆润,浓密的长发披散下来,让肩膀处的锁骨更加突出,她整个人好像都被夕阳金色的阳光裹住了一样。她身旁躺着一个小婴儿,看起来比他的母亲更加漂亮,眼里同样闪烁着天堂般的光彩,他成功地脱掉自己的一只鞋子,很高兴地大笑了起来,也因为听到了母亲的话而大叫了起来。突然他们听到了脚步声,感到惊诧不已,女人转过身来,正好迎上了埃莉诺充满敌意的眼神,埃莉诺夺过那个小婴儿,他的小手交叠在一起,微笑地看着她,似乎是在请求她放过他们。一直没人留意的一个年纪稍大的男孩子走过来,恼怒而疑惑地瞪着埃莉诺。

男孩子的眼眸是淡褐色的,柔顺的头发呈棕色,这显然是有诺曼血统的孩子,他半是恐惧,半是保护地伸出手臂,抱住了母亲的脖子,脸颊上透出来的红润的血色让埃莉诺明白,他是金雀花家族的后裔。

"虚伪的女人,"埃莉诺说着,冲上前来,目光冷冽地盯着面前瑟瑟发抖的女人,"你是国王亨利的情人,而这两个就是你们出身卑贱的孩子。"女人因惊恐而吓得面色苍白,但同时也因埃莉诺的话而感到羞耻难当,于是她抬起头来反驳道:

"罗莎蒙德·克利福德不是国王亨利的情妇,我的丈夫是曼恩伯爵,他得胜归来之时就会让他的孩子面世的。"

"啊,曼恩伯爵啊,"埃莉诺讽刺地说道,"也是安茹伯爵、诺曼伯爵,因为与他的发妻结婚而获得了南方的七个美丽的省。你这张动人的脸庞给你赢得了这么多财富。你的这位伪君子有许多头衔,不过有一个头衔就盖过了曼恩伯爵这个名号。他是阿基坦的埃莉诺的丈夫!""贝克特!贝克特去哪儿了,我的朋友和保护者去哪儿了?"罗莎蒙德绝望地喊道,突然,她听到了真相。"死了,"恼怒的埃莉诺回答,更靠近了一点儿,声音嘶哑地低声说,"亨利不喜欢有人挑战他,埃莉诺也不喜欢。"这种威胁的话语和粗鲁的行为让罗莎蒙德觉得危险,她将惊恐不已的孩子们拥在怀里,惊恐地跪在了王后的脚边。"愿上帝赦免你的罪,"埃莉诺说着,转身离开,"明天一早我们再见。"

第6章

噢！遭遇阴谋诡计的迫害，
多么令人焦虑！
噢！这种时候真是可怕，
总会发生令人惊恐的事，
生死攸关。

　　亨利二世和教皇的使者的第一次会面没有产生令人满意的结果，但是，第二次会面的时候，亨利二世在教士、贵族和平民的见证下，将手放在福音书上，庄严宣誓，贝克特遇害的事，他从未参与过，也未曾谋划过。他在陈述贝克特之死的时候慷慨激昂，并承诺，会派两百位骑士去护卫圣城；承诺三年内派人对抗异教徒，并将贝克特的朋友们被充公了的地产重新赐予他们。这次会面一切顺利，这让亨利二世感到高兴，他很快就做好了返回英格兰的准备，然而一回来，他高兴的心情就遭到了干扰，好像家里发生了不愉快的事。不知道出于什么缘故，他的孩子们似乎都对他产生了敌意。他的儿子小亨利很快就要求将英格兰或诺曼底划给他，遭到拒绝之后，便向自己的岳父路易七世求助。小亨利离开不过三天，理查和戈弗雷也跟着自己的兄长一起离开了，不久，亨利发现，自己的妻子埃莉诺执意要离开，去前夫那里，这让他很不高兴。他突然想起来，自己曾将王后留在了伍德斯托克，她可能发现了自己的秘密，这才明白，儿子的反抗可能都是因为妻子埃莉诺的煽动。他想方设法拦下了埃莉诺，并将她送去温彻斯特囚禁了起来。很快，他不孝的儿子们就替母亲表达了不满，并向法国国王发誓，除非得到他的命令，否则他们绝不跟父亲讲和。弗兰德斯伯爵也加入了他们的阵营，而苏格兰国王则把最强的兵力派进北方的市镇。国王亨利从未遇到过这样危急的时刻。

击退了诺曼底叛乱分子的袭击时，温彻斯特的主教来拜访亨利，他劝亨利二世回到英格兰去，因为只有国王在，国内的动荡才能平息，亨利二世马上就出发了，他感到忧虑，神色沮丧，因为自己孩子的叛乱、部下的背叛和邻近省份的联盟而感到伤心，最主要的是，他统治的这个国度前途究竟如何，他完全预料不到。为了减轻内心的折磨，他私下决定去托马斯·贝克特的坟前拜祭，贝克特最近被推崇为"圣人"了。他一抵达南安普顿，就连夜赶往了坎特伯雷，都没来得及休息一下。清晨时分，他抵达了教堂。他下了马，脱掉了国王的华服，换上了忏悔者的服装，光着脚朝城里走去，路上尖锐的石头划伤了他的脚，每走一步都流血不止。他走进了教堂，进入了地下墓室，跪在他最要好的朋友的遗物前，承认了自己的罪过；然后他去了礼堂求助，光着双肩，恭顺地接受了用打结的绳子绑好的条纹布的三次抽打，有八十位神父来为他赎罪。他流着血，疲弱无力地返回了地下墓室，在墓室冰冷的石地板上守了一夜。第二天一早，他做完弥撒，就骑马去了伦敦，他在伦敦还进行了斋戒，又累又焦虑，这让他大病了一场。还不等完全恢复，他就听说，他的敌人已经放弃了进攻英格兰，而是集中兵力去攻击他在欧洲大陆的领地，自十字军东征以来，欧洲人从未曾见过比这支部队更为庞大的部队了，而这支部队就驻扎在鲁昂城的城墙下。听到这个消息,亨利二世认为有必要重新出兵法国。

亨利二世与自己的儿子所率的外国联军开战两次,并最终跟他们达成了和解。三位王子承诺会遵从自己的父亲,苏格兰国王同意让苏格兰成为英格兰的属地,于是,各方都赶赴约克郡去签订协议。

经过了一系列推迟耽搁,再次恢复了和平之后,亨利二世抑制不住内心的担忧,赶去了伍德斯托克。他一到伍德斯托克,就受到了热情问候,他敷衍着,只想尽快去看看他的心上人是否还安全。他快步跑到迷宫乐园,发现墙上那扇隐形门居然大开着,心里感到一惊,每往前走一步,他心中的恐慌就加深了一层,塔楼的门口有血腥冲突的痕迹,里边的一切都显示出住在这里的人的日常生活被完全打乱了。小威廉的摇摆木马脖子上还绕着一根缰绳,似乎小家伙刚刚从上面下去一样,小戈弗雷的枕头上仍然有他睡过的痕迹;罗莎蒙德的顶针和剪刀仍然摆放在桌子上,然而刺绣品上布满了灰尘,铁锈已经腐蚀了竖琴的琴弦。

隐士之泉那里的景象更加凄凉,枯萎的草和树叶已经堵住了泉水的源头,甚至已经阻塞了泉水的河道。罗莎蒙德的凉亭原本是这里最吸引人的地方,然而现在这里一片荒凉,这让亨利二世的心都冷了下来。疯长的野草已经盖住了凉亭里的座位,常春藤悬垂的枝叶在夜风中摇摆,野蔷薇点缀在这枝叶间,就像是死人坟前的纹章匾①。乍然听到他的脚步声,一群燕子从门前飞起,一只兔子也匆匆跑开,他恼怒不已,一只手狠狠地砸到柱头上,一只绿色的蜥蜴也赶忙逃走了。罗莎蒙德不在了。

罗莎蒙德一直都住在这里,满足于自己的爱和孩子们的嬉闹,

---

① 纹章匾:挂在新近死者墓前或门前的菱形表徽。(译者注)

她究竟是怎么离开这儿的？她伤心难过、名声受损，却流浪在外吗？她已经做好了准备，躺进那又冷又黑的坟墓了吗？她的父亲愤愤不平地从圣地赶回来，将她关进了克利福德城堡，以掩盖她的耻辱了吗？还有谁敢清除掉对他而言如此重要的恋人？

一想到这里，亨利二世就疯狂地飞跑进了大殿之中，那名老门卫受到了他的严格盘问。门卫告诉他王后上次是什么时候来的，当时她很着急地穿过树林，搜查城堡。离开的前一晚，她的三位法国仆人突然消失了，而那时也有几匹马不见了踪影，王后一直在写信，那三个消失的仆人可能是情报员。树林里有光，还有哭声。一个仆人称，多年前在那里失踪的那个年轻人的鬼魂出现在那里的马厩，附近的一位农夫的儿子也曾在那里失去了踪迹。尽管亨利尽全力想要弄明白这故事的后续如何，但无论是他的询问，还是后续的调查都没能探到任何结果。在伍德斯托克什么也了解不到，国王非常恼怒，于是匆忙赶回了温彻斯特。面对国王的斥责和辱骂，王后埃莉诺激动不已，但她声称她发现了他的情人，出于嫉妒，她曾想用匕首或毒药取罗莎蒙德的性命，为了防止对手逃跑，她还派了两名加斯科涅的仆人和一名护卫守在罗莎蒙德的塔楼的阶梯那里。而第二天早上再去的时候，她发现那里的草叶上有血滴，不远处还有仆人们的尸体，另有一具尸体她之前就认识，是托马斯爵士，由一只受剑伤而奄奄一息的狼狗守卫着；在佩罗尔的帮助下，她将这些尸体拖进了树林中，她也想要追踪逃亡的人，但却找不到任何线索。无论亨利二世如何威胁，埃莉诺都坚称，罗莎蒙德的失踪与她无关。

亨利二世一点儿也不相信埃莉诺的承诺，于是勒令加紧对她的监视，并安排迎接爱丽丝入宫，而且将爱丽丝住的地方装扮一新。父亲偏袒的行为引起了理查的嫉妒，他迎接新娘的时候很无礼粗鲁，一点儿也不温柔。亨利二世认为，他的儿子跟爱丽丝的关系已经非常牢固了，不需要马上就结婚。

接着，年轻的小亨利也发起了一次叛变；但还不等到开战，小亨利就因焦虑和疲乏而发热不退，而且一直也没能康复。死的时候，他既害怕又后悔。他派遣使者去父亲那里求得原谅，并让神父将他的遗体烧成灰，得到同意之后，他才咽气。此时，国王亨利正在跟自己的二女儿小埃莉诺道别，因为她已经跟卡斯蒂利亚的国王阿方索订婚了，很快就要离开了。孩子们幼年的时候，亨利二世对埃莉诺和孩子们还是很温和的；他们婚后的一段时间里，埃莉诺还是很支持他的，但她的脾气善变，尤其是罗莎蒙德的事让她产生了嫉妒的心理，于是，她对亨利二世的情感也就由爱生恨了；而且正如亨利二世所猜想的那样，儿子们的叛变完全是母亲埃莉诺唆使的。

罗莎蒙德的神秘失踪本来就让亨利二世伤心不已，而儿子们的背叛让他更加郁郁寡欢，他痛苦不堪，他认为，由于财富和领地的诱惑，他才不得不跟埃莉诺结合。他无法完成年轻时的愿望，让罗莎蒙德成为英格兰的王后。他咒骂自己野心太重，以至于在家里养了一群敌人，他为自己的自私感到痛惜，由于他的这种自私，而牺牲掉了一位真心倾慕他、爱着他的年轻女人。他早年的冷静个性已经转变成了暴躁易怒、傲慢自大。他如今经常在自己的不同领地里狩猎或独自骑马。他曾穿着乡间绅士的普通服装，试图去求见克利福德家族的人，并拜访戈斯托修道院，但都没成功。有一天，他看到一群人围绕着一个返回故乡的朝圣者，这让亨利二世有了新的打算。他披上修道士的黑衣，去了赫里福郡的克利福德城堡，说希望仆人们能给他一点儿施舍，很快仆人们就让他进了门，给了他施舍，他就给他们讲故事。

他说,他离开圣战部队已经很久了,曾在许多地方流浪,但最终还是听从了心的召唤,回到了祖国,为的是来找寻他年轻时的故人。他希望能再见一见克利福德爵士,因为爵士在巴勒斯坦曾救过他。仆人们回答说,已经多年没有爵士的音信了。"那能不能见一见爵士夫人?"但爵士离开后不久,夫人就过世了。"那亚当·亨利德呢?"老管家也过世很长时间了。

问到罗莎蒙德的时候,他突然变得结结巴巴的了,然而他得到的回答却是一阵沉默,这让他有了不好的预感。"杰奎琳,夫人的侍女呢?"她也已经进入坟墓了。他扫视了一眼众人,很痛苦、很尴尬地说:"我来了,却没有人接待我。现在跟以前已经不一样了,以前,爵士和夫人率队伍骑马回家,家里宾客满堂,大家尽情享受盛宴,尽情歌唱,那日子真是太美好了。克利福德爵士没有后裔了吗,他们不能念在夫人的份上来接见我一下吗?"这时,人群中站出来一位高贵的小男孩,他非常大度地伸出手来欢迎这位客人。

"跟我来吧,神父,"他说,"对于克利福德城堡的客人,我们是不会让他又累又饿地离开的。"亨利二世一改之前的矜持,很快地跟着少年进入了内间,这里已经准备好了饮食。仆人们撤退之后,亨利二世开始跟这位小主人聊天。"你是克利福德爵士的后裔?"亨利问着,似乎很肯定地问道,"你叫什么名字?""威廉,"这位年轻人回答,"还有这位,"年轻人指着坐在窗口读书的一个俊美的男孩,"是我弟弟戈弗雷。""那你们在这里住了多长时间了?""有几年了,"男孩犹豫了一会儿,然后回答。"谁带你们来这儿的?""我们跟杰奎琳来的,从我们在树林里的家里过来的。""那你母亲去哪儿了?"亨利二世竭力维持着平静的语气,温和地问道。"她跟杰奎琳很久之前就离开了,戈弗雷都不记得她了。""那你父亲呢?"亨利二世越来越激动了,急切地问道。"杰奎琳说,我们的父亲是国王,我们要一直在这里等他来接我们。""杰奎琳为什么会离开这里?""为了赎罪,她去了修道院,也死在了那里,这都是很久之前的事了。"亨利二世知道了,这两个男孩就是自己日思夜想的儿子,他一会儿看看这个,一会儿看看那个,并将他们的面貌跟自己记忆中他们小时候的样子做了一番比较,令他高兴的是,他还能看得出他们年幼时的样子来,这也让他有了新的期盼,希望他们的母亲仍然活在世间。然后,他心头涌上了千百种思绪和情感,最首要的是,他要跟埃莉诺离婚,并为罗莎蒙德正名,让她享受英格兰王后的尊荣,那么,这两个孝顺的孩子也将取代那些叛乱的王子们,这样他的晚年才能得到安慰。虽然心思百转千回,他还是控制住了自己的情绪,不因为已经明白了真相而扰乱他现在找到的幸福。他很肃穆地从桌子旁边站了起来,十分真诚地跟孩子们道别,然后急匆匆地离开了。他仍然穿着修道士的衣服,然而思绪却不能平静,朝戈斯托修道院走去。第二天晚上,他才进入了牛津郡,而且赶到了一处乡村集市的附近,这里出售许多劣等食物、服装,还有耍杂耍和变戏法的,他不喜欢这种地方。为了避免跟人打交道,他决定去离集市稍远一点儿的一处地摊那里过夜。疲累不已的亨利二世躺下正准备休息时,突然传来一阵嘹亮的歌声,一位威尔士民谣歌手出现在眼前,亨利二世记得,在杰拉尔德·威尔士[①]那里见过这个人,他的声音听起来很有力,唱的是这样的歌谣:

国王亨利二世统治这里的时候,
除了王后,他最爱的
是一位美貌而清秀的女士;

---

① 杰拉尔德·威尔士(1146—1223年):布雷告的副主教、年代史作家。(编者注)

她貌美无双,
面容姣好,极受宠爱;
国王从未见过
比她更美的女人。

她卷曲的秀发
就像金色的丝线,
她明亮的双眸
就好比珍珠
闪耀着天堂般的光彩;
她面颊红润,
就连百合与玫瑰
都不及她这般娇艳。

是的,罗莎蒙德,美丽的罗莎蒙德,
这就是她的名字,
我们的王后埃莉诺
将她视作不共戴天的仇敌。
也正是因此
国王才把她藏起来
不让嫉妒心强的王后发现,
在伍德斯托克有一座凉亭,
它精美绝伦,举世无双。

最奇特的是
它是由石头和坚硬的木料搭建成的,

这个凉亭
有一百五十道门;
做工如此巧妙
就算围着打转,
没有提示的线索
谁也无法进入。

因为国王和她的爱,
这里美丽而愉快,
为了保护这里
国王任命了一位英勇的骑士,
然而,命运之神
在露出笑脸之前总会皱一皱眉,
因此,国王的挚爱之地,这位女士的欢乐之源
很快就被王后发现了。
为什么,那没教养的儿子
国王却给了他那么多职权,
而他却还要
在法国跟父亲开战。
我们英俊的国王,
还不等找到他的情人罗莎蒙德,
就已经跟她天人永隔了。

"我的罗莎蒙德,我唯一的挚爱
你是这世间最美的花儿,
最能让我开怀的人,

是你，让我不再空虚无聊，
我心中最美的花儿，
我仍然能记得你的甜蜜温情，
我挚爱的玫瑰，
我必须要离开你了。

"我将我的挚爱
留在家里，
因为我要穿过浩瀚的海洋
去法国，
镇压叛乱。
但是我的挚爱
不久我就会归来，
无论我在哪里，
我都会把你放在心里。"

美丽的夫人罗莎蒙德，
听到国王这样说，

心中的悲伤之情
溢于言表，
她如水晶般清澈透亮的眼里
立刻涌上了泪水，
泪水从她脸颊上滑落
就像是珍珠一样。

她原本红润的双唇,
也变得如蜡一样苍白,
由于太过悲伤
她顿时觉得疲软无力。
晕厥在国王亨利二世的面前,
他马上伸出双臂
拥住了她。

他泪眼朦胧,
在她的面颊上亲吻了二十次,
他这才感觉到
她重新恢复了平静温和。
"你为什么难过,我的挚爱,我的甜心?"
国王反复问这个问题。
"因为,"她回答,"我的心上人
要奔赴战场,可能会流血牺牲。

"国外的海滩上,
敌人那么凶残,
甚至罔顾人的生命,
我为什么要待在家中呢?
不,让我就像个侍者一样,
陪你一起去吧,
这样,我也能陪你
一起上战场。

"或者就让我随侍
在你的军营中,
我晚上能给你铺床
为你准备洗澡水。
当你从战场回来的时候,
便能够好好沐浴一番。
只要能让你开心,
无论做什么我都不会拒绝;
为了你,我可以不顾生死,
为了你,我也能甘愿赴死。"

"不要担心,我的挚爱;
你就留在家里,
留在英格兰这个美好的地方吧;
因为远征不适合让你参与。
美丽的女士可无法忍受残酷而血腥的战场
这里的生活和平安定,
会令人感到满足,让人心静。

"我的挚爱,留在伍德斯托克的凉亭里吧,
只要我的挚爱穿金戴银,
佩戴着光彩夺目的珠宝,
听听美妙的音乐,
跳着轻快的舞步。
即使我要面对腥风血雨
我也能给我的敌人以灭顶之灾。

"你,托马斯爵士,
我相信,你可以保护好我的挚爱
我离开之后。
要好好照顾她。"
说完这些,他轻叹了口气,
他的心似乎都要碎掉了,
而罗莎蒙德,却因悲伤难过,
一句话也说不出口。

离开的时候
他们都觉得痛苦难耐,
自那之后,
国王便再也未曾见过美丽的罗莎蒙德。
因为他漂洋过海去法国之时,
王后埃莉诺因为嫉妒
而光顾了伍德斯托克。
她叫来了这个诚实的爵士托马斯,
也就是凉亭的守护者,
他手中的线球,
也是罗莎蒙德给的;
王后派人打伤了他,
然后就得到了这个线球,
因为有线球的指引
王后去了罗莎蒙德的居所
见到了如天使般的罗莎蒙德。

王后定睛,
看着罗莎蒙德天使般的容颜,
也觉得惊为天人。

"脱下你的那些衣服,"王后命令道,
"那些衣服一定很昂贵;
然后喝下这致命的毒药,
这是我送你的。"

听到这话,
罗莎蒙德单膝跪地,
请求王后原谅她所犯下的过错;
"请看在我年轻的份上,放过我吧,"
美丽的罗莎蒙德哭着乞求道,
"不要让我喝这毒药,
这致命的毒药。"

"我将放弃这充满罪恶的尘世生活,
我将去修道院隐居,
你满意的话,将我流放吧,
无论流放到哪里都可以。
我也是被迫才犯下了这么多的过错,
留着我的生命,惩罚我吧,
只要你愿意,什么样的惩罚我都接受。"

说到这里,她洁白如玉的双手

撑在地上,
低下头去,
泪流不止。
然而,恼怒的王后
什么也不答应;
她将装着毒药的杯子,
放在膝头,
王后将这杯毒药,
递给了美丽的罗莎蒙德,
她接过杯子,
站了起来,
双眼看向天空,
忘却所有过往,
喝下了这杯毒药,
自此丧命。

"停!不要唱了!我已经受够了你这荒唐的小曲!"一位农民看出了国王脸上的不快神情,激动地大叫道,"你这曲子都快让这位神父窒息了!"

"给他唱大卫王的诗篇吧,"货摊另一侧的一个小个子男人一边打嗝一边说,"虔诚的信徒要靠不错的诗篇才能存活。"说着,他大笑不止。

"一杯醇香的英国啤酒更适合他,"一个约克郡的男人大喊着,倒了一杯麦芽酒,"只要身体好了,灵魂也会好的。""天啊!"唱歌的歌手走上前来,发现了亨利二世难看的神色,"有鬼怪附上了他的身,他血色的眼睛里露出了恐惧的神情。""如果有魔鬼附上了他的身,最好将它驱赶出去。"货摊主人说着,就将失去了知觉的国王从枯藤上扶了起来,并送到了草床上。清冷的空气让国王立刻清醒了过来,恢复了意识之后,他突然想到了什么,奋力站起来离开了。他在夜色中疾驰而去,一点儿也不觉得疲累。他闯入了很久以前见到美丽的罗莎蒙德的那条专用马道,他听到了教堂钟声的余音回荡在空中。他还以为是晨祷的钟声,但靠近了之后,才发现是丧钟,因为这钟声沉重,他感觉自己的心似乎也变得沉重了起来。他加快了脚步,由于他穿着教士服,因此也就获得了进入修道院的许可。门房进去传达说有个神父来为将死的修女祈祷的消息,随后,亨利二世就进入了修道院。修女们听到这个消息也很惊讶,但并未询问具体状况,就急匆匆地引领着他穿过长长的过道,进入了一个小房间,里面有一张用稻草铺就的小床,床上躺着苍白虚弱的罗莎蒙德。① 微弱的晨光透进来,伴着这房间里的烛光闪烁,根据教堂的风俗,苍白的蜡烛都是摆放在死者的床头和床尾的。床边摆放着死者所需的一切东西。里面布满了灰尘的棺材也摆放在床边,棺材上摆放着花冠和衣服,因为她已经决定了,要以修女的身份下葬,现在该为她化妆了,所有的油膏都已经准备好了,并摆放在了一张小桌子上,桌子上还摆放着一个有耶稣受难塑像的十字架。亨利二世绝望地看着这些东西,走近了床边,看着床上那个已

---

① 关于王后埃莉诺的情敌——罗莎蒙德·克利福德,史书中有各种记载,很难理出关于她的生平等详细信息。学习历史的人都不应该鄙视传统,因为我们都知道,传统的理念即便有缺陷,或与编年史书记载不同,也是有一定的事实根据的。罗莎蒙德和亨利二世的关系似乎从亨利年轻时就开始了,大约是亨利的叔叔苏格兰国王获得爵位的时候。而亨利成功入主英格兰后,两人的关系更加深入了,这时,亨利向对他的身份毫无疑虑的罗莎蒙德承诺,他一定会娶她。于是,罗莎蒙德心甘情愿地被他"囚禁"了起来,而他也向她隐瞒了自己已经有了一位王后妻子的事实,并将她带到了英格兰。但他的主要问题是,他总是去看望自己真心喜欢的恋人,因此,很难向埃莉诺隐瞒罗莎蒙德的存在。(*Queens of England*)

经没有什么意识了的罗莎蒙德。他什么也说不出口,只是挥了挥手,其他随侍在旁的人就都离开了房间,修道院的女院长离开的时候轻声说:"我想,这位姐妹太过虚弱,可能都无法开口了。"旁人都离开了之后,亨利二世快速脱下了修士服,朝罗莎蒙德弯下腰去,用细长的手臂轻轻抬起她的头,充满爱意地低声呼喊她的名字。罗莎蒙德费力地抬起眼皮,露出她明亮的双眼,看着他,但却没有认出来。"我的罗莎蒙德!"亨利二世喊道,激动地吻了一下她失去了血色的双唇。听到这话,罗莎蒙德突然激灵了一下,她柔弱的手指在他的手中颤抖,她突然想到了什么,睁着的眼里闪出了一丝丝光彩。她说话的嗓音颤抖不已,但亨利二世还是听清楚了她的话:"我的孩子!""我的孩子。"亨利重复说道,然后便不再开口——她的胸部起伏了一下,她的双唇颤抖着吐出最后一口气,脸上露出一个欢欣的微笑,然后便死去了。

第7章

忘恩负义！你这冷酷的魔鬼，
你如果附在孩子身上，
孩子就比海怪还可怕。

  王后埃莉诺漫长而无止境的囚禁①让她的普罗旺斯臣民们恼怒不已。失去了最妩媚动人的主人，南方王廷也不再受到欧洲名流人士的关注。吟游诗人们也就放下了竖琴，而忠心耿耿的佩罗尔，因为女主人不在而离开了。他也曾试图用温柔的叹歌来抚慰被囚禁的主人，在这些歌曲中，他为她的不幸而悲叹不已。"阿基坦的女儿，"他在歌曲中这样写道，"美貌动人，却不得不离开自己的领地，进入一个陌生的国度。你人生的乐曲从欢快变成了悲伤，你的歌曲也不再宛转悠扬，而是充满了伤感和无奈。你生在富贵之家，生活得自由潇洒，终日与女眷们嬉笑玩乐，跟她们一起，一边演奏乐曲一边歌唱；而如今你只能哀叹、哭泣，并懊悔悲伤。回来吧，可怜的囚徒——如果可以，回到你的故乡去，如果不能，那你就

---

① 王后埃莉诺因国王的见异思迁而恼怒不已，她煽动儿子理查和戈弗雷，让他们提出跟他们的哥哥类似的要求，遭到拒绝之后，他们就赶往法国求助。埃莉诺自己也逃匿了，但很快就落入了丈夫的手中，亨利二世统治的后期，一直囚禁着她。(*Pictorial History of England*)

只能哭着哀叹:'啊!这囚禁漫长而无止境!'哭泣,哭泣着说:'我整日整夜以泪洗面。'你的护卫呢,你的伴侣呢?你的朋友们呢?你的臣民呢?你哭泣,但却没有人听到你的哭声,因为北方的国王将你囚禁了起来。哭吧,不要停止,更大声地哭吧,这样你的儿子们才可能听到;相信不久,你的儿子们就会来解救你,那时,你也能再见到你的故土。"

但吉耶纳好战的将领们可不会表达柔情。理查和戈弗雷虽然总是彼此敌对,但也做好了准备,让南方的贵族加入他们的队伍,两年里,亨利在安茹的部下,以及埃莉诺在阿基坦的臣民们,在埃莉诺儿子们的煽动下,也因王后被囚禁而开战了,从罗谢尔到巴约那,整个法国南部都陷入了混战之中。戈弗雷的离世让他可怜的母亲更加难过。在巴黎的一场大战中,戈弗雷被甩下了马,然后被战马踩死。他因为长相俊美,为人谦和而扬名在外,埃莉诺跟他感情深厚,但却很不喜欢他的妻子康斯坦丝。戈弗雷的幼子亚瑟,见祖母不喜欢母亲,就放弃了祖母这边的身份,选择跟母亲生活在一起,并且对祖母产生了恨意。最爱的儿子过世后不久,埃莉诺不得不跟自己的小女儿一起生活,这位小女儿是西西里国王威廉二世的新娘。亨利二世锲而不舍地寻找罗莎蒙德的时候,埃莉诺的生活也是很单调的。

得知埃莉诺并没有加害罗莎蒙德之后,国王亨利也就改变了以前对埃莉诺的态度,不再囚禁她了,但是,埃莉诺却因为过去的不快而产生了忿恨心理,她因自己曾受到亨利二世的猜忌而感到恼怒,他们之间的情感隔阂并没有消失,她陪伴亨利二世去波尔多时,再度让亨利二世和儿子理查的关系恶化,很快,亨利二世就认为,有必要再次将埃莉诺囚禁在温彻斯特宫殿。

因为贝克特之死获得教皇的赦免之后,亨利二世庄严发誓,一定要亲自去圣地,他曾经跟法国国王路易七世约定一起去的。但不久后，路易七世的过世让他们停止了远行，去圣地的时间也就一拖再拖，但耶路撒冷主教和医院骑士团的将领却历尽艰辛来到了英格兰，而且是以西比拉王后的名义来的，要求他接受耶路撒冷的王位，并给了他耶路撒冷之王的旗帜，以及圣城和圣墓的钥匙。由于虚荣心不再那么强烈，亨利也就不再如以往那样渴求荣耀，他决定，如果可以，他不会沉湎于过去令人难过悲伤的记忆之中，而是投身于宗教之中。此时，全欧洲都在担忧巴勒斯坦的基督徒们遇到的困境。鲍德温三世过世之后，王位交给了他的弟弟阿尔梅里克，而他却投入了大量的人力与物力跟埃及开战，战争劳民伤财，他们并未获得任何积极的成果。阿尔梅里克之后，继位的是鲍德温四世，他是阿尔梅里克与库尔特奈的阿格尼丝之子，继承了埃德萨的失地。鲍德温四世患上了麻风病，发现无法履行职责之后，他将摄政权交给了自己的姐夫盖伊·德·吕西尼昂，这是一位法国贵族，他曾因谋杀罪而被亨利二世放逐。鲍德温四世死后，他的姐姐西比拉和丈夫盖伊·德·吕西尼昂成了耶路撒冷的国王和王后，然而的黎波里伯爵却拒绝忠于他们。最后，他提出条件，只要西比拉与吕西尼昂离婚，并另选一位更有能力保护国家的伴侣，他就会效忠于王后。西比拉长得很漂亮，而且很有贵族风范，很有号召力。她同意了的黎波里伯爵的提议，并称，无论自己选择了谁，贵族们都应该接受。条件谈妥后，她宣布与盖伊·德·吕西尼昂离婚，她的加冕仪式也开始了。一戴上王冠，她就很傲慢地转向了那些反叛的贵族们①，将国王的王冠戴在了吕西尼昂的头上，宣布让他当国王，并

---

① 霍夫顿和其他的英国作家写了一个故事，故事里写着，的黎波里伯爵和他的朋友们联合起来向王后提议，她应该跟丈夫吕西尼昂离婚，选择一个能够跟她一起守卫王国的人做丈夫。她同意了他们的提议，她接受了王冠加冕礼后，就将另一顶王冠戴在了吕西尼昂的头上。(Mill, *Crusades*, 137 页)

单膝跪在吕西尼昂面前,很庄重地大声说:"神配合的,人不可分开。"王后的这一举动,让大家惊诧不已,而且当时处在那样庄严肃穆的时刻,震惊不已的贵族们什么反对的话都没敢说出口。

与此同时,著名的萨拉丁①也开始了在东方的征服之旅。由于他战无不胜,提比利亚、阿卡、雅法、凯撒利亚和贝鲁特等城纷纷成了他的战利品。突厥人纷纷涌入耶路撒冷,十万人在他们的刀剑下丧生,力量薄弱的驻防部队根本无力与之对抗。即便是伊斯兰一方占据了上风,萨拉丁也不想让这里充满血腥,于是宣布只要放弃圣城,所有的居民都会获得和平,并且能够在叙利亚获得钱和土地;然而基督徒们却称,救世主是在圣城遇难而亡的,他们不会将这个地方留给异教徒们。表示了友好却仍然遭遇了冷脸,萨拉丁发誓一定要攻下这座城,报复法兰克人,因为在布永的戈弗雷的时代,法兰克人曾对埃及人进行过大屠杀。战争开始的十四天里,城墙内外的将士们都恼怒不已。伊斯兰的狂热教徒不惧献出生命,希望死亡能让他们喝到天堂的圣水——而基督徒一方却想要一个真正的耶路撒冷,而非天堂般的耶路撒冷,他们希望流尽自己的血液去保护圣墓。发现圣斯蒂芬大门的城墙遭到了破坏时,所有的人都放弃了防御敌人;教士们都在祈祷天降奇景,将士们都丢下了武器,跑进了教堂里。萨拉丁再次提出了议和的条件。生活悲惨的居民们花了四天时间浏览圣地,纷纷跑去圣墓,并在圣墓面前不断哭泣,然后,他们便离开了圣地,闷闷不乐地赶往了古城提尔,这是拉丁民族在巴勒斯坦的最后一个要塞地。

这样,过了近一个世纪,让欧洲人耗费了巨大人力物力而获得的圣城,再次成了异教徒的财产。圣墓所在的教堂里的大十字架

---

① 萨拉丁:埃及阿尤布王朝的创建者,是抗击十字军东征的著名人物。(译者注)

被人取了下来,并被拖到了街道上的泥潭里,教堂的钟声也不再敲响,而清真寺的墙壁和地板都被玫瑰香水清洗过,然后重新开放,伊斯兰教徒们也再次聚集到里面去崇拜先知。这件事在基督教世界引起了轩然大波。年老的教皇绝望地去世了。琼安的丈夫穿上粗布衣服,宣布加入十字军。亨利二世、法国新国王腓力二世,以及弗兰德斯和香槟的伯爵们,还有大量的骑士、贵族们都决定结成盟军,以拯救圣城耶路撒冷。

罗莎蒙德死后,亨利二世决定竭尽全力挽回她的名誉,承认了她所生的两个孩子,并将他们送去了伍德斯托克,跟自己的儿子约翰一起念书。这两个男孩成年后,个性敦厚善良,比埃莉诺的孩子们更适合继承王位。亨利二世很信任他们,并授予了他们尊贵的权位,让小戈弗雷成了王国的大臣。

一切都准备好了,国王亨利也要离开了。在北安普顿举行的会议上,国王亨利决定,不参与十字军东征的人,都应缴纳自己十分之一的财产以供十字军使用;而不参与的犹太人则应缴纳自己四分之一的财产。亨利二世还致信德意志、匈牙利和君士坦丁堡的统治者,希望能够顺利率军通过他们的国度,并得到了他们的许可,于是他按照与法国国王腓力二世的约定,穿过了法兰西国境,然而法国国王却提出,自己的妹妹爱丽丝应该跟王子理查尽快完婚,并且让理查继承英格兰王位。亨利二世拒绝了这一提议,而他的儿子理查,也在一次公开会面时,跪在了法兰西国王面前,将自己的剑递给国王,并称:"陛下,我请您来护卫我的权益,我为了我父亲在法兰西的属地而发誓效忠于您。"

对于儿子的叛变,亨利二世非常惊讶,于是马上离开了会议现场,并迅速做好了准备,去跟反对他的联军开战。但是,一贯对他眷顾有加的命运,这次似乎也开始跟他做对了。每一次开战,败的都是他,无论走到哪里,他都遭到了驱逐,他的健康状况每况愈下,他再也无法意气风发地驰骋疆场了,终于,他接受了敌军的所有条件,同意赔偿两万马克①金币给腓力二世,并让自己的臣民拥护理查,将爱丽丝交给了理查,亨利二世认为,她是王国遭遇不幸的缘由。

亨利二世看到了一份名单,上面都是因对他不满而跟法国国王结盟的贵族。他最先看到的就是约翰,这是他年纪大了之后特别看重的孩子。他没有再往下看,而是把那份名单丢掉了,陷入了一种狂暴的愤怒之中,他近年来经常会这样。他诅咒自己的生日,他诅咒自己不近人情的孩子和他们歹毒的母亲,他瘫在躺椅上,用牙齿咬坐垫,从自己的头上拔头发,因恼怒和悲痛而昏厥了过去。很快,他就发起了高烧,但在清醒的时候,他下令让一位画家在画布上画下一只小鹰啄下大鹰眼睛的画。亨利二世一直都在痛苦之中挣扎,挣扎之后便觉得疲累,然后昏睡过去,就这样不断循环;其他人都因照顾他而疲累不堪,觉得无法忍受,但小戈弗雷却似乎一点儿也不困倦,耐心地看护着奄奄一息的父亲。虚弱不堪的国王认出了他一直都很喜欢的这个儿子的声音,并且也很乐于听从他的话;一看到这张脸,亨利二世便想起了过世已久的罗莎蒙德,这是唯一能够让他不那么痛苦的良药。亨利二世从手指上取下图章戒指,放在了戈弗雷的手上,说:"你是真正孝顺我的儿子,你这样尽职尽责地照顾有罪的父亲,上帝会庇佑你的。带我去见你的哥哥威廉和他美丽的新娘吧。"② 至于其他的兄弟姐妹,给他们看看

---

① 马克:旧时欧洲用于金银的重量单位。(译者注)
② 索尔兹伯里伯爵是亨利二世和罗莎蒙德的儿子。他的名字叫威廉,他经常佩着一把比普通的剑更长的剑,因此有"朗索德"这个绰号,也称朗基斯皮。他同父异母的哥哥理查一世,让他娶了索尔兹伯里和罗斯买伯爵威廉·德·尤利克斯的长女和女继承人艾拉,并赐予他爵位。艾拉就是被盖伊·德·吕西尼昂所杀害的索尔兹伯里伯爵帕特里克的孙女。(Mill, *Crusades*,198页)

这幅画,"说着,亨利二世指着那幅鹰的画,"我会一直诅咒他们不得好死。"儿子戈弗雷拥抱着他,让他的头靠在自己的胸膛,就这样,亨利二世死了。

埃莉诺在监禁中生活了二十多年,在此期间她为早年所做过的荒唐事做过一些弥补。她的儿子理查继位的第一件事,便是释放了自己的母亲,让她成了摄政太后。摄政之后,她以仁爱治国,并游历了整个国度,释放了所有因违背森林法而获罪以及犯了其他无关紧要的罪的人,让他们跟自己的家人团聚。理查一世赶赴圣地期间,她审慎治国,约翰继位之后,将她自己的属地重新划给了她,而此时,她的孩子们都犯下了罪过,生活痛苦不堪,这也是她在他们幼年时种下的恶果结的果实。八十岁时,埃莉诺进入了风弗洛修道院颐养天年,三年后,她在悲伤中过世,而此时,法国的民众正在指控她的儿子无地王约翰谋杀了亚瑟。①

---

① 无地王约翰是亨利二世的第五子,他曾试图在理查一世被囚禁于德国时夺取王位,后来理查一世宽恕了他并指定他为继承人,这也就剥夺了约翰的哥哥戈弗雷之子亚瑟的继承权,约翰继位后于 1203 年下令杀害了亚瑟。(编者注)

纳瓦拉的贝伦加利亚

第 1 章

美好的东西,也会带来伤害吗?
给你带来幸福的东西,也是危险的吗?

"别再唱了,你唱得让我感到厌烦了!"纳瓦拉①的公主贝伦加利亚不耐烦地叫道,从沙发上跳了起来。她的摩尔族侍女很清楚她易怒的个性,于是从坐垫上站了起来,将鲁特琴放在一旁,很沮丧地说:"谚语有云:'对自己感到不满的人是难以取悦的。'"侍女没有抚慰自己的主人,而是去了自己的房间里空对着窗扉发呆。"你是因为我不想听你的歌而生气吗?"年轻的公主说,"不要生气,我们来猜谜,或者跟我说说惊悚的鬼故事吧,你在南方长大,应该听过很多这种故事。"这位侍女的思绪飘向了远方,回到了座位上,说起了《阿拉比传说》的故事:

很久以前,有三个精灵,从人间回来后,在渗渗泉②边休息。他们坐在一起聊着彼此的经历之时,突然提起了永生之魂(名号非常崇高)、人的宿命、世界的特征,以及所有生灵所经历的不幸和苦

---

① 纳瓦拉:曾控制比利牛斯山脉大西洋沿岸土地的欧洲王国,后来,比利牛斯山以北并入法国,以南并入西班牙。(编者注)
② 渗渗泉:伊斯兰教信徒都相信这世上有这样一处泉水,源头在夏甲和以实玛利居住的荒野之地;据传它的水有神奇的功效,能够治疗百病,能够给陷入悲痛的人带来力量,并消除人的罪恶。(*Encyclopedia*)

难,正直的还有邪恶的。第一个对第二个说:"跟我们说说你对这事的看法,以及你所知道的关于这事的观点。什么东西在空气中传播,在水中溶解,被埋在地下,只要被人所拥有,就能让他离阿拉的宝座最近,并让他能够站在永恒之国第七层天的花园里,吃到那里那棵树上的果实呢?我认为是美景。"第二位回答:"是爱。"第三个说:"是幸福。"他们为此争论不休,当他们发现无法统一意见的时候,决定跟彼此道别,去寻找能够让人的灵魂进入永生所必备的所有东西。因此他们都踏上了各自的旅途,几年之后,他们又都返回到了渗渗泉边,他们手中都拿着一个比水晶更纯洁的玻璃瓶,瓶口都被智者所罗门王封好了。第一位说:"这人世间没有什么美景,无论是那隐藏在深洞之中的钻石,还是绚丽的宝石和金沙;无论是少女白里透红的面颊还是克什米尔河谷色彩斑斓的鲜花和水果,一点儿也不漂亮;水无色无形,流淌过海青色的珊瑚洞穴,流淌过产珍珠的蚌壳;空中没有星光;无论是早晨的云朵,还是雨后的彩虹,都被厚重的浓雾遮挡住了,我一点儿也欣赏不了它们的美。任何能够感受到的美,无论是鸟语花香,还是轻柔的举止,都被浓缩成了最单纯的状态,都封在了这里,我们来看看吧。"说着,他拿起了瓶子,取掉了瓶封,哎呀,瓶子里只有一种淡粉色的液体。

然后第二个精灵说:"全能的真主(愿真主保佑他)让我拥有一种超能力,能够读到别人的思想和做事的目的,就像先知穆罕默德常常读'生命之书'。"

"从那看着母亲动作的孩子的心中,从那一心想讨主子欢心的仆人心中,从那为兄长获得的荣耀而感到自豪的妹妹心中,从那羞怯地等着情郎的少女心中,从那急切渴盼着见到新娘的新郎心中,从那见到出生的孩子的欣喜的父亲心中,从那等待孩子回家的母亲心中,我收集到了最甜蜜、纯净而真实的爱意,它有着独特的芬芳,就藏在这个瓶子里。"说着,他打开了瓶子,但令他们感到诧异的是,里边只有一团散发着黎明时曙光般光彩的烟雾。

最后,第三位说:"我遇上了未知之神,让我拥有人类的愿望和想法,以及他们的思想和感觉,我已经捕获到了幸福之魂。"说着,他也举起了自己手中的瓶子,打开一看,前两位齐声惊呼:"居然是空的!哈哈!"他们都对最后这位露出了嘲讽的笑容。

第三位恼怒地说:"确实,纠结可不可能的是傻瓜,讲证据的才是智者。"前两位回应道:"那就走吧,去找证据。"

于是,他们出发赶往巴比伦王国,经过以色列之源泉时,他们见到了一位背着一罐水的少女。第一位精灵说:"看,全能的命运之神赐予了男人不朽的生命,却只给了女人能让男人开怀的美貌。"但第二个却说:"只有爱能让她坐到生命之泉边。"第三位也说:"只有幸福能让她进入天堂。"然后第一个又说:"我们不要再争论了,把她带走,赐给她我们的瓶子里装的东西,然后测试一下她会怎样。"听到这话,其他两位也都表示同意。

少女在睡椅上休息时,安睡天使将他的手指放在她眼皮上,第一位精灵以全能之神的名义打开了自己瓶子的瓶封,倒了一滴液体到少女的唇上。三位精灵看着她一直睡到天明;一连多天,他们都是这样做的。他们看着她变得愈发可爱迷人了,身材高挑如棕榈树,而身形柔软如东方的柳树枝丫。她圆润的双臂如象牙一样洁白晶莹,在伊扎尔①下若隐若现,粉红的指尖上涂着好看的散沫花②染剂,双唇红润,就像是在海水中生长的珊瑚一样,面颊透着如桃花一般的粉红色,眼眸如星辰一般闪着光彩,眼皮上涂着眼影

---

① 伊扎尔:女性伊斯兰教徒穿的可遮蔽全身的棉布外衣。(译者注)
② 散沫花:又称指甲花,原产于非洲、南亚等热带和亚热带地区,叶可制作红色染剂,用于染发护发,是最早用来染发的植物染发剂之一。(译者注)

粉。头发黑漆漆的，富于光泽，她戴上面纱，乌黑油亮的头发随之垂下，整个人看上去就如同夜空中的圆月一样皎洁无瑕。她轻言细语，声音就像约旦河边的夜莺一样婉转动听。所有人见到她，都感叹真是惊为天人。她的步履如羚羊一般轻盈，如天鹅一般高贵，她出门的时候，所有见到她的人都会惊叹："能养出这样娇媚的女儿来，真是造化呀。"然而令精灵们感到悲伤和遗憾的是，这位美人一无所成，她的所有想法都是荒唐而愚蠢的，于是第一位精灵这样评价道："万能的真主是往这样的美人身体里放了一个邪恶的灵魂么？"第二位说："那你看看，万能药爱会产生怎样的奇效吧。"于是，他走进了她的住所，在她熟睡时，打开了所罗门所赐予的瓶子的瓶封，她的住所里充满了甜蜜的芬芳气息。安睡的少女露出了愉悦的微笑，脸上露出的迷人神情是入住永恒之花园的人脸上才有的。见到她，精灵们都被她迷住了，说："再没有比她更美、更迷人的啦。造物主居然创造了这样一个完美的杰作，天啊！"他们为了得到美人欢心而彼此争论不休，他们总是争论，美人对他们都很同情，她不敢跟他们任何一个结合，担心他们发生冲突。因此，她陷入了深深的悲伤之中，整日整夜地哭泣，泪流满面。第三位精灵说："瞧，你们所赐予的美和爱跟人心中的恶念结合起来，就让人悲伤不已。现在，让我们来见识一下幸福的力量。"他也打开了瓶封，叫着未知之神的名字，那种无色无味的气体进入了她的躯体里，她的眼中透出一种神圣的光辉，红润的面颊变得洁白，爱的激情变成了满足平和。她走上前来，第三位说："注意，她太纯洁了，不适宜住在地上，她将要进入天堂，这样完美的美人，只适宜住在天堂里。"

前两位精灵见美和爱都没有让美女变得美好，心中充满了嫉妒，他们抓住了美少女，将她送到了妖洞中。第三位精灵既难过又失望,于是打碎了瓶子,剩余的幸福之灵药变成了原始的水状,并再次汇入了人间。瓶封破碎了之后,人们都知道生命的灵药已经化为了无形,虽然如此,但那些擅长解自然之谜的人通过炼丹术来炼制它,于是精灵们用符咒和咒语将它封存起来,以防别人知道这个最大的秘密。"

贝伦加利亚毫不感兴趣地听着故事,听到这里,她从长椅上站了起来,热切地问道:"那最后的结果怎样?他们找到了最终的答案吗?我已经听过了许多炼金术士的故事。人们说,他们所做的是一种妖术,要是纳瓦拉有这样的人,我就会去问他让人美貌无双的灵丹妙药该怎么炼制。""有一位摩尔术士就住在潘普洛纳①郊外,"侍女艾西比德犹犹豫豫地回答,仔细考虑着自己要说的话,"我去采草药的时候经常见到他,据说,他能通过星象了解人的命运。"

"我们去见见这个人吧,"贝伦加利亚说,"拿我的轻便外衣和披风来。"

艾西比德很快就拿来了贝伦加利亚想要的东西,并陪着她急匆匆地出门了,不明内情的人还会认为,她们是有什么急事要做呢。

"这边走,"艾西比德说着,带着她的女主人离开了主街道,混入一群刚做完苦工的工人之中,"这位术士不喜欢接待无礼的人,我们必须注意,不要表现得很好管闲事,不要好奇心过重。"主仆俩快速而悄悄地穿过一条狭窄的小道,赶去这小城里一个人迹罕至的地方,路上经过许多建筑物,这些建筑也很少有人出入,好像里面居住的人与外部的世界没什么联系一样,最后,她们来到了一处

---

① 潘普洛纳:今西班牙东北部城市,纳瓦拉省首府。(译者注)

草地上,中间有一座摇摇欲坠的宅邸。贝伦加利亚本能地感到害怕,颤抖地抱着侍女艾西比德的手臂,低声说:"你要把我带到哪里去呀?这里看起来没有人生活的迹象呀,我们还是回去吧。"但是,兴奋不已的艾西比德仍然鼓励着贝伦加利亚赶往目的地;艾西比德一再保证这里是安全的,而且也是出于好奇心的驱使,贝伦加利亚逐渐靠近了那座被废弃了的建筑物,走上了建筑物里边的一段石台阶,台阶上有一扇关闭着的低矮的门,她轻轻敲打了三次。然后她们听到生了锈的门闩打开的声音,有人十分小心地打开了门,贝伦加利亚感觉自己被拖进了门里。一束闪亮的光让她睁不开眼,这让她有点儿不知所措,她感觉这里的气氛沉闷,令人感到窒息,这更令她感到害怕,几乎让她吓呆了。

艾西比德的声音让她恢复了理智,她逐渐适应了房间里的光线,于是也就环顾了一下房间。这个房间似乎以前是这府邸里的厨房,因为一头原本有一个又大又宽的烟囱,现在进行了改建,只有中间有一个火炉,上面有很多熔罐,热气腾腾的。这个火炉的前方有一块白色帘子,白色的帘子中间有一块黑色的布,把整个房间隔成了两半,外面这一侧有三根弯弯绕绕的管子,通过墙插进曲颈瓶中,瓶子里闪耀着各色火焰。墙角的架子上,摆放着各种各样的药罐、蒸馏器、布满灰尘的图表和其他手抄本等。

这里的主人是一个清瘦而憔悴的男人,他弯腰驼背,可能是因为贫困,也可能是因为太辛苦,看上去比实际年龄要老得多。他头上裹着一条伊斯兰教徒戴的头巾,头巾本是白色的,上面沾满了烟灰,少量的未经梳理的黑发"溜"到了外面,散落在布满了皱纹的前额上,这些皱纹都是因不断地思考和劳作而生的。他穿着摩尔服装,袖子被折到了手肘处,露出了瘦弱的双臂,骨瘦如柴的双手抓着一个巨大的三角形水晶,他通过这个将光线折射到帘子上。他深陷的双眼似乎闪着疯狂的光芒,但他的声音还是很低沉,似乎还很用情,他说:"姑娘们,不要打扰我,站到一边去,让我先做完我的实验。"主仆俩沉默着站在门旁,贝伦加利亚这时才发现,这房间里还有一个个头矮小的非洲人,他一直在忙着让火炉里的火势更加旺盛,一边还转着眼珠,向客人们致意,朝着女士们微微一笑,露出了他洁白的牙齿。

虽然身处这样奇怪的环境中让贝伦加利亚感到害怕,但这也激起了她的好奇心,她耐心地等待着,而术士则不断地测试着那些光,然而,他对结果都很不满意,于是他将那些管道换了下位置。他还没来得及换完,突然就传出一阵震耳欲聋的声响,接着就是柜子上的东西破碎并掉落在地的声音。房间里黑黢黢的,术士因受伤而呻吟不止,而那名非洲人则大笑起来,贝伦加利亚的尖叫声在这房间里回荡,这更加深了她的恐惧感,她痛苦不堪。只有艾西比德还保持着镇定。"掌灯、掌灯、萨拉曼。"她喊道。很快,墙边就闪出了一道蓝色的火光,矮个子手中的小火炬不知道怎么就燃了起来,她们都看到了他恶毒的神情,他那张丑脸的影子被放大投到了帘子上。这个幻影似乎伴随着硫磺的气味,这更让贝伦加利亚感到恐慌。艾西比德一度忘记了自己的女主人,快速地接过了黑奴手中的火炬,点起了一盏灯,将术士从石地板上扶起来,并开始为他检查伤口。他的头后面肿起了一块,有血液从中渗透出来,一侧的面部严重烧伤,右手无力地瘫在地上。她用摩尔语快速地跟那位大笑着的黑人说了些什么,并在黑人的帮助下将术士扶到了帘子后的睡椅上,她从一个布满灰尘的瓶子里倒出了一种芬芳的液体,用它清洗术士的伤口,并用轻言软语安抚着术士。他们说的话贝伦加利亚听不懂,不过术士的语气很严厉,应该是在斥责侍女,侍女哭泣着,他们看上去像是父女,她认为术士是在抱怨她给他带来了不幸。终于,他结束斥责之后,艾西比德从身上掏出了一个丝绸包,从中取出了一个宝石,很热烈地亲吻着它,就像亲吻着她最后的珍宝一样,然后将它放进了他的手中。与此同时,黑奴也备好了药,他说只要喝下药,术士很快就会睡着。术士很听话地喝下了药,沉沉睡去。

贝伦加利亚根本没有考虑到要让艾西比德跟术士多待一会儿,就急不可耐地带着不愿离开的艾西比德离开了。"艾西(艾西比德的昵称),我一点儿也不知道,"她们远离了那栋建筑物之后,贝伦加利亚说,"你的父亲住在潘普洛纳。我父亲被你的美貌所吸引,将你从那卡斯蒂利亚人①那里买来的时候,我还以为你是个孤儿呢。跟我说说你的故事吧。"

"我的父亲,"艾西比德说,"年轻的时候是摩尔王子那里的御医,他致力于从那些人工合成的药物中萃取自然的精华。离开家乡去收集植物药材以便进行研究的时候,他每天都会遇到一位年轻的养花姑娘,她要将这些花送到阿尔汗布拉宫②去。我的父亲被她的美貌所吸引,于是买下了所有的花,并趁机了解了她的身世。他发现,她来自当时刚刚迁到格拉纳达不久的一支撒拉森人部落。他爱上了她,也如愿娶了她。"

"我是他们唯一的孩子。小的时候,我的母亲总是给我讲东方那些奇妙的传说故事,而我的父亲总是教我学习科学知识。后来,我母亲突然患病,很快就去世了,而我的幸福也就此终结了。我的父亲继续进行深奥难懂的研究,整晚整晚地观察星象,不断地对着空气念咒,而且一直在思考死亡之谜,并开始找寻能让人延年益寿的神药。在这个过程中,他了解了许多自然界的奥秘,但是

---

① 卡斯蒂利亚人:卡斯蒂利亚是西班牙的一个古代王国。(译者注)
② 阿尔汗布拉宫:西班牙格拉纳达的摩尔人王宫。(译者注)

他开始变得悲伤、意志消沉,他看着我的时候,眼里几乎能冒出火来,我真担心他会因悲伤而丧失理智。为了让他分神,我开始让他散步。一天,我们在格林纳达的城墙边散步,时间比平常都要晚得多,遇到了一群持着武器的卡斯蒂利亚人,他们把我们掳走了。您的父亲国王桑乔发现我给我残酷的主人唱歌,于是将我救了回来。"

"那你父亲怎么样了呢?"贝伦加利亚问道。"他用自己的药治愈了俘虏他的人患的一种长期的病症,因此也获得了自由,那之后的几个月里,他在西班牙国内四处游走,希望能找到我。""为什么你要把你手中珍贵的珍宝给那个快死了的人呢?"艾西比德的眼泪汹涌而出,她哽咽着回答:"我请求您,不要再问了。哦,我的公主殿下,关于那个珍宝,我下次再跟您细谈。"人的本性总是会被伤感所打动,因此贝伦加利亚也就不再继续问了,两位少女沉默着回家了。

贝伦加利亚因为恐惧而不敢再问关于那名术士的问题,但第二天经过深思熟虑,她允许艾西比德去陪伴自己的父亲一晚上,早早就让她离开了。第二天回来的时候,这位可怜的侍女十分悲伤,因为她的父亲已经死了。从她的自我责备和埋怨的话语中,贝伦加利亚了解到,他将自己的所有资产都用在了他的研究上,他将女儿的所有贵重物品都用掉了,只剩了她母亲的戒指。这个戒指她一直都拒绝给他,因为这寄托着她对母亲的所有思念,也是她快乐的源泉。但他却认为最后那次实验的失败就是因为少了这戒指。艾西比德懊悔不已,于是声称,如果这戒指不能挽救她父亲的生命,至少应该能为他换来一座坟,并告诉贝伦加利亚,以后她见到这戒指都会发抖,于是请求贝伦加利亚接受戒指,并让她按伊斯兰教的礼仪埋葬他。在信仰基督教的纳瓦拉,这几乎是不可能的,但是贝伦加利亚非常慷慨,在黑奴萨拉曼的帮助下,艾西比德父亲的尸体被秘密运送到了格林纳达的摩尔人公墓。

第2章

噢,这一天
我们大战了一场,并赢得了胜利,
让我们获得了无尽的尊荣。

　　在纳瓦拉,这天是个喜庆的日子。贝伦加利亚的兄长强者桑乔与他的朋友普瓦图伯爵理查·金雀花开始了一场竞争。自安茹的亨利二世与阿基坦的埃莉诺结婚以来,法国南部地区就陷入了内战之中,桑乔和理查这两位勇敢的年轻人一直并肩作战,两人的个性品味和追求都差不多,这让他们的关系更加亲密,根据当时的习俗,他们结成了兄弟。两人都对普罗旺斯诗歌颇有研究,都很有骑士风采,并且也都认为对方在吟唱比赛中能够一展自己的才华。勇敢的桑乔排好了顺序,让理查当第一位挑战者,自己则排在第二位,而第三位则是他们的战友——年轻的香槟伯爵。观众席已经布置好了,一大群观众聚集了起来,贝伦加利亚扮演美与爱之女神,由纳瓦拉的所有美女陪伴出场,更添几分王室威严。让桑乔感到失望和沮丧的是,图卢兹伯爵雷蒙过来报信说,理查收到了母亲的来信,不得不赶去英格兰,但当天的庆祝活动并不能因他的离场而取消,于是他让雷蒙伯爵替理查来进行比赛。虽然桑乔很热情地邀请雷蒙来参与,但理查没来他还是有点儿失望;他引着雷蒙到了比赛的帐篷里，里面的金银器具和植物都已经布置好了，桑乔命仆人们好好招待雷蒙，而他自己则去告诉妹妹，虽然他们热切期待骑士之花理查能够来，但他却辜负了他们的期待，这个消息真令人感到遗憾。

为了不让观众知道这一突发事件，他们的父亲——担任比赛评委的智者桑乔，决定让图卢兹伯爵雷蒙带着理查的徽章上场，让他扮演理查。准备工作都已经完成好了，裁判一声令下，比赛开始了。香槟伯爵和小王子桑乔，比他们的对手西班牙骑士更擅长使用长矛，因此他们获得了所有观众的喝彩和欢呼。但是观众们似乎特别为雷蒙的英勇善战而感到高兴，他勇猛的表现和精湛的骑术让观众们大呼："理查，理查！金雀花家族的理查！"

尽管比赛开始的时候发生了这样的小插曲，但当天的比赛却正如大多数人期盼的那样，充满了欢乐和活力。三位挑战者力压群雄，取得了胜利。年轻的纳瓦拉公主布兰奇看到自己的姐姐给香槟伯爵戴上了一顶金色的王冠，而小桑乔也从贝伦加利亚手中获得了象征着自己荣耀的花冠。比赛的第一名则是被所有观众误认为是理查的人。当他摘下了面具，接受代表冠军的桂冠时，观众们才发现，自己一直为之欢呼雀跃的英雄原来是图卢兹伯爵雷蒙，于是他们又开始欢呼起来，而那些将领、贵族和裁判们，都忘记了自己的职责，纷纷围绕着扮演爱和美之女神的贝伦加利亚，向她身旁高兴不已的伯爵道贺。

大家都非常激动，因此谁也没有留意到，有一位戴着红色猎狗面具的骑士闯了进来，他看上去像是那种常年在外征战的骑兵，这种骑兵都是通过战术的比拼来提高自己的，他们从一个地方游荡到另一个地方，通过有骑士风度的搏斗来挑战所有参赛的人。很快，他就成功地吸引了所有人的注意。他骑着一匹精力充沛、很有气势的枣红色马,他手里的缰绳也很难束缚住它;他身材笔挺,带着棕色的武器,雄赳赳气昂昂地闯了进来,稳稳地坐在马上,看起来像一座青铜塑像。别人提醒他比赛已经有了结果,他却无视,直接去了放着理查武器的帐篷,抽出自己的矛,狠狠地刺向里面的盾牌,很快,参赛者们就都聚集了过来。

"这是谁来了呀?"小桑乔叫道,发出了开心的大笑,"在我们女神旁边的是雷蒙伯爵,哈哈,今天,你要将雷蒙的头盔挑落了,那比赛才算结束呢。见鬼,你怎么就遇上了这么强劲的对手呢,我真是嫉妒你这么好运。"这个新来的人让原本已经冷静下来的观众们重新开始窃窃私语起来。雷蒙伯爵抽出长矛,来会见这位陌生的挑战者时,大家都不再说话,沉默了下来。两人开始对战的时候,观众们齐呼:"雷蒙!雷蒙!"

图卢兹伯爵雷蒙因为受到冲撞而从马上跌落,而他的马匹也顺势倒在了他身上,他奋力挣扎着,与此同时,那位陌生的挑战者握住缰绳和马刺,驱赶着战马向前方冲去,跨过了倒在地上的图卢兹伯爵和他的马,赶着马跑到贝伦加利亚面前,优雅而快速地转了半圈,然后,这位骑士将自己的长矛放低了一些,好像是向爱与美之女神表示敬意一样,看到这一幕,观众们又纷纷转而支持陌生的挑战者,高呼"红骑士万岁""东征者必胜"。比赛的奖品已经颁发完了,然而兴致勃勃的贝伦加利亚认为,不让这位骑士获得奖赏是不可能的。于是她赶快解开了自己的围巾,将它系在了胜利者的长矛上,而这位获胜的东征骑士,手中握着系着纳瓦拉最高奖赏的兵器,自豪而缓慢地离开了。

这时候,评委们将被打败了的雷蒙解救了出来,并把他送到了自己的营帐里,人们发现,他的伤口就像是被水蛭袭击了一样,又青又肿。大家不停地猜测这位陌生骑士的身份,很多人都宣称只要看到他肩上的纹章,就一定能够猜出他的身份,大家不停地争论,甚至吵了起来,突然,一阵轻微的铃铛声让大家都平静了下来。

观众们停止了争吵,再次高呼:"冠军!冠军!"这时,又进来一位骑士,他体魄强壮,肩膀很宽,乌黑油亮的面具下,双眼闪着夺目的光彩,他的面具上画有一只毛发有光泽的鸟,鸟喙张开,脖子上挂着一个铃铛。他的战马是一匹很强壮的黑色骏马,胸部强健有力,四肢发达;红色的鼻孔因为极度不耐烦而不断扩大,就像火炉里燃烧的煤炭一样冒着热气,骑士戴着长手套的手很熟练地控制着马的速度,好像是古代的骑士。黑骑士来势汹汹,让观众们不久就怀疑起了他的目的。香槟伯爵亨利受命重新拿起武器,去捍卫他刚刚获得的桂冠。"亨利伯爵,上!愿上帝保佑你眼明手不颤抖,"桑乔一边检查着亨利的武器,一边喊道,还不忘提醒随从们,看看是否每个环扣都已经套好了,"你要把你的武器抓牢,别人是不能给你帮忙的。"黑骑士不仅强健有力,技艺高超,而且待人彬彬有礼。他驱赶着马到了左侧,让伯爵能够充分利用风和阳光,他没有先对亨利伯爵进行攻击,反而是很优雅地躲开了伯爵的攻击,并围绕着伯爵骑行,就像一位富于经验的骑士在比武场上指导雄心勃勃的骑兵们勇猛作战一样;终于,亨利伯爵在马鞍上失去了平衡,看上去好像是因为自己太过用力,而没有攻击对手的目的;但事实上,他却做好了准备,一下子又翻身上马,朝黑骑士冲去。黑骑士意识到了伯爵的目的,于是立刻让他的马停下来,自己则一动不动地坐在马上面,就像一座石塑像一样,他坚不可摧的盾牌受到了伯爵的猛烈撞击,伯爵的马因受到冲撞而被狠狠地弹了回去,侧着身子瘫倒在地,肚带也被撞断了,伯爵则被狠狠地摔到了地上。黑骑士骑着马绕着被击败了的伯爵走了一会儿,朝伯爵伸出手,好像要拉他起来,并且不经意地微笑了一下。骑士的行为举止都很庄重,他来到贝伦加利亚面前,贝伦加利亚对他赞赏有加,由于没有准备更好的桂冠,于是就给予了他一只绣工精美的手套作为奖赏。"这么快就要离开吗,骑士先生?"桑乔说着,驱赶了一下自己的马,以便跟上那位不速之客,"我也想跟您一较高下呢。"然而骑士却并没有做出回应,只是用马刺扎了一下自己的马,然后就骑着马越过围篱,消失在了树林里。桑乔跟自己的两位朋友在帐篷中交谈着比赛的情况,互相安慰,突然,桑乔大声骂道:"不领情的胆小鬼!"他又叫道,"天恩的仁慈,你都不接受。如果你愿意与我一较高下,又打赢了我,我就会把王冠上最亮的宝石给你。""如果他知道你这种想法,肯定会愿意留下来的,"雷蒙说着,用手抚上了自己受了伤的胳膊,"圣母命幸运女神赐予你好运,"虽然现在处境狼狈,他还是大笑了起来。突然,树林里传来了一阵惊心动魄的响声,打断了众人的闲聊,雷蒙伯爵十分焦急地叫道:"我猜,树林里一定聚集了很多恶魔!听!最后那是喇叭的声音!"

亨利伯爵去外面巡查了一番,回到门口时正好听到雷蒙的话,于是回应道:"哎,确实如此,死神骑着一匹白马过来了。桑乔王子,现在该你上场迎敌了,请做好准备吧。"这话令人感到胆战心惊,这时,一匹通体雪白的马冲了过来,马的鬃毛和尾巴都快要触到地上了,马上跨坐着一位戴着白色面具的骑士,身着一件闪闪发光的铠甲,几乎要闪瞎了观众们的眼。他的面具上画着一只展开双翅的白鸽,而右肩上赫然有一个血红色的十字架标记。他既没有带长矛也没有带长枪,只有马鞍前穹处挂着一把战斧。"我发誓,"桑乔说,"如果他就是死神,那我就要去摧毁他的王国,即便他率领十二支由家臣组成的军团,我也要去!不论在西班牙还是法国,骑士精神应该都是一样的,"他说着,瞥了一眼垂头丧气的朋友们,"都应该让这些不知名的将士们获得奖赏。""虽然你这样自吹自摇,但还是希望上帝能保佑你,希望这位骑士没带致命的武器。"雷蒙说着,露出一个苦笑,而此时,桑乔则骑马上前去迎接那位身着白色衣物,骑着白马而来的对手。不会使用战斧的桑乔,见胜利的奖赏都被陌生的骑士获得,因此恼怒不已,他罔顾比赛的规则(比赛规定,对阵的双方必须使用同样的武器),抓住自己的长枪,狠狠朝对手刺去,这就表明他希望跟对手一决生死,而并不要展示自己的骑士风度。那位翩翩白骑士,面对第一次进攻,只是低下了头,弯下了腰,直到头上白鸽的翅膀跟马鞍重合了为止,他催促着马儿冲到了右侧,于是桑乔由于袭击不成,而不得不同样向前面冲去。完成了这个动作之后,双方又开始了攻击,白衣骑士挥舞了一下战斧,迎上了桑乔的枪头,将用坚硬的橡木做的长枪砍成了两段,枪头都快扎到观众们的脚边了。随后,桑乔又换了三支长枪,但结果都是一样被折断了。观众们见此情景,热烈鼓掌欢呼:"好棒!白衣骑士!""红十字的光荣!""向东征者致敬!""异教徒去死吧!"伴随着欢呼声还有隆隆鼓声,女士们则激动地挥舞着彩旗和双臂,一副热闹非凡的景象。最后,那名白衣骑士十分灵巧地靠近桑乔王子,击落了桑乔王子的头盔,而与此同时,他伸出了手,抱住了桑乔王子,以防桑乔王子跌落到马蹄下。勇敢的桑乔不得不接受了他的帮助,而且很绅士地陪伴自己的对手到了贝伦加利亚面前。"亲爱的妹妹,将你准备的最佳奖品,赏给打败你哥哥我的人吧,"他说,"除了金雀花家族的理查,我想,在基督教派的世界里,不会再有其他人能够打落我的头盔而不伤到我的头的。你为什么不颁奖呢?"看出了贝伦加利亚的窘迫,他问道,"智者桑乔的女儿在给勇者颁发奖赏的时候是从不犹豫的。你的兄长因为受了一击头脑还晕晕的,难道你被打到手了吗?""不是的,"贝伦加利亚说着,面颊上泛起了红晕,"我只是想见一见那位勇敢的骑士,那位从你手中将荣誉抢走的勇者。"说着，她从手指上取下了艾西比德送给她的戒指，将它送给了最终的获胜者。骑士彬彬有礼地跪下来，接受了戒指，然后站起身来，身体稍稍倾向身边的侍从，侍从出于好奇，一下就取下了他的头盔，解开了他的饰领，露出脸来的正是金雀花家族的理查，他长着一头卷曲的金发，面色微红，对于自己的突然出现以及被人认出而感到万分惊讶和开心。"好兄弟！"桑乔叫道，握住了理查的手，"要不是理查打败了我，我才是胜者呢。让我们庆祝吧，骑士们、女士们、观众们。"裁判们听到这话，都纷纷向观众们转告这一消息，观众们则大声呼喊："理查！理查！英勇的金雀花家族万岁！"图卢兹伯爵和香槟伯爵也在随从的陪伴下赶了过来，发现贝伦加利亚的围巾和手套都已经放到了理查被脱下的锁甲上，在这种情况下，他们的自尊好像受到了伤害，这种伤害比身体上所受的任何伤害都更严重。所有去挑战理查的骑士们都被理查一一打败，这时，他们才甘心地离开了赛场，随后，他们又为了冠军而举杯庆贺，一直玩闹到深夜。

第3章

你那让人又爱又恨的双眸，
自从它们望向了我，
我的身体，我的心，我的全部；
就不再属于我，
都已彻底归属于你。

比赛的时候，理查突然出现，这让贝伦加利亚高兴不已，但她却发现，侍女艾西比德似乎很不安，于是她抓住机会，问艾西比德缘由。"你好像认识理查伯爵，是怎么认识的？"她假装平静地问道。"今天之前，我从未见过他，"艾西比德回答。"但是，发现那位白衣骑士是金雀花家族的人，你看起来很惊讶，脸色苍白？""因为我发现，我的女主人给他带来了厄运。""厄运？这是什么意思？"贝伦加利亚继续问道，这次，她的脸也失去了血色。"抱歉，殿下，"艾西比德说着，跪了下去，"我应该早点儿告诉您，这枚戒指若是送给一位骑士，就会给他带来厄运。""为什么？"贝伦加利亚问道，听闻艾西比德并不认识理查，她内心里偷偷松了一口气。"我也不知道。这个戒指上的珠宝一直在我母亲的部族中传了许多代，只要有男人宣称这个珍宝是他的，那么之后他就会经历悲伤痛苦，这已经成了众所周知的事。"

> 这会阻碍他达成心愿，破坏掉他许下的承诺，
> 将他送去最为恶毒的仇敌身边，
> 让他坠入海底。

艾西比德一点儿也不怀疑其真实性地念出这咒语的时候，贝伦加利亚说："你也太迷信了，但为了让你安心，愚蠢的家伙，我会把这小玩意儿拿回来的。"贝伦加利亚私下决定，一定要尽快将这危险的东西从理查那里要回来，于是她一刻也不耽搁地去找理查了，他一直对她彬彬有礼，但还不等他们的关系发展到更亲密，并让她有机会重新拿回戒指时，理查就已经离开了纳瓦拉。等她再次听说那给她留下深刻印象的骑士理查的消息时，已经过去了好几个月，她开始担心，那枚戒指是否确实让他在海上遇难。她的兄长桑乔从法国游历回来，给她带来了理查的消息。"还记得嘛，我的妹妹，"他说，"那位勇敢的金雀花家族的骑士，他曾一度夺走了我们比赛的所有荣耀？""啊，当然没忘。"贝伦加利亚说着，眼睛盯着地上。"他一直在德国游历，跟真正的骑士公平开战，有许多新奇的探险经历。"桑乔继续说。"说说看，"贝伦加利亚说，"我会认真听的。""你曾经见过他一天扮演红、黑、白骑士，也就能够知道他的伪装术有多么厉害，"她哥哥继续道，"似乎这次游历差点儿让他丢了命。经过德国的时候，他曾假扮成修道士的模样，但后来却被人发现了，于是被送进了监狱里。日耳曼人的国王的儿子奥杜尔，听说这样一位孔武有力的骑士被关进了监狱，于是就将他带了出来，并邀请他与自己来一场搏斗。理查接受了挑战，在这次搏斗中，他曾被打倒在地，恢复过来之后，他重新开始战斗，狠狠地一击，打碎了奥杜尔的颧骨，奥杜尔因此倒地，再也没能起来，他死了。痛失爱子之后，国王恼怒不已，于是下令将理查完全监禁起

来，并将他送到了城堡地牢的最底层，称要让他被狮子吃掉，以示惩戒。但是，国王还有个美貌如花的女儿，她完全迷上了那个残忍地杀害了自己兄弟的凶手。听说这样勇猛的骑士将被一只狮子吞食，她想方设法去了他的牢房，并将他的危险处境告诉了他。在这种极端状况下，理查仍然没有失去冷静，他亲吻了一下这位温柔的公主，以示回应，然后邀她晚上过来，请她给他带四十厄尔①的白色丝绸，以及牛肉和麦芽酒来给他当晚餐。于是，他沉着冷静地等待着自己的厄运降临。第二天，听到狮子的咆哮，他用丝绸裹住了自己的手臂，为阻止狮子跳过来，给了狮子狠狠一击，差点儿把它打倒。狮子爬起来，摇着尾巴，张开血盆大口，发出一声令人恐惧的吼声，但理查突然跳到了狮子身上，将自己的手臂插进了狮子的咽喉之中，将它的心脏掏了出来，掏出来的时候，心脏仍然在跳动着，理查就这样带着这颗心脏，去了王廷，国王和一大群贵族正坐在那里吃饭，看到理查闯进来，他们都非常惊讶。理查用手指压住心脏，不让血液流出来，并叫宫廷的侍从端来一盆盐，把心脏用盐腌渍，过一会儿，把腌过的美味的心脏端给他们。贵族们纷纷从桌旁起身，说自参孙②时代以来，还没有人获得过这样的战利品，并因此事而称他为"狮心理查"。国王发现，这位因犯已经赢得了上帝的无限宠爱，再无法将他关在监牢里了，于是就赐予他许多礼物和一匹快马，高兴地送他离开了。今天早上有人传来消息，说他将要到我们这儿来，因此，亲爱的妹妹，准备一下，然后去迎接这位狮心王子吧，他又有了一个新头衔。"

无需多说，贝伦加利亚对这位勇敢的金雀花家族成员的兴趣愈发浓厚了，即便她自己不敢承认。而理查抵达纳瓦拉之后的行

---

① 厄尔：旧时量布所用的长度单位。（译者注）
② 参孙：拥有天生神力的犹太战士，见《旧约·士师记》。（译者注）

为举止，无一不透露出他之所以来纳瓦拉就是为了向贝伦加利亚求婚，桑乔父子对他热情友好，也很愿意促成这一对佳偶结合。理查对国际象棋很感兴趣，于是在天气不好不能出门的时候，跟贝伦加利亚一连下了好几个小时。虽然理查很会玩，但却总是粗心大意，这让贝伦加利亚连胜了好几次，而他却说，他是被她的美貌打败了，而不是高超的下棋技巧。他这话一出口，贝伦加利亚脸都红了，这种羞怯的表现让理查更加心动，虽然她因自己的胜出而高兴，但同时也非常紧张。贝伦加利亚提出要来比输赢，如果她输了，她就可以提出要求，索要他的东西。比赛开始了，贝伦加利亚想方设法使自己输掉比赛，看到这种情况，理查不禁开始怀疑，自己手中应该有什么东西，是对面这位貌美如花的对手所急切期望获得的。他开玩笑地说，如果他赢了，他就只要她的一缕头发，如果他输了，她可以取下他的头。当他又输了一局时，他严肃地询问，他是应该自己切下来给她，还是命令仆从用容器装着头过来，就像是《圣经》中希罗底的女儿想要圣者约翰的头一样。还不等她提出反对，他就说，要不再来一局，如果他赢了，他就把心给她，如果她输了，她就可以把手给他。这次的对局，他完全占了上风。他一把握住她的手，将自己的嘴唇贴在上面，说他还从未赢得过这样美貌的奖品；然后突然又问道："这是一场什么魔法比赛，男人在其中即使输也会赢？"他举起大手，十分认真地继续道："以圣母的名义起誓，我的心确实已经丢掉了，而我必须要靠你才能把它找回来。"

贝伦加利亚努力保持着镇定，坚称她既没输也没赢，因为他的棋局下得不公平，在她毫不知情的情况下，竟想要吃掉她的王后，她自然对此非常不满。

这场闹着玩的争论自然以和解收场，理查同意，出于公平，贝伦加利亚可以设下这样的赌注,如果她输了,她就可以交出她的心,如果他输了,他就把手交给她,她也玩笑般地说,如果赌的是我需要的东西,我就会认真地对待。理查敏锐地发现,贝伦加利亚对这个游戏很感兴趣,远远超过了对他的兴趣,于是他不断猜想,她只是为了赢得他的手,还是希望他能赢得她的心,这样的胡思乱想让他又输了一局。但接下来的这一幕却更令他百思不得其解,贝伦加利亚获胜后,非常兴奋,并且很认真地提出,她不要他的手,只要他手上的戒指。他再也无心继续下棋,一把推开了棋盘,盯着她问道:"你为什么要那枚戒指?"

贝伦加利亚因为他严肃认真的神态和语调而尴尬万分,于是支支吾吾地说:"因为……因为戒指很漂亮。""确实如此,"理查德温和地回答,"贝伦加利亚送的礼物都很漂亮。""不,不!"她难以掩饰自己的恐惧,惊叫道,"我是说,我是说——它会给你带来厄运的。""这一点我可以担保,"他插话道,"因为它,我已经失去了我的头脑、我的心和我的手。""不要开这种无聊的玩笑,听我说,"贝伦加利亚急切地说,"它会让你无法完成最想要完成的心愿,让你遇到最冷血无情的敌人!""只有贝伦加利亚能让我放弃我原本最想要完成的心愿,"理查说着,一直看着她,"并帮我抵抗我的敌人!"他说着,做出一个挑战的手势,"这条右臂就是你坚固的堡垒。"贝伦加利亚的双眼涌出了泪水,问道:"你为什么要误解我的话?我是说,它会让你放弃自己的承诺。""愿圣母保佑,"他得意地回应道,"从我接受这份礼物的那天开始,我就一直在向亨利二世请求,取消我跟法国的爱丽丝的婚约。"惊讶万分的贝伦加利亚再次流下了激动的泪水。"不,不要哭,最亲爱的贝伦加利亚,"理查深情款款地说,"这个宝贝是一个护身符,因为在它的帮助下,我才发现,你是一直掩藏着不让我找到的珍宝。不要为我担心,因为你让我多了一项爱好,因此我的存在也就有了双倍的价值。"他弯下腰去,吻干她脸上的泪水,并给她戴上了一条钻石十字架项链,然后就离开了,只剩她自己慢慢恢复平静。

第4章

啊！我在书上读到的，
在传说和史书中所见到的，
真正的爱情
所经历的道路永远崎岖多阻。

"狮心理查和纳瓦拉之花贝伦加利亚，经过了漫长的等待，终于等到了他们的订婚仪式，真是命中注定如此。"阿基坦的埃莉诺让丈夫和孩子们之间爆发了长期的冲突，这种对抗让理查深陷远比比赛更加残酷的战争之中。贝伦加利亚经常为他的安全担心不已。之后又有多位年轻男子被她的美貌和拥有的财富所打动，于是前来求爱，都遭到了她的拒绝，她总是胡思乱想，一听到理查要跟爱丽丝完婚的谣传就心烦意乱，这让她的父亲对她很不满。偶尔有吟游诗人过来，唱到她英勇的恋人所创下的功绩时，她就重新燃起了对未来的希望，然而，过了很久，如果没有再听到他的消息，她就会很痛苦地责备自己，居然让他把那个戒指带在了身边，因为她确信这戒指会让他变心；虽然他个性率真，待她也很热情，这比他说的情话更让她确定他的真心，但她却总是怀疑，理查只是在调戏愚蠢的自己而已，并没有要向她父亲求娶她的意思。而她的这份心事，只能跟自己的兄长强者桑乔说，他一直因为妹妹的猜疑而指责她,说她这样对理查太不公平,并反复为自己的好友理查说好话,以此安慰她。贝伦加利亚的心一直徘徊在希望与恐惧之间,而此时,她的妹妹布兰奇与香槟伯爵亨利的弟弟蒂博三世结婚了。婚礼时,理查也来了,他一直陪伴着新郎:贝伦加利亚再见到他充满爱意和柔情的双眼,听到他的甜言蜜语,尤其是,听到他恼怒地诅咒那些要求他迎娶爱丽丝的人时,她不禁想,自己怎么能够不相信他的诚意呢。虽然她已经坚定了心意,然而,在布兰奇的婚礼时从香槟伯爵那里听到的消息又让她感到了恐慌。听说,理查和年轻的法国国王腓力二世结成了同盟,想要离开父亲亨利二世,将爱丽丝从父亲的监护中抢夺过来,而这两位为了证明他们将彼此当做兄弟,于是互换了服装,并坐在同一张桌子前吃饭,住在同一个房间里。桑乔听到这个消息也震惊不已,而理查在加斯科涅的臣民甚至开始准备战争了。由于桑乔对此并不敢相信,加之贝伦加利亚总是为此伤心流泪,于是桑乔亲自赶去北方求证,看看关于他朋友的这个传言究竟是真是假。到了波尔多,桑乔听说理查已经去了普瓦捷,到了普瓦捷知又听说理查可能在图尔市。在图尔市,那个谣传得到了证实,理查背弃了父亲亨利二世,转而投靠了法国国王腓力二世,而亨利二世由于儿子理查的叛变,在希农病倒了,理查也被叫到了希农照顾病重的亨利二世。因此,桑乔毫不迟疑地赶去了希农。他攀爬上了一座山坡,看到远处的路旁,有一群人持着武器驾着马车朝他这边赶来,他发现,马车上有狮心理查的盔甲。他赶着马迎上了这一群人,原来他们是给亨利二世送殡的,由他的儿子将他送去风弗洛修道院下葬。丧钟哀鸣,伴着贵族身上披着的盔甲叮叮当当,他们庄重而缓慢地跟随理查经过修道院教堂长长的过道。空气中弥漫着熏香的气息,而在葬礼用的火炬透出的红光的映照下,各位贵族都表现出了因国王离世而感到悲痛的神情。挂满了丧礼装饰的墙壁，回荡着哀乐的声音，而随着队伍的前行，棺材上的罩布也随之晃荡不停。一位送葬者跪在祭坛旁边，那是一位金发的年轻人，他看起来面目纯善，似乎并不因面前的可怕场景而感到恐惧。他，就是亨利和罗莎蒙德的小儿子戈弗雷。听到狮心理查的抽泣声，看到他不断地捶胸顿足，唱诗班停止了吟唱葬曲，神父们也因为惊讶而屏住了呼吸。戈弗雷沉默着站了起来，走到了棺材旁边，将尊位让给了自己悔恨不已的兄长。"我的父亲！"理查叫道，朝亨利二世俯下身去，颤抖着抬起了一只手，"噢，亲爱的父亲！你就不能原谅我吗？"他因为无法言说的恐慌而停止了说话，因为亨利二世那苍白的双唇中突然溢出了血液[①]，那是他对深情的呼唤所做的回应。

敏感的桑乔心中也涌起了一种痛楚，他再也无法忍受这令人惊恐的场景了，于是他离开了修道院，接着，众人也都纷纷离开了，只有自责不已的理查留在了父亲的遗体旁。

纳瓦拉王子桑乔回到了潘普洛纳，他不敢把自己所见到的那令人悲痛的场景告诉自己的妹妹，只是告诉她，理查一定只会娶她贝伦加利亚，而那神秘的珍宝已经被嵌入了英格兰国王的图章戒指之中。他还将理查盛大的加冕仪式绘声绘色地讲述给她听，说理查现在拥有了一个富庶的王国，他的臣民也因他的继位而欣喜若狂。桑乔还透露说，在亨利二世死前，理查就已经从圣地获得了十字架，他现在正忙着处理王国内的政务；而与法国国王腓力二世的联盟，并不是以让贝伦加利亚忧心的娶爱丽丝作为交换条件，而

---

① 理查进入教堂，颤抖着在祭坛前祈祷了很久，这时，他父亲的鼻子里和嘴里涌出了大量的血液，旁边照顾的修道士不停地给他擦拭着血渍。（*Queens of England—Eleanora of Aquitaine*，220页）

是同意与法国国王结盟发动第三次十字军东征。

艾西比德听到这个消息,又开始为自己女主人的未来忧心忡忡起来。无论是晚上做梦,还是白天忙碌,她都在想着,但愿诅咒不会成真,而且她还安慰贝伦加利亚,非洲人经常讲述这样的故事,说有不幸的少女,因为善良的精灵干预而逃脱了海难,理查也可能会因为有善良的精灵而幸免于难。她嘴里不停地讲着,手也没闲着,一直在忙着给贝伦加利亚和自己添置衣物,并教那些女裁缝们做富有东方韵味的绣饰,而她们也开始欣赏起一直都不喜欢的那些有东方韵味的图案了。

1190年秋初,太后埃莉诺抵达了纳瓦拉,请求智者桑乔将他的女儿嫁给她的儿子理查一世。国王桑乔欣然同意,因为理查一世除了是贝伦加利亚芳心所许的人,也是欧洲最有修养的国王之一,更统治着欧洲最强势的国度。太后埃莉诺陪同贝伦加利亚抵达了意大利的那不勒斯,这时,贝伦加利亚听到了令她不满的消息,与她订婚的人仍然没有解除与爱丽丝的关系,而且,为东征而聚集的统治者们,都非常希望通过一次血腥的战争,来决定她是否能够成为英格兰王后。

艾西比德之前说过的话让贝伦加利亚久久不能平静。"都是那个倒霉的戒指作祟,"迷信的艾西比德说,"难道我没有告诉你,那戒指会让他达不成心愿吗?"贝伦加利亚只能以泪洗面以示回应。除此之外,还有其他的事让她对远征的后果忧心忡忡。神圣罗马帝国皇帝"红胡子"腓特烈一世是最先因耶路撒冷的沦陷由悲伤转为愤慨的人之一。他致信萨拉丁要求归还耶路撒冷,并在对抗行动中威胁报复。萨拉丁很大度地回应,如果基督派放弃提尔、的黎波里和安提俄克三城,那么他们就会将在提比利亚之战中夺走的十字架归还,并允许西方人以朝圣者的名义访问耶路撒冷。

对于这一傲慢的回复，神圣罗马帝国皇帝恼怒不已，尽管年纪大了，还是与自己的儿子士瓦本公爵以及奥地利和摩拉维亚的公爵们，率六十多位贵族，还有无数从各阶层征集而来的东征军部队，从雷根斯堡赶往东方。正直的腓特烈一世管理军队十分审慎，也很人性。他尽可能地避开残暴的希腊人皇帝伊萨克·安格洛斯的统治区，绕道达达尼尔海峡，途经小亚细亚，在伊康的大战中击败了土耳其人，抵达了金牛岭，成功完成了这次艰难的征服之旅，赢得了无限荣光，而并没有像之前的东征一样失败。

抵达土耳其南部的博丹河①时，英勇的腓特烈一世也想像当初的亚历山大大帝一样，下河去洗澡。他的随从们都劝他不要去，宣称这个地方从古时候起就被视为不吉之地；为了增强说服力，他们找到了附近的一块石头，上面刻着如下的文字："即便是最伟大的人，到了这里也会走向毁灭。"然而皇帝却不听他们的意见。冰冷的河水让他热血沸腾的心逐渐平静下来，多年来一直用于搏斗的尖利的武器，如今却无力让他从翻涌的河水中脱身。他被仆从们从河里拖了上来，然而上来之后却没有了生命迹象。

贝伦加利亚听到这一悲伤的消息时，正因自己的处境而烦恼不已，此外，她还听说理查一世的船在里斯本港失事，而他自己则加入了与坦克雷德②的混战。狮心理查对篡夺了妹妹领地的人恼火不已。刚一听闻耶路撒冷沦陷的消息，当时的西西里国王威廉二世就已经准备好率一百艘装备精良的战舰参与东征，两年内，他征集了六万份酒，小麦和大麦各六万担，以及一张纯金制作的桌子和一顶丝绸制作的大帐篷，足以容纳两百人。因为突发重病，他将

---

① 博丹河：原文 Cydnus 是拉丁语名称，又称 Berdan river 或 Tarsus river。（译者注）
② 坦克雷德：西西里国王，在其弟威廉二世去世后加冕，他还囚禁了威廉二世的遗孀琼安，琼安是英国国王亨利二世和埃莉诺的女儿，理查一世的妹妹。（编者注）

这些都留给了岳父亨利二世,并且给了他最爱的妻子琼安一笔丰厚的遗产,还将西西里岛的统治权交给了她。他刚刚过世,阿普利亚公爵罗杰三世的私生子坦克雷德就篡夺了王位,并囚禁了琼安。理查一世因此而暴怒,这让坦克雷德惴惴不安,于是赶忙释放了琼安。然而理查一世却要求完全恢复原样,让琼安继续统治西西里岛,并以刀剑相威胁,逼迫坦克雷德让位。他还攻占了意大利的港口城市墨西拿,但在法兰西国王腓力二世的调解下,理查一世接受了坦克雷德赔偿的4万盎司黄金,作为父亲的遗产和妹妹的嫁妆。理查一世还让他的侄子——布列塔尼伯爵亚瑟,与坦克雷德的女儿联姻,而西西里国王坦克雷德则同意派遣十艘战舰和六支骑兵队参与东征。完全达成和解时,为了获取对方的信任,坦克雷德还让理查一世看了一封信,信中,法兰西国王腓力二世称自愿协助坦克雷德对战理查一世。法兰西国王的背叛顿时让这次和解变为了一场灾难。理查一世一把夺过了法兰西国王的那些信,赶往了法国军队的营地,眼里闪烁着怒火之光,声音浑厚有力,斥责腓力二世卑鄙。腓力二世却坚称自己是无辜的,说那些信件都是伪造的,只是为了让理查一世与他的妹妹终止关系。其他东征军的领袖们也过来劝说,让腓力二世默许了理查与爱丽丝解除婚约。数天之后,法兰西国王便赶赴了阿卡。

虽然理查因此获得了自由,而准备了许久的婚礼却还是推迟了,因为此时正是大斋节期间,虔心的天主教徒是不能结婚的。由于无法离开英格兰,埃莉诺便将贝伦加利亚送到了墨西拿,并委托琼安照顾她,此时的琼安也在为东征做准备。与此同时,人们认为已经失踪了的理查一世的船只也抵达了墨西拿,而且大家也很快为离开做好了准备。根据当时的风俗,恋人们是不能一起出游的,于是,理查一世便委托自己的妹妹陪伴自己的新娘登上了他最好的一艘船，由斯蒂芬·特纳姆照顾，而他自己则率领二十四名骑士登上了自己最爱的特伦克船，这是他为自己的订婚仪式所组建的队伍，他们都承诺，会随他一起翻过阿卡的城墙。因为他们都佩戴着蓝色的皮带，因此被称为"蓝皮带骑士团"。

狮心理查和他的新娘率一百五十艘战舰和五十艘帆船，浩浩荡荡地开往"应许之地"巴勒斯坦，这也是中世纪时传说中的黄金国度，是每一位痴迷于征服、浪漫和宗教之人心目中的乌托邦。

第5章

> 恶魔的斗争正风起云涌，
> 这里，可怕的闪电闪耀着地狱之光；
> 这可不是一次平常的风暴。

理查一世和贝伦加利亚就像是刚出世的婴儿一样，非常高兴且深信不疑地离开了墨西拿港，率船队向海洋进发。白天，贝伦加利亚的船时而跟在理查一世的船后在希腊沿岸飞一般前行，时而在一片青翠的基克拉迪群岛附近徘徊穿梭；晚上，那些船就像收好了翅膀的海鸟，卷起它们雪白的帆布，在海上随着浪花漂浮，船下面有一串雪白的泡沫，在平静的蔚蓝色地中海海面漂荡，就像是美貌的新娘，听着吟游诗人在芦笛和单簧管的伴奏下不断吟唱而翩翩起舞。

旅途开始时，天气还是风和日丽的，但最终却变成了风雨交加，这是因为当时正是春分时节，天气本来就多变，就像是一位残忍的猎手，不断挑逗着无助的猎物，让它既对自己的命运抱有希望，同时还带着恐惧。乌云和太阳交替在天空中轮班，狂风乱舞，巨浪翻涌，船只在海上四散漂荡，机器的轰鸣声就像是哭泣声一样。然后，突然风平浪静了，接着，海水再次翻涌起来，迎上那一直在海上呼啸不止的狂风，海面顿时再次风啸浪卷。

船上的女人们躲在长椅上瑟瑟发抖,因为痛苦和恐惧而头晕目眩。贝伦加利亚也不例外,她因痛苦而不断挣扎,几乎失去了知觉,周围的一切在她看来都成了令人恐惧的幻象。她感觉自己再次进入了那名术士的房间,看到了那可怕的火光,听到了震耳欲聋的爆炸声,以及周围的人们惊慌失措的尖叫声和呻吟声,恶魔们则在一旁斜睨着,诅咒他们。她感觉自己无力抗拒,只能快速地下坠,下坠,坠入无底的深渊之中,而且无力挽救自己。

有时候,她感觉那不断下坠的并不是自己,但那只是偶尔,更多的时候,她都觉得自己坠入了无底深渊里。跟强势而不可阻挡的魔鬼作战但却总是不能成功的理查一世,也匆忙穿过她面前深不可测的海水走过来,那个不吉利的戒指总是在她面前闪耀,让她看到这样的景象,虽然她现在头晕目眩,耳边总有奇怪的嗡嗡声,但却掩盖不了艾西比德那轻声的诅咒:

> 这会阻碍他达成心愿,破坏掉他许下的承诺,
> 将他送去最为恶毒的仇敌身边,
> 让他坠入海底。

变幻莫测的风终于停止了,乌云也放下了"弓箭",急匆匆地退场了,而海洋则如同得胜的将领一样,虽然表面上仍然有波浪翻涌,但却不再那样来势汹汹,而是发出了自豪的"咆哮"声。

纳瓦拉公主贝伦加利亚终于摆脱了幻象的困扰,但却发现船队遇到了更大的麻烦。虽然侍从们都不让她去船上的甲板,但她仍然坚持要去,她一直期待能见到自己的恋人所乘坐的船,但却什么也没看到。她焦急地环顾四周,所见的却只有一片湛蓝的海水,她焦虑不已。她自己所乘坐的船已经无法继续前行了,船员们劳

神费力,终于抵达了塞浦路斯岛的首府利马索,他们还没来得及抛锚靠岸,岛上的领主伊萨克·科穆宁就以武力对待这些陌生的访客,于是他们被迫重新回到远处的海上去。贝伦加利亚乘坐的船只随波逐流,其他船的碎片、折断的桅杆等都在水面上漂浮着,就像是迷失了方向的水手奋力求生一样。

贝伦加利亚认为,特伦克号船及其所运载的珍贵的货物已经在海中沉没了,她因此痛心疾首的时候,理查一世的船其实已经顺风驶进了希腊东南部的罗兹港,他正在整顿四散的船队,并在海上搜寻自己损失的财产。抵达塞浦路斯时,他一眼就看到了王室的帆船,了解到这艘船是被无情的暴君赶到这里的①,他恼怒地登上了船,并送信给伊萨克,提议他们不要劫掠沉船上的东西,而应该好好招待来访的客人。

而傲慢自大的伊萨克却回应道:"无论海水把什么东西冲到了我的岸上,我都可以拿走,不必问别人的意见。""以上帝的名义起誓,有损害必须全数赔偿。"理查一世反驳道,抓起战斧,带领着他的将士冲过去,将伊萨克这位自封的皇帝,及其忠实的追随者们赶进了深山里。理查一世一刻也不耽搁地追着他而去,在那来自王宫的用金子雕制而成的苍鹭的光芒中,他穿过营地,对敌人展开了一场大屠杀,并将他们的财宝全部夺走了,伊萨克的逃跑之路也变得艰险万分,两匹阿拉伯良马法努尔和莱亚德,也落入了理查一世的手中。

这两匹良马,在这世上无有匹敌,

---

① 王后琼安的船在利马索避难,而塞浦路斯领主伊萨克派了两艘船前来询问王后要不要登陆。王后拒绝了,说:"我只想知道,英格兰国王有没有来过。"伊萨克的将领们回答:"不知道。"这时候,伊萨克率领强兵趋近,而守护王后的守卫们已经登上了王后的船,万一开战,他们可以将船驶出海港。(Bernard le Tresorier)

就算是单峰骆驼或宝马,也比不上。

理查带着这些战利品得胜而归,并占领了敌人的都城,还下令让一直未能靠港的贝伦加利亚的帆船靠岸。贝伦加利亚原本又疲乏又害怕,但被狮心理查坚实的手臂抱上岸时,她又惊又喜。他扶着颤颤巍巍的她走向王宫,一位乞丐模样的塞浦路斯人跪倒在他们面前,并献上了那枚图章戒指,这令他们震惊不已。理查一世感觉到自己手臂上的重量越来越重了,见到她失去了血色的脸庞,他就知道她又开始恐慌了。他柔声安慰了她几句,然后转向那个陌生人,大笑了一会儿,说:"哈!你这个无赖,这个小玩意儿你是从哪儿得到的?知道拿戒指的人的消息吗?"那位乞丐回答,岸边浮上来了很多尸体,他是从其中一具尸体的手上取下来的,他送给英格兰国王,是希望能够赎回被俘为奴的妻子和家人。理查一世则因重获这个珍贵的宝贝而欣喜不已,很大方地答应了这名乞丐的要求,并且赐给了他一大块金子作为奖赏。理查一世抚着手上的戒指,转而对自己的妻子说:"高兴一点儿吧,亲爱的,你的戒指完成了它的使命。那位可怜的大臣确实'溺死在海里',现在你应该要喜欢它了,今天它将完成我'最想要达成的愿望',因为好心的主教大人现在正等着让你加冕成为理查的王后。"

贝伦加利亚见这枚戒指确实没给理查一世带来厄运,终于感觉轻松了不少,而且被他的话所吸引,她难以抑制自己的兴奋之情,高兴地随着他去了主教身边,主教和贵族们正等着他们。据一位史书作者记载,"1191年5月,这是一个值得欢庆的时节,在树木繁茂的塞浦路斯岛,在爱神之庙中,国王理查庄严宣誓,接受心爱的贝伦加利亚为自己的妻子。"在获得了塞浦路斯人的同意之后,联盟的东征军拥护理查一世为塞浦路斯国王,并且拿出了一顶由鸢尾花和宝石点缀而成的双层王冠,戴在了贝伦加利亚头上,尊她为塞浦路斯和英格兰王后。伊萨克的女儿渴望能获得原谅,于是将放弃了自己领土的父亲用银链条绑好,送到了贝伦加利亚那里,成了俘虏。

这时是夏初,理查一世重新整顿了船队,又从富饶的塞浦路斯岛各港口补充了大量的给养,再次朝阿卡出发。到了海湾边,他们发现了一艘大船停靠在水边,于是派出一艘小艇,去询问船上的人要去哪里,船上都装着什么。一名翻译回答称,他们来自意大利的阿普利亚城,船上都是给法国军队的补给品。他们只见到了这名翻译,于是坚持要见船上的所有人。突然,甲板上出现了一群撒拉森人,大声抗议。于是,理查一世马上下令登上这艘陌生的船。理查一世船上的武器装备并不太充足,在对阵的时候也就有些犹豫,于是理查一世叫道:"要是这艘船逃跑了,我就要惩罚你们所有人!"相比敌人的武器,理查一世的部下更害怕他的怒火,于是全力划桨,将敌人包围了起来。经过短暂的战斗,异教徒一方投降了,英格兰人发现,他们的战利品是大量的补给品,有希腊的火炮、武器、金银财宝,他们刚刚把这些运走,这艘船上的船员就把船弄翻了,船也沉入了海里。

因为获得了这么重要的战利品,基督教派的部队开心地继续自己的行程。刚刚抵达阿卡港外,他们就遇到了一位密探,他说这个港口不能通行,因为撒拉森人在港口的出入口处围上了一条长长的铁链,船只无法通过。这回,又轮到理查一世的武器派上用场了。理查选择了自己船队里最大、最坚硬的帆船,以及最壮实的桨手,自己则坐在船头,号令船只向铁链的中部冲去,铁链迅速紧绷了起来,接着,他奋力用战斧不断地砍,终于将链条砍断,船队顺利进入了海港。

第6章

以下选自《文索夫编年史》，1191年。

"在使徒巴拿巴节之前的那个周六，五旬节①那周，国王理查及随行人员抵达了阿卡城外，基督徒们的狂欢活动让大地都为之颤动。人们敲锣打鼓，欢迎国王理查的到来；整整一天，大家就像举办庆典一样狂欢，人们都喜气洋洋，因为国王理查的到来是他们期盼已久的。而土耳其人却因理查一世的到来而紧张不已，他们在城里的进出都会受到限制，因为国王理查的部队太强大了，很快就会包围这座城。理查一世到达了土耳其，法兰西国王在港口迎接，并护送理查一世离开港口，双方都非常礼貌谦让。随后，国王理查回事先准备好的营帐里休息，并为攻城做安排，因为他最想要知道，他们要用怎样的妙计，一举攻占这座城市。

"对于英格兰国王理查一世的到来，人们欢欣鼓舞，游行庆祝，那种场景，没有任何语言能够形容。一贯宁静的夜晚开始热闹起来，鼓、号、笛、手鼓和竖琴齐鸣，奏出了舒缓的音乐，在驻地上空回荡；人们都在用自己的方式高声欢呼庆贺，有的唱着流行的歌谣，有的吟诵着古老的诗歌，现代的歌谣都是通过模仿古老的诗歌而来的。军营里，有人举着昂贵的酒杯喝酒，祝歌手们健康，还有的

---

① 五旬节：也称"圣灵降临节"，被定于复活节后的第五十天，是教会用来庆祝圣灵被赐给使徒们，使教会在早期迅速成长的一个节日。（编者注）

人则齐声歌唱，大家都随着歌声一起翩翩起舞。

"他们都因国王理查征服了塞浦路斯岛而欢呼雀跃，这个地方对他们而言非常重要，对军队而言这里是最好不过的补给站。他们都非常开心，甚至纷纷点起了蜡烛，烛光摇曳，夜空就如同白天一样明亮，街道就像着了火般。"

第7章

> 不要再说了,傻瓜!
> 还是把你的故事
> 告诉给那些跟你一样
> 无趣而乏味的家伙吧;
> 你说的内容真让我发疯。

　　宽阔的埃斯德赖隆平原从阿卡港一直延伸到东部的加利利海,将整个巴勒斯坦分为两个部分。这个平原曾经是在巴勒斯坦开战的两个民族的流血之地①。在这里,勇士们曾与西西拉②开战;在这里,扫罗王和儿子们被非力士人所杀③;在这里,约西亚王④被埃及人击败;也是在这里,基督教徒和伊斯兰教徒因为圣地耶路撒冷的归属权而展开了殊死战斗,结果,阿卡城被伊斯兰教徒们占领。现在,城外布满了围攻的部队,都是欧洲各国征调的,人多势众,华丽的营帐、亮丽的旗帜、闪耀着冷光的武器,以及各类国

---

① 根据《圣经》记载,这是用犹大出卖耶稣所得的30块银钱购置的一块地,位于耶路撒冷附近。(译者注)
② 西西拉:据《圣经》记载,他是反对以色列人的迦南将军。(译者注)
③ 扫罗王:古代犹太民族王国时期后第一位国王。非力士人:地中海东岸古国的居民。(编者注)
④ 约西亚王:古代中东国家南犹太王国的君主。(编者注)

度和个人的徽章,它们跟变色掉落的秋叶一起,遍布整个平原。除了这些围攻的部队,还有伊斯兰教徒、突厥人、鞑靼人、埃及人和贝都因人①,他们遍布在山野平原之间,住在白色的帐篷里,帐篷顶上飘扬着萨拉丁的黑色旗帜,完全不理会十字军猩红的旗帜。英格兰国王的到来使东征军一方人数大增,他们绕着阿卡城围了半个圈,从一边海岸绕到了另一边的海岸,阻断了苏丹和城里的所有联系,而比萨人则驾着轻舟出海,切断了敌人的海路。

理查一世带着从塞浦路斯得来的钱,大肆封赏英勇善战的将士们,大家重新鼓足了劲。在巴勒斯坦的海岸上,理查一世并没有承认自己是法兰西国王的封臣。在将领们的会议上,他跟其他国王具有相同的权力,而在关乎利益的问题上,彼此敌对的君王之间意见总是相左的。盖伊·德·吕西尼昂的妻子西比拉去世了。她的妹夫、娶了西比拉的妹妹伊莎贝拉的提尔亲王,蒙特塞拉特的康拉德,宣称自己是耶路撒冷理想的国王人选。法兰西国王腓力二世支持康拉德,而理查一世却借兵给吕西尼昂。热那亚人和圣殿骑士团支持腓力二世,而比萨人和医院骑士团则声援理查一世。腓力二世试图用宗主国的权势引诱理查一世的部下,并承诺给加入他队伍的诺曼骑士每月三根金条,而理查一世更加富有、更加慷慨,承诺给加入自己部下的法国骑士每月四根金条。

两位君王的内讧让彼此的军队互生嫌隙,也让其他国家的军队陷入了尴尬境地。在这种紧张的状况下,两位君王又都因不适应气候而得了热病,当阿卡要塞的卫戍部队因粮食不足而忍受着

---

① 贝都因人:也称贝督因人,是以氏族部落为基本单位在沙漠旷野过游牧生活的阿拉伯人,主要分布在西亚和北非广阔的沙漠和荒原地带,属欧罗巴人种地中海类型。"贝都因"为阿拉伯语译音,意为"荒原上的游牧民""逐水草而居的人"。(译者注)

饥荒之苦时,围城的十字军并没有抓住这一有利时机进行夺城。

因为患病和不耐烦,国王理查躺在床上辗转难眠,即便有心爱的王后在身边竭力安抚,他仍然在胡思乱想,无法安然休息。"喝一点儿吧,陛下,"贝伦加利亚说着,给他送上了一杯清凉的饮料,"您也好好休息一会儿,医生说了,要对付这些叙利亚疾病,睡眠是最好的良药。"

"跟那些听战鼓的马儿们去说说睡觉的事儿吧,伊斯兰教的旗帜仍然在我们基督教的营帐外,那就不要来劝我休息。要不是得了这该死的热病,我就已经进了阿卡城,而我英勇的蓝腰带骑士们也就站在了阿卡城的城墙上了。"

听到这里,贝伦加利亚努力克制住自己心中的恐慌说:"那我就要为你的病好好感谢上帝了,不然今天晚上我们就不仅要为失去了法国爵位而难过,还要为基督教派援军的毁灭而悲伤了。"

"你这想法可真是女人的思维,"理查一世抱怨了一句,"难道你认为,英格兰的战斧还比不过法兰西加斯科涅的剑?"

"女人的想法都是出于心中的恐惧感而生的,"贝伦加利亚回应道,双眼涌上泪水,"而且我还知道,要是理查一世死了,那么巴勒斯坦和我就只能任法兰西国王宰割了。"

"真的,你说的确实不假,"理查一世说着,十分不安地转过身来,"因此,躺在这里一动不动才让我觉得恼火,担心那诡计多端的腓力二世会先登上阿卡的城墙。"

贝伦加利亚发现,无论自己说什么,理查一世都会感到恼火,于是便唤来了他最喜欢的演奏鲁特琴的乐师布隆德尔,但还不等听到普罗旺斯的香颂小调,索尔兹伯里伯爵就闯了进来。

"哈,朗基斯皮!"理查叫道,"你带来了基督教派将领们的消息吗?"

一见到好战的索尔兹伯里伯爵进门,贝伦加利亚就沉默着退到了一旁,不去引起理查一世的注意。他跟理查一世只聊了几句,索尔兹伯里伯爵跟王后以及琼安又聊了一会儿。

"他病得更重了,"贝伦加利亚激动地说,"我恳请你不要把坏消息透露给他,以免激怒了他。这次热病几乎让他变得疯狂了,他需要休息,才能恢复体力。"

"你们偷偷地在说些什么?"理查一世怒吼道,这吼声把他们都吓了一跳,"我告诉你,我要知道一切消息。朗索德,你有金雀花家族的血液,却躲在那里跟女人和医生们闲谈,难道不感到羞耻吗?说吧,我命令你。"

不敢再惹恼这位情绪不稳定的君王,罗莎蒙德的儿子伯爵威廉走上前来,说那些突厥人见基督教阵营因失去了阿尔贝里西伯爵而沮丧不已,于是宣布停战八天,同时还承诺,如果苏丹不派遣援兵,他们就会放弃这座城市,条件是突厥人可以带着武器和资产离开。因为理查一世曾不同意上述的条件,将领们决定不将这事告诉他:由法兰西国王和奥地利公爵做主,东征军同意了这一要求。

"哎哟,我的天啊!"理查一世惊呼,"法国那小子比我所想象的还要怯懦。这座城市我们唾手可得,他居然想着放弃,真不知道他们是怎么想的。让大使们来见我,他们就会明白,我狮心理查不会用荣耀去交换一座荒无人烟的城市。"他发现朗索德仍然在犹豫,于是继续道:"走啊,以后没有得到许可不要到我这儿来。"

"但是医生说——"贝伦加利亚插话道。

"愿上帝诅咒那该死的医生!难道我就只能由那些护士照看,吃药,听催眠曲,就像个没用的小孩子一样活着?走吧,不然你就不要再进我的营帐了!"说着,理查一世恼怒地瞪了一下贝伦加利亚,她因此而瑟瑟发抖,这还是他第一次朝她发火。

发现任何规劝都无效时,女人们都很沮丧,于是都屈从于理查一世的命令,留在那里不再说话。虽然病了,但理查一世仍然身着礼服,面颊透着病态的红晕,眼里闪耀着不同寻常的光彩,坐在铺着靠垫的长椅上,行使君王的职责。这些准备工作刚刚做好,内侍就带着朗索德跟使者们走了进来。那位皮肤黝黑的埃及使者梅斯托身着一件系带的长袖衣服,头上戴着白色的头巾,格外引人注目,沉默不语的女士们的目光都被他吸引住了,而艾西比德似乎格外痴迷于他,虽然他的目光平静如常,但她认为,他的目光里有她所熟悉的特征。

理查一世马上整理好了自己的情绪,不再是之前那副恼怒的神情,一看到撒拉森官员们,他马上就露出了傲慢的神情。他立刻终止了允许突厥人不缴纳赎金就离开阿卡城的谈判,但他同意停战。贝伦加利亚惊讶地发现,虽然那位埃及使者表现出对突厥人提出的要求十分感兴趣的样子,但他似乎更喜欢观察理查一世,他非常好奇地盯着理查一世手上的那枚图章戒指。

会面刚一结束,理查一世就因刚刚用力强撑而疲累不堪、面色苍白,于是马上下令传唤医生,并坚持下半夜只让医生独自跟自己在一起。医生准备好了安眠药,强行灌到不听话的理查一世嘴里,然后将灯移到了营帐的前厅,并严令仆从不要让任何人以任何名义闯进去。经过了一番辗转反侧、胡言乱语,且狂躁不安的状态之后,国王理查陷入了沉睡,直到做梦梦到自己实施复仇计划,跟敌人开战的时候才惊醒。

夜色渐浓,低气温让那些照顾国王的人疲乏不堪,眼睛都快睁不开了,而那些行军打仗的人则好好休息了一晚。十字军阵营里一片沉寂,除了有巡查兵偶尔去前哨站时行进的脚步声,再没有其他声响,那巡查兵疲惫不堪,脚步有气无力,就像是一座被围困的城市的哨兵一样。

艾西比德竭力安慰着啜泣不停的贝伦加利亚,不知道为什么,护士们只是花费更多精力和耐性去安抚敏感的王后,而不关注正在生病的国王。医生也没有去照顾国王,只在自己的岗位上打瞌睡,而焦虑不安的艾西比德却无法离开王后身边。终于,王后停止了哭泣,轻声叹气,慢慢地恢复了平静,也渐渐睡着了,艾西比德焦躁不安地从营帐中出来,悄无声息地找到了理查一世的黑奴——足智多谋的萨拉曼。

"醒醒,萨拉曼,"艾西比德柔声唤道,萨拉曼立刻醒了过来,马上就站了起来,眼珠滴溜溜地转动着,似乎是不敢相信他这么警觉的人,居然有人过来都不知道。艾西比德伸出手指放在唇边,示意萨拉曼噤声,引着他穿过那些睡着了的士兵,来到了营帐前的一块空地上。"请你,"她说,"帮我把国王手上的图章戒指取下来。"萨拉曼总是幻想着成为无所不能的人,然而听到这个奇怪的要求,却十分不满地抗议道:"你这是让我去送死啊!"不过,他很快便恢复了平静,继续道:"再容易不过了,在这儿等着我回来。"他很小心地避开了牵拉帐篷的绳子,借着营帐的掩护蹑手蹑脚地进入了营帐外面的大厅,在这里,守卫和侍从都睡得正酣,萨拉曼小心翼翼地掀开门帘,进入了国王休息的地方。不过这里一片漆黑,他看不到国王的床在哪里。他偷偷地俯下身,首先触碰到的是医生的脚,熟睡的医生本能地踢了一下,这让他明白了自己的危险处境。随后,他适应了黑暗的环境之后,就发现了国王手上闪着光的图章戒指,因为国王的手就搭在床边。将戒指从国王瘦长的手指上取下不过是眨眼之间的事,然而这轻柔的触碰却也足以惊到沉睡的理查一世。"哈!该死的敌人!"理查一世在睡梦中喊道,一把抓住了萨拉曼的头发,"这个定情物是安全的——开心起来吧——贝伦加利亚——"随后的话就含混不清了,后来终于安静了下来。而萨拉曼十分小心地摆脱了国王的控制,取下了他的戒指,悄无声息地溜了回去。艾西比德已经等得不耐烦了,她一把夺过戒指,用东方女性常用的纱布盖住了自己的脸,请求他跟她一起去城里。皎洁的月光倾洒在地中海沿岸,洒在军营里,他们出城途中遇到了巡逻的哨兵。他们躲在了一间营帐的阴影下,惊恐不已,大气都不敢出,而营帐中的哨兵则面朝耶路撒冷的方向,大声呼唤道:"求救!求救!救救圣墓吧!"这呼声清晰嘹亮,打破了夜晚的沉寂,附近的哨兵也大声重复着,所有欧洲营帐中的哨兵都开始用各自的语言随声呼喊着,惊醒了基督教阵营中每一个沉睡的人。呼声消散在远方,哨兵继续巡逻。听到这声音,艾西比德吓了一跳,而萨拉曼见她这样却觉得有趣,禁不住大笑起来,这笑声让她更害怕被人察觉到,因此更加慌乱。

脱险之后,他们加快了速度,顺利抵达了前哨站,在这里,他们遭到了卫兵的盘问。艾西比德拿出了国王的图章戒指,说:"不要耽误了我们的任务。"卫兵低声自语道:"她怎么能拿到这个的?"营帐和阿卡城城墙之间只剩了他们两人的时候,萨拉曼终于问道:"你要去哪儿,艾西比德?"

"我也不清楚,"艾西比德说,她的声音沙哑,"不过今天傍晚,国王理查那里来了一个埃及使者,他看我的眼神就像我母亲一样,离开营帐的时候,他用我们的语言低声跟我说:'月出的时候,到诅咒之塔那里来见我。'"

"走这边才能去诅咒之塔,"萨拉曼说着,引着她往右边走去,他们到了黑漆漆的阿卡城墙边,转过一个墙角,遇到了一群睡在地上的突厥人,而且听到了摩尔语的盘问,萨拉曼也用摩尔语进行了回答。很快,他们就被放行了,见到了梅斯托,他牵着艾西比德的手,带着她离开,然后他们进行了长时间的谈话。

艾西比德回到萨拉曼身边时,虽然头上仍然戴着面纱,但还是能看到她泪流满面的样子,她只说了一句:"他是我母亲的兄弟。"然后就和萨拉曼回到了理查一世的营帐。"快点儿,"她说着,将戒指推到他手上,"要是陛下醒了,我们就完了。"萨拉曼很快就将戒指成功地送了回去,不过这次他不再敢把戒指戴回国王手上,而是放在了国王手边的毯子上,然后便退了出去,到了前厅的时候,他不小心踢到了躺在长椅上的卫兵。卫兵马上跳了起来,因此萨拉曼立刻吹灭了灯,并逃进了普通侍从睡的营帐里,但是,在这里,他被一名还没完全清醒的士兵捉住了脚踝,那名士兵紧紧扣着他,让他无法脱身。灯被重新点燃,他就被卫兵抓住了。一边是一群昏昏沉沉的士兵,一边是一群清醒着想要抓人的卫兵,双方都是一片混乱,都没有人清楚之前发生过什么事情,这真像是恶魔、突厥人和异教徒们对他们下的诅咒。卫兵刚一抓住萨拉曼,艾西比德就走了过来,直接到了萨拉曼身边,猛力摇晃着他,让他好摆脱卫兵的控制,喊道:"醒醒,你这奴才,我说,醒醒,你睡着了怎么还这么闹腾啊?真是个不安分的家伙。如果你不承认自己的罪过,以后安安稳稳地睡觉,王后会把你换掉的。"萨拉曼揉着眼睛,像一个半梦半醒的人一样,回到了自己的床边,很愉快地躺到了被子里。

"看,"艾西比德转而对卫兵说,"你不过是遇到了一个梦游的家伙。我命令你让他们安心睡觉,我可不想让王后受到打扰。"说着,她就离开了营帐。

"他确实是梦游了,"卫兵抱怨道,"不过他究竟是睡着了还是清醒的,那还真难说。这个丑陋的异教徒真是没用。"

在国王的营帐里,喧闹声更大一些。萨拉曼刚进去的脚步声惊动了国王理查,他醒过来时面前一片黑暗,所以大声呼叫点灯,但却没有得到任何回应,于是他将药杯朝着打鼾不止的医生的方向扔了过去。杯子打到了医生的头,他惊醒过来,眼前也是一片漆黑,他又被砸的头痛,因此根本无法辨别方向,在房间里四处乱撞,后来他倒在了国王的床上,而国王则将他当成了入侵的突厥人,用枕头不断砸他,咆哮着要刀、剑和战斧,呼喊着所有圣人的名字,准备跟他决一死战。

这时候,卫兵带着灯回来了,见到国王居然对医生动手,不禁笑了起来,国王发泄完了怒火,察觉到自己酿造的这一闹剧,也跟着哈哈大笑不止。而医生却并不明白这有什么好笑的,揉着自己的头,很郑重其事地说,这样无节制的运动和大笑对病人的身体无益。之后,他捡起杯子,无奈地再加入了新的药,爱开玩笑的国王接过杯子,说了句祝医生长寿,然后才再度安静下来休息。

狮心理查在地板上发现了自己的图章戒指,便收好了,他一点儿也不惊讶,像是料到它会不在自己手上一样,说道:"我们的王室图章放在我这瘦弱的手指上也不安全呢,尤其是,我们现在没有长手套护手,也没带刀剑,为基督教而在外征战。"惩罚过医生之后,他情绪非常不错,甚至自愿吞下了医生给他准备的药物,医生则利用这一大好机会,将国王之前不愿意服用的难闻的药都送了过来。

第8章

啊！这片土地上的人不会忘记
勇猛的将士们将热血抛洒在这里，
给这里的人带来了勇气和希望
他们都会为这片土地而奋战。

——布莱恩

八天的停战期过去了，法兰西国王腓力二世也恢复好了，于是再次率军聚集到阿卡城墙下。而理查一世也在渐渐康复之中，他天生好战，在战场上指挥坐镇的时候，奖赏了每一个从诅咒之塔上拆下石头的士兵。法国人有一种强有力的器械，他们称之为"坏邻居"，而突厥人则模仿着做了一个类似的，称之为"坏兄弟"。这些器械日夜不停地运转，诅咒之塔成了一座易守难攻的堡垒，要攻克它，十字军一定要付出代价。一天，一位体型彪悍的突厥人，拿着阿尔贝里克伯爵的武器，站到了城墙上，向基督教联军发起挑衅，而理查一世，为了让十字军团结奋战，听从了将领们的请求，亲自上阵，夺过了钢弩，射出了一箭，直中那名突厥人的心脏。突厥人恼怒不已，纷纷要报仇雪恨。基督教派的军队也很快跟他们开始了对战，这一战一直打到天黑，直到他们看不清彼此。

十字军决定摧毁塔楼，悄悄地来到城墙下，这时，一群寻找出口的土耳其人与他们迎面相遇。挖掘的吵闹声和忽明忽暗的光线让他们无法分辨彼此，停止了挖掘之后，两军手握鹤嘴锄和铁铲，面对面地站着。但是，土耳其将士们发现，自己居然帮助十字军进城了，于是纷纷涌到了通道入口，不让十字军进城。那天晚上，诅咒之塔瓦解了一部分，撒拉森人见所有抵抗都是徒劳，于是提出了和解的条件。他们同意放弃阿卡城及城里的所有财产，包括钱财、武器和衣物，并支付 20 万撒拉森塔兰特①的赎金，归还在提比利亚之战②中被伊斯兰教派将士们夺走的十字架。经过一番争论，十字军将领们同意了这些条件，城里的所有异教徒贵族们在同意了上述条件后便放弃了对抗。一切都准备好了，城门大开，突厥将士们肃穆地从城中出来，经过十字军的营地，朝提比利亚赶去。

以下文段节选自《文索夫编年史》：

"突厥人终于离开了，在英法两国国王的率领下，十字军从城门进入了城里，人们翩翩起舞，欢呼雀跃，赞美并感激上帝，因为他向他们展现了仁慈，关心并解救了他的子民。然后，城里的城墙和塔楼上飘扬着两位国王的旗帜，这座城市由他们平分了。他们还将所缴获的武器和补给品进行了分配；俘虏经过人数统计之后，也分为两批关押。贵族卡拉克丝及大部分俘虏都被法兰西国王收

---

① 塔兰特：古希伯来的货币单位。（译者注）
② 提比利亚之战：在提比利亚附近的平原上，十字军和撒拉森的军队展开了激战。一整天的战斗都未能分出胜负，晚上，十字军在一些岩石后休息，他们孤军奋战，急需要水，这让他们希望能突出重围。叙利亚的夏夜本就炎热，而撒拉森军队竟然在十字军营地附近的树丛中放火，这对十字军而言，无疑是火上浇油。第二天早上，两军的战斗暂停了一段时间，因为双方似乎都认识到，双方教派国度的命运都掌握在他们各自的手中。

当太阳升起时，十字军们大声呼喊着他们的战争口号，而撒拉森人则吹着喇叭，敲着铜鼓以做回应，他们的血腥战斗又开始了。真正的十字架被安置在一座小山丘上，人数大减的十字军们不断在其周围聚集。但撒拉森的支持者比十字军的支持者更多，也正是因此，撒拉森人在这次战争中获得了胜利。（Mill, *History of the Crusades*, 139 页）

监,梅斯托和其他人则归入理查一世麾下。此外,法兰西国王还占据了圣殿骑士的宫殿,其中收藏的宝物也归法兰西所有,而理查一世则占领了王宫,他让王后和女伴们及其侍女们都住在里面,双方各安一隅。军队也分为两支,经过长时间的围攻对抗,他们都开始在城里休养调整,放松自己。"

十字军刚刚在城里定居,便又产生了新的矛盾纠葛。奥地利公爵利奥波德是伊萨克·科穆宁的亲属,且加入了圣殿骑士团,他坚称英格兰王后身边的塞浦路斯侍女艾西比德应该加入他这一边,然而贝伦加利亚跟侍女的感情深厚,不愿意放她离开。双方的矛盾愈演愈烈,心情烦乱的的理查一世因为恼怒而从阿卡城墙上撤掉了奥地利的旗帜,这种无礼的举动让双方的关系势如水火,这种紧张的局势阻碍了十字军的军事行动,也让将士们觉得尴尬不已。而十字军修好了城墙和塔楼,教士们也重修了教堂,大家看着萨拉丁的承诺得以履行,疲乏不已的他们终于可以安心休养了。释放俘虏的约定时间还不到,法兰西国王腓力二世称自己得了重病,要返回欧洲,而实际上,他是嫉妒理查一世所获得的霸权。联军将领开会商讨去耶路撒冷的时间,他们都对法兰西国王称病感到不满,因为当时,阿卡城已经沦陷了,萨拉丁很沮丧,已不再阻挡他们去耶路撒冷。理查一世听说了腓力二世的决定以后,总是不断诅咒他,骂他胆小,而且拒绝跟他人谈论这件事;怒气消退了之后,理查一世终于做出了让步,同意让法兰西国王回国,但是他提议,勃艮第公爵率大部分法国将士留在叙利亚,腓力二世必须发誓不再侵扰英格兰,而且四十天后,理查自己也会回国。法兰西国王在大众的谩骂声中离开了阿卡城。在提尔古城,他短暂停留了一下,跟康拉德提出不再要这座城市,并释放了突厥俘虏们,就回到了欧洲。释放俘虏的最后期限过去了,萨拉丁却宣称无法找到十字架,并且找了各种不同的借口拒绝释放十字军的俘虏。

狮心理查一家在阿卡城的突厥王宫里过着闲散舒适的生活,露台是带顶棚的,泉水清凉,花园里百花芬芳吐艳。艾西比德再次回忆起了小时候在阿尔汗布拉宫的生活,沉醉在这安逸的生活中,这里的每一件物品都能勾起她对幸福过往的回忆。

而国王理查则开始准备安全撤离,他还打算尽快开始耶路撒冷之行,并要求将领们准备好运送投石机和其他军事设备。理查一世还派遣使者去了提尔亲王康拉德那里,要求他将英方的部队和俘虏送到阿卡城,还说康拉德也可以获得一部分突厥人的赎金,并让康拉德准备与异教徒开战。康拉德拒绝了,称不敢去理查一世那儿,还说真正的十字架找到以后,他会为法兰西国王保管一段时间,而且在那之前,他不会释放十字军的俘虏。

过了很长一段时间,康拉德仍然拒绝释放十字军俘虏,十字军的将领们召开会议,商讨该如何处理俘虏的问题。十字军如果不能把自己被俘的将士们换过来,那么他们就还要带着对方的三千俘虏,如果将他们留在城里却不派人看守,无疑是再次将这座城市让给了突厥人。带着这一批人行军显然又是个沉重的负担,而且风险也不小。供养这么多人,无论是在城里,还是在行军途中,都会给日趋紧张的经济状况增加不轻的负担;而让他们恢复自由却会让他们的敌人增加援军,这样会让他们无法完成远征。因此,他们决定,第二天就把俘虏们赶到附近的一座山上,并处死他们,以给予伊斯兰教派沉重打击。

梅斯托是那群俘虏中最重要的人物,将他俘虏过来后,他受到了特别的优待,他的居住条件跟他的身份相称,而且相较于其他俘虏也更加自由,因此艾西比德可以常常跟他会面,而不会让人怀疑他们之间的关系。

将领们开会的当晚,萨拉曼用自己的方法窃听到了会议的所有内容,并如实转告了艾西比德。

第二天晚上,梅斯托还不知道自己和突厥俘虏们的命运,正安静地休息时,突然,外甥女艾西比德来访了,她将基督教派一方的意图告诉了他,恳求他赶快逃走,并为他做好了准备。

梅斯托拒绝了,但禁不住艾西比德苦苦哀求,于是说:"你可以让人替我给苏丹送信吗——噢,不,现在天都快亮了,已经太迟了。如果苏丹重视我,他就不会将我留在那群基督徒的手中了。神圣的阿拉曾说过,'死亡是通往天堂的唯一途径'。"

发现再怎么劝说也没用后,艾西比德满脸泪水地离开了,一边还思考着该用什么别的方法让舅舅逃离。

清晨,在一群虔诚而好战的基督徒的率领下,囚犯们悲哀地通过了城门,根据当时的一位作家所述,"这些基督徒们很高兴地遵循神的恩典,报复那些用飞弹和弓弩杀害了许多基督教派将士的敌人。"

一个来源未知的消息在士兵中广泛流传,称萨拉丁又对释放俘虏做出了新的承诺,只要延迟到傍晚,他就会派使者来缴纳赎金。因为有了这句承诺,突厥俘虏们一直被关押到了下午。然而救兵们仍然没有现身,那些希望看到伊斯兰教徒灭亡、伊斯兰教派垮台的十字军们,一直都在忙着准备处决俘虏的行动。

突厥人已经知道了自己的命运,但却仍然平静地等待着,这引起了十字军将士们对他们的崇敬。就连狮心理查那样冷酷的骑士,看着敌人英勇无畏地走向死亡,也为之动容。"以圣徒们的名义起誓,"理查一世叫道,"处死他们,真是刽子手的活儿。那些将士们曾在战场上所向披靡,如今却像是屠宰场的牲畜一样等着被杀。要是他们肩上有十字架,我会比那些愚蠢的奥地利人或者狡猾的法国人更早地将他们收入我的麾下。朗索德,让索尔兹伯里大主教带上我们神圣的十字架来见我。也许,上帝会让那些勇敢的人皈依真正的信仰。"

索尔兹伯里主教遵从国王的命令,举着十字架过来,向俘虏们说,只要放弃他们原本的信仰,皈依基督教,那么就能获得自由。但异教徒们没有做出回应,神父身后跟着刽子手,就像是上帝的毁灭天使,在那些情绪低落的突厥人之中行走,举起十字架之后,所有突厥人都说:"真主就是真主,而穆罕默德是先知。"说着低头就义,只留下了梅斯托一人。神父过来的时候,理查一世很恼怒地盯着梅斯托,不由自主地抬起手,想要给他一巴掌。刽子手停下了动作,战士们也都很惊讶,但却没人出声,只是很怀疑地看了看他们的国王,接着又把目光转向了俘虏梅斯托,他一直不为所动地站在人数逐渐减少的突厥将士群中,这群将士一直跟随他护卫着阿卡城,而现在却纷纷倒了下去,在一个陌生的宗教祭坛上献身了。

死一般的宁静被微弱的喇叭声打断,远处一位骑马而来的传令官手持免战旗,全速朝这边赶过来。这位信使来到这血腥的屠杀现场,快步走到国王面前,呈上了一封信。国王用剑割断了丝带,快速浏览了信件内容,然后走向了俘虏,朝梅斯托伸出手去,说:"苏丹终于同意了赎回你的条件,很遗憾,他居然一点儿也不在乎那些跟你并肩作战的同伴们。他表态表得太迟了,让我做了一回坏人。愿上帝保佑,让我去为他们报仇,杀了那家伙。"然后,理查一世让仆人们将两匹塞浦路斯马准备好,他亲自扶着马镫,而英勇的梅斯托保持着当天镇定而肃穆的神情,骑了上去,理查一世自己坐上了另一匹,朝王宫赶去。

以下节选自《文索夫编年史》:

"因此，大屠杀第二天清早，军队就集结了起来，以上帝的名义，沿着海岸边进军。噢！他们是多么棒的将士们啊！这是一支英勇的年轻人部队，能与他们匹敌的，世所罕见，他们持着色彩斑斓的旗帜，带着明晃晃的盔甲和勋章、尖锐的长矛，在军营中整装待发，敌人见了他们也会闻风丧胆。国王理查命令前锋开路，做护卫。诺曼人和英格兰人护卫旗帜，勃艮第公爵和法国部队殿后，他们行军缓慢，又拖延了很长时间，这给他们带来了很大的损失。十字军在右侧的海岸上行军，突厥人则在左侧的高山上看着他们。部队行进到供给车无法通行的道路前时，天空突然乌云密布，由于道路太过狭窄，井然有序的部队顿时乱作一团，于是他们排成长列，准备这样通行过去，人员杂乱无章。见此情景，突厥人突然倾巢而下，跳上了马和马车，眨眼间杀害了无数的马和人，掠夺了十字军的大量行李辎重，朝海岸上那些对抗他们的人冲了过去。双方展开了一场激战，每个人都在为自己的生命而拼搏。噢，我们的十字军受到了多重的创伤啊！因为那些朝他们射过来的飞镖和弓箭射穿了他们的头、手臂和躯干的其他部位，让他们滚落到了马蹄下，但他们迅速回过神来，重新鼓起力量，找机会反抗，就像幼兽失踪不见的母狮，他们团结一致，对抗敌人，随后，突厥人四散逃跑，马鞍都跑掉了。这场报复战较之前更加惨烈，十字军奋勇杀敌，突厥人拼命抵抗，双方都已为此而竭尽全力，国王理查听闻后方部队一片混乱，急忙赶去救急，如闪电一般用剑砍杀两侧的突厥人。像古时发生的战争一样，非利士人从马加比赶来增援十字军，因此突厥人溃不成军，逃到了山上，而那些没有逃脱的人，也丢掉了自己的性命。"

以上选段描绘了十字军从阿卡城到雅法途中的遭遇。

第9章

> 守住本心的人必当感激;
> 因为造物者最基本最重要的法则,
> 就是将所有都联系在一起。

在雅法,十字军阵营纷争再起。法国贵族因长途跋涉和长期冲突无果而疲累不堪,提出要在雅法城停留休养一段时间,而理查一世却希望乘胜追击,直驱阿斯卡隆。将士们却一直因没得到阿卡城的财物而耿耿于怀,不愿意乘胜追击,支持法国贵族的提议,愿意与勃艮第公爵一起在雅法城休养,于是,理查一世被迫放弃了自己的打算,听从了将士们的要求。

国王催促将士们尽快完成修缮雅法城的防御工事,但却是徒劳。夏天结束,进入秋季了,防御工事却还未完工。伊斯兰教徒们在雅法城附近聚集起来,而所有的十字军都遭到了他们的侵袭。一次,一群圣殿骑士团的将士们遭到突厥人的埋伏,理查一世一听到这个消息,立刻就率了一部分人去救援,这次战争很惨烈。异教徒们袭击了这群人,而圣殿骑士团却因在入城时全力抵抗敌人而损失惨重。回到十字军阵营后,威廉·朗索德跟国王理查抗议称,继续开战是在浪费将士们的性命,而较为大度的狮心理查听到这话却变了脸色,回应道:"我理查可不管安全和荣耀哪个重要,国王的职责就是要护卫臣民,十字军的职责就是要击溃十字架的敌人。"

雅法城的防御工事完工了,理查一世兴致勃勃地准备进行战争。他留下一小支部队护城,亲率大部队远赴拉姆拉,并让他们驻扎在布洛瓦伯爵斯蒂芬受伤身亡的战争发生地。寒冬加剧了艰险。凛冽的寒风刮跑了他们的营帐,雨水则毁掉了他们的供给用品,让他们的武器生锈迟钝。虽然撒拉森人对他们围追堵截,十字军仍然渐渐地靠近了耶路撒冷,理查一世也因期盼已久而兴奋不已。但圣殿骑士团、医院骑士团和比萨人却称,以军队目前的状况,他们无法占领耶路撒冷,对抗附近的突厥军队也是不现实的,而且,圣墓恢复了原样之后,欧洲军队就会撤离,返回欧洲,将巴勒斯坦留给异教徒们管理。受到这些争议的影响,失望的国王理查下令从耶路撒冷返回拉姆拉,并继续率因不满而抱怨不断的部下回到重镇阿斯卡隆,这里是耶路撒冷的突厥人与埃及的突厥人交流的驿站。其后所经历的痛苦和危险让之前所承受的苦楚相形见绌,当他们终于踏上阿斯卡隆残破的城墙时,他们重新陷入了饥荒之中,而愈演愈烈的内讧几乎瓦解了整个十字军团。勃艮第公爵背叛了理查一世,法国的将士们一部分回了雅法,一部分去了阿卡,还有一部分则去了提尔;而那些骄傲的贵族和最受崇敬的教士们也像是泥瓦匠一样,忙着修复被毁坏的防御工事,奥地利公爵利奥波德来巡查进度的时候,摆出一副傲慢自大的神情,嘲讽似地说:"奥地利的开国之父可既不是木匠,也不是泥瓦匠啊。"

突厥的苏丹也发现了十字军的困窘之境,考虑到战事也差不多结束了,欧洲军队也撤掉了一部分,于是解散了部分军队。他甚至还表示友好,对英勇的理查一世展现文明生活的礼节①,给他送去了大马士革梨、桃和其他美味佳肴,以及黎巴嫩的雪水,让他冰酒。

那些突厥贵族们出于好奇和崇敬之心来参观英格兰国王的营地,回去的时候,则竭尽所能地夸赞这位英格兰的勇士国王的生活奢华无比。

一天清晨,还不到平常接见大臣的时间,梅斯托突然带着一位罩着面纱的女子前来见国王理查。"欢迎,我的摩尔贵族,"梅斯托走上前来,以东方礼仪拜见国王时,国王叫道,"你能来真是上天庇佑,除了最信任的朋友,我理查最尊敬的是能与我匹敌的敌人。"

梅斯托很严肃地回答:"陛下您误解了我的来意,您救了我,那您自然就是我的朋友啊。"

"我一点儿也不怀疑你说的话,"国王说,"因为理智和经验告诉我,真正勇敢的人是不会忘恩负义的。"

"埃及人的首领确实是您的朋友,"梅斯托继续道,"如果我是您的敌人,我就不会给您带来您最在乎的人的消息了,因为'那可人的身姿,透着轻袅的芳香,如清风一般徐徐抚来'。"说着,他掀开了身边女子的面纱,露出来的是艾西比德的脸。

"艾西比德!"理查惊诧万分地叫道,"我的王后怎么样了?琼安怎么样?英格兰那边一切都好吧?"

"王后身体安康,"艾西比德回答,"这个信物,"说着,递给理查一个小盒子,"代表着她对久未归家的陛下的爱恋,家里众人都很和睦。"

"那你为什么来这里,为什么戴上了这样的面纱?"理查问。

---

① 整场战争中,萨拉丁和理查一世在军事上和往复的礼节上都彼此竞争。如果理查一世病了,萨拉丁还会送上大马士革出产的梨、桃和其他水果,以示慰问。无论寒暑,他都这样。(*Hoveden*,693 页)

"王后的心愿恕我不能透露,这位大人会告诉您我的来意的。"艾西比德回答。

理查一世困惑不解地又转向了梅斯托,梅斯托回答,"也许西方的王公贵族都不知道,这个女孩,艾西比德,是我妹妹的女儿。"

"怎么可能!"理查一世叫道,惊诧不已地看着艾西比德,"我们美貌的王后迷惑了我们,让我们看不见其他的美人,不然,就连最为粗心的人也能发现,她有着公主般的气质和容貌。"

"愿神保佑,"梅斯托说着,黝黑的面庞因自豪而泛起了红晕,"再没有比英格兰王后的这位奴仆更高贵的了。"

"那她在这个陌生的国度是怎么联系上你的?"理查一世问。

"那句谚语是怎么说的?"梅斯托说,"'亲人的声音最是打动人心。'您召见萨拉丁的使者时,手上戴的那枚戒指曾经是我们部族的标志物,因此马上吸引了我的注意;然而这孩子的眼睛比珍珠还要明亮,她一眼就看出我是埃及人,还跟我用埃及语聊了会儿。她明白我说的话,那天晚上跟我在诅咒之塔那里见了面,也是在那里,我才了解了她的故事,并让她跟族人们见面。她到监牢里来看我,我拒绝逃跑,于是她又让萨拉曼去苏丹那里为我求情。接下来的事,您已经都知道了,真的谢谢您及时救了我。离开您的营帐前,我送了那位热心的黑人萨拉曼一张通行卡,无论在哪里见到他,真正的伊斯兰教徒都要带他来见我。您的王后因为阿卡城出现了纷争而烦恼不已,于是想要把这个消息告诉您,萨拉曼就带着艾西比德来了我这儿,我就赶快把她送到您这儿来了。那句谚语是怎么说的?'善有善报。'虽然在我这里,她会得到精心照料,但还是请您将她带走吧。您只要答应这个要求,住的地方她自己会找的。"理查一世同意了,他们也就退下去了。

王后信里的内容真令人惊讶。热那亚人和比萨人因为争夺与东方的商贸往来吵得不可开交,他们都将阿卡城当做他们的海港,他们一方支持康拉德,另一方则支持吕西尼昂,因而彼此充满了敌意。他们的不合让人们惶恐不安,贝伦加利亚请求理查一世做决定,究竟是回到阿卡还是把她接到雅法。随信来的还有来自英格兰的情报,内容同样令人震惊。腓力二世刚刚抵达意大利,就向教皇塞莱斯廷申请撤销他曾做出的承诺,即不对英格兰开火,并且平静地撤军。教皇不同意他撤销,他就私下让约翰王子①不要再站在他这边,并让他娶了爱丽丝公主,还让他继承了理查一世在法兰西的爵位和财产。但埃莉诺不同意他的这个决定,并及时采取了相应的措施。埃莉诺因约翰侵犯了兄弟的权益而诅咒他,然后将倒霉的爱丽丝送到了鲁昂坚固的城堡中,这里的囚禁生活可比她当初在温彻斯特的更加严苛。爵士们有的支持约翰,有的不支持,整个王国混乱不堪。

英格兰国内的政治纠葛、法兰西国王的背信弃义、王后贝伦加利亚的焦虑担心、对东征结果的不确定,让国王理查恼怒不已,彻夜难眠。还不等天亮,他就让萨拉曼去找梅斯托。由于这次事态紧急,理查一世相信大度的梅斯托也看出了他的窘迫,并恳请他为自己和萨拉丁做调解,还保证他自己只想要耶路撒冷,而且要十字架被还回来。梅斯托接受了这一使命,三天后便带来了回信。他说,伊斯兰教徒萨拉丁很庄严地表达了自己对和平的渴求,而且也很钦佩理查一世的勇气和能力,但他却说不能放弃耶路撒冷,因为这座神圣的城市对伊斯兰教徒也很重要,他的宗教信仰不允许他崇拜偶像,因此他也不会皈依基督教,将一块木头当做圣物崇拜。这次谈判失利,理查又再次派遣梅斯托去拉拢他们,称希望能在耶

---

① 即后来的无地王约翰,也就是英国国王亨利二世和埃莉诺的儿子,理查一世的弟弟。(编者注)

路撒冷建立一个政权,政府管理人员一部分为欧洲人,一部分为亚洲人,这样就能确保朝圣者们自由拜访圣墓,而且也给了所有选择在巴勒斯坦居住的基督徒们相应的封建权力。这次出使,梅斯托还带回了一名年轻的土耳其官员萨法丁,他是土耳其国王的弟弟。狮心理查的提议得到了睿智的萨拉丁的赞同,但由于预见到要将两个国家联系起来,还需要比政治联盟更有力的联系纽带,萨拉丁希望自己的弟弟能够迎娶国王理查的妹妹。① 萨法丁的另一项使命就是将英格兰国王及随行人员安全带到阿卡城。

---

① 英格兰的政局动乱,需要理查一世的治理,他被迫放弃了自己的需要,恳请慷慨的敌方国王终止战争。他提议双方联盟,在耶路撒冷建立政府,一部分官职由欧洲人担任,一部分由亚洲人担任;上述政策自萨法丁跟西西里国王威廉的遗孀成婚时生效。伊斯兰教派本来是要同意这些条件的,但双方教派却认为这场联姻是对各自宗教的亵渎,伊斯兰教的阿訇和欧洲的神父们为此争吵不休,理查和萨拉丁虽然都是说一不二的君王,但却不得不接受大众的意见。(Mill, *Crusades*)

第*10*章

笔,是用来记录的;
钥匙,是用来开门的;
而吟游诗人,
则将这些都记了下来。

理查抵达阿卡城,发现局势确实一片混乱。敌对双方的纠葛以公开的冲突告终,英格兰的官员们也纷纷致信要求他回国,于是他认为,如果他不做出让步,这一次十字军东征就会以失败告终。盖伊一方的军事作战能力比不过康拉德一方。理查一世发现,只要将塞浦路斯这片美丽而富饶的土地赠给盖伊,而他再出面安抚热那亚人,同意让马奎斯继承提尔古城的王位,事情就可以很容易地解决了。

调解好了这唯利是图的两方力量,国王理查重新关心起了分配东西方利益的问题,于是让东方部族的继承人迎娶亨利·金雀花的女儿琼安。然而琼安却对这桩婚事并不热情,坚决拒绝了这位异教徒爱慕者的求婚,而索尔兹伯里主教和其他热心的教士们也支持她的这一决定,于是,禁不住他们的苦苦哀求,狮心理查放弃了这一打算。萨法丁得知这个消息,失望不已,为了安抚他,理查封他为骑士,并且希望他不要把这事放在心上。然后,狮心理查派遣了一群贵族迎接新继位的国王康拉德来阿卡城。

康拉德因自己受到的荣耀待遇高兴不已,于是下令豪华地操办加冕仪式。然而有一天,从主教为他举办的庆祝活动回来之后,康拉德被两名刺客抓住并刺杀了,他们是"山中老人"的追随者。

康拉德的突然离世再次让局势变得混乱。驻扎在提尔古城外的近十万法国将士,要求康拉德的妻子放弃这座城市,归顺法兰西国王腓力二世。然而她却坚决拒绝归顺,声称她的丈夫死前跟她说过,只能归顺理查一世或其他被选为耶路撒冷国王的人。听到这里,法兰西国王立刻表示反对,围攻提尔城的战役持续了一段时间之后,香槟伯爵亨利也抵达了这里。他是法兰西国王麾下最得势的封臣;他的母亲跟理查一世和腓力二世都有血缘关系;①他的父亲曾两次拜访圣地,而他自己也很关心东征,颇受战士们的青睐。法国将领们恳请他接受王位,迎娶康拉德的遗孀为妻,并平息让十字军行动受到干扰的纷争。理查一世也对此表示了赞同。婚礼仪式秉承王室庄严肃穆的特色,新的耶路撒冷国王立刻颁布法令,要求臣民们继续支持东征,并为之做好准备,派遣军队去阿卡城跟英军汇合。他们刚刚为征服圣城的最后一战做好准备,就得到了来自英格兰的新情报,称约翰王子的势力更加强大了,而法兰西国王腓力·奥古斯都也背叛了与英格兰的联盟,但理查一世还是决定不理会国内臣民对他回国的催促,再次准备对圣城发起攻击。将士们高兴不已,不断哼唱着赞美诗,吟诵着感恩的诗篇,战士们都认为这次任务能够很快结束,出发的时候甚至只带了一个月的供给。他们抵达伯利恒时,已经是炎热的夏季了,理查一世这时才发觉,他的部队还不足以面对这次出征的艰难险阻,于是要求

---

① 香槟伯爵亨利的母亲是法国公主玛丽,是路易七世与第一任妻子阿基坦的埃莉诺的女儿,也就是腓力二世同父异母的姐姐,理查一世同母异父的姐姐。(编者注)

部队寻找供给。大家召开会议，参会人员共二十人：五位圣殿骑士团成员、五位医院骑士团成员、五位法国贵族和五位叙利亚本地的基督徒，他们一起商讨大家都能接受的对策。他们探查到，突厥人毁掉了城市周边两英里范围内的所有储水器，西罗亚的河水不足以供给整个军队，由于不可能进行围攻，他们一致同意，最恰当的计划就是沿着巴比伦河前行。法国贵族却坚决不同意，宣称除了耶路撒冷，他们哪儿都不去。他们一直为此争论不休，勃艮第公爵甚至率自己的部下离开了主力部队，选了一个地方单独扎营。

由于实在不愿意再操心英格兰部下的状况，而且也因将士们的不满而感到沮丧，再加上因无法缓解将士们的痛苦而忧心忡忡，还有最终计划的失败，这些让理查一世扼腕叹息，他去了附近的一座山头上散心。他边走边想着心事，眼睛盯着脚下的地面，一点儿也没察觉到周围的景象，也没有留意到身边出现了其他人，直到朗索德扶上了他的手臂，这才打断了他的思绪，朗索德说："走这边，陛下，从那里能够看到夕阳照耀在耶路撒冷的塔楼上。"[1]狮心理查本能地举起了盾牌遮挡阳光，眼里涌上了泪水，说："不，我的兄弟，因为上帝不让我救赎他的圣城，所以我不敢去看那里。"说完，他转身离开，折回了自己之前走过的路线。

那天晚上，理查一世躺在床上辗转难眠，突然见萨拉曼偷偷过来，吓了一跳。这位恪尽职守的黑人奴仆获得了梅斯托的许可，领着国王理查去了一个隐士的居所，位于朱迪亚城郊外的一个岩洞中。这位隐士神情肃穆，看起来很有威严，这让人容易信服他所说的话，他非常崇敬地接待了国王，并称，很久之前，他就获得了一块

---

[1] 一位朋友带着理查一世来到了能够俯瞰耶路撒冷的一座山上：但是，他却用盾牌挡住了脸，他声称，既然不能征服这座城市，就还不够格去瞻仰这座城市的光辉。（Mill, *History of the Crusades*, 164页）

十字架的残片,他想要一直保存着它,直到十字军将巴勒斯坦从异教徒手中夺过来,他才会交给十字军。他还说,萨拉丁总是质问他这块残片的下落,但他却一直守着这个秘密,而他现在把这个珍贵的宝物送给英格兰国王,以此向那些为了捍卫基督教信仰而英勇战斗的勇士们致敬。理查一世恭恭敬敬地将这块碎片用金线织物包裹起来,带到了营地里,第二天下令让所有将士们都来亲吻这块神圣的木片。

随后,十字军部队又遵令撤到雅法,但如此大规模的撤退引起了将士们的不满和争吵,整个军队纪律全无,丝毫不听指令。他们到了雅法城门前,却发现在之前的投降地,围着一大群撒拉森人。接下来的战争是第三次东征期间最激烈的一场。这次冲突中,理查一世举着战斧四处杀敌,为将士们突破突厥人的重围杀开了一条血路。他的战马法努尔,驮着他敏捷地在人群中穿梭,而撒拉森人的箭和枪,不断地撞上他的甲胄,终于,一位倒在地上的敌军士兵,用剑刺穿了他爱马的胸膛,在敌军的欢呼声中,他和马一起倒在了地上。理查一世立刻跳了起来,抽出自己的剑,继续勇敢地战斗。大度的萨法丁在远处看到了他英勇无畏的表现,派人送了一匹骏马赶去救援,马的后背上还盖着一块精美的阿拉伯马鞍。骑上这匹马,理查一世继续战斗到太阳落山,天黑之后,将士们都无法分辨彼此了。雅法城得到了拯救,这一次标志性的胜利在某种程度上抵消了理查一世放弃耶路撒冷的失望之感。整顿军队的时候,理查一世发现他们的人减少了许多,再也无力继续征服之旅,而这一认识也增强了他返回欧洲的决心。这次胜利还让他在与苏丹议和的时候多了几分底气,苏丹见理查一世正准备离开,对理查一世的态度也就友善起来,并且对理查一世在圣地时的英勇善战和骑士品质赞赏有加。

萨拉丁和理查一世各自率领大量随从,在他泊山附近会面了,围绕关于圣城的重要利益以及休战进行协商。协商的准备工作进行了好几天。撒拉森人坚持毁掉阿斯卡隆堡垒,而十字军一方希望对方能将耶路撒冷归还给他们。最终他们达成一致意见,约帕城和提尔城,及两城之间的属地,归香槟伯爵亨利所有,阿斯卡隆堡垒应拆毁,而基督徒们可以自由访问圣墓,撒拉森人不得向他们征收过路费,不得干扰他们。梅斯托和萨法丁为调解这些纠纷做出了重大贡献。条约在三年三个月三周三天三个小时内有效,这代表着东方人的一种神秘而不可侵犯的神圣性,并且留给了理查一世足够的时间去处理英格兰的内讧事件,再返回巴勒斯坦完成征服之旅。

自到雅法以来,艾西比德就一直住在舅舅那里。而理查一世得知,萨法丁因为与琼安的订婚失败而失望不已,于是转而迷恋上了娇媚多情的吉普赛姑娘。狮心理查在东征过程中带着的十字架让他不再那么傲慢,并让他学会了在必要的时候服软,虽然发现贝伦加利亚总是皱眉表示不满,但他还是接受了梅斯托的请求,将艾西比德和黑奴萨拉曼交给了梅斯托。

苏丹将营地南部的理查一世营帐进行了精心装扮,而他自己的黑色营帐则在营地的北端。在一个阳光明媚的下午,理查一世坐着百无聊赖地听着布朗德弹奏乐曲打发时光,内侍过来通知称苏丹来拜访了。苏丹身后没有随从跟随,理查一世感到惊讶,对这友好的行为很高兴,而且热忱地表示了欢迎。这位苏丹是西亚的游牧民族库尔德人,他神情肃穆,这种神情似乎是经过深思熟虑才保持的,并不是出于宗教信仰的缘故而习惯性地保持的,理查一世命令吟游诗人布朗德离开,并沉默地等待着这位贵客开口。但让理查一世感到惊讶的是,这位才赋颇高的撒拉森人,说的并不是熟知的通用语,而是操着一口流利的普罗旺斯语。"啊,"理查一世说,"在这里听到你说我的母语还真是令人吃惊不已,你说的似乎也不比我差。我不用这种语言已经四十三年了,然而你就像是阳光一样,让我这个长久没有说母语的人重新说起了母语。"

萨拉丁听到这话,非常震惊,而狮心理查的神情也让他感到非常好奇。狮心理查不再说话了,萨拉丁说道,"我们东部的气候更加暖和,因此这里的葡萄色泽更加鲜艳,也更早地点燃了人心中的热情。因此,我还是一个年轻的小伙子时,爱上了一个美丽的基督教女孩。她的双眼浑然天成,看到它们就像喝过酒一样,让我感到微醺。她的嗓音温柔清脆,让我忘记了阿拉的教诲,如果不是注定了要与她分离,我也许已经皈依基督教了。"

"愿你能进入天堂!"理查一世叫道,"因为布永的戈弗雷是耶路撒冷统治者的不二人选。"

然而萨拉丁似乎并没有注意到理查一世的激动神情,只是慢慢地解开了束着衣服的腰带,露出了阿基坦刺绣而成的十字架。

"在你心里,你自己就是个基督徒,"理查一世说,看到这个十字架,他惊讶得跳起来握住了苏丹的手,"这也解释了你获胜的缘由。我知道,没有受洗的异教徒是不可能战胜维护上帝的部队的。"

"不是的,"苏丹低声笑道,"不要把我这个掌管多个民族的国王想象成像法兰克人一样信仰某种象征物的人,虽然我有时候也会受到这种宗教的感染,但我还要去杀掉那些违背了我们法律条文,犯下大过的人——不过这世上就只有一个神,而穆罕默德是先知。"

理查一世闻言,颇有些尴尬地握着丝带,低声自语道:"普罗旺斯语、阿基坦的十字架、基督教女孩。"然后,他又抬眼说道:"尊贵的萨拉丁,我现在才明白你对我们为什么这么热情慷慨。我请求你,在表达对埃莉诺的儿子的感激时,不要提到他母亲所做的愚蠢行为。"

"不会,"萨拉丁说,很满意自己终于在理查一世的身上看到了他母亲的特质,"我当然不会责备所尊敬之人,但是在我的记忆里,她仍然还像过去一样美丽动人,我可不敢去想这么多年后她又变成了什么样子。她现在还在世吗,还是已经故去了?"

"她还活着,"理查一世自豪地回答,"现在是我们国家的摄政太后,有许多人听命于她,正如你们的诗人所说的那样,'生活富足'。"

"这样我就满足了,"苏丹说,"其他的,我至今都当做秘密锁在一栋房子里,钥匙丢了,门也无法打开。我们往后就这样下去吧。愿阿拉保佑你,愿你不会死在战场上。"说着,他起身离开营帐,这时听到宣礼员①大声喊道:"祷告时间到,祷告时间到!"苏丹在门口停下了脚步,面朝麦加城的方向,低头伏在地上,虔诚地念着伊斯兰教的祷告词。

第二天一大早,十字军们准备离开了,只等着合约获批这最后一步了。两位统治者摈弃了以往发誓承诺时的繁文缛节,直接走到了鲜花遍地的草地中央,伸手相握,下面放着写在羊皮纸上的合约,他们似乎成了伊斯兰教和基督教的代表。只有有远见的人才会发现,此时这两位交战国统治者的神情,代表着这一个世纪的战事期间,他们民族的个性特征和民族的命运。苏丹的身形笔挺,面容平静,但是动作敏捷,反应机警,带着身为王者的坚毅和镇定,虽然青春不再,但经验经历颇丰。而理查一世体魄强健,眼睛闪烁着

---

① 伊斯兰教尖塔上按时呼唤信徒做礼拜祷告的人。(译者注)

光彩,这就表明他好胜心强,富于激情和活力,对爱情、浪漫和宗教都很热忱,且意志坚定,这也象征着欧洲各国的兴盛繁荣,而且也正是因此,盎格鲁-撒克逊族最终才获得了世界的支配权。这两位君王,一位是东方的代表,另一位是欧洲骑士精神的代表,紧握住彼此的双手,终于达成了和解,然而分别的时候,他们毅然转身,好像不想有再见的机会。

第11章

愿意忍辱负重
跟随一位落魄主人的人，
确实值得主人的青睐，
而且也能够书写自己的辉煌。

抵达阿卡城后，理查一世发现，康拉德的朋友们认为他是康拉德刺杀案的煽动者，而这个消息被人故意传回了欧洲，这损害了他作为国王的尊严和作为十字军将领的名声。1192年9月29日，贝伦加利亚和女眷们要去纳瓦拉，考虑到去纳瓦拉要从特伦克那边的过道经过，而这里又不够安全，理查便请达拉谟的斯蒂芬和忠心耿耿的勃朗德护送她们过去。接下来的一个月里，见到那些伴随自己东征无果的将士们和信徒们安全归来，理查一世也假扮成一位圣殿骑士，从阿卡港起航了。眼见黎巴嫩多岩石的高地和卡梅尔险峻的山峦一点点消失在眼前，理查一世的双眼涌上了泪水，大声祈祷道："噢，圣地，我把你托付给上帝了，如果上帝能让我活得够久，我保证会再回来看你，并让你免遭所有敌人的洗劫侵袭。"

那时候，航海条件并没有那么好，这次航程非常不顺利。一部分英格兰船只在非洲海岸旁失事，一部分船只安全返回了英格兰。从阿卡城离开六周后，理查一世的船在巴巴里海岸边遭遇了一艘海盗船。理查一世还从盗贼首领那里得知,大家都知道他没征服耶路撒冷,他一旦在法国港口城市马赛登陆,就会被法国贵族逮捕,由于他的船已经不适合海上航行,所以他决定,不从亚得里亚海返回,而是穿过德国回去。他与六位同伴在距威尼斯不远的地方靠岸之后,一路北上。然而,他的船抵达德国的消息已经传开了,于是德国政府下令,所有途经的旅客都要接受盘查。理查一世的同伴们都被逮捕了,然而理查一世却侥幸逃过一劫,有一位懂德语的男孩照顾他,并将他带到了贵客稀少的酒馆住宿。他们白天休息,晚上赶路,终于抵达了多瑙河岸边。由于有伪装掩护,理查一世顺利地住进了一家酒馆,而且他表现得个性平易近人,热情好客,厨房里需要帮手,他便在厨房帮忙。一个来此消遣的间谍发现了这位假扮修士的人手指上戴着一个昂贵的戒指,于是立刻将这一可疑信息告知了统治者。很快,一大群士兵赶来逮捕了他,其中为首的是一个在巴勒斯坦时曾经服侍过他的人。他的住所遭到了搜查,房主也遭到了严格盘问,问他是否曾收留过一位长相与国王理查相似的人。"这里没有这样的人,"房主愤怒地叫道,"只不过厨房里多了个圣殿骑士。"官员们立刻按照这一线索找到了厨房,其中有人故意"呸"了一声,把他吓了一跳。一见到国王强健的身形和红润的面庞,那位奥地利骑士立刻就认出了他,于是他对同伴们吼道:"就是他了,抓住他。"虽然经过了一番抵抗,但理查一世终因寡不敌众而被抓,并被押送到了幽暗城堡关押,接下来的数月里,他与外界没有了任何联系。

与此同时,女眷们乘坐的船队已经安全抵达了意大利的那不勒斯,并准备赶往罗马。腓力二世的敌意,以及一直收不到关于丈夫船只失事的确切消息,让贝伦加利亚恐慌不已,因此她一直留在教皇身边，直到第二年春天。狂欢节时，王室贵妇们都期盼着举行一场盛大的化装舞会。这种盛会需要大量的珠宝，而贝伦加利亚认为，为了找到合适的装饰品，在珠宝商店里挑挑选选很有意思。某次逛商店的时候，她被一个衣衫褴褛的孩子吸引住了，那个孩子正摆出一颗价值连城的珠宝出售。店员对这孩子珠宝的来历很好奇也很疑虑，而这也让贝伦加利亚更加好奇，走上前去仔细看，她才发现那是国王理查的图章戒指。她很快就买下了戒指，并让那孩子跟她走，希望能问到更多关于戒指主人的消息，不过走着走着，那孩子就不见了踪迹。于是，她向各地派遣了使者，进行了大量的走访调查，但都没有找到那孩子，哪里都找不到。她担心理查一世会遭遇不幸，于是不断地继续寻访，但都徒劳无功，因此她终日泪流满面。不知理查一世的去向，她也因此疑神疑鬼起来。她记起了那个自己随手送出去的代表着厄运的戒指，她曾希望能拿回来，却仍然留在了他手上，并兑现了那句诅咒之语："将他送去最为恶毒的仇敌身边，让他坠入海底。"她一会儿认为理查一世已经死了，一会儿又因朋友们没有把他从奥地利公爵的囚牢中救出来而责备他们。同样忠诚于朋友的勃朗德立刻假扮成四处游历的吟游诗人，去寻找国王理查。

终于，教皇看到贝伦加利亚那么失落、惊恐，将她送到了图卢兹伯爵雷蒙的住处①，雷蒙也是他们这次征途中的守卫者，他率领王后及女眷随从们经过乡村和荒原去纳瓦拉。勇敢的雷蒙很快发现，理查一世的妹妹琼安温柔可爱，善解人意，雷蒙非常喜欢她，而

---

① 年轻的伯爵在旅途中尽职尽责，很快就赢得了美丽的王后琼安的青睐。两人之间的情感消除了阿基坦和图卢兹伯爵两家的仇怨。埃莉诺发现了自己的女儿跟图卢兹的继承者之间的感情，于是向年轻爵士的父亲提议，将自己的权利转让给女儿，这样，贝伦加利亚抵达波瓦图之后，便安心参加了她最好的两位朋友的婚礼。（*Berengaria of Navarre*，16 页）

贝伦加利亚却因失望而喋喋不休地抱怨，听起来就令人心烦。他一路上尽职尽责，在旅途中，他一直都是他们的支持者和保护者。

由于见到自己的女儿琼安高兴不已，太后埃莉诺甚至忘记了跟表亲图卢兹伯爵之间的仇怨①，而雷蒙也接受了琼安，而且获得了法国南部那一片富庶却让无数人为之流血牺牲的封地。少了个性文静、温柔体贴的琼安相伴，贝伦加利亚更显得形单影只、郁郁不乐，父亲智者桑乔不久之后的过世，更让她愁肠百结。

由于埃莉诺将爱丽丝公主囚禁了起来，法兰西国王腓力二世对诺曼底展开了猛烈的进攻，因此，强者桑乔禁不住妹妹的再三请求，精心挑选了一队骑兵，进攻法国鲁昂，要不是桑乔相助，诺曼底这片属地将被法兰西国王夺走。

同时，忠心的勃朗德仍然在苦苦寻找狮心理查。由于带着竖琴，他才能自由在各高门大户和穷苦人家进出。他粗哑的声线吟诵着震撼人心的诗歌，听到他的轻声吟诵，那些伤春悲秋的少女们也开始抹眼泪。那些厉害的狱卒，就像守卫着欧律狄克②的复仇女神，也离开了沉闷的工作岗位，"拥到受人喜爱的歌手身旁听歌"。他的竖琴就像奥尔弗斯③的竖琴，打开了众人迟钝的心门，许多倒霉的囚徒都因听到了只能在梦中听到的轻快的爱之旋律而激动不已。

但是，理查一世没有像这些吟游诗人一样四处流浪。他独自被囚禁在城堡中，他说的话不会得到众将士的附和，他的抱怨也没

---

① 埃莉诺的祖父威廉九世娶了图卢兹伯爵的女儿菲利帕，之后不断在普罗旺斯发展自己的势力，因此与继任的图卢兹伯爵阿方索发生冲突。阿基坦和图卢兹就此结下仇怨。（编者注）
② 希腊神话中俄耳甫斯之妻，新婚之夜被蟒蛇咬死，其夫以歌喉打动冥王，冥王准她返回阳世，但要求其夫在走出冥界前不得回头看她，不得与她说话，其夫未能遵守禁令，最后她仍被抓回阴间。（译者注）
③ 奥尔弗斯：希腊神话中的人物，被视为诗人和音乐家的典范。（编者注）

有同伴聆听。假扮成吟游诗人的勃朗德每一次查寻都失望而归，但他仍然竭尽所能地去寻找，只要有一线希望，他都不会放弃。

勃朗德只能沿着多瑙河岸前行。坐在特纳布鲁城堡黑漆漆的影子里，从来没有哪个囚犯能够从这张大门里出去享受自由。他向守卫们倾诉着自己的无聊，但他们就像是塔楼上那些皱着眉的花岗岩人物雕像一样无动于衷。他失望地扔掉了七弦琴，热泪从眼角滑落下来。他忽然想起了贝伦加利亚，似乎看到她充满希望的面庞，她的眼里闪耀着爱的光彩。他看到她痴迷地靠在船舷上，聆听着恋人的声音，轻风拂过英勇的特伦克的缆绳，就像是拨动了的琴弦在演奏情歌一样，他还回忆起了那段美好时光里的柔情缱绻。他本能地抚动琴弦，似乎有了灵感，美妙的乐声打破了沉寂，他一边抚琴，一边唱道[①]：

> 貌美如花的女子，
> 谁人见了不惊叹；
> 然而却面若冰霜
> 似乎什么也无法打动其芳心。
> 而且我还看到，
> 她拒绝与所有人交往。

勃朗德这是唱出了自己和狱卒的心声，还是想到了王室中吟游诗人唱的情爱小调？他暂停了一下——这既不是回忆也不是幻想。从那孤单的炮塔和紧锁的监牢中传出了一阵轻缓的歌声，勃朗德听到了回应的声音，这是理查一世曾为贝伦加利亚所写的

[①] 理查一世和勃朗德的歌摘自伯尼的《音乐史》(History of Music)，第 2 卷，236 页。

情歌。

> 得女神眷顾，
> 也无法治愈我的心伤，
> 周围人的微笑是真心还是假意，
> 也都不想分辨：
> 我宁愿被人怨恨
> 也不愿与他人共享我的爱人。

这是理查的声音！！这歌声、这音调，都是他发出的！他还活着！他将会得到救赎。

一只粗糙的手搭在了吟游诗人肩头，一个低沉的声音传来：走开！勃朗德既没有询问，也没有回应，就离开了。理查一世没有遇险，理查一世终于被找到了。因为朋友的安危都要靠他，勃朗德要开始为自己神圣的使命而忙碌了。勃朗德避开了人口众多的城市，也没有在安宁祥和的乡村停留，他到了海岸边——找了一艘船——抵达了英格兰——受到了摄政太后的接见。自命为"英格兰王太后埃莉诺"的太后让整个欧洲都知道了那些王公贵族是怎样陷害自己儿子的。他们纷纷恳求教皇劝解埃莉诺，让她不要那么恼怒。神圣罗马帝国皇帝亨利六世要求奥地利公爵利奥波德押送囚犯理查一世，理查一世被送到了德国的沃尔姆斯受审。

理查一世被指控与坦克雷德结盟，让十字军对抗信仰基督教的塞浦路斯国王；在阿卡城门前公然侮辱奥地利公爵；与法兰西国王争吵，阻碍十字军东征；行刺提尔亲王马奎斯·康拉德；与萨拉丁休战，将耶路撒冷拱手让给了撒拉森国王。

高贵的理查一世庄严地为自己的无罪而辩护，"狮子摇晃着头,甩掉了鬃毛上的露珠",驳斥了敌人错误的指控。他言之凿凿地应对着那些王室成员们的控诉,他们也大声地驳斥回去,由于教皇之前就威胁过,于是神圣罗马帝国皇帝亨利六世不得不同意释放理查一世,但却要求支付一大笔赎金,而且要等交过了赎金,才能释放理查一世。为了征得赎金,英格兰和诺曼底的每一位封臣都被课以重税,修道院和教堂也都自掏腰包,而主教、修道院院长和贵族们也贡献了一部分财产,下级的教士则缴纳了十分之一的什一税①。埃莉诺携带这些财物亲赴德国,将长久没有消息的儿子带了回来!

---

① 什一税:起源于旧约时代,由基督教会向居民征收的一种主要用于神职人员薪俸和教堂日常经费以及赈济的宗教捐税。(编者注)

第12章

你喜欢读信吗？如果你喜欢的话，
我这里有一大堆：
既有让人觉得欢乐的、悲苦的、愤怒的、郑重的、情真意切的，
也有谎话连篇的、荒诞可笑的，还有睿智的。

以下为圣约翰医院骑士团给理查一世的信：

"尊敬的英格兰国王理查陛下，由于上帝的眷顾，圣约翰的骑士们才有这个机会写信给您。我们还记得，当初您离开巴勒斯坦，将圣城让给伊斯兰教徒的时候，以骑士之名发誓，如果平息了国内的纷争，您就会再度回来，并以圣徒之名发起圣战。

"我们才干不足，但仍然履行了合约，使这片土地免遭战争蹂躏。那位强势的苏丹萨拉丁也如约安心地看管着他的财物。但是，上帝已经让他接受了审判，要求他为与基督教国家开战而承担罪责。他的弟弟萨法丁篡夺了耶路撒冷的王位，他的儿子们让这个国度四分五裂，每个人都占领了一块地盘。

"《圣经》明确有言：'若一家自相纷争，那家就站不住。'他们的所作所为正好验证了这句话。由于食物短缺，他们的部队遭受饥饿之苦，而我们正好可以趁此机会，长驱直入，在那里建立我们的

堡垒。然而军中的化缘修士们可无力承担这样的劳苦;因此我们转向欧洲求助,我们重新关注起了那些海岛,并向天空举起我们的双手,祈祷狮心王率领英勇的部下,再次'赶来帮助上帝对抗敌军'。愿上帝保佑您继续支持我们的圣战,愿我们的上帝之军获胜,阿门。

"1195年写于巴勒斯坦。"

以下是教皇塞莱斯廷三世通谕:

"致欧洲各强国君主贵族,你们得上帝青睐,对我们救世主的领地和诸侯们拥有使用和使唤权——还有那些主管上帝之教堂的红衣主教、大主教、高级和低级教士们,耶稣基督的代表教皇塞莱斯廷三世,以传道者的名义,向你们致以祝贺。

"同胞们,我们已经知道,救世主耶稣的圣城耶路撒冷仍然在伊斯兰教徒手中,异教徒们已经毁掉了我们圣教发源地的遗址,叙利亚的基督徒们转向我们西方求助。因此,我请你们再次举起十字架的旗帜,朝我们圣教的迫害者们进军。由于得圣彼得眷顾,我们获得了天堂之国的钥匙,我们只要开了门,就没有人能够将它锁上,我们锁上了门,也没有人能够打开。我们发誓所有遵循圣谕的人,都有权对那些有肉欲的人开战;赦免那些之前曾犯过罪的人,以及此后将会犯罪的人——我们将让他们富足地度过这一生,直至获得永生。

"1196年主显节①后第十日,作于罗马,教皇封印。"

以下是艾西比德写给王后贝伦加利亚的信。

"艾西比德致最尊贵的王后贝伦加利亚:蒙阿拉眷顾,我才得

---

① 主显节:纪念耶稣向世人显现的节日,天主教、新教在1月6日,东正教在1月18或19日。(译者注)

以从一名侍女转而变成赛义夫·阿丁①的妻子,如果我身份转变的故事说得让您难以理解,还请您见谅。虽然我听到的甜言蜜语真的让我甘之如饴,但听说不能再见那个一直关爱照顾我的主人,并且还要回到我的家族里去,我伤心得流下了泪水。我敬爱的主人和她英勇的丈夫离开了他们的故国,但从卡梅尔到大马士革,这一路上我都能听到他们的故事。阿拉伯的马夫们宣称要去运送英王理查一世的武器,偷懒的马儿也会吓得赶紧忙碌起来;撒拉森的母亲们一说起国王理查的故事,小婴孩就吓得哇哇直哭,还都对自己的女儿说:'愿阿拉保佑你会像贝伦加利亚一样美貌。'不过,'无论是英雄还是美人,都难逃死亡之劫,因为死神随时都候在每家每户的门前'。十字军的战舰一抵达弗朗吉斯坦,比狮心理查的刀剑更为厉害的疾病之神,就侵袭了强壮的萨拉丁,他因病重而亡。刚刚抵达巴勒斯坦,我们就因见到了那面黑色的旗帜②而恐慌不已,它就像是死神的翅膀,掠过战场,一声令下,死人的尸体滚落到尘埃里,萨拉丁的人民已经看到了自己的寿衣,伊斯兰教的阿訇和宣礼吏们痛苦地喊道:'看看伟大的萨拉丁吧,他身边的人都死了,他是多个民族的国王,埃及的维齐尔王、叙利亚的征服者和东方的皇帝。噢,听着,你们都准备好去死吧!'

"直到死前,这位英勇的苏丹萨拉丁一直坚守着与国王理查的和平约定,人们推选他的弟弟,我的丈夫塞义夫·阿丁统治叙

---

① 赛义夫·阿丁即前文提到的萨法丁。(编者注)
② 黑色的旗帜:眼见自己已经到了大限之期,萨拉丁下令撤掉了过去曾象征着无往不胜的黑色旗帜,而挂上了自己进入坟墓时将穿的寿衣。人们纷纷从家里跑出来,看着那不可一世的萨拉丁的遗体离开,他们国度的辉煌也就此不再了。萨拉丁死了,他的个性中既有善良的一面,也有邪恶的阴暗面,但优秀的品质总是盖过了邪恶的,他的优秀品质超越了那个野蛮时代的影响,让他成了那个时代、那个国家中无与伦比的君王。(James, *History of Chivalry*, 264 页)

利亚王国,并且仍然采取与基督徒们休战的政策,但正如您的《圣经》所称:'人的仇敌就是自己家里的人。'我丈夫遇到的敌人也是家里的人。萨拉丁那些不听话的儿子们抢占了阿勒颇、大马士革和埃及。他们开战了,而我们的国家再次陷入了战火之中。由于这些战争,某些胆小的基督徒们,因为害怕停止了三年的战争再起,又一次向欧洲各国求助。这次来了一大帮东征的德国部队,他们残忍嗜血,为了从我们手中夺走巴勒斯坦而战。战争开始前,阿卡的拉丁民族发现了他们,于是就向他们宣扬了高贵而温和的塞义夫·阿丁的理念,并劝告说,圣地的基督徒们应该接受谈判与和约,但那些德国人根本不听,因此双方又开始了激烈的战争。

"然后,我已经做好战斗准备的丈夫,就展现出了萨拉丁的精神来。他北上迎击敌人,并在西顿的河谷里与敌人展开激战。我们的将士们尸横遍野,而拉丁人的部队也受到了侵袭,于是赶往提尔城避难。一群德国人赶到了雅法,我丈夫率军追逐,又经一战,我丈夫攻下了雅法城,并将德国人全部杀死。同一晚,亨利以香槟伯爵的名义,而非耶路撒冷之王的名义出战,却跌落下马而亡,基督徒们失去了将领,于是与我丈夫讲和。亨利伯爵的遗孀伊莎贝拉,嫁给了盖伊·吕西尼昂的弟弟阿尔梅里克。

"我们的阿拉说得真对,'虽然外面狂风呼啸,但家里却一片祥和。'而我现在就安全地住在耶路撒冷城里。我的大儿子科尔·阿丁已经尝试着去拉开父亲的弓箭了,而他的小弟弟则窝在我的怀里,口齿不清地呼喊着父亲的名字。再见。祝福您全家安康,愿阿拉让您如他的妻子阿伊莎一样生活安宁幸福。

"伊斯兰教纪元 576 年,即欧洲纪元 1198 年,寄自耶路撒冷。"

对于第四次十字军东征①,法兰西国王漠不关心,而英格兰国王则因与敌国德国联盟而遭到了鄙视,且十字军并没有战胜伊斯兰教徒,因此也没有收获任何战绩和战果。圣地的居民仍然保持对立,而且一直没有达成和解,这让欧洲各国恼怒不已。由于妻子康斯坦丝投毒,神圣罗马帝国皇帝亨利六世死去了,教皇直到收到了理查一世的赎金,并收进了教廷的财库中,才下令安葬亨利六世。

英王理查一世和法王腓力二世一直到死都对彼此抱有敌意,而且这激发出了彼此人性中的肮脏一面,让双方将自己的贵族品性扔在了一边。爱丽丝公主最终向她的哥哥投降,在三十五岁的年纪,嫁给了奥默尔伯爵,这时她虽然风韵仍在,但名声并不好。英王理查一世在英格兰居住的时间还不到四个月,而贝伦加利亚从未去过英格兰。他们有时居住在理查一世的公爵领地诺曼底,有时则去安茹或阿基坦过一段时间。在围攻查鲁兹城堡时,理查一世在阿基坦过世。当时一位在田地里耕作的农夫,声称他曾发现一个奇妙的岩洞,里面藏有很多金塑像和宝石瓶,都是价值连城的宝贝。"国王理查听说了这个故事,也相信了这个故事。"他立刻兴致勃勃地做出了决定,要去寻找这些宝贝。他马上封了一位贵族做封建领主,命令他去寻找传说中的财宝。而这位贵族却宣称,什么也没找到,他只找到了一罐罗马钱币。国王理查很想要得到那些财宝,听到这个消息,很不满意,于是下令攻打那个地方。战

---

① 第四次十字军东征:萨法丁率军抵抗东征军,而德国人也赶去迎战。获胜的是东征军,但东征军一方付出了惨重的代价,牺牲了很多英勇的将士,尤其是萨克森公爵和奥地利公爵之子。但德国人并没有因这次胜利获得什么好处,因为欧洲本土传来消息,东征军最大的支持者亨利六世过世了。美因兹大主教以及所有热衷于选出神圣罗马帝国皇帝的人,都放弃了圣地。(Mill, *History of the Crusades*, 172页)

斗中,国王理查被一支从城墙上射下的飞箭射中,由于医生经验不足,虽然伤口不严重,却拖延了很长时间都不愈,国王因此而更加急躁,并最终身亡。太后埃莉诺此时正在英格兰,贝伦加利亚则忘却了他之前对她的疏忽和不耐,一直尽心尽力地照顾着他,为他而哭泣,直至他死去。

　　理查一世刚一过世,图卢兹伯爵夫人琼安就抵达了阿基坦,她本是来求国王理查帮她对付那些反对她丈夫的那些傲慢贵族的。但是,见到自己最爱的兄长已经死去,明白他那双冷酷的双眼再也不会因她做错了事而瞪着她了,当举起兄长无力的手时,她再也支撑不住,无力地瘫在了他身旁。兄长的故去更加重了她的痛苦,让她变得更加虚弱,第三天,她也撒手离去,只剩了贝伦加利亚一人,独自将她和她的哥哥理查一世埋葬。悲伤不已的王后贝伦加利亚将丈夫和小姑的尸体运到了风弗洛修道院,并将他们埋在了父亲亨利二世的身旁。数周之后,她将吊唁礼送给了香槟伯爵蒂博三世的妻子布兰奇,她也是她亲爱的妹妹。

　　此时,这个世界对贝伦加利亚而言就如一片荒漠。她回到了亡夫留给她的奥尔良,在这里,她创办了贵族修道院勒斯潘,余生致力于慈善事业。

昂古莱姆的伊莎贝拉

第*1*章

> 我爱的女孩很快就要当新娘了,
> 她头上戴着一顶王冠;
> 噢,为什么她那时要夸赞我,
> 而现在却要离开我呢。

两艘开往相反方向的船,都在风力的驱使下,能够以相同的速度前行,不熟悉航海学的人认为这是件奇怪的事;你支持某种宗教,能够使这种宗教信仰发扬光大,你反对它,越反对,它产生的影响也越大,这也是有悖常理的。看起来同样矛盾的是,昂古莱姆的伊莎贝拉,虽然对宗教和军事都不热衷,但跟那些支持和参与征服的美女们一样,想让一位高贵的骑士和领袖人物参与圣战,就像布洛瓦伯爵夫人阿德拉一样,阿德拉非常热衷于东征,且全心支持丈夫参与其中。

伊莎贝拉是昂古莱姆伯爵唯一的孩子和继承者,她的母亲是最先占据美索不达米亚古城的埃德萨贵族考特拉家族的后裔。幼年的时候,伊莎贝拉就被指婚给了阿基坦北部的守卫者吕西尼昂的于格九世。年幼的新娘就居住在丈夫的城堡之中,那些意图拉拢和讨好于格的封臣们总是来探望并恭维她,而英勇的于格·勒布伦也总是悉心照顾着她,替她着想,用一个男人独到的温柔细致和魅力来指导她的学习,他总是将自己当成她未来的丈夫。

伯爵于格作为法国著名的贵族,被法兰西国王腓力二世派遣到西班牙,将国王的儿子路易的新娘,卡斯蒂利亚的布兰奇带回来①。于格不在的这段时间,伊莎贝拉的父母亲也派遣使者去瓦朗斯城堡,将女儿接回昂古莱姆参加节日盛会。在这次盛会上,美丽的伊莎贝拉认识了阿基坦的统治者和昂古穆瓦的封建领主——英格兰国王约翰。

伊莎贝拉身着一件简单的白色长裙,前额的头发自然地散落到眉头上方,头上戴着一顶象征着身份的金色王冠,她莲步轻移,慢慢地穿过人群,跪在国王约翰脚边,将自己的小手放在他手中,颤抖着说出了忠于国王的誓言。这位美丽的女孩是第一次参加这样的盛会,她可是这次盛会的中心人物,这次盛会开拓了她的视野,而她的纯真无瑕也赢得了多情的国王的心,国王约翰的宫廷中美人无数,他却独倾慕于她,就像是一个爱花的人不再抱着一个插满了芬芳的外来花卉的花瓶,转而去闻本地的紫罗兰花香一样。因此,伊莎贝拉虽然还不满十五岁,却同意了父母的决定,不再回到于格伯爵那里去,并顺从地与英王约翰订婚,他曾为赢得自己的堂妹阿维斯而与教会抗争了十年,并在狮心理查加冕当天迎娶了阿维斯。由于为伊莎贝拉的魅力所倾倒,约翰立刻向教会求助,而波尔多主教召开了宗教会议商讨此事,获得了普瓦图主教们的同意之后,波尔多主教宣称,约翰和伊莎贝拉的婚姻没有阻碍,因此,婚礼仪式于 1200 年 8 月在波尔多举行。

---

① 卡斯蒂利亚的布兰奇:这位王后既有施政才能,又个性高傲,她的儿子也因她而得到了良好的教育,她是吉耶纳的埃莉诺的孙女,1185 年,出生于西班牙的布尔戈斯,是卡斯蒂利亚国王阿方索九世和英格兰国王亨利二世之女埃莉诺的女儿。(*Queens of England*,164 页)

由于失去了未婚妻,从卡斯蒂利亚回来之后,英勇的于格伯爵向国王约翰发起了挑战,但是卑鄙的国王对恼怒的情敌不屑一顾,并且得意洋洋地跟伊莎贝拉去了英格兰,那个冬天,他们在那里继续举行盛会,狂欢作乐。于格伯爵失去了自己的恋人,这种心头之恨,无法平复,于是于格伯爵向教皇求助,教皇是当时掌管王公贵族任命的主人。教皇英诺森三世非常愤怒,立刻谴责了目无法纪的国王约翰,但是关于封地的问题,如果不是埃莉诺指定了继承人,阿基坦的封地就会归国王约翰所有,就连教会也不能剥夺国王约翰的封建领主权。

因此刻无法复仇而失望不已,于格马上与英格兰王位的继承人布列塔尼的亚瑟①结成了联盟,在安茹和曼恩伯爵的帮助下,他对米拉贝尔城堡发动了围攻,当时,八十岁高龄的埃莉诺太后正在这里避暑。戈弗雷的儿子马上参与了这次围攻,因为祖母更喜欢他的叔叔而不喜欢他,所以他也对祖母毫无感情;伯爵于格打算俘虏这位高寿的太后,用她做人质来交换他的未婚妻。

当时,寻常人家都是早上五点吃饭的,国王约翰却中午才吃早饭,吃饭时,来了一名使者,请求他去救母亲,听到使者述说了事情的经过,他感到很惊讶,恼怒地站了起来,狠狠咒骂,一脚踢翻了桌子,立马朝阿基坦赶去,只留下他的新娘独自一人。一抵达米拉贝尔城堡,他就与敌人展开了激烈的战斗,不久,他就赢了。伯爵于格是不幸的,而更惨的是亚瑟,他们和二十四位贵族被国王约翰俘虏,而且戴上了手铐和脚链,被关在了运送武器的车上,无论国王到哪里,他们都得跟着。国王约翰下令,将那些贵族关在科夫堡的地牢里,让他们活活饿死。倒霉的亚瑟命运究竟如何,我们无从知

---

① 亚瑟是戈弗雷的儿子,戈弗雷是英国国王亨利二世和埃莉诺的儿子,也就是英王约翰的哥哥。(编者注)

晓。许多证据显示，他可能死于他叔叔的手中；十二位调查他死因的法国贵族认为，谋害他的是国王约翰，并没收了他的封地诺曼底作为惩罚。因此，在被英格兰人占据了近三个世纪后，这个重要的省份重新回到了法兰西的怀抱之中。

当时，金雀花王室的继承人就剩了约翰，太后埃莉诺认为他很懦弱，而且她也预感到，自己的家族即将毁灭，于是去了风弗洛修道院避难，第二年就在那里过世了。

伊莎贝拉不幸的爱慕者于格仍然在布里斯托尔城堡的主楼里苟延残喘地活着，而国王约翰对伊莎贝拉很冷淡，不关心她，她很难受，再加上因吕西尼昂所受的磨难而痛心，她开始回忆起了初恋对她的温情款款，而且总是将她现在虽然富足但却痛苦的生活跟以前在瓦朗斯城堡中无忧无虑的生活做对比，并哀叹不已。

自格列高利七世以来，教皇就声称控制着欧洲各国，并掌控着各国未来的政治走向。十三世纪的精神领袖是教皇英诺森三世。他虽然地位高高在上，却也明白自己的危机。中世纪时，他的权势位于基督教世界的十字架顶端，当时，教皇的教廷位于法国的斯特拉斯堡，这个地方就在莱茵河畔的四十座城镇之中。教皇英诺森三世在这里纵览欧洲政局，颁布教令将欧洲各国的财富和势力纳入教廷财库。再没有比远征圣地耶路撒冷这条由教皇颁发的圣令更群情激奋的了。法兰西国王路易七世和腓力二世，以及英格兰国王亨利二世都曾向臣民征税用以支付东征的开支。而教皇英诺森三世也采取了这一措施，向教士们征收类似的税用以支持圣战。口才很不错的教皇描绘了耶路撒冷多么残破不堪，而伊斯兰教徒则奢侈且荒淫无度，基督教王国都为之感到羞耻；他还跟以往的教皇一样，承诺会拯救罪人，并为所有在巴勒斯坦服役的人赎罪。

法国巴黎郊区纳伊的一名没有主见的教士富尔克,听信了这个说辞,他虽然没有隐士彼得那么虔诚,但却比圣伯纳德更加热忱,在法国的城市和乡村不断传教,并到处宣扬圣彼得继任者英诺森三世的命令。

而欧洲各国的状况都不适合承担这一神圣的使命。士瓦本和布伦瑞克的两大敌对派别——圭尔夫派和吉柏林派①正在争夺德国的统治权,法兰西国王腓力二世则忙着从英格兰国王手中将海外的领地抢回来,而英王约翰沉溺在自己的享乐之中,对其他的事务都束手无策。

因此,虽然教皇和富尔克大力推广宣扬,但真正热衷于此的恐怕只有布洛瓦伯爵夫人阿德拉的后裔。每一次远征圣地,都会有一位香槟家族的人为其代表;香槟伯爵蒂博三世,就是第一位展开第四次东征战旗的代表。年轻的蒂博在法国特鲁瓦城举办了一场盛大的比赛,邀请所有附近的王公贵族来一展风采。一天的庆祝活动接近了尾声,胜者们都在相互道贺,并称赞彼此的表现不错,这时,英勇的富尔克走过来,邀请将士们为了基督教而拿起武器上战场。这场比赛的裁判香槟的戈弗雷·威列哈都因,马上给这位教士让出了座位,将领们都摘下了帽子,聚集了过来,恭恭敬敬地聆听,而机灵的教士马上开始诉说巴勒斯坦的局势有多么糟糕。

蒂博的兄长约翰是耶路撒冷之王,异教徒们想从约翰手中夺过耶路撒冷,蒂博为此非常愤怒,加上受到先祖们东征的辉煌历史的激励,他也希望将自己的名字镌刻在受人尊敬的朝圣者名单之列,高贵的蒂博走上前来,抽出自己的剑,将它放在教士富尔克脚下,富尔克便宣布,他可以带着这把剑参与圣战。他的表亲,布洛

---

① 圭尔夫派是中世纪时支持教皇,反对德意志皇帝的一派;吉柏林派是支持皇帝的一派。(编者注)

瓦和沙特尔伯爵路易一世立刻走过来,也做了相同的事情。然后,蒂博的亲戚弗兰德斯的鲍德温伯爵、蒙特默伦西的马修伯爵、西蒙·德·蒙特福特、戈弗雷·威列哈都因,以及一大帮其他人,纷纷受到这种热情的感染,跳起来,抽出剑指向天际,齐声发誓愿意投身圣战。随后,各教会和公众团体纷纷发誓,在发誓效忠香槟贵族的两千两百名骑士中,没有一个人愿意在家中享福而不参与圣战。

由于强者桑乔死后没有孩子,纳瓦拉成了布兰奇的丈夫蒂博的封地,而他也成了这里的统治者;比利牛斯山两侧的加斯科涅民众纷纷来投奔他。其他圣战将领们的封地民众也效仿他们,都加入了他们各自的领袖的阵营中,大量的高级教士和贵族们都在等待着出征的最后命令。通往耶路撒冷的陆路路线危险重重,它们考验着那些最勇敢的将士,也考验着那些最虔心的教徒。

在罗马帝国衰败后的黑暗且动荡的时期,威尼斯人在亚得里亚海岸边找到了一处避难所。在里亚尔托附近岛屿长满莎草的河岸上,经过一段长时间的酝酿,商业活动重新恢复了活力,就像是经过长时间训练的信天翁的洁白翅膀,掠过了蔚蓝的海面,飞向了地中海沿岸的各个港口。

威尼斯共和国是效忠于希腊的帝国的,不过自东征开始,它就因欧洲的外汇交易与热那亚和比萨展开了激烈角逐,它虽然拥护十字军,但也欢迎任何地方的异教徒来访。为了拉拢这一贪婪却保持中立的势力,十字军决定申请去圣地耶路撒冷,以威列哈都因为首的六位代表被派遣出使威尼斯,以求获得准许通行的许可。

使者们受到了热情接待,一大群人聚集一堂来听他们的诉求,圣马可教堂里挤满了人,总督和议会的十名成员庄严地坐在教堂里,而戈弗雷·威列哈都因说明了他们的目的。

"尊贵的威尼斯议会：最高贵也最强势的法国贵族们派遣我们前来，以上帝的名义，邀请你们跟我们一起，去拯救在突厥人的肆虐下痛苦呻吟的耶路撒冷，为他们对我们的救世主所造成的损害而报复。法国的同僚们认为，你们拥有欧洲最强的海军势力。应他们的请求，我们跪请你们答应，直到你们答应拯救圣城，我们才会起身。"他们的言语和泪水深深地打动了威尼斯人，大厅里响起了"我们答应你们的诉求"的呼声，尊贵的威尼斯总督丹多罗，虽然已经近九十岁高龄，而且几近失明，也发誓余生将致力于东征这一神圣使命，大家都因他的这种自我献身精神而感动不已。最终，他们起草了允许通行的和约，并用羊皮纸记录了下来，用印章和誓言保证执行，并派遣使者送往罗马教廷，等待教皇的许可。威列哈都因回到了法国复命，告知民众他的使命已经完成。英勇的蒂博当时本来生病了，听闻这个消息，马上从病床上跳起来，吩咐人备好战马，召集了封臣们，宣布希望马上开始朝圣的征途。然而他太虚弱了，这样的举动很快就耗尽了他的体力，让他倒在了侍从们的怀里，并最终在为圣战而向封臣们筹钱时离世。然后，封臣们决定推举新任的领导者，最终，这一重担落到了提尔亲王马奎斯·康拉德的弟弟——蒙特塞拉特的博尼法斯肩上。

第2章

> 虽然我的心都要滴血了
> 但我仍然要放声大笑,尽情欢歌,
> 与众齐贺,
> 如果能活下来,我将跨坐上马
> 再次奔赴战场。

1202年春,意大利和德国的将士们也加入了十字军的队伍中,抵达了威尼斯。"启程之前的那个周日,一大群人聚集到了圣马可教堂。这里在举办一场盛大的庆典,岛上的所有民众、贵族和朝圣者们都聚集于此。大弥撒开始之前,威尼斯总督亨利·丹多罗登上讲道坛,对众人说:'先生们,世界上最优秀的民族都加入了你们之中,为了我们即将从事的最伟大的事业,聚集到一起;我虽然现在年事已高,屡弱多病,但我发现,除了我这位领主之外,再也没有更适合指挥你们、率领你们的人了。如果你们愿意让我举起十字旗,我将保护你们,并指导你们,我的儿子将代我管理这里的事务,而我将与你们和朝圣者们同生共死。'听到他这些话,他们都齐声高呼:'我们请求您,以上帝的名义做出承诺,按您所说的去做,跟我们一起出征吧。'听到这话,领地中的所有人,包括那些朝圣者们都非常同情这位老人,一想到这位英勇的老人要承担这样的重任,就为之悲伤流泪,因为他的眼睛虽然漂亮,但却看不见任何东西,他在争夺权位时失明了,虽然遭受了如此的厄运,他却仍然心地善良。这时,他从布道坛上下来,走向了祭坛,跪在地上痛哭起来;他们在一块棉质大披肩上绣了一个十字架,因为他希望大家都能看到。当天,几乎所有的威尼斯人都举起了十字旗,而且由于新加入的十字军很理智、很英勇,朝圣者们的高兴之情都溢于言表,因此,正如你们所知的那样,总督也举起了十字旗。"但由于一次异常事故,本次东征偏离了最初设定的目标。君士坦丁堡的残忍暴君伊萨克二世·安格洛斯遭到了臣民们的罢黜,他们弄瞎了他,把他关进了监牢之中,并拥戴他的哥哥阿莱克修斯三世登上了皇位,他改掉了安格洛斯的姓氏,并沿袭了科穆宁的姓氏。伊萨克的儿子小阿莱克修斯,化装成一名普通的水手,逃脱了叔父的监护,在西西里岛找到了避难所。他接到了他的姐姐——斯瓦比亚的菲利普之妻艾琳的邀请,于是赶赴德国。经过意大利时,他发现西方各国的骑士们集结于威尼斯,正准备参加十字军东征,于是他立刻想到,可以借用他们万夫莫敌的武器来帮父亲复位。他的祖母和外祖母分别来自阿基坦家族和法国卡佩王朝家族,因此他很容易地就引起了欧洲人的同情,由于威尼斯人欠了拜占庭帝国大量的欠款,而且又长期遭到其侵袭,因此他们热切地聆听着他所受的委屈,并决定一起帮助被罢黜的皇帝夺回皇位。于是,他们东征的目的地发生了改变,而十字军们也很高兴地向新的目的地进发了。

"多年来,再没有跟他们一样庞大的军队靠近过亚得里亚海,这支部队有一百二十艘平底船运载马匹;二百四十艘搭载将士和武器装备;七十艘货运船储存供给品,还有五十艘坚固的单层甲板大帆船,都已经整装待发,准备随时与敌人作战。风和日丽,水流平稳,看到海上的盛况,大家都惊喜万分。将士们的甲盾排列在船舷两侧,既可以做装饰,也可以防御敌军进攻;各船的船尾升起了各国和家族的旗帜;三百个引擎供给的现代化大炮用于发射石头和飞镖;疲累不已的将士们听着乐声振作了起来;四万名基督教勇士相互勉励,他们激情十足,认为自己足以征服整个世界。"经过达达尼尔海峡的时候,他们庞大的船队挤在狭窄的海峡之中,水面上黑压压的一片都是数不清的风帆。他们再次进入了普罗庞提斯海①,渡过了这片平静的海域,最终在圣斯蒂芬修道院附近的欧洲海岸停靠了下来,位于君士坦丁堡以西三里格②远。经过君士坦丁堡时,他们以崇敬的目光看着这座东方之都,这里甚至可以称得上是世界之都;这座城市位于七座圣山之上,俯瞰着欧亚两块大陆的风光。这里的五百座王宫拱形的圆屋顶和教堂的尖塔,在阳光的照耀下闪着金光,与水中的倒影交相辉映;城墙上挤满了将士和旁观的民众,十字军将士们数不清这里有多少人,也不了解这里的人。十字军们见到这么多人都心惊不已,因为他们人少,不足以抵抗这么多将士。但是,对东征的忧惧暂时被希望和勇敢所取代,戈弗雷·威列哈都因说:"每一个人都整装待发,准备投身于即将到来的圣战之中。"拉丁人在古希腊城市卡尔西登靠岸;只有船员留在了船上,将士、马匹和武器装备都已安全上岸,在一座金碧辉煌的王宫中,贵族将领们为他们的成功登陆而设宴欢庆。

拉丁人的快速进军让阿莱克修斯三世从权势之梦中惊醒过来,但他无论如何也想不出有效的防御手段,因此意志消沉。但是阿莱克修斯三世还是迎接了十字军部队的到来。由于阿莱克修斯三世傲慢地宣称自己是罗马人的国王,因此使者们都要这样称呼

---

① 普罗庞提斯海:土耳其马尔马拉海的旧称。(译者注)
② 里格:长度单位,一里格相当于三英里。(译者注)

他，他看到这么庞大的一支部队，也非常惊讶。"如果这些朝圣者们保卫耶路撒冷的誓言是真诚的，那我们就该为他们的誓言而鼓掌庆贺，并帮助他们完成这一神圣的使命；如果他们试图侵犯神殿，那就算有再多的武器装备供给，也无法保证他们不遭到上帝的怒火攻击。"威尼斯总督和其他贵族们的回应很简单，也很坦荡，他们说："在这关乎荣耀和公正的事业中，我们鄙视那篡夺了希腊的人，鄙视他对我们的威胁，也鄙视他给我们开出的条件。我们发誓效忠那位合法的继承人，即在我们之中的年轻的王子，以及他的父亲国王伊萨克二世，他的王位被他卑鄙无耻的哥哥篡夺，而且还因此失去了眼睛和自由。让那位哥哥坦白自己的罪过，并求得原谅，我们将为他们做调解，以让他生活富足。但让他不要再侮辱我们了，不然我们会在君士坦丁堡的王宫向他开战。"十天后，十字军们准备好攻城了。希腊帝国的海军只有二十艘船。因此，威尼斯共和国的船只没有遇到任何阻碍就进入了港口，十字军们士气满满地开始围攻当时世上最大的城市。他们将整个部队分作六支，弗兰德斯的鲍德温率领自己的弓箭手们当前锋，第二、三、四、五战队则分别由他的哥哥亨利和圣保罗伯爵、布洛瓦伯爵以及蒙特默伦西伯爵率领，后卫部队由托斯卡纳人、伦巴第家族和热那亚人组成，他们的将领则是蒙特塞拉特的博尼法斯。他们无法包围整个城市，甚至不能封锁各自一方的通道；他们还没有埋伏好，就看到希腊的将士们从远方冲杀过来。然而，比萨人和（斯堪的纳维亚的）瓦兰吉人英勇地守卫着城墙，但胜利之光依旧遥不可及。

与此同时，威尼斯人成功地发起了对海港的袭击，他们用上了在火药发明之前所能用的所有装备和技能。将士们从船上跳下来，把云梯靠在城墙上，攀爬了上去，而他们的大船慢慢地靠近港口，船上放出了抓钩和吊桥，从船上到岸上的通道也就此形成了。

战争中,英勇的总督全副武装地站在船头,圣马可的旗帜在他的头顶飘扬,他不断用言语逼迫、劝告、允诺船员们,让他们赶快靠岸。突然,像是受到了无形的拉扯,威尼斯共和国的旗帜挂到了城墙上,十字军一举攻下了二十五座塔楼,希腊皇帝虽然努力想要夺回失去的堡垒,但丹多罗却冷酷无情地做出了决策,点燃了附近的建筑物,确保了征服战的顺利进行。受挫的阿莱克修斯三世见大势已去,便收集了自己所能带的财物,在夜幕的掩护下,抛弃了自己的妻子和臣民,逃到了色雷斯①避难。第二天早上,收到要去参见伊萨克二世的诏令,十字军的将领们都很惊讶,他们不知道,伊萨克二世已经从地牢里出来了,此时正坐在布拉克诺王宫中,很不耐烦地等待着拥抱自己的儿子,并奖励慷慨地对他伸出援手的人。

包括记录这些事件的威拉哈都因在内的四位大使,被选出来参见被营救出的皇帝。"王宫的大门向他们敞开,两旁的街道上排满了丹麦和英格兰将士,他们手握战斧等在那里,接见大厅里黄金和珠宝闪闪发光,这些是权势和功绩的象征之物,失明的伊萨克二世身边坐着的,是他的妻子,她是匈牙利国王的姐姐,因为她,希腊的贵妇们才得以摆脱在家里安居的生活而参政。"使者们为皇帝重获皇位道贺,并详细阐述了对年轻的王子的要求。这是"东方王国对圣地的继承者教皇的投降,而且还送上了二十万马克的礼物"。"这些条款都太沉重了,"皇帝精明地回答,"这很难接受,执行起来也很麻烦。但是,什么条件也比不过你们为我们所付出的一切。"

伊萨克二世已经准备好投降,让希腊教会依附罗马教廷,此举让那些敏感且报复心重的臣民们非常不满,他们策划了多场阴谋,

---

① 色雷斯:自爱琴海至多瑙河的巴尔干半岛东南部地区。(译者注)

刚复位的皇帝不禁希望,十字军们能够迟一点儿离开,起码等到他的国度恢复了正常秩序再离开。十字军也不反对,只不过他们出征所需的奖金很难征集,而伊萨克二世只能依靠掠夺教堂的金银财物来支付。希腊人将一场火势猛烈的大火归咎于十字军,随后又连续发生了多次事故,他们的纠纷引起了双方的敌意。据说,身体虚弱的希腊皇帝伊萨克二世是因恐惧而身亡的,他的亲戚①可是寡廉鲜耻的恶棍,他抓住了年轻的王子阿莱克修斯,并杀害了他。

十字军立刻决定对这名篡位者开战。九个世纪以来坚不可摧的东方之都君士坦丁堡,很快就陷入了暴乱的战争之中。十字军一方获胜了,他们公然罔顾承诺和条约中不得抢掠当地财物的内容,将希腊人的公私财物全都没收了,十字军将士们抢占了丝绸、天鹅绒、皮衣、宝石、香料等珍贵物品。掠夺够了之后,他们在利益分配时恢复了秩序。他们用三座教堂来贮藏物品,战利品的数量远远超过了人们的预期。数额是英格兰年税收金额的七倍,大部分的法兰克人都分到了钱。法国人和弗兰芒人②穿戴整齐,他们的马匹也披着色彩斑斓的马鞍,他们的头上戴着亚麻细布制作的头巾,在大街上游行庆祝。他们撤掉了圣坛上的装饰物,将圣餐杯当做了酒杯,将讲道坛上精雕细琢的金银制品堆放在马匹、驴子和骡子等家畜背上。圣索菲亚教堂神殿门上的门帘,因为镶嵌着金边,被作为租金拿走了,祭坛上摆放的艺术品和财物,都被破坏了,并被掠夺者们瓜分了。

在攻占了君士坦丁堡,并分割了城里的财物后,接下来就是要

---

① 1204 年,阿莱克修斯三世的女婿阿莱克修斯五世利用民众的不满,领导起义,推翻了伊萨克二世及其子阿莱克修斯四世。(编者注)
② 弗兰芒人:说弗兰芒语的比利时人。(译者注)

进行管理和选出皇帝了。他们选出了十二位代表，六位代表法兰克人，六位代表威尼斯人，苏瓦松大主教代表宗教人员，告诉了贵族们经过他们深思熟虑而做出的如下决定："你们都曾发誓，遵从我们所选择的国君；经过我们的一致同意，弗兰德斯和艾诺伯爵鲍德温，现在是你们的君主，东方的皇帝。""根据拜占庭风俗，贵族和骑士们立刻高举盾牌，拥护他们的君主，将他送到了圣索菲亚教堂。盛大的庆典已经准备好了，加冕仪式也就开始了。教廷使节为鲍德温披上象征着高贵的紫色长袍，将士们跟随着教士大声高呼：'他是合适的统治者'，征服的辉煌因希腊的仪式而显得嘲讽意味十足，根据希腊的仪式，仆从们为新皇帝送上了一簇羊毛和一个装满了骨头和灰尘的小瓶子，象征着辉煌易逝，生命短暂。"

野心勃勃的阿德拉为第一次东征的将士们所规划的那片富饶的土地——希腊帝国分裂了，现在落入了她的后人手中。一部分成了尼西亚帝国，一部分沿着希波鲁斯河岸建立了政权，还有一部分，以东方的奢侈之物盛装打扮，成了君士坦丁大帝继任者鲍德温统治的国度。

第3章

> 但我会将自私的爱意藏在心中,
> 借酒消愁,喝到酩酊大醉,
> 新婚夫妇满脸喜色,
> 我要快点儿上前道贺。

东方的十字军正在忙着瓜分庞大的希腊帝国,而十字军将他们的目的地从耶路撒冷变更为君士坦丁堡时,放弃了远征的西蒙·德·蒙特福德,也正忙着向法国南部的异教徒们开战,这是英诺森三世下的命令。在图卢兹省,教徒们形成了不同的派别,分别为信仰者、正教和瓦勒度派,但这三个派别都排斥罗马教廷的某些教义,而且因为都来自法国城市阿尔比,因而被统称为"阿尔比教派"。因自己盲目的宗教热忱,英诺森三世派遣了三位使者去阿尔比,想迫使这些阿尔比教派人士放弃他们的异端邪说,重新回到教会的怀抱之中。为了达到这个目的,他允许他们拥有"剑、水和火,因为虔诚的教士都知道,这些是维护上帝荣耀的必备品"。虽然阿尔比教派跟其他基督教徒一样,都向往并维护和平,但他们也都受到了当时好战精神的影响,对那些让他们回归教会的措施恼怒不已,他们向来到当地的传教士们发起攻击,并将其中一位打死了。教皇做出了回应,他宣布那些参与圣战并剿灭了异教徒的人,会获得表彰。琼安的丈夫,图卢兹伯爵雷蒙六世,立刻拿起武器保护自己的国民,与敌对的西蒙·德·蒙特福德所率领的教会军队作战。蒙特福德的阵营中有一位苦行的修道士,后称圣多明我①,他是多明我修道会的创建者,也鼓励将士们进行血腥战斗。他们一直在攻击贝塞尔城,但久攻不下。贝塞尔城被十字军夺得后,城里的居民们惨遭屠戮,决定要不要只屠戮异教徒时,多明我说:"全都杀掉吧,上帝知道谁是自己的子民。"被害的大约有六万人。残酷的战争仍然在继续,而且就跟其他这样的战争一样,其间发生了多次私下和全体的屠杀行动,直到德·蒙特福德率军围攻图卢兹伯爵雷蒙的部队。虽然四面都有敌军围困,雷蒙向他的姐夫英格兰国王和阿拉贡国王(琼安死后,雷蒙就求娶了阿拉贡国王的妹妹),还有他的领主腓力·奥古斯都求助。英格兰国王当时正忙着处理内政问题,而腓力二世当时正因与英格博格的离婚问题而跟教皇闹矛盾,也无法派军支援,只有阿拉贡国王唐·佩德罗热心参战,并在穆特勒战役中英勇牺牲。

最终雷蒙伯爵被迫与教皇达成了不体面的和解;教会军队在法国南部和希腊帝国都赢得了胜利。

还是来说伊莎贝拉的故事吧。国王约翰参与了谋害年轻的布列塔尼公爵而引起的麻烦,似乎永没有终结。国王约翰的母亲过世,于格伯爵被俘,紧接着,整个阿基坦地区陷入了暴动之中,王后伊莎贝拉劝说国王,要相信于格伯爵。

---

① 圣多明我:多明我教会于 1215 年起源于图卢兹省。他们教会的主要目标就是鼓吹异教邪说。这自然引起了宗教法庭的追捕。在法国,多明我教徒们被称作"雅各宾派",因为他们的首座修道院,就位于巴黎的圣杰奎斯街上。这一教派的驻扎地如今仅在西班牙、葡萄牙、西西里和美国等地。(*Encyclopedia*)

于格·德·吕西尼昂于1206年离开英格兰,他的谨慎周到和英勇很快就让叛乱的省份回归了金雀花家族的统治范围之中。由于国王心胸狭隘,英格兰贵族们忍无可忍,决定起势造反,为了阻止他们的行动,国王提出让他们的孩子来陪伴王后和年幼的儿子亨利,这个借口看似合理,实际上却是将贵族们的孩子当做了人质。

收到让孩子们进宫的命令时,布劳斯伯爵夫人脱口回应道:"我不会将我的孩子送到杀害自己侄子的国王身边的!"国王听说这话之后,怀恨在心,很快就制定了报复的方案。

布劳斯伯爵夫妇和他们五个无辜的孩子,被囚禁在温莎城堡,活活饿死了。

伊莎贝拉的丈夫虽不受臣民喜爱,但他敢于挑战罗马教廷的权威。关于坎特伯雷主教的问题,教士们争论不休,就跟约翰的父亲那时一样。教皇要求教士们选红衣主教兰顿为他们的主教,不用经过国王的文书批准。他们顺从了,约翰却派出一位将领将他们从修道院驱逐出去,并将他们的财产收归国库。

虽然兰顿神父提出了警告,但倔强的国王并未停止反抗,最后英诺森三世向英格兰颁布了禁罚[①]。这可怕的禁罚立刻让全国都深感悲伤。虔诚的教士们收起了祭坛上的装饰物,收起了十字架和圣物,取下了圣徒和使徒们的雕像和画像,小心地将它们藏在地底下,以防被异教徒们发现。

再也没有晨祷的钟声来唤醒他们祈祷,再也没有晚祷的钟声来提醒少男少女们唱晚祷歌;婚礼上再也没有欢快的乐声迎接新人,丧礼上再也没有沉重肃穆的丧钟鸣响。在教堂举行婚礼时,新郎握住新娘的手,很害怕地低声说誓言,周围的观礼者们都沉默不

---

① 禁罚:禁止某人参加教会仪式以作为惩罚。(编者注)

语，看起来非常令人心惊胆战。父亲将亡故的孩子的尸体交给了不信教的掘墓人，掘墓人则就地挖坑掩埋了那小小的尸体；新生儿不会被送到洗礼盘中接受洗礼，只会被送到祈祷室中接受神圣的新生仪式，将死之人最后的圣礼仪式氛围比死亡本身更加恐怖。

人们不再进行惯常的业余活动，感觉自己受到了上帝的诅咒；孩子们也不再玩耍嬉戏，而是被整个社会所弥漫的神秘的恐惧感震慑住了。

但是暴君约翰和他没有头脑的王后伊莎贝拉丝毫不同情人们所遭受的苦难，对宗教法令也没有崇敬之心。他们不做任何让步，也不忏悔。他们丝毫不顾及他人的感受，也丝毫不顾及上帝的律法，只顾追求享乐。伊莎贝拉这时已经不再期盼丈夫对自己的关爱，而是转而爱上了一名贵族绅士，那名绅士也非常同情她的境遇，但是，她不知道，她恶毒的丈夫已经知道了她另有情人，而且一直都在伺机报复。直到晚上回到寝宫，她才发现国王约翰已经怀疑自己了，因为她惊恐地发现，那位绅士的尸体已经在她的沙发上了，充血的双眼盯着她，看上去令人毛骨悚然，失去血色的双唇大张着，似乎是要轻声将之前发生的悲剧告诉她。此后多年，她一直都没有摆脱此事的影响。虽然国王因为妻子的背叛而表现出十分恼怒的样子，但他自己也不是什么正人君子。虽然对美丽的王后悭吝无比，他自己却挥霍无度，对人奸诈狡猾，也不尊重他人。他是一个糟糕的儿子，糟糕的臣子，不称职的丈夫、父亲和国王。他的所思所想是对人类天性的亵渎，他所做的事情也都是犯罪作恶。

发现自己的禁罚无效后，英诺森三世就用上了最强有力的武器。他将约翰逐出了教会，并宣布要彻底毁灭他的身体和灵魂，禁止所有的基督教信徒投靠他，并要求所有他的臣民不用忠于他，还劝告所有信仰基督教的王公贵族们一起推翻他。

腓力二世发现这次东征比之前去圣地的那次更合他的心意，西蒙·德·蒙特福德也暂时告别了在朗格多克的血腥事业，回来准备与教会并肩作战了。为了保护海外的封地免遭敌人强势的攻击，国王约翰认为，有必要跟以前的情敌于格·德·吕西尼昂联盟，然而，吕西尼昂却执拗地提出，希望释放被囚禁的王后伊莎贝拉，并让伊莎贝拉的女儿琼安公主，跟他的儿子[①]订婚，以作为他失去了她母亲的补偿。这次事件的紧迫程度不容任何争论或延误，因此年幼的公主不得不跟求婚者订婚，然后她就被送去了瓦朗斯城堡；在这里，她享受到了伊莎贝拉幼年时所过的那种欢乐的生活。消除了疑虑之后，于格伯爵击溃了法国国王的军队，维护了博科特文边境的和平。

法国国王腓力二世对这一结果非常不满，于是准备入侵英格兰，不过，他的舰队停靠在诺曼底时，教皇使节潘道夫与英王约翰进行了会面，并威胁约翰，让他无条件地接受了教皇的命令。懦弱的国王不得不通过宪章，公示自己和家人所犯的罪过，并将英格兰和爱尔兰交到上帝手中，交到圣彼得和圣保罗手中，承认教皇英诺森三世及其继任者们至高无上的权威，承诺上述地方是罗马教廷的封地，并每年支付一千马克给教廷。他同意任命兰顿为大主教，将他的王冠和权杖放在潘道夫脚下，把自己的手放到潘道夫手中，就像诸侯向自己的领主表达忠诚一样，发誓效忠于潘道夫。然后潘道夫宣布撤销让他退位的告示，并将王冠重新戴到约翰头上，接受了约翰的第一笔罚款，然后他返回法国，通知腓力二世，英格兰成了圣彼得的遗产的一部分，任何信教的国王攻击它都是不敬圣彼得的表现。

---

① 伊莎贝拉曾是于格九世的未婚妻，后来她的女儿琼安与于格九世的儿子于格十世订婚了。（编者注）

伊莎贝拉跟她的孩子们住在格洛斯特时，她多情的丈夫被菲茨·瓦特爵士美貌的女儿玛蒂尔达所迷住，侵入了她父亲的城堡，将他逐出了英格兰，并把因害怕而瑟瑟发抖的玛蒂尔达带到了伦敦要塞，关在白塔的一座高大的塔楼中，然后努力想要赢得她的欢心，不过这位高贵的少女由于愤怒，无视他的献媚讨好。头发灰白的约翰发现讨好和逼迫都不管用，于是他的爱慕也就转化成了仇恨，不幸的少女玛蒂尔达被囚禁了起来。这种恶行彻底激怒了英格兰贵族，他们结成了联盟，反抗国王约翰。

兰顿主教在查找王室家族史记录时，发现了亨利一世保留的证明关于他和王后"好人"玛蒂尔达之间的婚姻关系的文件。因为这份文件，兰顿主教起草了一份权利法案，即后世所称的《大宪章》①，在温莎和斯塔内斯之间的兰尼米德区，身披盔甲的贵族们觐见了他们内疚的国王，而且，"在这幸福的时刻，这位暴君终于屈服在人民的权利之下"。

象征着英国民众获得自由的《大宪章》签署之后不久，国王约翰就过世了，伊莎贝拉不得不动用自己的外交才干，来帮助巩固儿子亨利三世的王位，因为当时他还只是个九岁的孩子。由于父亲的王冠在林肯城时不见了，而忏悔者爱德华的王冠又在伦敦，小王子亨利只得戴上于格·拉马什的未婚妻②曾经戴过的一个金领结。起初，英格兰只有一小部分地区表示服从小国王亨利三世的统治，但是后来，所有的贵族们都团结起来拥护这位年轻的金雀花

---

① 《大宪章》：全名《自由大宪章》，是英格兰国王约翰于1215年签署的。掌管着上帝和神圣教会的军队的贵族们，就是英格兰的所有权贵；他们的部下包括了所有自耕农和自由农民，以及伦敦的市民和自由民。约翰曾被迫屈服于这一联盟，6月15日，双方在泰晤士河岸边的兰尼米德平原召开会议，并于19日结束。第三十九章包含了人身保护法，并提出，法官审案必由陪审团陪同审理，这是人类发明的最有效的反对压迫的办法。(*Encyclopedia*)

② "于格·拉马什的未婚妻"指的是伊莎贝拉的女儿琼安。（编者注）

家族传人,英勇明智的摄政王彭布罗克很快就将入侵的法国侵略者们驱逐出境。太后伊莎贝拉并没有干涉政务,守寡还不到一年,她便启程回到了自己的故乡昂古莱姆。

经过法国省份的时候,伊莎贝拉的目光被一群小孩子吸引住了,因为这群孩子穿着朝圣的修道士服装,手拿着香袋和手杖,围在教堂门前,用稚嫩的嗓音说着赞美上帝的话,唱着圣歌。伊莎贝拉感到十分好奇,于是问他们为什么要做出这么奇怪的举动来。这些小孩回答:"美丽的圣城成了一片废墟,上帝可能会因为我们这群孩子的呼声而获得能量,凝聚我们柔弱的力量去拯救它。"伊莎贝拉去昂古莱姆这一路上,都会遇到这样的孩子。无论她怎么争论、恳求、威胁、规劝,试图让他们回家,都不管用。他们听信了一群教士的教唆,教士们不断恐吓他们,然后又安慰他们,给予他们希望,就这样,他们被教士们诱拐到海岸边,最终,他们会被送去埃及,并被当做奴隶卖掉,这种情况在当时是很常见的。受害的包括来自德国和意大利的大约三万名无辜的孩子,他们大部分人都被那些唯利是图的人口贩子卖掉了。

伊莎贝拉回到昂古莱姆时,英勇的吕西尼昂父子已经离开了他的封地,加入了十字军,而她作为母亲,经常去看望小吕西尼昂的小妻子琼安,并安慰她。

第4章

> 我将把我的竖琴挂在柳树上，
> 然后再次奔赴战场；
> 安定的家乡再没有我的牵挂，
> 战场也不会让我痛苦。

从孩子们的"东征"游戏中，教宗英诺森三世认识到，之前鼓舞将士们参与远征圣地的精神在欧洲仍然很活跃，于是他说："虽然我们睡着了，但这些孩子还清醒着。"并决定再次集结基督教将士们，共同对抗伊斯兰教。罗马教廷发布诏令，号召人们消灭散布在欧洲各地的异教徒们。在一份给王室和教士的通告中，教皇宣称，最后的时刻终于到了，基督教各国应该联合起来，出征耶路撒冷，一定会收获想要的成果。

拉马什伯爵①是最先听到并遵循精神领袖英诺森三世的号令的人之一。1215年，他和那韦斯公爵率领法国军队，乘坐战船赶赴埃及，伊莎贝拉访问瓦朗斯期间，他就参与了埃及的圣战。围攻杜姆亚特②的战役也跟以往的战争一样残暴血腥。萨法丁过世削弱了守卫部队的力量，尼罗河上这个富饶国度的国王，艾西比德的

---

① 也就是于格·吕西尼昂。（编者注）
② 杜姆亚特：今埃及东北部港市。（译者注）

小儿子卡纳尔,也不得不逃去阿拉伯半岛避难。东征军取得了首次胜利之后,却遭遇了不幸,陷入了混乱之中;攻占了杜姆亚特十七个月之后,他们发现,瘟疫和饥荒比他们所杀害的六万伊斯兰教徒更难以对付。

  伊莎贝拉坐在以前在瓦朗斯城堡住的寝宫里,告诉她的女儿年轻的英格兰国王和他温文尔雅的兄长理查王子的故事,并告诉她,自己幼年时有多么可爱,这时,军队的号角声回荡在傍晚的空中。透过塔楼的窗户,能够看到外面的吊桥。伊莎贝拉十八年前兴高采烈地在这里盼望着恋人回归,而现在,她在这里看到的是一支疲倦不堪的军队,为首的那位将领坐在马上,坚硬的头盔上的装饰物没精打采地垂着,好像任何的希望之光都无法给他注入活力,就连恋人的欢笑也不能抚慰他。她坐在窗口前的一个座位上,回想起了很多事,想到头晕目眩,昏昏沉沉,座位上挂着帐幔,将她遮盖了起来。她听到了他的脚步声,但不再是以往她经常欢乐地去迎接的那种轻快的脚步声;她的女儿就像她过去时那样,蹦蹦跳跳地奔去迎接他进门。她看着女儿用纤纤细指取下了他的头盔和颈甲,解开了剑的带子,将他的盔甲放在了一边。他微微地弯着腰,被晒黑了的脸颊上有深深浅浅的褶皱,眉眼间长出了细细的皱纹,乌黑的卷发上也浮现出了缕缕银丝。小新娘跟他的第一声招呼是沉重的叹息声。他将可爱的小女孩拥入怀中,并在她的小脸上轻轻印上一个吻,不过焦急的伊莎贝拉发现,他的神情和微笑就像是面对女儿一样,而不是对恋人时那种甜蜜的样子,小琼安握着于格伯爵①的手,将他带到母亲面前,而她也以王后和女人的礼节和尊严接见了他。伊莎贝拉因其美貌而被人称赞为"中世纪时的海

---

① 这里指的是于格十世,于格九世参加了第五次十字军东征,于 1219 年死于攻占杜姆亚特的战役中。(编者注)

伦",因此,在她面前,小公主顿时黯然失色,而且于格伯爵很快就恋上了她。我们在1220年的相关记载中发现:"英格兰王太后伊莎贝拉,在跨越海洋之前,就在法国将拉马什伯爵视为了自己的丈夫,并没有理会国王,也就是她的儿子和其臣民。"

虽然他们的关系发生了这样戏剧性的改变,但琼安仍然住在瓦朗斯城堡,由于格伯爵照顾,他一直是她最好的朋友和呵护者。她也一直维护自己的父母和祖国。伊莎贝拉再婚让英格兰人非常生气,摄政委员会收回了她作为约翰遗孀的所得遗产,她现任丈夫的抗议和威胁都不能让委员会妥协。不久后,英格兰和苏格兰之间爆发了一场战争,莫德的后代,有骑士精神的亚历山大二世宣布,他不相信与英格兰王室签订的没有任何纽带联结的政治条约。因此亨利三世派遣使者给自己的母亲送了一封情深意切的信,希望能让自己的妹妹回来。于格伯爵却称,只有他妻子的所得财产回来了,他才会放弃继女的监护权。于是,年轻的国王向教皇洪诺留三世求助,他背叛了自己的母亲和继父,希望教皇颁发法令,将他们逐出教会。经过了像如今"法律延迟"这样冗长的一段时间,教皇调查清楚了整件事的来龙去脉,亚历山大二世已经很不耐烦了,亨利三世很高兴地支付了母亲的欠款,化解了这件事。1221年,小公主琼安被送到了英格兰,在约克郡与亚历山大二世成婚。她是一个像天使一样纯洁可爱的孩子,虽然才刚刚满11岁,但却两次终止了残酷的战争。英格兰人称她为"调解者琼安"。

于格·拉马什伯爵和伊莎贝拉的家庭生活并不如他们所预期的那样幸福,因为他追求忠诚的爱,而她却是浪漫主义者;他们也并未为八个孩子的出生和教育投入太多热情,也不对他们有过高的期望。伊莎贝拉的儿子亨利三世和法兰西国王不断爆发冲突矛盾,她的丈夫却一直都为自己的封建领主路易八世而战,与她之前的臣民们为敌。因此,她要考虑的唯一的事,就是让普瓦图省从法国独立出去。她说,她"是一位王后,不屑于做一位需要跪在别人面前俯首称臣的男人的妻子"。从此时开始,他们一家就总是经历屈辱性的事件。于格·拉马什伯爵希望跟王室联姻,这样能够避免许多麻烦,他让自己的长女与法兰西国王的兄弟结婚,不过男方拒绝了她,而求娶了图卢兹的简。此时,国王让弟弟成了普瓦捷伯爵①,因此,于格伯爵和他傲慢的妻子就必须俯首称臣,并效忠于这对年轻的夫妇,将他们当做自己的封建领主。这时候,不幸的伯爵发现,为了维护境内和平,唯一的办法就是用无限期的战争保卫领地控制权。作为一名优秀的士兵,和一个忠诚于恋人并将恋人当做自己希望的男人,他坚定地走上了危险的道路,最终,他失去了城堡和教会的财产,失去了封地和封臣。他们一无所有,只能依靠法国国王的仁慈而活着。后悔的伯爵先派遣了自己的长子去法兰西国王路易八世那里,受到了路易八世的热情接待,因此他们全家随后也投靠了路易八世。国王路易同情他们的悲惨境遇,于是承诺,只要他们发誓效忠普瓦捷伯爵阿方索,他就赐予他们三座城堡。这次耻辱性的让步之后,于格伯爵就安分下来了,但伊莎贝拉却陷入了灾难之中。曾有人两次试图杀害国王路易,凶手们很快被抓获,并接受了惩罚,他们承认,这样做是因为受到了伊莎贝拉的指使。因为害怕,伊莎贝拉逃到了风弗洛修道院避难,当时的一位史学家称,"她藏身在风弗洛修道院的一间密室之中,无拘无束地生活着,但普瓦捷人和法国人都认为,她是他们与国王开战的罪魁祸首,并称她为'毒妇',而不是她的闺名伊莎贝尔。"虽然于格伯爵遭遇了辱骂和打击,但他妻子的名声刚受到诋毁时,他就再次起

---

① 普瓦捷:普瓦图的首府。(编者注)

兵，以证实妻子没有跟阿方索伯爵有私情，辱骂攻击阿方索伯爵是不对的。而阿方索一点儿也不想参与其中，而是很轻蔑地称，拉马什伯爵"叛国"了，跟他站在同一阵营是耻辱。伊莎贝拉的儿子小于格，也不再维护母亲的名声了，但胆小的小于格再次宣称，家族如此声名狼藉，而他还年轻，可无法承受家族不堪的名声带来的影响。

拉马什伯爵于格·吕西尼昂和前英格兰王后昂古莱姆的伊莎贝拉最后一次会面，是在风弗洛修道院的接待室里。丢脸的伯爵发现，他的妻子将他们以前享受富贵生活时的所有遗留物都带到了修道院，而且他们的勋章上沾染了灰尘。以前，妻子总会跟他说各种甜言蜜语，而如今，她却总是责骂，而且语气中还带着令人心酸的绝望，他最后一次见她时，她就不停地责骂着过去的一切。他试图安慰她，但无论说什么，收到的都是冷酷的责骂。她奋力挣扎，脱离他温暖的胸怀，再次冲进了密室之中，戴上了面纱，过去的三年里，费丽斯（修女们给伊莎贝拉取的教名）因长期的苦修和不断的祈祷而受到了修女们的尊敬。

对丧失了亲人而失望不已的伯爵于格而言，祖国再没有任何可留恋的了。他年轻时所做的一切成了他痛苦的来源，这片他所熟悉但却让他丧失了希望和期待的土地，他很想要逃离，于是他决定跟路易九世一起，开始第七次十字军东征，攻击异教徒。最后，在东方的一次战役中，他浑身是伤地倒下了，而倒在他身旁的是他的老对手普瓦捷伯爵阿方索。

耶路撒冷的维奥兰特

第1章

不过一瞬间——就在那一瞬间
她给我留下了深刻的印象:
她美目流转,顾盼生辉,就像太阳一样,
唤醒了沉睡的花儿!

君士坦丁堡的沦陷不仅让欧洲群情激奋,也影响了东方国家的政局。安提俄克信仰基督教的君主表示效忠于新皇帝鲍德温,叙利亚苏丹萨法丁认为,欧洲和东方已经通过希腊帝国开启了一条便捷的沟通渠道,规模浩大的远征可能会让欧洲实现对巴勒斯坦做的最初的规划。他的想法是很合理的,为了避免这种危机,萨法丁决定赶赴安提俄克,希望跟基督教阵营签订和约,休战六年。艾西比德的儿子们也被允许跟自己的父亲开始这次最远的征程,由于萨法丁开明的政策,在丈夫不在国内的时间里,与一般的东方原则相反,这位摩尔裔欧洲人艾西比德成了耶路撒冷的摄政者[1]。

---

[1] 纵观世界史,十三世纪时,西方王室多数是由女性以太后的身份摄政。卡斯蒂利亚的布兰奇就代替自己还未长大的儿子摄政,香槟伯爵夫人为自己年轻的儿子蒂博摄政,弗兰德斯夫人简则为自己被囚禁的丈夫摄政。芒什的伊莎贝拉也对英格兰国王亨利三世执政产生了很大的影响。弗兰德斯的简,并不满足于手中的权势,而是希望享尽人世尊荣,在路易九世封圣的仪式上提出,她丈夫也应获得法国的裸剑。巧合的是,1250年,一位女性也获得了苏丹王权的摄政权。此前, (转下页)

因为她亲善对外的管理政策,朝圣者们才得以有机会赶赴圣地,而且她还保留了所有基督教的祈祷仪式。萨拉曼的探求欲和好奇心让他对所有关于政治、人道和宗教的问题和事件都很感兴趣,而这些也是艾西比德和那些听命于她的臣子们通常谈论的问题。萨拉曼就是让她感到安心的向导,是拉近她跟臣民距离的使者。

她总是能够见到那些穿着教服的传教士,所以,这天,见到侍从带着一位衣衫褴褛的人拄着教士的手杖进门,她一点儿也不惊讶。她对基督徒亲善友好,对客人殷勤周到,所以她总会耐心听朝圣者们说他们的故事,这位教士说自己的故事时,她开始时是漫不经心地听着,一直沉浸在自己的思绪之中,但突然,他提到了理查一世的名字,这时,她马上集中精神,认真听了起来。

这位老教士曾经是英格兰国王亨利二世的告解神父,但却因狮心理查的直率慷慨而心动,总是提供一切机会,利用他和亨利二世的私交为年轻的理查服务。亨利二世信任神父,将他当做教父一般尊重,于是在忏悔的时候就告诉他,自己爱上了法国美貌纤弱的爱丽丝公主,而教士则将这个秘密透露给了狮心理查。根据亨利一世制定的法律,所有犯这种告密罪的教士都应被处以终身流放的处罚,而理查得知这个消息时,父亲亨利二世刚刚过世,理查很伤心,因此处罚的执行也相当严苛。于是,这位可怜的教士,二十年来只能从一处圣地流浪到另一处圣地,疲累了就在所到之处的修道院里休息,光着脚走在修道院的圣殿里,跪在那些圣物前祈祷,希望上帝能够赦免他的罪过。他由于过往犯下的过错懊恼不已,不愿回国,再加上教会也不承认他的修士地位,于是他没有回

(接上页)女性的名字从未被铸印在钱币上过,公众的祈祷仪式也从未为女人祈祷过,巴格达的哈里发就抗议过这一创新性的丑闻。(Michelet, *History of France*)

国,而是参观了圣乌尔夫斯坦、圣邓斯坦①、坎特伯雷的圣托马斯、孔波斯特拉的圣詹姆斯的神龛、卢卡的遇难像、罗马的众神殿、非洲的圣西彼廉岩洞,而此时,他已经到了圣墓教堂,来祈求上帝救赎他的灵魂。

提到孔波斯特拉的圣詹姆斯时,艾西比德焦虑难安,教士说完他的故事时,她很紧张地询问,在经过西班牙时,他有没有在潘普洛纳停留过。

"我在那里待过几天,"教士回答,"但那都是好几年前的事情了,其间发生了一件特别的事,不然那段时间的事情我都想不起来了,我想,这是因为我只顾着自己的罪过,所以就没有空闲去了解别人的故事了吧。"

"跟我说说吧,是什么特别的事?"艾西比德热切地问道。

"大弥撒时,我正跪在那里,"教士继续说,"一位贵妇,头戴面纱,跪在了祭坛上我的身旁。庄严的仪式结束后,她站起身准备离开,她身边的一位侍从低声嘱咐我跟她走。于是,我跟着她去了王宫,进入了她的祈祷室,在那里,她告诉我,她是我已故的狮心理查的遗孀。"

"我亲爱的王后贝伦加利亚!"艾西比德喊道,双眼涌出了泪水。

"确实是她,"教士说,"她听说我曾服侍过基督教世界最尊贵的君主,并且很敬爱他,就马上来找我,跟我坦白她以前所犯的过错,并恳求我替她实现,在她丈夫被囚禁的那段痛苦而漫长的日子

---

① 圣邓斯坦:948 年,邓斯坦担任格拉斯顿堡主教,拥有比国王埃德雷德和国家议会更高的权利。他曾经在一个非常小的岩洞中住过一段时间,在那个洞中,他既不能站,也不能坐,他在那里做了非同寻常的梦,看到了非同寻常的幻想,也经过了非同一般的诱惑。也是他将本笃会引进了英格兰。(Parley, *History*)

里她所做出的某些承诺。她的愿望是，在勒斯潘修道院①里做苦行修女，以此赎罪，但离开前，她希望能为在圣地的上帝的子民们再多努力一回。她让我带上你以前放在她那儿的财物来见你，时间过得可真快，你以前是她的侍女，而现在却成了王后。她让我提醒你，希望你记得，当初在那个陌生的国度时，她对你的好，她托我将这个珍贵的珠宝还给你，以表达她对你的爱，希望你看到它，就会仁爱地对待那些为了我们的信仰而甘愿牺牲的勇士们。"这话让艾西比德越来越等不及了，于是，教士从自己所带的包裹中拿出了一个圣物匣，轻轻地打开，取出了那个代表着许多记忆的魔法戒指，将它送给了艾西比德。艾西比德一直注视着教士的一举一动，一看到教士掏出的戒指，就忘记了东方礼节所要求的矜持，跑到教士面前，一直盯着那珍贵的信物看。艾西比德太过激动，没有顾及周围人的行为举止，教士沉默着等待着她的回复，萨拉曼理解她的想法，于是陪伴着教士去了主教那里，并为祈祷仪式而做准备。

这件艾西比德非常喜欢，但一直没能带在身边的宝贝失而复得，她非常高兴，看着它，她就像看到了守寡的主人一样，她因过去的亲密时光而怜悯她的主人，因此也让她更加关爱基督徒们，她教诲孩子们，希望他们能够友善地对待在巴勒斯坦的拉丁居民。

西比拉的妹妹伊莎贝拉，首先嫁给了康拉德，康拉德一世死后，又嫁给了香槟伯爵亨利，亨利一世过世后，她又嫁给了耶路撒冷的第十二任国王阿尔梅里克二世·吕西尼昂，吕西尼昂过世之后，她也过世了，她骄傲自负的个性和遗产都留给了她和康拉德一

---

① 勒斯潘修道院：自丈夫离世之后，王后贝伦加利亚就常住在奥尔良的芒斯城，也正是在这里，她创建了勒斯潘修道院。(*Queens of England*)

世的女儿玛丽。她与亨利的女儿爱丽丝则嫁给了她最后一任丈夫的儿子于格·吕西尼昂①，而且也已经成了塞浦路斯王后。因此，玛丽就成了耶路撒冷王位的继承人，由于巴勒斯坦当时没有合适的继承者，基督教的将士们委托阿卡主教和卡萨莉亚爵士去跟法国国王腓力二世请求，求他给小公主玛丽找一门好亲事。

巴勒斯坦和欧洲的君王们都在忙着给她找个好丈夫，而玛丽小公主却安然地住在阿卡城里。萨法丁此时突然认为，让这位年幼的公主与自己的长子科尔·阿丁结合，可能会让叙利亚和巴勒斯坦的冲突平息。雄心勃勃的小王子科尔·阿丁对这件事很感兴趣，并且也很乐意按父亲的规划行事。

东方的国王萨法丁派遣了一帮使者，去为自己的儿子求娶小公主，而且带上了许多珍贵的礼物，从大马士革出发了。科尔·阿丁满怀见到恋人的欣喜之情，决定像欧洲人一样，大胆表露自己的心声，并期待着跟自己未来的新娘见面。出发之前，他收到了母亲寄给他的一个十字架，他认为这会让小新娘迷上自己，于是兴冲冲地骑马走在了庞大的使者队伍的最前方，途中，他们遇上了一位熟悉可兰经和韵律节奏感极强的东方诗歌的伊斯兰教徒。

在沙漠中就跟在海上一样，四周既没有森林，也没有人烟，一望无际。第二天，哨兵们发现，远处有一位孤独的骑马者，骑在一匹灵巧的阿拉伯柏布马上，他经过了他们的营地，却并没有进去，而是直接往北方去了，消失在了远方，没有人知道他是谁，又为什么会出现在这沙漠之中。

旅途的最后一天，晚祷时分，他们进入了一座小棕榈树树林中，停留在一处泉水边休息，清澈的水流潺潺不息，似乎永不会干

---

① 于格·吕西尼昂是阿尔梅里克二世和伊贝林的艾莎娃的儿子，于 1205 年继承了塞浦路斯王位。（编者注）

涸。傍晚的空气中漂浮着茉莉花的芬芳,他们一进入树林就发现,这里有一座大理石雕砌的坟墓,就像是一处圣地一样,不过墓碑被含羞草柔软的叶子盖住了,而且上面没有任何表明死者身份的文字。

吃过晚饭后,爱听故事的撒拉森人都围着那位伊斯兰教徒,他则唱着自己所知道的、赞美美景、星辰的歌谣,而大家都被他的歌声迷恋住了,就像是听到了天籁之音;他不断搜索着自己记忆中的内容,想要找到适合此情此境的诗歌。他吟诵道:

  睁开你的眼睛,看看那水仙花,
  你会说,这花的花瓣就像是围绕着太阳运转的行星;
  但玫瑰花轻轻地取下自己的头纱,
  水仙花才能看到她的全貌。

  紫罗兰虔诚地埋着头,用紫色的衣物遮挡住脸,
  人们说,她脚下的青翠就是她的祷词。

  太阳跟星辰在一起,玫瑰也位于百花盛开的花园之中,
  恋人的眼中只看得到彼此。

这时,墓地附近传来了一阵用波斯语吟唱的歌声,似乎是在做回应:

  亚当的孩子,尘世荣耀的继承者,不要被希望欺骗,
  因为我在一座花园之中遇见了一座不知名的坟墓,
  周围遍布水仙、玫瑰和紫罗兰。

我问,这是谁的坟墓?
这里的土壤告诉我,
不得无礼,因为这是一位心有所属之人的坟墓。

因此我回应道,噢,爱情的受害者,愿上帝保佑你!
因为你沦陷在激情的风暴里,
却失望而亡。

这个声音消失了——大家都沉默地等待着那个声音继续唱,不过什么也没等到,只有夜莺的歌声回荡在空中,疲惫的人听着这歌声甜蜜入睡,大家都忘记了那神秘的小夜曲,但科尔·阿丁还记着。他心中生出了几分对迷信的恐惧,这让他心神难安。这似乎是命运对他的警告,提醒他这次行程一定会失望而归,他因此而无法安心处理正事,也无法安心休息。

第二天早上准备出发的时候,他们又看到了那位不知名的骑马者,骑着马快速经过他们面前,他们派出了一位使者,骑上了他们最快的一匹马,想去询问他究竟有什么目的,不过却没有追到,就这样,这件事被他们抛在了脑后。

这群使者在阿卡城受到了基督教领主们的热情欢迎。联姻的好处,即使不聪明的人都知道。科尔·阿丁被他们的热情所感染,他像西方人一样,表现出了极度的兴奋,这让这些基督教官员们深信,他们热切地提倡的双方联姻,一定能够与苏丹议和,法国国王就无法来做媒了。

玛丽公主却认为,自己与基督教国家联姻才是最重要的,她也一直期盼着有一位西方骑士放下自己的荣耀,跪倒在她的裙下,科尔·阿丁的求婚要处理好,否则就会出现麻烦,现在,公主正等待着科尔·阿丁的到来。

科尔·阿丁刚进入接待室,就遇上了一个少女,她头巾遮面,显然是不想被人认出来。他进入王宫之后,少女才露出了真容,她就是玛丽公主。虽然她竭力控制自己,但还是不由自主地涌出了泪水,与此同时,她绝美的面容上显露出悲伤的神色,这瞬间抓住了年轻的科尔·阿丁的心。然而,无论是科尔·阿丁彬彬有礼的态度,还是他充满东方风味的恭维话,无论是他送到她面前的珍贵礼物,还是诱人的叙利亚王位,抑或是他带来的那个神圣的十字架,都无法打动少女的心。她坚定地说,她的婚姻不由他人安排,她会自己做主。有眼力的撒拉森人科尔·阿丁发现,她不愿嫁的心意很坚决,所以他也没强求。他总是怀疑,这次求婚不成功与那个神秘的骑马者有某种关联,不过,他既不知道那位骑马者的姓名,也不知道对方的社会地位。求婚不成功,他感觉自尊心受到了很深的伤害。

回到大马士革后,科尔·阿丁发现,他离开的这段时间,王国已经分为了两半;他的弟弟已经成了埃及的苏丹[①],而他自己则成了叙利亚和巴勒斯坦的君主。法国国王腓力二世派遣的使臣——布里耶纳的约翰,率三百位骑士抵达阿卡城的时候,东方的局势就是这样了。第二天,约翰就与玛丽成婚了,不久后,他就成了耶路撒冷之王。

[①] 埃及的苏丹:萨法丁的儿子——叙利亚和巴勒斯坦王子克拉迪纳斯,直到继承了王位才公布父亲的死讯。萨法丁的死讯传到埃及时,埃及国内一片混乱,起义四起,萨法丁的儿子,当时的埃及之王卡纳尔不得不逃到阿拉伯,以躲避民众暴动。(Mill, *Crusades*)

第2章

死神

露出了瘆人的微笑。

与审慎而好战的萨法丁对战数年无果,这足以让耶路撒冷国王了解巴勒斯坦的局势了。无论多么激烈的战斗,他都英勇抗敌,这让他的国度免遭彻底的毁灭,但他也有预感,这场圣战很可能就要结束了,于是他致信教皇,声称耶路撒冷王国只剩了两三座城镇,只要敌人发动猛攻,这些地方随时都可能失守。

英诺森三世发布了通告,呼吁基督教各国的统治者和教士们,在巴勒斯坦的圣战中寻求荣耀的桂冠,并致信萨法丁,提醒这位强势的异教徒君主,圣城在伊斯兰教徒手中,并不是因为伊斯兰教更有实力,而是因为基督教一方犯了罪过。他还说,上帝虽然恼怒,但还是仁慈的,这种仁慈很快就将以特别的方式表现出来,最后,他劝诫苏丹平静地放弃耶路撒冷城的统治权,因为对他们伊斯兰教而言,这座城就是个麻烦之地,并不会给他们带来任何利益。

由于这位尊贵的伊斯兰君主并没有做出要妥协的表示,教皇认为,将这种特别的方式表现出来很有必要,于是,欧洲各国的教会都收到了第六次东征的诏令。1215年,欧洲各国在罗马拉特兰宫举行集会,第一个目的是见证弗雷德里克·巴巴罗萨[1]的孙子弗雷德里克二世[2]加冕称帝,并惩处各种恶习罪孽,摒除各种异端邪说,同时呼吁王公贵族和平民都加入去圣地的远征。

"君士坦丁堡和耶路撒冷的各大主教,安提俄克大主教大使,七十四个主教区的大主教,以及三百四十位主教出席了这次集会。修士和教士一共八百位,而高级教士代表更是不计其数。君士坦丁堡的皇帝以及法国、英格兰、匈牙利、耶路撒冷、阿拉贡等国国王和许多其他国家的统治者们也参加了这次集会。"

会上,教皇先声明了各教会的共同利益,并简要地指出了影响他们的异端邪教及其所带来的痛苦,然后强调,对撒拉森人开战是欧洲各国最神圣的使命,还指明,参与远征的都有免罪权和其他特权。三年东征期间,所有比赛一应取消,以基督教为国教的各国间应维持和平,不得开战。同意加入东征之后,腓特烈二世才完成了加冕。

吟游诗人们取下竖琴,城堡和大厅中响起了歌声,激起了所有年轻人的热情,也唤醒了这个沉睡的时代。教皇声称自己也想要拜访圣地,将士们一个接一个地说:"让我们举起神圣的十字架旗,跨过海洋;让我们在自己的身体上刻上十字架;我们让耶稣基督回到他的故乡,让我们上战场奋勇杀敌,以此来报答人们的支持,以及上帝的仁慈。"

此次东征分为三个部分:匈牙利国王安德鲁二世远征;由教皇使节和耶路撒冷国王约翰发起的埃及战争;以及腓特烈二世发动的战争,前两个部分复杂多变而残酷的战局影响了维奥兰特小

---

[1] 弗雷德里克·巴巴罗萨:即腓特烈一世,神圣罗马帝国皇帝。(编者注)
[2] 弗雷德里克二世:即腓特烈二世,神圣罗马帝国皇帝。(编者注)

公主①的命运,她是耶路撒冷国王约翰·德·布里安和王后玛丽之女。

布里耶纳的约翰非常明智、非常优秀,是法国国王腓力二世为了保护玛丽和耶路撒冷的权益而派遣到耶路撒冷的,之后不久,法王腓力二世再次行使了特权,让君士坦丁堡的代表代他行使了为玛丽做媒和册封耶路撒冷国王的职责。

希腊王国的首位拉丁皇帝鲍德温·弗兰德斯,将王位让给了弟弟亨利。这位国王死后没有留下后裔,下一位继任者是他的妹妹约兰德,她是一位法国贵族的遗孀,也是匈牙利国王安德鲁二世的岳母。然而根据君士坦丁堡以及耶路撒冷王国的规定,王位只能由将士来继承,因此法国国王腓力二世就需要立刻为约兰德找一位丈夫,来继承恺撒大帝的王位。新郎的人选为法国国王的表兄彼得·库特奈。这位新郎——也是即将继位的国王,跟随一位贵族随从去了匈牙利王廷举行婚礼,婚礼仪式由英诺森的继任者洪诺留三世操办。匈牙利国王安德鲁二世已经做好了东征的准备,于是陪同婚礼团队,随着教皇到了君士坦丁堡大门前,在这里,他见证了庄严的加冕仪式,也见到了教皇将东方王国的王冠戴上了他岳父的头顶。随后,匈牙利国王安德鲁二世从君士坦丁堡乘船前往塞浦路斯,去与塞浦路斯国王于格和王后爱丽丝会面,由于黎凡特②地区的风力作用,他顺利地经过了这一地区,并安全抵达了阿卡城。

那时,阿卡城可是圣地的大都市,在以前贝伦加利亚和琼安两位王后住过的宫殿里,西方的将士们庄严地跪下宣誓,效忠于巴勒

---

① 也被称为"耶路撒冷的伊莎贝拉"或者"布列塔尼的约兰德"。(编者注)
② 黎凡特:地中海东部地区,包括希腊、埃及以东诸国及岛屿。(译者注)

斯坦小公主维奥兰特。

继位的科尔·阿丁,完全没有想到自己的国家会突然遭到侵袭,也无法召集分散的士卒们合力对抗十字军的联合攻击。因此,匈牙利国王的部队毫无阻碍地通过了"那条古老的基顺河",穿过耶斯列平原,直达约旦河谷。他们在约旦河里沐浴,随后开始了去革尼撒勒的朝圣之旅,他们参观了救世主传说中所述的那些圣地,然后回到了阿卡城。

撒拉森人在变相山上建造了一座坚固的塔楼,十字军将士们急切地想要给这次远征增添军功,嚷嚷着要去占领这一要塞;然而,伊斯兰将士们每天都全副武装地守在附近,心神难安的匈牙利国王安德鲁二世,实在不敢再继续前进,于是决定返回欧洲。

之前对安德鲁二世非常热忱的十字军的君王和将士们,无论怎样威逼利诱,怎样减少对他的供给,都无法让他进攻巴勒斯坦。他带上了大部分自己的将士,途经希腊帝国返回,他还在途中的每一处圣地搜集文物,不过远征的开支耗尽了国力,匈牙利一直都没有恢复。第六次东征的第一部分也自此告一段落。

然而,巴勒斯坦的十字军势力并没有因此而被削弱。奥地利公爵仍然跟一群德国的十字军们留在那里,第二年,援军抵达时,耶路撒冷国王约翰·德·布里安决定将战场转移到萨法丁和艾西比德的小儿子米勒·卡迈勒①的领地——埃及,于是率圣殿骑士团和医院骑士团奔赴那里。当时,杜姆亚特被视为埃及的要塞之地,1216 年 5 月,十字军乘船抵达了那里。十字军一方派出了各国精兵,组成了一支声势浩大的队伍,在圣巴托洛缪日开始攻打杜姆亚特。要塞守军奋起抵抗,但最终还是被十字军攻占了,接下来

---

① 米勒·卡迈勒,即前文提到的卡纳尔。(编者注)

占领全城就很容易了。

这时,拉马什伯爵于格九世和纳韦尔伯爵冲到了法国部队的前方,虽然他们加入了进来,但杜姆亚特围攻战的进展还是很缓慢。教皇使者向将领们声明,教皇才是他们的精神领袖;叙利亚的将士们却只维护他们的国王约翰·德·布里安,而法国士卒们也只听从他们本国将领的命令。此时,他们攻下的那座杜姆亚特要塞变得一片混乱,在这里能听到各国的不同方言。十七个月的时间里,他们一直都深陷于激烈的攻击和小规模的战斗冲突之中。撒拉森人在自己的阵地上跟十字军进行了多次战争,这些战争给伊斯兰一方带来了灾难性的后果。

英勇的米勒·卡迈勒为了保卫自己的领地而奋勇战斗时,萨法丁离世的消息传来,所以,米勒·卡迈勒错过了统治东方大国的机会。

这一悲伤的消息传到埃及时,苏丹的臣民便都背叛了苏丹,加入了一位年轻的高官旗下,这位年轻人一直想通过国家的苦难而让自己出人头地。因此,苏丹米勒·卡迈勒出于安全考虑,逃往阿拉伯半岛,然后又从那里辗转去叙利亚。经过一片沙漠时,他到了卡迭石①,在这里,他遇到了一支宿营的商队。他不确定这支商队是否是向他的哥哥进贡的,而且他们还是贝都因人,所以,他小心翼翼地靠近了商队营地的井边,商队的马和骡子在稀疏的草地上吃草,大群骆驼在旁边安静地休息。许多白色的帐篷,围绕着一个丝绸制作的豪华大帐篷,就像是珍珠围绕着钻石一样,大帐篷顶部有一个闪闪发亮的新月标志,这是伊斯兰教的象征之物,映照着天空中的月光。营火微弱,夜色的笼罩下,周围一片沉寂,没有任何

---

① 卡迭石:古叙利亚城市。(译者注)

声响。他下了马,卸下了缰绳,准备好应对紧急状况,快步走向了中间的大帐篷。他掀开了雨篷,一个又小又黑又丑的人,就像传说中守卫东方之宝的鬼一样,出现在了他面前,他认出这人是萨拉曼,因此也确定了这里是友军的阵营。他从这位忠心耿耿的黑人这里获得的消息,比这个人更令他感到慰藉。他们的车上运载的是给在埃及受苦受难的将士们的补给。艾西比德就住在这中间的大帐篷里,科尔·阿丁则在征兵拯救杜姆亚特。萨拉曼带他去了一处营帐,听过了这些令人满意的消息之后,逃难的米勒·卡迈勒才终于得以好好休息了。

艾西比德充满了柔情地跟自己最爱却不幸的儿子会面。她跟他说了他父亲是怎么死的,并告诉了他国内纷争的起源和状况。当巴勒斯坦之王科尔·阿丁求娶耶路撒冷公主未成回国时,才发现他的弟弟去了埃及,科尔这才想到,一路上跟随他们的应该是弟弟米勒·卡迈勒,他也想获得玛丽的芳心。科尔回忆起了那位神秘的骑马者,以及之前墓地那里听到的神秘歌声,还有那个伪装的陌生人,一想到弟弟想取代自己,迎娶玛丽,他就怒火中烧,他决定要追杀到弟弟的新领地,并报复他。为了平复科尔·阿丁的嫉恨和愤怒,艾西比德告诉他,他的弟弟在去埃及的前一晚告诉她,为了成全哥哥,他去过玛丽的王宫,希望她接受他的建议,原来他见过玛丽,也倾心于她,想与玛丽联姻,以让埃及和耶路撒冷两国达成和解,而后爆发的战争却让他放弃了这一打算。科尔·阿丁可不像他弟弟那么高尚,他认为卡迈勒访问阿卡不是为了去给玛丽提建议,让她接受自己的求婚,不过当时正是斋月[①],伊斯兰教信徒不得彼此宣战,他的报复行动也不得不延期,不过斋月还未过

[①] 斋月:伊斯兰教历九月。(译者注)

完,蒙古人①就来侵犯,他只能赶赴边境。

商队储存的供给暂时缓解了卡迈勒的窘境,而且由于兄长还有一部分兵力未带走,这让卡迈勒迅速充盈了自己的财物和人力,然而即便兄弟俩联合起来,也无法将十字军驱逐出埃及。离开巴勒斯坦前,科尔·阿丁担心自己的领地可能会联合起来反叛,于是摧毁了巴勒斯坦与耶路撒冷之间的城墙,撤掉了除大卫塔和圣墓教堂之外其他要塞的兵力部署;后来经过与十字军的多次战争,他认为无法解除十字军的围困,于是向他们求和。他承诺,伊斯兰一方会放弃真正的十字架,释放叙利亚和埃及境内的所有基督徒囚犯,重建耶路撒冷城墙,并将圣城送给拉丁国王约翰·德·布里安。

战争这么快结束,法国军队和德国军队都很满意,然而宗教狂热分子、圣殿骑士团、各大主教及教皇信使都不理会伊斯兰一方提出的条件,决定继续围攻杜姆亚特。

最终,杜姆亚特被十字军攻占了。伊斯兰一方英勇地守卫他们的城市,围攻开始的时候,他们有七万人,然而战争结束时却只剩了不到三千人。推开城门,十字军将士们涌入城中,开始掠夺战利品。他们没有遇到任何抵抗和反击。死一般的沉寂让他们感到非常恐惧。他们经过了荒无人烟的街道,两旁堆满了腐臭的尸体。他们进入房屋中,每个房间里都堆满了尸体,这些人都是因饥荒或瘟疫而亡的,尸体深陷的双眼张开着,狠狠地盯着他们。土耳其人

---

① 1206 年,一支蒙古游牧部落首领成吉思汗产生了征服整个世界的想法。1227 年,成吉思汗死后,他的儿子们继续父亲的征战之旅,征服了当时的南宋、金朝等,颠覆了巴格达的伊斯兰教政权,并让塞尔柱人成了伊康附属国的苏丹。

和奴隶，科普特人①和阿拉伯人，主人和仆从，穷人和富人，全都一起赴死。大街上，年轻的母亲因极度饥饿而没有奶水喂哺婴孩，因此婴孩饿得直哭；狗儿们跑来跑去，十字军将士们高唱着胜利之歌，冲进了这些充满腐臭味的房子里，打破了这里死一般的沉寂。他们战胜了伊斯兰，然而却发现，主宰这个地方的是死神。他们慌忙离开了这里，并宣布赦免仍然存活的伊斯兰教徒，但是幸存下来的人要清理掉亲朋好友们的尸体，将整个城市清扫干净。

通往巴勒斯坦的道路敞开着，耶路撒冷国王约翰下令，十字军既已获胜，就应马上赶赴巴勒斯坦，而教皇使者却声称，他们应该先占领整个埃及。教皇使者傲慢自大，听不进其他更明智的建议，并决定继续追杀米勒·卡迈勒，直到开罗。十字军根据这一命令，在尼罗河东岸进军前行，一直到阿什沐恩运河旁才停止，运河南岸驻扎着伊斯兰的军队。叙利亚的所有官员都派出了援军支援卡迈勒，十字军不能离开他们的占据地，后来，尼罗河汛期到了，伊斯兰军队开闸放水，淹没了十字军的营地，切断了他们与海岸的联系，像在渔网内捉鱼一样，将十字军一网打尽。十字军的营帐和辎重全都被洗劫一空，所有的供给品也都被掠走，将士们都像杜姆亚特城的居民一样，惨遭屠戮，十字军不得不认输，他们承诺，只要能安全返回阿卡城，他们便从埃及撤退。米勒·卡迈勒慷慨大方地接受了这一条件。双方的冲突得到了和解，高贵的耶路撒冷国王，也跟妻子和女儿维奥兰特一起，履行和约。

埃及苏丹热情接待了他的客人们，并负责他们在开罗的衣食住行。耶路撒冷国王约翰离开受苦的臣民时，坚毅的脸上出现了泪痕。"你为什么哭？"富于同情心的苏丹米勒·卡迈勒问。"这是

---

① 科普特人：指古埃及信仰基督教的民族。（译者注）

有缘由的,"国王回答,"因为上帝嘱托我照顾的人,有的被大水吞噬了,有的因饥饿而亡,有的则马革裹尸。""不要绝望,"米勒·卡迈勒回答,"那句谚语是怎么说的?'一切都会过去',因此,不要伤怀,这些不幸也总会终止的。"于是米勒·卡迈勒转而命令自己麾下的将士,打开埃及国库的粮仓,救济他们受苦受难的敌人。

两位君主向苏丹的王宫走去,前面是封臣诸侯、宫廷使者,他们手握刀剑,高声呼喊着苏丹驾到,引领着他们穿过狭窄而弯弯曲曲的过道,过道两侧的大门前站着许多手持兵器的埃塞俄比亚人,他们朝苏丹弯腰鞠躬,头都低到了尘埃里,迎接他得胜归来,伴随着撒拉森鼓刺耳的鼓声和叙利亚管乐器尖锐的乐声。接下来,他们走到了一处更加开阔,光线清晰的地方,这里的过道金碧辉煌①,里面的柱子和埃及神像都是大理石筑成的,地面则铺着彩色的石头。里面还有很多盛装着清水的水池,清水喷涌而出,洒到被筑成像是野外的沟壑和岩洞的石头上。橄榄树、石榴树和无花果树上都长满了果实,这个地方是各种鸟类的天堂;他们经过的时候,通过瞭望口,能够看到外面郁郁葱葱的森林里银灰色足的羚羊,还有眼睛明亮的瞪羚,以及大量其他可爱的动物们,"这景象只在画中看到过,在书中读到过,在梦里见到过,只有在东方和南方神奇的土地上才能见到。"这间敞亮的大厅尽头有一条过道,入口处是以水晶铺就的地板,地上画着一道清澈的泉水,水中有金鱼嬉戏,杂色的鲑鱼钻来钻去地捕虫吃。耶路撒冷小公主维奥兰特根本不知道那是假的,她提起自己的裙子,小心翼翼地踩到了地板上,好像她的小脚踩到了那透明的水中。发现地上的水根本没有因为自己的踩踏而水花四溅时,她感到非常惊讶,但随后,她听到

---

① 金碧辉煌:这句对苏丹王宫的描述出自提尔的威廉对"智慧之宫"的描述,原文见 Michelet 的 *France*,第 1 卷,206 页。

了很多人说话的声音，还有前厅的仆从们迎接他们演奏的好听的音乐，她马上就被吸引了过去。奴仆们穿着华贵的衣服，朝苏丹三次跪拜，然后举起手中的羽毛木杖，禁止这一行人进入后宫。大门用金制的铰链锁好，一群美貌如花的侍女们走上前来，迎接女士们，而苏丹和国王约翰以及他所率领的将领们从关着的大门前离开了，就像是被拒绝进入天堂的迷失的灵魂一样。

苏丹王宫女眷们的欢迎仪式过后，耶路撒冷国王的女眷们都去洗浴了，闻着东方香水的气味沐浴，疲惫感一扫而光；沐浴之后，她们斜倚在床上休息，而黑眼睛的侍女则按照东方的发型，给她们编织长发，还送上了埃及王廷最舒适柔软的衣服。然后，她们进入了一个餐厅，坐在铺着软垫的长椅上，伴随着尼罗河岸上那芬芳馥郁的花园里传来的芳香，享用着简单的蛋糕和水果。从餐厅出来，她们经过了一个装饰着各种东方风情珍贵饰物的大厅。大厅里挂着色彩斑斓的窗帘，柔柔的灯光打在这些窗帘上，整个房间看上去就像是一朵彩色的花。突然，大厅中间挂着的镶嵌着珠宝的丝绸帘子被拉到了一边，艾西比德坐在一个盖着天蓬的座椅上，仿佛从天而降，以王后之尊，用她在狮心理查那儿学来的西方礼仪，接待着这些欧洲的客人。她们靠在休息用的靠垫上，听着艾西比德用欧洲的通用语致欢迎词，而舞女们则一边演奏着手中的乐器，一边合着音乐的节奏，翩翩起舞。她们在叙利亚鲁特琴的伴奏下，吟诵着赞美贵客的诗歌，小维奥兰特也加入了其中，那些舞女们都很喜欢她。

欧洲客人们离开埃及时，自愿加入十字军的军人们返回了欧洲，叙利亚的官员们和将领们则回到了阿卡城。敌对的双方言和了，国王约翰独自出发去巴勒斯坦，而他的妻子和孩子则在苏丹王后艾西比德的带领下，乘坐他们的轿辇出行。耶路撒冷国王发现自己的王国一片混乱。圣殿骑士团其实是巴勒斯坦的统治者,他们已经停止了与异教徒们对战,但基督徒之间的纷争仍然在继续。

局势一片灰暗,国王独自一人郁郁不乐地坐在阿卡城的王宫里,试图制定规划以拯救自己不堪的命运,经过深思熟虑,他决定放弃那些不切实际且没有希望的规划,这时,大臣送了一封信过来。信是艾西比德寄来的,在信中,她告诉国王,他最爱的王后玛丽已经过世了,她的遗体用蜡封好了,她的侍女们带着遗体搭乘米勒·卡迈勒的船,正在去往阿卡城的途中。由于艾西比德自己经历过这种悲伤,因此她在信中也举出了亡故的王后的优点和美德,这也给国王带去了慰藉,让他确信,王后一定受到了苏丹王后的细心照顾,亡故前,苏丹王后一定给王后玛丽请了基督教神父,并且举行了基督教的下葬仪式。关于孤女维奥兰特,她信中是这样写的,"我恳请您,让小公主跟我在一起,我保证会为了她亡故的母亲而照顾她。她将在埃及王廷享受公主的待遇,因为她对我而言就像是摩西对法老的女儿一样。虽然仍然是冬天,但海上还是有风暴,春天到来的时候,我们用搪瓷杯盛装花朵的时候,你可以让她回去,愿我们的真主阿拉,和您信仰的耶稣,都保佑她,让她平安回到你身边。"

阿卡城的墓地里,都是基督徒的坟茔。西方最尊贵、最勇敢的将士们都葬在了这里,耶路撒冷王后最后的归宿地也是这里,在这座当时的大都会中,这是古代国王下葬的地方。经过科尔·阿丁的许可,耶路撒冷王后的遗体被运到了这里;圣墓教堂的神父为她念诵了很长一段祷词,她的坟墓位于耶沙法谷之中,基督徒和撒拉森人很虔诚地沉默着站在一起,耶路撒冷的大主教说着"土归土,尘归尘",等待着让尸体下葬。

第3章

那些因地位崇高而死后受到尊崇的人，
其实更多的是由于其美德服人，
这让其他人认为他们的死亡是庄严肃穆的，
也是令人悲伤的。

杜姆亚特失守和十字军撤离埃及的消息传到罗马，教皇洪诺留三世责备腓特烈二世，认为他是导致十字军在东方失利的缘由，并威胁他，如果不马上兑现承诺，率军对抗异教徒，就会将他逐出教会。这种无礼的行为激怒了皇帝腓特烈二世，他开始反击。他继续以母亲康斯坦丝的名义，声称要夺得两西西里王国①，并朝两西西里王国进军，将罗马教廷的忠实拥护者赶出去，选择忠于自己的人为主教，许以他们名声和地位，甚至威胁称要进攻罗马。洪诺留三世发现，自己遭遇的对手势力相当强大，于是给腓特烈二世写了一封调解信，信中说："我提醒你，亲爱的伙计，你是罗马教廷的保护者，不要忘记，你曾对圣母发誓，保护在东方的教廷，只有通过教廷，你才能进入圣母的怀抱，而不幸的是，教廷的安危，除了你之外，再没有其他人能够保护。"

---

① 两西西里王国：包括那不勒斯和西西里的旧王国。（编者注）

腓特烈二世非常希望能够将意大利的领土纳入神圣罗马帝国的国界之内，于是决定开始远征，这次远征不是为了荣耀，也不是为了教会的财产，但他仍然决定，要利用民众对东征的热情开始自己规划的远征。他公开表态，要按教皇的命令行事，为教皇所称的神圣使命而做好准备，他先让自己的儿子亨利加冕为罗马人的国王，1220年，他加冕为神圣罗马帝国的皇帝。之后要不是睿智的教皇跟耶路撒冷王后维奥兰特联盟的话，想要征服意大利，并以世俗权力反对教廷的弗雷德里克二世很可能不会为改变巴勒斯坦的局势而努力。

为了将对耶路撒冷的联姻统治权变为切实的统治，约翰·德·布里安听取了罗马教皇使者的建议，声称，只要欧洲强国的王子跟自己的女儿联姻，他会将这有名无实的耶路撒冷王位让给自己的女婿。

在耶路撒冷大主教的陪同下，约翰·德·布里安出发前往埃及，以便从那里去意大利。米勒·卡迈勒倾其所有地接待了他的客人，让他们认为，他的国度国富民康；维奥兰特已经跟艾西比德一起住了好几年了，因此迎接父亲的时候，也是用埃及后宫的礼仪去迎接的。父亲想要拥抱她，她也很激动很快乐地过去接受拥抱，然而，发现主教以爱慕的眼神看着她时，她马上羞红了脸，并以面纱遮盖住自己的面容，而且，主教还发现，虽然她念祈祷词的时候，是按照教会的规定，非常热切地念的，但她的手上握着一串伊斯兰念珠①，由99颗石头串连而成，并不由自主地念出了伊斯兰教徒的祷词："阿拉万岁，阿拉保佑。"他让维奥兰特放弃异教徒的信仰，但

---

① 伊斯兰念珠：一种有九十九颗念珠的珠串，名叫"塔司巴"，意为"赞美颂扬"。手指抚着念珠，不断重复感念真主，如"万赞归于真主""真主超绝一切""真主至大"等等。

维奥兰特却不同意,而且还很生气,于是不理会他的劝说,躲进了女性众多的埃及后宫,以避开他。

约翰·德·布里安在埃及期间,发生了一件重大的事,它对埃及的基督教徒和伊斯兰教徒都产生了深远的影响。艾西比德的健康状况每况愈下,她一直竭力打理后宫事务,履行作为王后的职责,并热情接待陌生的基督教访客,这更让她疲累不堪,终于故去了。失去了自己的保护者和朋友,维奥兰特失声痛哭,但那些她非常亲近的摩尔侍女们,根据法律规定,是不能够表达痛苦之情的,她们只有在抚慰米勒·卡迈勒的时候才会流泪:"她是应阿拉的召唤而去的,愿阿拉保佑你。"

维奥兰特一直住在艾西比德这里,因此她罔顾宗教信仰的差别,混在送葬队伍中,送艾西比德的遗体下葬;但国王约翰·德·布里安和耶路撒冷主教则不得参与异教徒的葬礼仪式。

清晨的阳光照耀在开罗城内的各座尖塔和圆塔屋顶,艾西比德的遗体被运到了清真寺,按照她父辈们的信仰,准备入住她最后的家里。送葬者们抬着棺椁进门,会众们庄严地吟诵道:"赞美最仁慈的万世之主,末日审判之王。你让我们有了信仰,我们只能祈求你的帮助。请给我们指引正确的方向,让我们顺着你成圣的道路前行,而不走会让你恼火,跟你不一样的道路。"

主持清真寺事务的阿訇们站起来,一个个地证实,死者艾西比德确实没有了生命迹象;他们讨论着她生前行过的善事,最后,阿訇做出了结论:"她比那四位住进了赐福塔之中的完美女士更加光荣。她比穆罕默德之女法蒂玛更加宽容,像海迪彻那样正直,比亚细亚更加坚贞,如玛丽一般纯洁。"

艾西比德的遗体被裹在用香料和香水浸过的亚麻细布之中,然后被放进了柏木制作的棺材里,再到了墓地,这里有一群不得进入清真寺的女性,坐在坟墓的旁边。其他人则拥抱着用以装饰墓地的石柱,喊道:"生命之树上又掉下了一片叶子,沉寂之城又多了一位新访客。"

一位摩尔贵族领着送葬队将遗体运过来,这位贵族头上顶着一个檀木盒子,里面有一颗母珍珠。抵达了墓地旁边,送葬者放下了棺材,阿訇则让参与葬礼的众人开始祈祷。他们刚刚开始,报告祷告时刻的人就将乳香放进了金色的香炉里,用燃烧的煤炭烘烤香炉,这样,他们吟诵的时候,空中升起了一朵香云,似乎要飘向天堂去。阿訇站在坟头,打开了檀木盒子,从中取出了写有《古兰经》经文的叶子,将它们分发给众人,所有人都开始低声吟诵这些经文:"誓以上午,誓以黑夜,当其寂静的时候,你的主没有弃绝你,也没有怨恨你;后世于你,确比今世更好;你的主将来必赏赐你,以至你喜悦。难道他没有发现你伶仃孤苦,而使你有所归宿?他曾发现你徘徊歧途,而把你引入正路;发现你家境寒苦,而使你衣食丰足。至于孤儿,你不要压迫他;至于乞丐,你不要喝斥他;至于你的主所赐你的恩典呢,你应当宣示它。"棺材被放进了墓穴里,每一位站在旁边的人都往墓穴里铲土,直到填满了为止。然后,阿訇朝大家所崇拜的王后喊道:"噢,艾西比德!夏娃的女儿,你说真主是你的真主,说穆罕默德是真主的先知。"他停顿了一下,似乎是在听她的回应,然后继续道:"当然,你已经明确了自己信仰的神明,伊斯兰教也是为你的信仰而存在的,穆罕默德是你信仰的宗教的先知,《古兰经》是你的阿訇,你朝拜的是穆加,你的同胞也是忠诚的。"然后,他转向了聚集在一起的众人,举起双手,重复祝福祷词:"噢,愿真主对我们耐心一点儿,让我们无论生死都是伊斯兰教徒。"

身为一家之主的米勒·卡迈勒也走上前来,在坟墓的左右两侧各种上一棵柏树,所有亲友也都走上前来种植柏树,都伸出手,放到他们深爱的苏丹王后的坟墓上,重复着指定的《古兰经》经文,作为葬礼的结束:"凭太阳和它的灿烂光辉,和追随它的月亮,和显示它的白昼,和隐没它的黑夜,和苍天与造化它的(主),和大地与展开它的(主),和人及使他完美的(主),和启示他是非善恶的(主)作证。使它(美德)成长的(或:保持它的)(人)是成功的(人);腐化它(美德)的(人)是失败的(人)。现在同样幸福的人在这里——"

随后,所有人都悲伤而缓慢地离开了,没有人看到,萨拉曼一直都弯腰靠在那破败的,让他和他最要好的朋友永远分隔开来的草地上。他对艾西比德一直忠心耿耿,他才智不够,因此也没有什么远大的抱负,他所想的一直都是忠于自己的女主人。艾西比德很信任他,无论何时也都很关照他,因此,他也是竭尽所能地效忠于她。既然她已经死了,那他此后也就无欲无求了。他没有祖国,也不信仰宗教,以前,生活在基督徒之中,他就信仰上帝;后来加入了伊斯兰教国度,他就开始信仰伊斯兰教的教义;为了艾西比德,他制作了一个乌木十字架,这个过程中他不得不躲避着伊斯兰教徒,以免被发现,他希望,如果她不能进入伊斯兰教所认为的天堂,那么,这个乌木十字架能让她进入基督教的天堂。萨拉曼虽然虚弱无力,但还是竭力在坟头掘了一个坑,让乌木十字架稳稳地竖在坑里。这项神圣的工作结束之后,他就跪了下来,念了一句在贝伦加利亚那里时学到的基督徒的祈祷词。这熟悉的祷词让他想起了许多已经被丢在了脑后的回忆,他实在太累了,倒在了艾西比德的坟头。

第二天,维奥兰特获得了许可,带着小公主们去墓地,给故去的王后敬献花环。看到萨拉曼静默地跪在坟地上,她们都放低了声音，但他却没有起来迎接她们。维奥兰特小心翼翼地举起那放在十字架上的手，却发现手已经冷了，僵硬了。她取下了面纱，仔细端详着他的脸。忠心耿耿的萨拉曼在艾西比德的坟头去世了。

第4章

她的命运由你决定——她只能悄悄地流泪哭泣,

即便受苦,也要微笑面对

深情的泉水,浇灌在已经枯萎的花上

——这真是浪费!

寻找黏土,并制作偶像,

这样的信仰,并不可靠

——还是开始祈祷吧!

东方美人维奥兰特掌控着黎凡特地区所有海港——是拉丁王国巴勒斯坦的女王,也是耶路撒冷女王,只要她一声令下,欧洲与东方商业往来的大门就能开启,将示巴①、底但、俄斐②的财宝纳入教会的财库之中,这一点在欧洲引起了轩然大波。

名义上的国王约翰·德·布里安,已经准备好放弃跟女儿的属地有关的任何好处,只等教皇给她指派未来的丈夫;而这位未来的王后,却仍然因曾受过的东方教育而保持着矜持的态度,不对自己的婚事表态。诡计多端的教皇想要将保皇派逼到角落里无法脱

---

① 示巴:今也门。(译者注)
② 俄斐:据《圣经》记载,大概在红海阿拉伯半岛西南海岸地区,所罗门王当政期间,其黄金和宝石享有声誉。(译者注)

身，于是决定让腓特烈二世的儿子和约翰·德·布里安的女儿维奥兰特联姻。年轻的王子对这个安排很满意，于是向教皇使者承诺，无论何时何地，他都会遵从教廷的命令。

抵达罗马以来，维奥兰特几乎是独居的，她一直怀念在开罗时自由自在的生活，一想起好心的苏丹王后艾西比德曾经对她的关怀，她就会悲伤哭泣。她接受了霍亨斯陶芬王室继承人的求爱，但最终能不能成功联姻却不确定。他总是来看她，但无论如何都无法打动她的芳心；他对她唯一的印象就是，她很美丽，但也很害羞。约翰·德·布里安跟女儿声明，赢得这位年轻王子的青睐是很有必要的，她只是静静地聆听着父亲的教诲，对于父亲对自己未来的安排，她没有表露一丝一毫的反对。婚礼仪式于一个喜庆的日子在意大利的费伦蒂诺举行，意大利王室成员们也参与了这次盛大的婚礼。距离婚礼举行还有一周时间，腓特烈二世就抵达了意大利，出于好奇，会见了自己未来的儿媳。对待未来公公的时候，她同样表现得十分矜持，而且很害羞，然而腓特烈二世也被这位迷人的东方美人吸引住了，完全没有因为她的羞怯矜持而气恼。用法语进行了很寻常的交谈之后，他改变了策略，模仿阿拉伯人那种低沉的音调①，跟她聊起了她以往的生活、她的母亲，以及她未来的家。突然，她面部欢快的神情变成了激动，她面色泛红，眼中闪耀

---

① 阿拉伯人的音调：腓特烈二世是教会的弟子、敌人和受害者。21岁时，他听从了守护者英诺森三世的话，担负起十字架。在他的加冕礼上，他也做出了同样的承诺，他和耶路撒冷女继承人的婚事，让他必须守卫儿子康拉德的王国。由于违背了自己的承诺，格里高利九世将他驱逐出教会；第二年他又未能兑现承诺，教皇格里高利再次将他逐出了教会。

　　腓特烈二世面相英俊，嘴角和眉间都透着温柔和善的气息。他英勇冷静、慷慨大方，极具才干和教养。他熟知臣民们所说的所有语言——希腊语、拉丁语、意大利语、德语、法语和阿拉伯语。他可以根据环境需要而选择待事严谨，他待人热情、温和、个性开朗，富于活力。他是个著名的自由思想家，无论他人信仰什么宗教，他都能一视同仁。

着快乐的光芒,皇帝很好奇地聆听,而她则用东方诗一般的语言描述了自己在开罗生活的细节,讲起了跟那些摩尔女孩们所玩的各种游戏。她向他展示了自己的珠宝念珠,吉普赛诺人的护身符坠饰,艾西比德送的最后的礼物;说起艾西比德曾对她有多么关爱时,她不再继续下去,而是沉浸在回忆之中,双眼涌上了泪水,她什么也无法再说了。她的聆听者也对她非常友善,且表达了感同身受的想法,离开的时候,她要求,他下次还要来看她。这样的要求,动情的皇帝总会满足的。皇帝的每一次来访,都让她对他更加倾心,这一周结束前,他向教皇提出,维奥兰特拒绝了他的儿子,但接受了他。事情发生这样的改变,教皇很高兴,但提出了一个条件,腓特烈二世必须在两年内参与东征,取代亨利的地位,并与耶路撒冷的女继承者维奥兰特结婚。

腓特烈二世很高兴抱得佳人归,但却以各种借口延期兑现上述承诺,教皇和其他贵族都无法说服他及时履行承诺,后来,他发现,教皇跟他的儿子亨利结成了同盟,唆使意大利伦巴第州各城造反。察觉到国内的异动,腓特烈二世重新定下了履行承诺的日期,希望自己不在国内期间,将国内的事务委托给教会管理。1227年教皇的过世,又给他提供了一次延期履行承诺的机会。

然而,新教皇的继任并没有让他如愿延期,因为新教皇格里高利九世就像传说中的狐狸一样狡猾,他比他的前任更加贪婪,更加严苛。按照洪诺留的遗愿,处理了阿比尔教派的事之后,新教皇发起了新一轮的东征,并要求腓特烈二世按时出发。

可爱的维奥兰特到了欧洲的家里就开始萎靡不振了。德国人刺耳的喉音让她无法忍受,尽管她一直希望能让这个新家像过去那样令人感到轻松惬意,但这些德国人个性粗俗,因此她显然也无法过上像过去那样轻松惬意的生活,这里的规则很苛刻,这一点她很不适应。她希望能够再次狂欢,希望感受到赫尔蒙山①那温暖而弥漫着芬芳的气息,希望能过上在开罗苏丹王后那里的惬意生活。她希望丈夫能够履行承诺,希望能够回家;然而,她发现,自己的柔声请求只让他更加恼怒,于是她也就不再强求,只能任这种回家的渴望在心间慢慢堆积。

正当维奥兰特因无法融入北方的生活而苦恼时,她的父亲约翰·德·布里安来德国访问了。见到女儿面色苍白,憔悴不已的样子,约翰十分担心,这是他从未向她展现过的父亲的柔情;心碎的王后维奥兰特向父亲倾诉自己的苦恼,并恳请他带她回巴勒斯坦。她忧愁的神情像极了她母亲,而这却已经成了这名少妇惯常的表情,这让约翰想起了自己与她母亲的婚姻,他认为,腓特烈二世辜负了她,面对她的柔情,腓特烈二世表现得十分冷淡而轻蔑,这激起了约翰的怒火。他以不容商量的语气警告腓特烈二世,让他说实话。腓特烈二世承认,他故意表现出对圣地的兴趣,因此赢得了维奥兰特的芳心,并承诺帮她夺得继承权,因此而终于拥有了她。但腓特烈二世也轻蔑地说,这种慷慨而彬彬有礼的态度,是所有情人都非常喜欢的,而作为丈夫,他们不一定要维持这种态度。他做出的关于宗教、政治和爱情的诺言,不过是为了方便他自己而已。他举出了多个例子,如以教皇为首的教士阶级,他们加入了教会,并承诺会为教会的利益而活,也不过是他们让自己变强的手段,以满足他们卑鄙的打算;国王接受加冕的时候,也宣誓要维护臣民们和平幸福的生活,但继位之后却只追求自己的利益,而不过问国内的骚动和暴乱;他举出了多位欧洲君主的例子,这些君主都为了自己的目的,而放弃了那些他们曾发誓竭尽一生去爱和珍惜

---

① 赫尔蒙山:位于今以色列北部边境。(译者注)

的人。维奥兰特惊诧不已地听着腓特烈二世的长篇大论,像是第一次了解到让她感到困扰的问题的答案一样。他的这些话证实了他为什么对她的态度前后不一,解释了他本来的教养和他的表现之间的反差,就像是神话中伊斯瑞尔之长矛一样,立刻刺破了她的幻想,让她看到了他本来的个性特征。她一直瞪着眼,盯着他看,似乎是想要回忆起自己一直倾慕的人原本的样子。然而她看到的只是他轻蔑而傲慢的表情,以及自私的微笑。她突然明白过来,自己一直期盼的未来毫无乐趣可言,这让敏感的她感到惊恐,想到这里,她尖叫一声,倒在了地上。冷血的腓特烈二世平静地命令侍女上前伺候,然后就离开了,而她的父亲约翰却既为她而遗憾,也为她感到恼怒,他轻轻地抱起了她。

彼得·库特奈和约兰德的次子罗伯特,继承了君士坦丁堡的王位。七年的统治期内,希腊帝国陷入了一片混乱,罗伯特英年早逝,王位落在了他年幼的儿子鲍德温身上。希腊王国的贵族们认为,王位应该由杰出而勇敢的男士继承;于是他们派出使者访问富于经验的耶路撒冷国王,希望能让小王子跟他的次女联姻,并让约翰接管王国。成了君士坦丁堡的君王后,约翰·德·布里安的权势也增加了不少,他终于能够惩罚腓特烈二世的卑鄙无耻了,于是,他马上向腓特烈二世表示,有了希腊军队的援助,腓特烈二世可以实施教皇的命令了。

腓特烈二世发现自己再也无法拖延下去了,于是在意大利的布林迪西召集军队,准备开始东征。然而,预定的出发日期之前,军营中爆发了一场瘟疫,死了一些将士,更多的人因此而逃离了军营,腓特烈二世在海上待了三天,然后就返回了国内,并称,他的健康状况不允许他进行远征。有这次良机逃避远征,他很高兴,于是赶快返回了德国。

他一进入王宫,就被眼前的景象吓了一跳,因为以往那些很热情地迎接他回来的侍从们,如今都露出了庄重肃穆的神情。一种不祥的阴郁氛围弥漫在王廷中,经过长长的过道时,他感觉自己的脚步声打破了死亡的沉寂。在王后寝宫的前厅,他看到她的侍女们露出了十分悲伤的神情。他听到了婴孩虚弱的哭声,他匆匆走进了漆黑的房间,摸到了维奥兰特的床。她悄无生息地躺在这张床上,再也无法起身迎接他了。她的双唇,在短暂的幸福时光里,用柔美的声音诉说着自己故事的双唇,现在永远也开不了口了。每一次他温柔说话时,总是充满爱意地看着他的那双眼,也不再眨动了。

可怜的维奥兰特!你的一生何其令人悲伤!你甜美的童年刚刚过完,就陷入了男人用柔情蜜意编织的陷阱中,它用单纯和真挚迷惑了年轻的你——女人的一生——让你在短短的数月之内,就体会到了莫名的错误的感觉,一种极度无助、毫无依赖的痛苦感,一种无法解释的命运诅咒感——让你在尚年轻的时候就过早死去——十七个夏季和一个冬季——其严寒冻住了你的生命之泉——让你充满希望,让你收获爱情,让你孕育小孩,并让你死去。——这就是你的故事,美丽的维奥兰特,耶路撒冷女王、德国王后,也是我们第六次东征时代的女性。

卡斯蒂利亚的埃莉诺拉

第1章

所有曾追求女人芳心的王室继承者中，无地王约翰和昂古莱姆的伊莎贝拉之子亨利三世，是最不得幸运女神眷顾的。他的初恋是苏格兰公主，然而，这位公主却听信了兄长的挑拨，兄长说这位亨利三世是个斜视患者，又蠢又虚伪，比女人还要敏感脆弱，根本配不上自己的妹妹，于是，她拒绝了他的求爱。

未能获得苏格兰公主的芳心，接着，他又看上了布列塔尼的女继承人，然而，坚决的布列塔尼人却一直记得，他的父亲曾经对他们最深爱的亚瑟王子非常残忍，于是也傲慢地做出了否定的答复。

随后，他求娶的是波西米亚公爵之女，然而公爵却很谦卑地回复称，自己的女儿已经许配了他人，因此无法答应他的求婚。直到满了30岁，亨利才终于求婚成功；不过最终他和法国的爱丽丝之女琼安定下婚约后，亨利三世却因为爱上了年轻的普罗旺斯女诗人而放弃了与琼安的婚约。

普罗旺斯伯爵的次女埃莉诺可能是史上最年轻的女诗人了，她曾写过一首关于征服爱尔兰的诗，英格兰国王亨利三世因读到这首诗而倾心于她。

由于被她的才华和个人魅力所吸引，亨利三世忘记了对琼安许下的诺言，他派遣使者赶赴法国，要求解除与琼安的婚约，他的亲信们也提议，让他求娶他非常倾慕的女人。

然而,亨利三世在求爱时表现出的贪婪,差点儿让他第六次经历了失望。他委托自己的总管提出要求,声称,埃莉诺嫁给他,必须携带两万马克的嫁妆,但私底下,他声称,如果有必要的话,可以减少到一万五千、一万、七千、五千,甚至三千。他相当讨厌她傲慢自大的伯爵父亲,因为伯爵总是讨价还价,最终他着急地写了信给伯爵,无论有没有嫁妆,最重要的是保证伯爵的女儿嫁给他,并即刻送她到英格兰。

亨利三世以盛大的庆典仪式来迎接年轻的新娘,准备她的加冕仪式所用的开支巨大,甚至超过了他的承受能力,也与他以往吝啬的作风十分不符。

亨利三世的父亲是欧洲最出名的过分讲究衣着和外表的人,他也像他父亲一样,不过他不是为了自己的衣着打扮而忙碌,他慷慨大方地买回了许多绸缎、丝绒、貂皮等贵重的衣料,而且光是为王后准备的珠宝,就耗费了一万五千泰勒①。

同时,他让自己的妹妹伊莎贝拉嫁给腓特烈二世,并私下为她定制了所有奢华的服装配饰。

也正是这时,亨利三世才第一次发现,英国的议会制度会对国王的无度挥霍进行强制约束;因为他向贵族们请求金钱支援的时候,他们告诉他,他们已经为他的婚礼和王后的开支提供了一笔钱,由于他浪费了这笔钱,因此婚礼所必须的钱,只能由他自己再想法筹备。

很可能,在亨利三世长期的统治期间,国王、王后和其他王室宗亲的开支和花销巨大是其统治疲弱无力的缘由之一。

埃莉诺的一位叔叔成了英格兰大臣,一位成了富庶的沃伦公

---

① 泰勒:古罗马的重量单位,常用于表示金银重量,后发展成为古罗马时代的一种货币。(译者注)

爵,还有一位成了坎特伯雷大主教,王后的多位年轻女伴成了国王王廷中富裕的守将的妻子。

亨利三世的母亲可不想让所有的孩子都为他这位贫穷的君主卖命,让他卷入了跟法国路易九世的战争中,这场战争对英格兰军队造成了巨大损害,而且英格兰还失去了富饶的南方的大部分领土,耗费了大量的军事资金和国王小教堂中的许多珍贵宝物。

亨利对孩子们的期望给整个国家造成了更大的负担。他的长子爱德华成了英法争议地带阿基坦的总督,而爱德华太过年轻,不能实施对属地的管理,无法处理事务,这让他父亲的法国属臣愈发不满。

他的长女玛格丽特,嫁给了自己的堂兄,年轻的苏格兰国王亚历山大三世,而亚历山大后来被约翰·巴里奥爵士囚禁,而且受到了严密监视,于是,亨利三世为了拯救自己的女儿,发动了北方战争。

而他的次子埃德蒙,比王室其他成员花钱花得更多;因为教皇已经将西西里的王位授予了这位年幼的王子,因此父亲亨利三世很高兴,很急切地筹资操办儿子的王位加冕仪式,筹资就是需要百姓纳税,这就导致了王室与爵士们的矛盾。

贵族们又一次开始抵抗这种为了增加王室家族利益而征收的税,最开始的时候,由于教会逼迫,教士们才上交了第一笔税款。野心勃勃的国王亨利三世渐渐耗尽了资金,教皇却将他垂涎的王冠赐予了安茹的查理,他是法国国王的弟弟,而让可怜的亨利三世自己去向领主们取消债务,这让他在领主们面前很丢面子。

爱德华一世是从十三世纪中期时才开始活跃在欧洲政坛之中的,他的双亲的性格、政治和社会地位情况如上所述。

1254年,法国巴黎偌大的王宫里,聚满了人。英格兰王室和法国王室成员们齐聚一堂，自诺曼底被威廉一世夺走以来，两国王室还从未这样聚集过。这场宴会是为了英格兰法定继承人爱德华和他年轻的新娘卡斯蒂利亚的埃莉诺拉而举办的。主位上坐着法国国王路易九世，他的右侧是英格兰的亨利三世，而左侧则是纳瓦拉国王，是香槟伯爵蒂博的后裔，还有贝伦加利亚的妹妹布兰奇。这次盛会上，普罗旺斯伯爵夫人比阿特丽斯跟她美丽的女儿和优秀的女婿们，以及他们可爱的孩子们重聚在一起。她的长女玛格丽特是路易九世的妻子，次女埃莉诺的丈夫是亨利三世，小比阿特丽斯嫁的是安茹的查理，桑琪娅的丈夫则是罗马人的国王——康沃尔的理查。

这场宴会的女主角，年幼的公主埃莉诺拉身边围着的是欧洲的权贵，虽然她才不到十岁，但她的雄心壮志却比在场的成人更加强烈。她的哥哥阿方索十世是一位天文学家，也是欧洲最有学问的国王，无论是神父还是学者，都不能否认，这位来自卡斯蒂利亚的国王的聪明才智。她的母亲琼安，曾是亨利三世的未婚妻，却因为亨利三世爱上了普罗旺斯的女诗人而遭到了抛弃；她的祖母爱丽丝，曾因英勇的国王狮心理查倾心于纳瓦拉的贝伦加利亚而被拒绝过。她的哥哥阿方索和她丈夫的叔叔康沃尔的理查，都是神圣罗马帝国皇位的候选人，而她的丈夫是一位优秀的十五岁的青年，在准备婚礼的时候获得了爵位，也成了英格兰和美丽的法国南部省份的继承人。

这次宴会过后，他们就要从西班牙北部的布尔戈斯搬到法国巴黎的王廷去了。在波尔多，国王亨利为他们的婚宴支出了三十万马克，这在当时可是一笔不菲的数目，听到他人的指责时，亨利三世痛苦地喊道："噢，我的天啊，请不要再说啦，不然人们都会为之而惊讶的。"斯蒂芬伯爵和阿德拉曾经住过的沙特尔王宫里，都用最珍贵的家具和饰物装饰。路易九世过来接他们,并将他们送到了巴黎。护送的骑兵队由一千名将士组成,他们全副武装,骑在马上,每一位身边都伴有一位女士,她们所乘的马佩戴的鞍辔与她们自己的服装一样绚丽多彩,随行的还有一大批马车、运货的骡子和马,马夫和诸侯封臣等。

婚庆仪式跟通常一样,包括了打猎、鹰猎和其他休闲活动,一共持续了八天,大量的随从跟着送亲队伍抵达了法国海岸边,准备去英格兰。海上风大浪急,埃莉诺拉乘坐的船在英吉利海峡遇上了一场风暴,浓雾弥漫,好不容易才靠近了目的地海港多佛,多佛海港的白色悬崖也被这大雾完全笼罩住了,根本看不到。

还是孩子的王妃见到这伸手不见五指的景象,惊恐不已,但她强压下心中的恐惧感,不断吟诵着《圣经》中的话,她希望,上帝能够听到她的吟诵,并保护她。突然,一阵猛烈的撞击让船只颤动起来,疾风呼啸,巨浪翻涌,让人根本无法弄清楚缘由,也不清楚这场风暴的规模究竟有多大。最后,他们发现,他们的船撞上了一艘被狂风刮到海上的小船,应该是一艘渔船。

爱德华王子马上命令放下小船,希望能拯救那艘渔船,虽然有父母的劝说和小新娘的苦苦哀求,他都不为所动。

因为担心爱德华,埃莉诺拉快速跑到甲板上,依靠着船舷,船上的灯光照亮了附近的水域,形成一个闪亮的光环,她就这样盯着那个光环看,这可把她的父母吓坏了。一位勇敢的水手用强有力的手臂划水,躲过了由于船沉而出现的漩涡,抓住了从小船上抛出的粗绳索,游到了大船边。很快,海面上出现了一个奇怪的东西,它随着海浪不断翻涌沉浮,有时候看上去像是一团泡沫,有时候却在海水中浮浮沉沉,毫无生气。最终,它漂到了灯光照不到的黑暗之中,似乎消失在海中了,但王子却一直盯着它消失的方向,命令水手们往那个方向前行。过了一段时间,爱德华王子回来了,怀里抱着一个人,这个人一动也不动,大船上的水手们放下了绞盘,小船和船上的船员们安全抵达了大船上。

王子丝毫不理会众人的询问,回到了船舱里,小心翼翼地将人放到了床上。湿淋淋的覆盖物很快被揭开了,所有人看到下面可爱的孩子时,脸上都露出了怜爱、惊喜和赞赏,那孩子显然还不到两岁。埃莉诺拉温柔地照顾着这个陌生的小家伙,并看着她苏醒。她轻轻揉搓着孩子皱巴巴的小手,轻轻地亲吻她,努力想要弄醒她。由于逐渐恢复了暖意,孩子苍白而毫无生气的小脸上也开始现出生命的迹象,小家伙睁开湛蓝色的双眼,含含糊糊地说了一些话,他们能够分辨出来的唯有"伊娃"这个词,然后她又再次失去了知觉。

小孩所穿的衣服材质很好,她似乎是来自很有地位、很有钱的家庭,小手臂上还戴着一个东方风格的小手镯,这引起了女眷们极大的好奇心。发现小孩的时候,王子看到她被绑在一根桨上,她还围着一条绣工精美的围巾,围巾上有绿色的三叶草和一朵粉色的水仙,看上去很神秘,没有人知道这些东西组合起来的含义。被救的水手称,失事的船是近海航行的船,他们停靠在爱尔兰一处海港的时候,船上上来了一位带着孩子的女士;不过他只在她们刚上船的时候见过,因此,他也无法提供关于那位女士和那个孩子的详细信息。

埃莉诺拉非常关爱这个小孩,因此放弃了跟朋友们的相聚,而且让王室的所有成员都接受了这个孩子,在吉尔福德堡,埃莉诺拉的公公将这里装修一新,在埃莉诺拉的悉心照料下,这个小孩过着幸福的生活。小伊娃长得甜美可爱,但又调皮任性,似乎从不知焦虑为何物,让人不禁担心,这样天真的她会被人利用而不自知。她不知道自己的父母是谁,家在何方,但有时候会说到自己的妈妈、鸟和花,好像记忆中就只有跟母亲愉快地散步,受到母亲温柔照顾的印象。她非常敏感,很容易注意力分散,而且无论埃莉诺拉用什么吸引她的注意力,她都不会坚持太久。埃莉诺拉非常纵容她,无论她犯了什么错,埃莉诺拉都不会责怪她,她是王妃埃莉诺拉最喜欢,也最感烦恼的孩子。不过埃莉诺拉自己的学业都没有完成,1256年,她再次去了波尔多,拜访更有学问的老师,以完成自己的学业。而且在她的热切请求下,伊娃也陪她一起去了。

这时候,埃莉诺拉的丈夫也在努力学习,以让自己变成更优秀的将领,参与各种"猎鹰"比赛,并赢得了各项比赛,他的勇气和名声一点儿也不逊于伟大的狮心理查。在巴黎,他跟德·茹万维尔交往甚密,这位茹万维尔曾跟路易九世参加过第七次东征,他认真听茹万维尔说着东方的美妙故事,这些故事引起了年轻的他对东方的好奇和热情。茹万维尔是香槟伯爵的总管,也是十三世纪最博学、最平易近人的贵族,这位经历丰富的将领向年轻的王子介绍东方的习俗和礼节,以及对整个欧洲政局影响深远的耶路撒冷王国的状况,年轻的王子对这些都很感兴趣。

腓特烈二世回国之后,教皇格里高利九世因他拒绝参与对战上帝的敌人,而将他逐出了教会。不过他和教皇之间的矛盾冲突由来已久,人们对教皇做出这一决定的原因各有各的看法,神职人员们为教皇的这一决定发布了许多说明文件,这大大影响了这一事件产生的效果。巴黎的一位神父,并没有在讲道坛上宣读教皇圣谕,而是对其他教士们说:"你们知道,我的兄弟们,教皇命令我将腓特烈开除教籍,但我不知道他为什么会下达这样的命令。我只知道,教皇和这位皇帝之间发生过争吵。只有上帝才知道,谁才是对的。我驱逐了那个伤害了他人的人,但我赦免他的罪过。"

为了报复,腓特烈二世召集了大量意大利南部的撒拉森军人,想要毁掉教会的属地,并让下属们相信他之前拒绝教会的提议是多么明智的行为,当时教会建议他向下属们征税以用于远征。发现腓特烈二世摆出了一副可怜的姿态,以博得基督教世界的同情时,教皇便下令说,只有过了教会对他的惩处期,腓特烈二世才能去参与圣战。但腓特烈二世仍然去了阿卡城,并受到了十字军将士们的欢迎。然后,教皇送信给腓特烈二世,重申开除教籍的处罚,以防圣殿骑士团和医院骑士团在地狱之王的旗帜下开始内斗。

在这种尴尬的状况下,腓特烈二世发现,他的军队仅限在阿卡城的城郊作战;他在王宫中休息时,回想着曾经听说过的东方美景,心中不禁也开始向往起东方来。于是,他开始跟埃及的苏丹谈判[1],由于科尔·阿丁已经亡故,新任的苏丹现在继承了萨法丁的所有属地。苏丹听完了约翰·德·布里安的继承者的所有提议,并签订了协议,参战各国休战十年。

耶路撒冷、雅法、伯利恒和拿撒勒,及其周边地区,全都回到了十字军手中。圣墓也被让了出来,基督教和伊斯兰教双方都发誓,会保护圣地所罗门神殿,伊斯兰教徒称之为奥玛清真寺。皇帝去了耶路撒冷,但却没有人来迎接他。主教禁止了他停留期间的所有宗教仪式庆典,没有什么教士来给皇帝戴上布永的戈弗雷戴的那顶倒霉的王冠。虽然如此,腓特烈二世还是去了圣墓教堂,从祭坛上取下了那顶王冠,自己戴上了,并命令随行的一位德国神父给他唱赞美诗庆祝。腓特烈二世赶赴巴勒斯坦,并为巴勒斯坦王国奠定了坚实的基础。

---

[1] 腓特烈二世与卡迈勒签署了和约,这份和约比以往的君王采取的行动更有效地保障了圣战目标的达成。和约签订后的十年里,基督教派和伊斯兰教派和睦相处。耶路撒冷、雅法、伯利恒、拿撒勒和附属地区,以及圣墓都回归到基督教派手中。

第2章

以下的这些故事,都是茹安维尔①在各个时期告诉爱德华王子的,只要是关于骑士精神和战争的故事,爱德华都很感兴趣——因为第七次东征时,茹安维尔曾跟法国的路易九世出征过,所以他很了解当时发生的所有事,而爱德华也很想知道这段历史。

"你要知道,尊贵的王子,"茹安维尔用当时古雅的语言说道,"虽然十字军在亚洲跟米勒·卡迈勒签订了和约,占有了那些神圣的地方,但十字军内部混乱无序,休战期一过,撒拉森人又再次对他们开战了,并杀害了很多将士。为此,格里高利九世再次号召教会的虔诚信徒们,拿起武器去对抗异教徒。"

"我记得,"爱德华插话道,"我的叔叔康沃尔的理查②,和勇敢的朗索德,率将士们和仆从们赶赴巴勒斯坦,我听说,撒拉森人一听到理查的名字就害怕不已,因为他们以为这位理查是狮心王理查。德·茹安维尔爵士,真希望我爱德华的名字某天也能吓倒我的敌人。"

对此,茹安维尔很严肃地回应道:"你应该记住,善良的国王路

---

① 茹安维尔:中世纪时期法国的著名史学家,曾随路易九世参与了第七次十字军东征。(译者注)
② 康沃尔的理查:1240年春,东征开始了。叙利亚人最害怕的是英格兰国王狮心理查,而康沃尔伯爵的名字理查也让撒拉森人惊恐不已。

易九世为了让他的臣民们过上平静的生活,而放弃了自己的大片领土,将它们割让给你的父亲,当时,他说过这样的话:'我更愿意成为能自由舍予的帝王,而不愿意成为因掠夺他人权益而给自己树敌的帝王。'"

"其实,"爱德华说,"他更像圣人,而不像国王,国王应该扩大自己的疆域。"他的雄心并没有获得对方的赞许,他有点儿不满。

"但是,"茹安维尔说,"国王路易九世是欧洲最伟大的君主,其他国家的纷争都是由他来调解的。你很清楚,你父亲和傲慢的莱斯特伯爵之间的矛盾,就是他调解的。"

"啊,没错,"爱德华说着,眼中闪烁着仇恨的光芒,"我将用这把剑打败那不识好歹的伯爵,好好教教他更好的礼仪。要不是您教导的那些温良恭顺的美德,我父亲也不会同意颁布《牛津条例》①,而让英格兰遭遇西蒙·德·蒙特福特②的洗劫。"

"阿尔比和卡尔卡索纳那些可怜的民众,我相信他们大部分人都是异教徒,他们会让孩子们去诅咒他,"茹安维尔说,"这种诅咒比你的怨恨还要厉害。"

"那家伙居然杀女人和孩子,"爱德华很鄙视地说,"虽然这可

---

① 《牛津条例》:1258年6月11日,英格兰贵族们在牛津召开会议,逼迫国王和他当时十八岁的长子,接受以德·蒙特福特为首的二十四位贵族定下的和约,让他们改革贵族统治的所有弊端。(*History of England*)
② 西蒙·德·蒙特福特:蒙特福特家族野心勃勃,他们的祖先是查理曼。

西蒙·德·蒙特福特是对抗阿尔比教派的战争的主要领导者,他是十字军的一名老兵,在圣殿骑士团和强盗的残酷对战中变得更为坚毅了。从圣地回来后,他参与了这场在法国南部的战争。

他的次子在英格兰寻找在法国错失的好运,加入了英格兰的平民,并为他们推开了议会大门,让平民也有进入议会的资格。将国王和整个王国都掌控在自己手中之后,他也被杀害了。他的儿子(著名的对抗阿尔比教派的将领蒙特福特的孙子)为他报仇雪恨,在意大利的教堂祭坛前,杀害了刚刚从圣地回来的英格兰国王的侄子。这一事件毁了蒙特福特家族,后来人们都认为这一家族的人是恶魔。(Michelet)

能也是听了教会的命令,但却让他的名声更臭。在我看来,先生,这次在法国对抗我们自己封臣的战争,跟那些在巴勒斯坦的战争性质完全不一样。"

"我的主人也是这样想的,"茹安维尔说,"虽然他真心渴求和平,但却总是会想到那些受到突厥人打击,等着救援的十字军,但他又不知道该怎样让所有民众都参与到这场战争中去。终于,他的疑虑得到了解答——在巴黎重病期间,他做了个梦。梦中,他看到图卢兹伯爵雷蒙站在炼狱之中,喊道:'噢!我召集将领们,将撒旦之子赶出圣地,那么,他们就不会再传播这些将他们带进地狱的异端邪说了。'国王清醒时,听到那些照顾他的人在一起说话,有个人认为国王已经死了,正准备用布将他的脸盖上,但另一个人却说,他还活着(这真是上帝的旨意)。国王睁开眼,看着他们,他命他们中的一个取一个十字架来,并发誓称,如果上帝让他恢复健康,他就会率军加入圣战。就像国王一样,他的三位兄弟,阿图瓦伯爵罗伯特、普瓦捷伯爵阿方索和安茹伯爵查理,尊贵的拉马什伯爵于格·吕西尼昂和他的儿子们,还有很多各阶层的人,以及被西蒙·德·蒙特福特剥夺了在朗格多克的财产的贵族们,也都加入了圣战。虔诚的国王号召民众,将圣战当做赎罪的手段,让敌对的双方达成和解。他认为,只要爱惜士卒,决策明智,那么,这次远征就能够奠定在埃及建立大殖民地的基础。因此,大量的铁锹、草叉、犁和其他铲土的工具,以及各种植物种子都被运送了过去,以便让人们开拓新的领地。你知道,国王离开王国之前,在巴黎接见了所有贵族,他们重新发誓,如果这次远征中,国王遭遇了什么不幸,他们会忠于他的后裔。

"国王赏赐给了所有将士名贵的战袍,第二天,将士们穿衣时惊讶地发现,他们的战袍上都有一个金匠贴上去的金色十字架,这就是告诉他们,国王希望他们跟他一起东征。

"我们抵达石头遍地的法国马赛时,正是八月,教士们都围在国王身旁,唱着美妙的赞歌:'造物主降临',他们不断重复这一句,高声歌唱,而水手们则以上帝的名义拉起了风帆,很快,在海风的作用下,海岸从我们的视线中消失,我们只看得见蓝天碧海。我们首先停靠的地方是塞浦路斯,我们在这里停留了很长时间,等着阿方索伯爵运送储备物资过来。在这里,各国使者们都求宠于法国国王。鞑靼人的首领给了国王极高的评价,并请求首领的仆人告诉他,他们的主人已经准备好帮他们从撒拉森人手中夺回耶路撒冷。法国国王路易九世则赠给首领一顶小教堂式的帐篷,是用深红色的细布做成的,内侧绣着我们信仰中的那些神秘的宗教仪式。两位黑皮肤的教士接过了它,他们也会教导鞑靼人,该怎样信仰上帝。"

"鞑靼人难道不是突厥人吗?"爱德华十分好奇地问道。

"我也不清楚东方各民族人之间的关系,"茹安维尔回答,"但我认为,鞑靼是一个广袤的国度的名称,这个国度中的人,在不同的时候有不同的名称,有时被称作塞西亚人,有时被称作匈牙利人、突厥人,还有时被称作蒙古人,就是在地中海东边那片富饶的土地上的人。"

爱德华饶有兴致地继续听着,但茹安维尔却简单两句就略过了,"还有来自君士坦丁堡、亚美尼亚和叙利亚的基督徒们派出的使者。'山中老人'也派了使者过来,关于这位神秘的老人,有许多奇妙的故事。国王路易也跟蒙古人结盟,抵抗伊斯兰教的两大君王,即开罗的苏丹和巴格达的苏丹。我们从塞浦路斯乘船到了杜姆亚特,在这里,国王路易手持兵器上了战场。幸得上帝眷顾,异教徒并没有将我们击溃,而杜姆亚特城也落入了我们手中。我们在杜姆亚特发现了大量财物，并在那里定居了下来。然而国王的官员们却对那些可以为军队提供补给的商人很不友善，这些商人还曾给他们提供房间和工人，于是商人们很快就离开了，这对我们而言真是巨大的损失。贵族和将士们奢侈地大吃大喝，举办多场宴会；这让他们开始挥霍无度，这种状况一直持续到我们按照约翰·德·布里安曾走过的路线，出发去开罗的前一天。我们去了开罗，在尼罗河支流处的曼苏拉城，我们停留了许多天，修建了一道堤坝，那里的人用希腊火药①攻击我们，这团火就像是一个大啤酒桶，尾部有一把长剑那么长，发出的噪音就像打雷，它就像是在空中飞舞的一条巨龙，火焰光芒明亮，我们能够清晰地看到自己的营地，就像在白天一样；它落到了一位身披甲胄的士兵身上，火舌迅速卷入了甲胄之中，烧到了人身上。因此，我们的军队损失惨重，再无法继续战斗下去。

"国王召集众将士开会，决定返回杜姆亚特。但我们的将士们大都受了严重的伤，离开这里也必须做好准备。国王自己感染了瘟疫，我们撤离时遭到了撒拉森人堵截，他们一直潜伏在河岸边等着我们，由于国王不愿离开将士们，因此我们都被俘了。我们在精神上和身体上都受到了极大的创伤，当时刚刚被马穆鲁克人②选

---

① 希腊火药：这种火药发明于七世纪。阿拉伯人围攻君士坦丁堡，一位希腊建筑家从哈里发那里逃出来，带着一种武器回到了希腊阵营中，这奇妙的武器让敌人惊恐不已，慌乱溃逃。它发射出来的箭和投枪裹着布，射进敌人的堡垒和住所之中，让那些建筑着火。

　　它还能被用来朝敌人扔石头或铁管以及其他金属制作的管子。这种武器一直沿用到十三世纪末，但如今的作家并不知道这种武器具体是什么样子的。

② 马穆鲁克人：来自高加索国家的奴隶，从卑微的职位做起，后来成了国家中有权势的人。然而，他们并没有形成自己的组织。十三世纪，成吉思汗一统亚洲大部分地区之时，奴役了统治地区的大部分人，埃及苏丹买了两万名奴隶，并让他们接受军事训练，由此组建了一支常规军队。不久，这些人就开始了反抗，1254年，他们推选出了一位自己人出任埃及苏丹。他们的统治延续了263年。（*Encyclopedia*）

为苏丹的家伙提出,我们若想获得自由,就要交出杜姆亚特城,并支付50万里弗①的罚金。苏丹发现国王路易②平静地接受了这一条件,而没有讨价还价,'去告诉他,就说我说的,'他说,'因为他曾对我们慷慨大方,那我也就礼尚往来,将你们的赎金减少五分之一。'

"随后,我的主人派我跟随使臣们去杜姆亚特,从王后玛格丽特手中取这笔赎金。当我去到王后的宫殿时,我遇到了一位守在那里的老兵,他说,王后听说丈夫被俘,便告诉他,如果撒拉森人敢踏入杜姆亚特城,就让他在那些人俘获她之前将她杀死。王后热情地接待了我,给了我国王需要的钱,并请我照看她儿子,她让我保证,一定要确保让他平安幸福地长大。我们所遭遇的不幸让我们离开了杜姆亚特,马上赶往了阿卡城,在这里,我们受到了东方的基督徒们的热情欢迎。我们忙着修复重镇的堡垒,但国王却因自己军队的失败而沮丧不已,还不等去参观圣地便返回了法国。"

"天啊!"爱德华王子惊呼,"这样完善的远征居然遭遇了这样的重创,这真令人惊诧。我认为,优秀的士兵要到完全取胜之后才会收好自己的武器。"

对这个根本没有治国经验的年轻人,茹安维尔露出了慈祥的微笑,只说,优秀的统治者,既要学会勇敢坚强,也要学会审时度势。

---

① 里弗:古时的法国货币单位。
② 法国国王的迷信,以及残暴的花剌子模人的胜利,开启了第七次东征。1245年圣诞节期间的某晚,路易九世命令金匠们将金子打造的大十字架,绣到了新的臣子们穿的朝服上。第二天,众臣见到他们的朝服上都绣着这样的十字架,惊讶不已,但他们都是虔诚的信徒和忠心的臣子,因此没有人敢拒绝国王的这一赐予。

第3章

　　年轻的新娘埃莉诺拉住在波尔多,这时,她认识了爱德华的叔叔盖伊·德·吕西尼昂,他是前王后伊莎贝拉和拉马什伯爵于格的次子,他告诉她,英格兰因为发生了变故而变得混乱不堪。他还告诉她,她的公公婆婆已经被囚禁到了伦敦塔内,而她的丈夫已经不再热衷于参加骑士的运动会,而是开始了"王位争夺战"。她很担心丈夫的安危,也很希望能够救出他们,如果不行至少也要跟他们囚禁在一起,于是,她请求吕西尼昂带她去伦敦。吕西尼昂声明,这样做很危险,劝她留在法国,但她丝毫不为所动,还是坚持带着伊娃去了英格兰。她专情而意志坚定,能够镇住所有与她意见不一致的人,这些鲜明的个性,让她成了我们故事中的女性之一。

　　他们顺利抵达了英格兰,靠近伦敦的时候,圣保罗教堂的钟声急促,把他们吓了一跳,很快,他们就遇到了一群暴民。他们的穿着非常简单,因此暴民们根本没有注意到他们,他们也安全地穿过了人群,不过有人在人群中喊道:"打倒犹太人!打倒普罗旺斯悍妇的跟从者们!"小伊娃吓了一跳,差点儿从马上摔了下来,吕西尼昂最终在泰晤士河岸边找了一栋低矮的房子,将埃莉诺拉他们安置在里面。

　　从住所的窗口,埃莉诺拉他们目睹了引起民众反抗亨利三世统治的第一场惊人的大屠杀。手无寸铁的犹太人被人从家里拖出去,然后被残忍杀害,那些无辜的人不断抗议,令人心碎地哭喊着,而他们家里的家具以及各种值钱的物品,全都被扔到了大街上,遭到了街上人的疯抢。值得尊敬的本·亚伯拉罕也被追赶到了王妃的住所门前。

吕西尼昂连忙过去锁门,但年轻的王妃冷静地打开了门闩,推开了门,并请亚伯拉罕进来休息。无助的亚伯拉罕刚刚进门,暴民们就怒喝着追了进来,为首的人抓住他白色的长胡须,拧断了他的头,并将它举起来,等待着跟随他一起的人赞美他。吓坏了的伊娃紧紧跟着埃莉诺拉,躲在门后,埃莉诺拉则控制住自己惊恐的情绪,用手压住伊娃的嘴唇,以防她大叫出声,而那些刽子手们则拖着血流不止的尸体,开始在尸体上找金子。街上血流成河,到处都能听到狂乱的复仇呼喊声和惊恐的哭叫声。

呼喊声和哭叫声随处可闻,塔楼上放下来一艘驳船,吸引了所有人的目光,船上是亨利三世的王后和她的孩子们,他们想要逃到温莎城堡去,爱德华王子正率军驻扎在那里。暴动的民众齐呼:"将那巫婆溺死!将那巫婆溺死!不要让外国人统治我们!意大利人去死!"他们拆掉了过道上的石头,夺走了房子上的瓦片,毁掉了肉铺和其他小商铺,一堆投掷物被扔到了河上。船靠近了桥,桥西侧有大量暴民正等着船,他们沾染了鲜血的双手举了起来,准备毁掉这船。这时候,一位个头很高、全副武装的骑士出现在了桥上。他努力穿过人群,船到了桥拱下时,他大声喊道:"回去!快回去!!为了你们的性命起见!!!回塔楼!!!!"船夫们吓得赶紧调转船头,那名骑士用尽全力,让攻击者将目标转移到自己身上,直到王后再次回到了塔楼内为止。

街上的呼喊声一浪高过一浪,大家都疯狂地掠夺东西,到处人仰马翻,就像是大风中的树一样。埃莉诺拉再次感受到了墙壁的震动,外面的追兵就像是恶魔一样冲到她的住所外。一个法国仆从的出现让外面的民众再次高呼"外国人去死",他们疯狂地开始攻击。而那名在桥上呼喊的骑士已经来到了门口,身后跟着盖伊·德·吕西尼昂和其他仆从们,他们在外面坚持了数小时,围攻的人不断增多,他们的呼喊声也越来越大,埃莉诺拉将小伊娃紧拥在怀中,周围是她自己的侍女们和家里的其他女眷,她们都认为自己快要死了,于是不断念着临终祷文,这时,远方传来了"停止攻击"的呼声,伴随着轰隆隆的鼓声,这声音让人坚定了希望,群起而攻的人们安静了下来,接着,她们听到了马的奔跑声和兵器的哒哒声,比战争时的喧闹声还大。房屋的倒塌声、炮弹轰隆隆的声音和女人的尖叫声和哭声,全都销声匿迹了,大家听到的只有大马士革钢铁①的撞击声和马儿们踩踏的嗒嗒声。接着,传来了"爱德华王子驾到"和"请给王子让道"的呼声,城市各街巷中的人也都如退潮一般离开了。一听到丈夫的名字,埃莉诺拉就跳了出来,跑到了门口,她看到队伍前的一位高个将领稳稳地坐在马上,意气风发地控制着缰绳,挥舞着剑冲过来,这正是她久未谋面的丈夫。他摘下了面具,转身去跟他的叔叔吕西尼昂打招呼,平常坚毅的面庞上洋溢着欢乐的光彩,他因获胜而面色微红,头发绕在头盔上,在埃莉诺拉看来,他比故事中的英雄更俊更美。但是,"在战场上冷酷坚毅"的爱德华看到了他未曾想到会见到的人——他的妻子时,便露出了柔和的神情,她正满眼含泪地看着他,不知道他会不会责怪她不告而来。然而,一位有骑士气概的王子是不会对一位忧虑紧张的女士皱眉的,更别提是像埃莉诺拉这样的美女,她姣好的面庞,一会儿因恐惧而苍白,一会儿因欢乐而泛红,似乎每一秒都变得更加

---

① 大马士革钢铁:中世纪时,大马士革以生产军刀著称,刀的质量特别好,易伸缩,尤为坚硬。

可爱了,她一直等着他上前来,不知道该不该去迎接丈夫。高贵的王子跳下马来,双臂轻轻地抱住她,并温柔地说欢迎她,但也轻声抱怨说,她怎么不在多佛多住一段时间,这样,他才好亲自接她来温莎,并为她雇用合适的仆从。同时,小伊娃也被一位陌生的骑士抱在了怀里,这位骑士还戴着面具,但这双眼睛的颜色和其中透露出来的神情,是她永远都不会忘记的,当时他所说的话,她也一直记在心中。

爱德华认为,有必要将母亲和妻子,以及女眷和侍从们安置在布里斯托尔堡,因为这里防卫坚固,在莱斯特反叛后的动荡时期,她们一直住在这里。那段时间,她们无法外出,所见的外人就只有守卫在那儿的一些将领,女士们主要的乐趣就来自个性活泼可爱的孤儿伊娃。她无拘无束,总是跟侍女们混玩在一起,每次城堡收到急报,她也都会认真聆听,并转述给埃莉诺拉。她个性亲切,待人接物彬彬有礼,没有人会跟她生气,她脚步轻快,笑声欢快,无论是王室女眷还是仆从们都很喜欢她。经常被她捉弄的那些侍女们给她娶了个外号——"鲁莽小姐",她对待下人也是很礼貌的,仆从们也给她取了个很合适的绰号——"小太阳"。

一天,埃莉诺拉经过觐见殿时,听见里面传来了阵阵大笑,吓了一跳,她以为这是她的养女又在嬉闹了,于是小心翼翼地开了门,偷偷地往里面看。里面所有可以移动的东西都离开了原位,并被安放在不同的位置上。墙上的挂毯也被取了下来,并被挂在了房间另一头的奇怪的悬杆上,中间有一顶王冠,周围铺满了从柜子里翻出的各种织锦和丝绸织物,"鲁莽小姐"伊娃就坐在上面,她身着华丽的服饰,所有没有值班的侍从们都聚集到她面前,发誓效忠于她,并嬉笑着给她加冕。这时,伊娃警告他们,加冕的时候是不能这样嬉闹的。埃莉诺拉不知道该怎样去制止他们,只好小心地离开,这时,小伊娃看到了她的背影,叫住了她,埃莉诺拉这才告诉他们这样玩不好,这样会被定为叛国罪,某位将领会来监禁他们的。

小伊娃换上了公主装,模仿着谦卑的样子跪下来恳求原谅,这样子让埃莉诺拉情不自禁地笑出声来,但她还是认为,有必要跟经常打破常规的小伊娃重申,跟仆从们打成一片是有失身份的。"陛下,我只是在扮演女王,看着兴高采烈的仆人们,我就很高兴,"她顽皮地说,希望能减轻自己的过错。"王室不过是一场盛大的表演,我将来一定能够统治一个国家,可能,你们以后会发现,讨厌的小伊娃成了英勇的斯特郎博①的继承人呢!"

"你,爱尔兰女王!"埃莉诺拉惊呼,"是谁跟你说的这种蠢话?亲爱的,你必须要小心点儿,不要老是幻想这些稀奇古怪的事儿,你记得告解神父说过的吗,爱慕虚荣、浮夸行事会让你的灵魂下地狱哦?"

伊娃蓝色的眼睛里涌上了泪水,但她很快又控制住了情绪,喊道:"我为什么不能成为女王呢!我肯定会比大多数人做得更好。他们曾说,我们的君主亨利,剥削民众财物以赏赐贵族们,我肯定不会这样做的。"

"伊娃,伊娃,"埃莉诺拉说,"《圣经》上说过,我们不能说当权者的坏话。"但伊娃兴致很高,一点儿也安静不下来。

"我不会成为女王,"伊娃说,"因为如果我成了女王,就不会有人爱我,也不会有人跟我说真话。"

---

① 伊娃·斯特朗博:据传,伦斯特(爱尔兰)国王德莫特与斯特里盖伯爵普理查德·斯特朗博达成了一个协议。这位伯爵出身于著名的克莱尔家族,他耗费一切代价,承诺保护德莫特,他将抚养国王的女儿伊娃,并宣布伊娃能够继承自己的所有封地。(Hume, *History of England*)

"没有人爱你!"埃莉诺拉说,"人们难道都不爱我的母亲吗?"

"你应该听听人们是怎么说她的。"小伊娃回应道,她居然这么大胆地说这些话,她自己也吓了一跳。

"那人们都是怎么说的呢?"埃莉诺拉十分好奇地问。

"他们说,"伊娃回答,"英格兰遭受的所有灾难都要归咎于王后和她的亲属们,还说国王亨利三世用妹妹伊莎贝拉的嫁妆来为自己加冕,你也很清楚,她有九个固定头发用的花冠,此外,还有一顶镶嵌满了珠宝、很大的金王冠。"

"确实,"埃莉诺拉回应道,"王后的衣橱中的东西,你知道得比我多得多了,但你是怎么知道这些的呢?"

"那些不爱她的侍女们,跟我无话不说。"

"是不是你在听她们讲奇怪的故事时,鼓励她们说主人的坏话的?"

"没有,我曾告诉过她们,她们是有罪的,撒旦肯定会把她们带到地狱里去,但她们却哈哈大笑着说,如果那样的话,撒旦就会把我也带去的。"

埃莉诺拉很严肃地说:"我担心,这样你会学坏的,我必须一直把你带在身边。"

伊娃张开双臂,环抱着埃莉诺拉,头靠在她胸口,低声说:"我希望你不要忘记这句话,因为只要在你身边,怎么样都好。"接着,她沉默了几分钟,然后又轻声说道:"你将来也会成为王后,那时候,伊娃也要说那些奉承话吗,就像那些在王后身边谄媚的女士们一样?背着王后时,她们总是低声谈论王后对人们敲诈勒索,骗取人们的钱财,而在王后面前时,她们总是奉承讨好她。我试图揭发她们,但她们却不让我见王后。我把这些告诉你,因为你很聪明,也许有机会提醒她远离那些虚情假意的朋友。她们跟我说过很多故事,但最吸引我注意的,是关于爱德华王子的。她们说,他才八岁的时候,他的父亲带着他和弟弟埃德蒙以及姐妹们玛格丽特、比阿特丽斯出门,把他们当成屠宰场的牛一样称重,然后将跟他们差不多重量的硬币分给了下面的乞丐孩童,听到王子和兄弟姐妹们的尖叫声和哭喊声,那些乞丐们大笑不止。"

"伊娃!伊娃!你怎么能听信这样的话呢?"

"噢,夫人!她们告诉我的远不止这些。她们还说,国王一直压迫人们,让他们交税,到最后,他们交不了税了,他就解散了王廷,为了筹集养家的费用,国王亲率随从去贵族们的家里,一顿吃喝之后,他便说自己要离开了,命令贵族们给他送礼,并称,接济他比接济王国里的任何乞丐收到的回报都要多。"

"伊娃,亲爱的!不要再说了,"埃莉诺拉果断地说,"为了处罚你,让你抄三遍祈祷文和一遍教条。到我的祈祷室来,不要再胡说了。"

伊娃在祈祷室抄写经文并反省,得到了埃莉诺拉的原谅,第二天,她就能自由去玩了,她的第一件事,就是去找前一天玩闹的侍女们。埃莉诺拉看到,小伊娃穿着神父教服,聆听那些前一天跟她玩加冕游戏的侍女们的忏悔,她很机灵,引导侍女们说出之前所犯的过错,并不断向伊娃忏悔。这时,外面传来守卫吹响的号角声,大家都吃了一惊。肯定发生了什么事!局面混乱的时候,发生任何意料之外的事都会令人恐慌。每一位侍从都赶忙回到自己的岗位上,女仆们也赶紧离开了,而伊娃也不像扮演神父时那样庄重肃穆,而是全速奔到了塔楼的射箭口处。吊闸门被拉了上去,吊桥上传来了脚步声,接下来,一位信使风尘仆仆地冲进了宫廷中。他带来的消息非常重要。信中说,国王亨利跟莱斯特爵士好像相处得很不错,但事实上,国王只是莱斯特城堡里的囚犯,什么都听命于爵士。王子爱德华已经准备好跟反叛的贵族们开战,他认为王室女眷们待在英格兰不安全,于是要将她们送去法国国王的王廷避难。伊娃盯着城堡外面看了一眼,发现附近的丛林中有一群猎手,不过离开的时候太匆忙了,她没有机会将这一可疑的情报告诉任何王室成员。

王室女眷们匆忙准备好就出发了,一直骑马赶到了港口。港口附近有很多人,水手、船夫、赶车的车夫,偶尔还有身披盔甲的士兵。这些士兵就是伊娃出城堡时在树林中看到的人,随后,这群士兵包围了王室女眷们。他们的行动非常迅速,逃亡者们还没反应过来,莱斯特的部队就出现了,逃亡者们这才明白,这些士兵故意拦截他们,他们无法再离开了。岸边的船离开了,刀剑抽出来了,"猎人"和士兵们之间的激烈战争开始了,伊娃发现,那位在伦敦桥救过他们的高大骑士也在他们这边的阵营之中。

在玛格丽特王后的王廷中,逃亡的王妃他们受到了热情欢迎,埃莉诺拉跟虔心的路易九世交流之后,变得更加虔诚了。伊娃的活泼可爱很快就赢得了法国王廷中女眷们的喜欢。神圣而虔诚的国王显然不适合让伊娃拿来无所顾忌地开玩笑。但是,教会的许多迷信惯例虽然很荒唐,却引起了她的好奇心。而告解神父的劝告也无法约束她。

君士坦丁堡的拉丁王朝已经逐日衰落了。年轻的皇帝鲍德温因为罔顾岳父约翰·德·布里安(他就跟圣弗朗西斯一样,死于一次去耶路撒冷朝圣的途中)的建议,总是遭遇到对他不满的贵族的反叛。他陷入了极度贫困之中,还要想方设法地避免与敌人公然开战。他将侄女嫁给了一位突厥高官,后来为了跟一位傲慢的异教徒签订和约而杀掉了那位突厥高官。他拆掉了君士坦丁堡空置的房子,做冬季的燃料,剥夺了教堂的财产,用以支付家人们的日常开支。他将父亲在法国的房产抵押了出去,以增加收入。他还典当了威尼斯的王位,以偿还债务。他只留下了一样:就是神圣的荆棘王冠①。他对自己的信仰十分虔诚,因此基督教世界都很崇拜的东西,他不能出卖。所以,这个十分珍贵的荆棘王冠就送给了欧洲最尊贵的君主法国国王路易九世,由于他的虔诚,他也收获了相应的回报。这珍贵的宝物被安置在一个木盒子中被送到了法国,木盒是当着国王的面打开的,里面有一个银制的圣匣,匣子里装着的小瓶子上画着耶稣受难像。路易九世率众臣去特鲁瓦城接受这一馈赠。虔诚的国王光着脚,身上则只穿了一件束腰上衣,欢欣地捧着圣物穿过巴黎的街道,将它安放在了圣礼拜堂,他早就计划好了要将圣物放在这里的。这个庄严的仪式令伊娃感到可笑,即便是在埃莉诺拉面前,她一想到那个仪式都会发笑,以至于她忘记了去打探,那么多圣物究竟是不是真的。

"我可以肯定,"伊娃对侍女们说,"我们全都要跪到那个多刺的圣物面前去,作为我们做出的许多冒犯行为的惩罚。"听到她说出这种话,侍女们都很震惊,但也觉得很有意思,虽然伊娃责备她们,她们还是大笑不止。

"无疑,"伊娃继续说,"这个圣物能够治疗所有疾病,至少,它就像圣保罗的刺一样,刺到神圣的国王身上,让他感受到疼痛,变得谦卑。在我看来,虽然我一直表现出忠诚的样子,但是看到国王路易抱着木盒的样子,我忍不住要大笑。"那些个性活泼的法国女

---

① 神圣的荆棘王冠:这个无价的圣物是路易九世得胜归来后才得到的——他光着脚,只穿一件衬衣,并赠送了一万马克给希腊的皇帝鲍德温,以弥补他的损失。这次成功的交易让皇帝送给了路易九世真正的十字架的一大块碎片、圣子雕像、长矛以及激情之链。(Gibbon,第6卷,122页)

士们也深有同感,于是也都大笑起来。"我听说,"伊娃说,"不久后我们还有另一场这样的仪式,希望他们也让我们用这种不牢靠的东西来盛装圣物。你,费丽斯,嫉妒圣弗朗西斯·德赛爵士倾心于我,你应该背负十字架。聪明的比特阿丽斯应该持长矛。你,卡利斯特,只听不说,你就带着海绵吧,而我,则拿着摩西之棒,敲打你们坚硬的心,让你们悔改。""嘘!嘘!"侍女们叫道,"王后来了。"

她们刚刚恢复平静,转而去忙着刺绣时,王后玛格丽特走了进来,她很平静地告诉她们,皇帝鲍德温给她的丈夫送了另一件价值不菲的礼物,她还提出,她们要开始禁食并祈祷,以准备将圣物迎进圣礼拜堂。所有人都低下头表示赞同,但事实上,她们是为了掩盖她们看到伊娃而露出的微笑,机灵的伊娃很虔诚地在胸前划着十字,露出端庄的神情,说道:"我们听说,库特奈爵士是宽宏大量的,并且我们才疏学浅,为了完成这一神圣的职责,我们已经请他过来教导我们了。"王后刚刚离开,伊娃就很庄重地提醒她们,祈祷的时候一定要虔诚,因为她决定了,要拉拢年轻的库特奈,他曾经请求她在他的旗帜上绣一株三叶草。只要有他的支持,她以后肯定会成为王后,这样她就能重新获得这些圣物,而她们以后也有必要开始去君士坦丁堡朝圣了,因为鲍德温最后的继承者已经成了人质,那么,王位肯定就要由他们家族更年轻的一辈来继承了。

第4章

法国王廷中,王妃们都收到了英格兰贵族和国王之间冲突状况的情报,确切地说,是西蒙·德·蒙特福特和爱德华王子领导的两个不同派别之间的冲突。虽然贵族们对王子感到不满,但年轻的王子英勇善战,这鼓舞了拥护者们的士气,但数年对峙悬而不决之后,威廉·德瓦伦斯抵达了巴黎,带来了盖伊·德·吕西尼昂的死讯,还说,在英格兰东南部城市刘易斯的暴动中,国王亨利和他英勇的儿子都被俘虏了,这给了王室的拥护者们沉重的打击。

王后埃莉诺立刻决定赶赴英格兰,她的儿媳埃莉诺拉坚持要陪伴她。刚刚承袭爵位的年轻的亨利·德·库特奈和弗朗西斯爵士,都倾心于已经十五岁的伊娃,也都各率自己的部下,请求护送。他们抵达了普利茅斯,在德文郡郊外隐藏了一段时间①,亨利爵士和弗朗西斯爵士,在四处打听被俘虏的国王和王子的消息。他们听说,国王他们被带到了布里斯托尔堡,为首的有七位将领,他们在城墙上升起了七面旗帜,并且下定决心对莱斯特开战,而且确定了国王父子被关在了凯尼尔沃思城堡。跟被囚禁的国王父子沟通很困难,这让将领们颇费了一番心思,但不管怎样做,无论是对他

---

① 丈夫和儿子被囚禁期间,普罗旺斯的埃莉诺私自访问过英格兰多次,但她确实跟自己年幼的孩子们一起定居在法国,受到姐姐玛格丽特王后的悉心照顾。格洛斯特的罗伯特称,她是在等待机会解救自己英勇的儿子。(*Queens of England*)

们自己还是对被囚禁的国王父子而言,都有风险。

埃莉诺拉头脑清醒,也非常坚持这种观点:"对未来抱有希望是勇敢的、智慧的,也是一种负责任的态度。"每一次失败,想要放弃,快要绝望的时候,她总会想到这句话。她们住在一个条件比较好的小村庄里,村民们都表示忠于国王。西边有一片面积庞大的森林,延伸到远方,尽管被看管得很严,但小伊娃一有空就喜欢到这荒野之地闲逛。一天,她出门很久都没有回来,埃莉诺拉担心不已,派遣侍女去找寻,连她自己也加入了找寻队伍之中。她经过一片林中空地时,目光被一位可爱的男孩吸引住了,他躺在一棵橡树的树荫下睡觉,他的穿着打扮,从脚上的绣鞋,到天鹅绒帽子上跟那根羽毛系在一起的红宝石,都是很美,也很显品位的。他身穿的猎衣,有橄榄绿色和金色的条纹,在身下的青苔的映衬下,那金色的条纹看上去熠熠生辉,像是有阳光投射在上面一样。他胸前深红色的肩带上绣着奇怪的图案,腰带上挂着一把剑,剑鞘光滑。埃莉诺拉走上前,端详着这个沉睡的男孩,她发现从未见过如此可爱的男孩,于是心中产生了本能的想法,想要把他带回去。

"醒一醒,亲爱的,"她喊道,轻轻触碰他的脸颊,"醒一醒,跟我走吧。"少年惊醒了过来,看着她,脸上闪现出惊讶和快乐的神情。"你是谁家的?"埃莉诺拉问,"又是怎么走到这儿来的?"

"尊贵的夫人,"男孩回答,眼珠滴溜溜地转动,犹犹豫豫地回答,"我的猎鹰失踪了,我一直在找它,可是找得太累了,我就睡着了。"

"你的朋友们把你丢在了森林里,"埃莉诺拉说,"你应该找不着他们了,跟我走吧,我会给你钱,会为你祈祷,如果你忠诚于我,我也可以给你一份差使。"

"不,在这多灾多难的时候,叛国都可能是忠诚的表现,"男孩说,"有人曾劝我,跟随我的主人莱斯特吧,但也有其他人怂恿我:加入爱德华王子这边吧。"

"那如果我说,加入爱德华王子的阵营吧,你会跟我走吗?"

少年躲躲闪闪地回答说:"我爱我的夫人,我不会做别的事,只会把她那只不听话的鸟带回鸟笼里。"

少年认真的话语引起了埃莉诺拉的注意,她更加仔细地端详少年的面容,发现了他面颊上的一缕红晕,以及眼里闪烁的泪光,喊道:

"伊娃!伊娃!你怎么打扮成这样了?"

"哎呀,被你发现了,你交给我的使命,不管冒多大的风险,我都要去完成,"少女红着脸说,跪在地上,快速重复着忠诚于王室的誓言,以掩盖自己的情绪。

"起来吧,"埃莉诺拉尽量严肃地说着,"跟我说说,这身装扮是从哪儿来的?"

"我真的不知道,夫人,除了以下的事情。不到一周前,我在这林子里遇到了之前好心保护我们的那位高大的骑士,昨天晚上,我冒着受你责备的风险,到了这里。他答应帮我,让我的主人恢复自由,并给我带了这一身伪装,这身伪装一定很合适,因为你眼力这么好却现在才认出我。意外的是,碰巧遇到了您。夫人,我该不该相信那位不认识的骑士,帮他让王子回来呢?"埃莉诺拉沉默了一会儿,内心里在反复思考,如果让伊娃出去,她会不会遇到危险,她又会怎样救出爱德华。

"那位骑士救过我们两次,他一定是忠心的,上天派他来是为了解救我们的,因为上帝让我们免遭敌人侵袭,然后又让那位骑士知道了我们藏身的地方。怀疑这个忠诚的人是不对的,因为这既显示了我们不相信他,也有悖于我们对上帝的信仰。来吧,伊娃,"埃莉诺拉说着,将伊娃拥入怀中,并亲吻了一下她的面颊,双眼涌出了泪水,"上帝会保佑你的,你救出我的丈夫爱德华,他会知道该怎样回报你。"伊娃沉默不语,温柔地看着她,但马上又变得庄重起来,好像在考虑要不要提出要求,但她最终还是说:"夫人,您要派弗朗西斯爵士和他的部下守卫埃克斯浅滩,直到我回来为止。"

"怎么是弗朗西斯爵士,"埃莉诺拉惊讶地重复道,"我认为亨利爵士更合适。"

伊娃用手指遮面,以挡住自己绯红的面颊,低声说道:"只要你高兴,但我希望亨利爵士不会看到我的这身伪装。"

"那么,你爱上了亨利爵士吗?"埃莉诺拉问。

"不,我也不知道,"伊娃说,"但是他身上有某种特质,让我不由自主地被他吸引,我不想让他看到我这样子。"

"亲爱的,我会满足你的愿望,"埃莉诺拉说,"如你所愿,我会派弗朗西斯去的,不过我把你一个人留在这里,没人保护你真的没关系吗?"

"森林之王会保护我的,你也会嫉妒我的,因为我在森林里筑了巢,"伊娃说着,轻轻地靠在可以当座位的一丛树枝上,这一丛由粗糙的橡树扭曲的树枝,上面长满了树叶,根本看不出下面的树枝。她稳稳地坐在树枝上,柔声跟埃莉诺拉道别,而埃莉诺拉则看着她欢快地从绿叶中探出头来,然后转过身,快速地离开了。

那天晚上,弗朗西斯就率军出发了,两位少女随军出行,其中一位穿着伊娃的服装,她的离开并未引起旁人的怀疑。

同时,调皮又机灵的伊娃仍然躲在藏身之处,直到树荫的影子投在空地上,这是他们指定的接头信号。高个骑士很快就出现了,他将她从树上轻轻举起,将她放到了一匹西班牙小马身上,并微笑着递给她一个象牙口哨,放在一个十字形的银制盒子里,请求她召唤她的森林之神。她将哨子放到唇边吹响,发出尖锐而刺耳的声音,原来每一棵树上都站着一位猎人,身着翠绿色的服装,带着弓箭。骑士快速地将他们派往了不同的集结地,他们要在那里保护伊娃的安全,他警告他们,不能越过规定的界限,然后,他跨上了身边一直在不耐烦地踩踏草皮的马,这让伊娃想起了正事,她重重地说话以示强调:"朗福尔爵士,我们必须离开,不然到了早上,我们就无法离开埃克斯浅滩了。"

他们沉默着快速赶路,两个人都心事重重,不愿意说话。

最终,还是骑士先开口:"亲爱的,你这样做真是冒险,我知道你巧舌如簧,但你怎么跟爱德华王子说话呢?"

"我也不知道,我把这问题留给你了,"伊娃回答,"因为我既不知道要去哪儿找人,也不知道我承担的究竟是什么职责。"

"这个我自己也不清楚,"骑士回应道,"莫德·莫蒂默夫人有全英格兰最快的骏马,这是康沃尔的理查爵士从圣地回来后送给她的礼物,是一匹魅黑色的阿拉伯马。我的主人莫蒂默是莱斯特的手下,但自刘易斯一战中遭到侮辱之后,他就不那么忠诚于莱斯特了。因此,为了报复,夫人就献出了这匹马,以让爱德华王子逃跑。然而,这仍然很难献出去,因为王子身边一直都有人监视着,所以陌生人靠近不了他。我的帮手们扮演成各种角色混迹在城堡之中,但什么用也没有。近期的一个上午,王子在狱卒的陪同下骑马出门,我把这个消息告诉你,希望你的头脑要比我们的头脑更聪明,比我们的行事效率更高。"

被囚禁的王子由于一直看不到希望,闷闷不乐地骑着马,突然,他看到一个漂亮的男性侍者漫不经心地走过来,向狱卒挑战,要与他们赛马。

"你是谁,怎么这么无礼?"守卫队长问道。

"我是莫蒂默爵士的侍从啊。你一定熟悉各种纹章,怎么认不出莫蒂默爵士的纹章呢?"漂亮的男性侍者很冷淡地回应道,队长听到这个回答,也就不再多问什么了,并同意比赛,大家也都兴致勃勃地开始准备比赛了。他们的比赛很激烈,一个比一个速度快。但是王子的内心仍然是悲伤的,对面前热闹的比赛丝毫提不起兴趣来,那位侍者朝王子走去,大声嚷嚷着说要王子也来骑马参赛,走到王子身旁时,他低声告诉他:"明天,卫兵们离开后,到黑泽格伦旁的小树林这边来。"王子装出对这名侍者的话不感兴趣的样子,淡漠地转身离开了,不过离开之前却跟侍者交换了一下眼神,意在告诉对方,明天会去。

第二天一早,英勇的朗福尔爵士站在树林里,手里还握着马的缰绳,牵着莫蒂默夫人的马,但等的时间太长了,他疲累不已。与爱德华约定的见面时间已经过去很久了,虽然伊娃努力扮演着一位勇敢的侍者的角色,但她在担心着王子不会来,她像个胆怯的小姑娘,总是在想可能出现什么样未知的危险。她紧张不安地转动着手中的口哨,正想要召唤出潜伏在周围的猎人们时,就听到了有人靠近的声音,这也让她安下心来,过了一会儿,王子就冲了过来。

"一直顺着大路走,我们在那头的十字路口见。"伊娃说着,将手中的缰绳放进了王子手中。

王子跳上马,按照他指示的方向前行时,追赶者的喊声已经越来越近了。[①] 朗福尔顺着马路,抵达了十字路口,正好这时,王子

[①] 莫德·莫蒂默夫人将她的指令送给爱德华王子,而他则以跟仆人进行赛马的方式逃走了,累的时候,他骑马到了一处灌木丛,莫蒂默夫人在这里藏了一匹快马。爱德华骑着骏马,返回了他的卫兵身边,并"请求他们向国王推荐他,并称,他很快就会获得自由",然后就飞快跑走了。这时,对面一座山上,出现了一支军队,高举着莫蒂默爵士的旗帜。(*Queens of England*)

也过来了,他们一起快速朝布里斯托尔赶去。很快,追捕他们的人也赶了过来,这时,这些追捕者们遇到了一位樵夫,他赶着两匹驮着柴的骡子,慢慢地往前赶路,他们就向这位樵夫询问有没有人往这个方向逃来。

"他朝那边去了。"樵夫回答,指着与王子所走的方向相反的一条路,这里的地势较高,可以看到远处有一位持有武器的军人。这些追赶王子的侍卫担心其中有更大更惊险的阴谋,于是还是返回去了。

"你究竟是谁,勇敢的侍者?"爱德华问,"你用妙计拯救了我,现在要把我带到哪里去?"

"我这里有莫蒂默爵士的纹章,"假扮男侍者的伊娃回答,"他的妻子莫德夫人是您母亲的好朋友。"

"能不能告诉我,那些反叛贵族们的消息,还有我麾下的将士们,他们的命运如何了?"

"恕我不能告知您任何消息,那些政治情报和战争情报让我头晕眼花,"伊娃说,"但在我们要去的地方,您可以了解到一些消息。"

一会儿以后,他们转过了路上的一条弯道,伊娃吹响了口哨,很快,就出现了一群猎人装扮的人,他们像是在玩游戏,在路上飞奔,其中一个人,好像是在对同伴们大喊:"到右边去,这个游戏要去'隐士的十字架'那里玩。"伊娃沉默着点头,马上调转马头,穿过树林,经过几个小时的骑行,到达了指定的地点。

在一个大大的木制十字架下,坐着一位饱经风霜的老修士,他身着修士服,头戴遮面斗篷,朗福尔和王子走了过来,他低声说道:"愿圣母赐福你们。"他跨着大步,将他们带进了树林深处,最后,他们抵达了一户猎户的房子,虽然表面上破败不堪,但还是能看出,这里近期进行过清扫,还是可以居住的。

修士告诉王子可以在这里休息,虽然这房子看上去不好,王子说:"战士是不讲究休息的地方的。"可怜的伊娃白天太过疲累,现在摆脱了危险,终于有空思考自己的处境了;她实在控制不住自己的泪水,静静地躺在藤椅上,盖上黄褐色的被子,很快就因疲累睡着了。这时,王子和修士也放低了声音,悄悄地讨论起了现状和接下来的打算。

"格洛斯特在我们这边,"修士说,"罗杰·德·莫蒂默在伊夫舍姆①有一群精兵,我的部下控制着从这里到赫福德郡的每一条通道。有探子来报,莱斯特的人一直都住在威尔士边境,而我的同伴们今晚正准备毁掉塞汶河②上的桥。我们的教士们认为,应该准备一次洗礼仪式,这样应该会洗掉那些叛变者的罪过。"

"我可不认为教堂的仪式能够洗刷掉叛国者的罪孽,"爱德华粗鲁地打断了他的话,"你还是继续说吧。"

"这里有很多莱斯特爵士的探子,"修士继续道,"不然我跟你说话也不用这样防之又防。来这里的人很多,因此我要见你也不容易。"

"你可以跟你们教堂的同胞一起加入我们的阵营。"王子说。

"我们教堂里满是宣扬异端邪说的家伙,他们都喜欢可恶的德·蒙特福特,"修士回答,"如果你愿意,你就相信他们好了。但对我来说,我必须保护那可爱的孩子,"他朝伊娃躺着的方向点了点头,"回到他的女主人身边。让这忠诚的孩子毫发无损地回去,这很重要,我提出这一点,并不只是因为个人喜欢他。"

"你说得对,"爱德华说,"他冒着被捕的危险,冒着失去生命的危险来保护我,所以我不能让他少了一根头发丝。"

---

① 伊夫舍姆:今英格兰伍斯特郡威奇文区。(译者注)
② 塞汶河:英国西南部的一条小河。(译者注)

第5章

伊夫舍姆之战,爱德华完全镇压住了反叛的贵族,保护了亨利三世的王位,埃莉诺拉在萨瓦宫和温莎城堡轮流居住。她大部分时间里都在忙着照顾三个孩子,她在对他们的教养方面很用心,他们甚至接触过她所认识的所有人。而最让她担心的仍然是活泼可爱的伊娃。

自弗朗西斯爵士在埃克斯浅滩把她接回来后,就一直想了解她的身份,想去保护她;而他却感觉到,伊娃不喜欢他这样做,她认为,他接近她是有目的的,她对他很冷淡;她个性率真,很容易表现出自己的真实情感,为此他很苦闷。

亨利·德·库特奈为人真诚热心,他对伊娃的出身并不感兴趣,只是无法容忍她总是对他态度不一,如果感情不是出于信任彼此而建立的,那他宁可单身,于是决定跟伊娃分手。他勇敢地跟伊娃表明了这一心迹,要与她分手,伊娃很难过,而且无论她怎么劝说都是徒劳。

伊娃"有时对弗朗西斯微笑,是在试探库特奈是否介意,这说明她心里有他,但她有时认为他没有爵位,她希望他能够得到封地,她希望自己生活富足。所以,如果现在她嫁给一位骑士,这位骑士前途如何,她的生活会变成什么样,谁也不知道"。不过,她现在没有说出自己的真心,库特奈认为她不喜欢他,不信任他,于是提出了分手,她也就只能懊悔和哭泣。

这时,爱德华开始觉得不安起来,他又想到了自己野心勃勃的梦想和期待,他总是想起这个困扰了欧洲的政治家们近两个世纪的未解决的问题:我们能够在巴勒斯坦建立一个长久的基督教政权吗?法国为此牺牲了那么多将士,路易九世在第七次东征期间提出了所有明智的建议,都没能在巴勒斯坦建立必要的防御异教徒攻击的措施,也没能解决叙利亚基督徒们所遭遇的混乱局面。叙利亚的伊斯兰教一方情况也好不了多少。萨法丁的国度落入了无情的马穆鲁克人手中,埃及的一场血腥革命将残暴的阿尔马莱克·比贝尔送上了王位。他们为这革命找的借口之一,就是不想侵略巴勒斯坦,而巴勒斯坦的这些圣地再次浸染了英勇的守护者们的血液。军令几乎没有用,整个国家到处都有战火,阿卡城的每一座城墙上都有士卒们拼杀的身影。

这时候,一件与东方无关的事让爱德华扛起了十字军的旗帜。他和弗朗西斯下了一盘棋。突然,爱德华不由自主地站了起来,走到了伊娃的绣花架前,想要跟她聊曾经的一次冒险,由于一位侍从的聪明机智,他才在那次冒险中捡回了一条命。弗朗西斯也很想知道伊娃会做出怎样的反应,于是也跟着他过去了,过了一会儿,上面房梁的大石头"轰隆"一声掉了下来,正好掉在了他们之前坐的地方。

这次神奇的经历让王子认为,命中注定了他是要为上帝干一番大事业的。他想去为这次侥幸脱险而感谢圣母,于是第二天,在埃莉诺拉和一大帮随从的陪同下,他去了诺福克的神龛,献上了一匹金锦缎祭坛布,并希望圣母能够保护他现在认真谋划的远征。

"伊娃,"一天,她们坐在一起的时候,埃莉诺拉严肃地说,"你知道我的丈夫正在规划一次朝圣。"

"愿天使保佑我们!"伊娃说,"英格兰的圣地还不够多么,我的主人为什么要冒着生命危险出海,去面对那些可怕的异教徒呢?"

"他可不只是为了瞻仰圣地才去的,"埃莉诺拉说,"这需要有足够的勇气;要将跟我们一样信仰基督教的同胞们从敌人手中解救出来,并在上帝为他的子民们而死的地方,建立一个以基督教为国教的国度。"

"欧洲最神圣的人和最勇敢的将士,从隐士彼得到纳依的富尔克,从布永的戈弗雷到路易九世,这些人不是都尝试过,但却失败了吗?我肯定,王子一定是故事读得多了,或者是被教皇的巧言令色欺骗了。"伊娃说。

"伊娃,亲爱的,我不是告诉过你,要对掌权者保持尊重吗?"

"我知道我说错话了,"伊娃说,"但是,如果教皇也认为东征是神圣的事业,他自己为什么不参加东征呢?"

"虽然教皇是只说不做的人,但《圣经》仍然提倡我们遵从那些相当于摩西那样的圣人啊。"埃莉诺拉回答。

"你这是在责备我了。我真希望能像你一样,总是真诚单纯。"伊娃说。

"不,"埃莉诺拉说,"我只是复述了告解神父今天早晨跟我说的话。"

"请原谅我说出的不敬的话,"伊娃说,"但在我看来,一个缺乏善心的人,居然会说出你这样至真至善的圣人才说的话,这听起来很奇怪。"

"啊,你这个偏心的家伙,"埃莉诺拉说,"你要是在贝塞尔,圣多明我会因为你这异端邪说而砍了你的头的。但是,说实话,你的赞美让我很不好意思,因为我认为,如果我真的有你所夸赞的那些美德,我可能就能让不安分的你真正学会什么是我们教义上的安分。"

听到埃莉诺拉严肃的语调,伊娃很惊讶,因此她努力掩饰自己真正的情绪,假装欢快地回应道:"不,你难道希望捣蛋鬼改变吗?我当然只是按我的本性行事。"

"啊,亲爱的,我就是不希望逼你做你不愿做的事,'但你放纵情欲,滚沸如水',所以我按我丈夫的计划行事时,总是担心你会不小心把那些计划透露给他人。"听到这话,伊娃的脸上流下了泪水,但她还是沉默着,一语不发。"沃伦·巴辛伯恩爵士,你知道他是一位高贵的绅士,他已经跟爱德华求娶你了,很高兴地告诉你,他在战场上英勇奋战,你是给他最好的奖赏。我的公公会给你准备合适的嫁妆。在我开始可能不会有归程的旅途之前,我将会看着你嫁给能够保护你一生周全的人。"

"你要去巴勒斯坦!"伊娃叫道,忘记了埃莉诺拉所说的好婚事,"我最尊贵的女主人,你还是好好想一想吧,去巴勒斯坦可是很危险的。"

"我都仔细思考过了。"埃莉诺拉平静地说。

"也许海上的那些风险你都知道了,但你想过可怕的瘟疫吗——王后玛格丽特曾经告诉过我们的——那些水蛭咬坏了人们的脸和皮肤,他们只能吞一点儿水来缓解痛苦。"

"我都记得——我也都想过了,"埃莉诺拉说,"我也知道,上帝所看中的人,没有什么能够让他远离;无论是从叙利亚、英格兰,还是我的家乡西班牙出发,到天堂的路都是一样近的。"

"那我跟你一起去,"伊娃说着,跪到了埃莉诺拉面前,亲吻着她的手,"希望上帝同意,你对我来说比拿俄米[①]还要重要,我会像

---

① 拿俄米:《圣经》中的人物,是路得的婆婆。(编者注)

路得侍奉拿俄米一样侍奉你。你去哪里,我就去哪里,你死在哪里,我也死在哪里,你葬在哪里,我也要葬在哪里。你爱的人就是我爱的,你信仰的上帝就是我的信仰。我是个可怜的孤女,我的母亲葬身在海里,我的父亲可能是流浪汉,也可能是罪犯,我不能用虚假的微笑来掩饰作为孤儿心中的悲伤,并强颜欢笑来让我唯一真诚的朋友伤心难过。因此,我将学你教给我的东西,你那么耐心、温柔、可爱,甚至愿意来教导我。"

埃莉诺拉也陪着激动不已的伊娃流泪,为了尽快结束这个话题,埃莉诺拉说:"既然你做出了这个选择,不管是什么险境,还是赴死,你都应随我一起,那么,沃伦·巴辛伯恩伯爵的求婚,你希望爱德华怎么回复呢?"

"请让他答应吧,"伊娃回答,很自豪地站了起来,"伊娃知道他的身份尊贵,但是我还不知道,曾经包着我的那块巾帕上的那个三叶草图案,究竟是什么意思,在我弄明白这个问题之前,不要把三叶草图案印到他们家族的徽章中去。"

第 6 章

马穆鲁克人屠杀基督徒，逼迫他们放弃自己的信仰，听到这个消息，仁慈的路易九世在巴黎的文森斯的宫殿里坐不住了。在礼拜堂献祭的时候，他感觉自己像是听到了在巴勒斯坦牺牲的人的呻吟声，他的灵魂因他们所承受的苦难而感到不安。他在卢浮宫召见群臣，进去的时候头戴荆棘冠。他在他们面前举起了十字旗，并吩咐儿子们和兄弟们接过这旗帜，跟他一起去支援英格兰的十字军，大家都支持他。爱德华很高兴地接受了他的支援。1270 年春，埃莉诺拉率女士们赶赴波尔多，她要在这里为十字军的东征做准备。爱德华安排好了一切之后，也到了这里跟她汇合。他们从波尔多乘船去了西西里，在那里度过了一个冬季，其间他们听到了国王路易九世过世的消息，当时国王路易正在去埃及的途中，已经抵达突尼斯了。临死之前，路易九世低声念着他心心念念想要去的地方："噢！耶路撒冷！耶路撒冷！"路易九世的弟弟安茹的查理，也就是西西里国王，想要劝说爱德华不要继续远征。但爱德华将手放在前胸，很豪气地喊道："上帝的血脉！如果所有人都远离了我，哪怕只有马夫跟随，我都要解救阿卡城！"

爱德华上船渡过地中海时，阿卡城正遭遇着一场比狮心理查到的时候更加紧密的围攻。但这一次，在城墙周围扎营攻击的是伊斯兰教一方，而竭尽全力守城的是十字军。安提俄克的命运跟耶路撒冷的拉丁王国的命运是息息相关的。

安提俄克的第一任领主博希蒙德的妻子是法国国王腓力一世之女康斯坦丝，而且这个家族的统治一直持续到最后一次东征——但事实上，这个公国要向腓特烈二世和他的儿子康拉德纳贡。最后一任领主被路易九世封为了法国骑士。埃及人开始征服叙利亚时，安提俄克未经围攻就沦陷了，因此希腊帝国和巴勒斯坦之间的联系就被切断了，前方战场的供给路线也被完全封锁了。

东方的基督教公国的最后一批将士都被送到了阿卡城里；布永的戈弗雷所率领的英雄们的后裔，也赶到了该城；军队中苟且活命的修士们，为医院骑士团和圣殿骑士团谁更有优势争论了那么久，现在也只想要夺回圣墓；经过多年战争，他们也在异教徒世界里拉拢了一大批改变宗教信仰的人。然而，他们部队中的将士大都疲于战争，而且，他们这一支部队本来就起了内讧，如果没有亨利·库特奈爵士，他们就会成为一盘散沙，这会完全摧毁他们的战斗力。自跟伊娃分手之后，他就将全副精力用于那些他自认为可以填补内心空白的事情之上。初听到巴勒斯坦遭难的消息，他就召集了库特奈家族的所有封臣和追随者们，自己出资提供装备给他们，并让他们聚集到自己的旗下，率领他们赶去拯救在东方的同胞。他抵达阿卡城的时候，正是一个关键的节点，由于疲于征战，圣殿骑士团已经跟米勒·本多卡签订了协议，达成了和解。库特奈慷慨大度的气质平息了纷争，他的英勇善战给他们带来了新的希望，让他们能够守住巴勒斯坦最后的防线，等待爱德华的到来。

金雀花家族的人要来接管十字军，这个消息让伊斯兰教徒惊恐不已，埃及的苏丹逃离了阿卡城，巴勒斯坦的所有拉丁族人都聚集到了英格兰王子的阵营之中，爱德华发现，自己率领的是一支有七千人的老兵部队。他率领他们去拿撒勒远征，决心要攻下这座城。战斗中,爱德华摔下了马,如果不是亨利·库特奈让出了自己的马供他使用,他就会在铁骑下丧生。然后,库特奈自己则去了一位高大的骑士身边作战,这位骑士和库特奈一直冲在战场的前线,就像死神之箭一样,面对敌人见一个杀一个。他们是最先通过云梯登上城墙,将伊斯兰将士们赶出去的人。通过这次决定性的战争,拿撒勒最终回到了十字军的手中。

然而,胜利的旗帜所向披靡,却抵挡不住叙利亚的烈日。爱德华因水土不服而高烧不退,不得不卧床休息,这跟当初狮心理查的状况一样,慷慨大方的萨拉丁给狮心理查准备的冰冻果子露,爱德华虽然也想要一饱口福,但却没能享用到。弗朗西斯·德萨爵士,也跟随爱德华,更确切地说是跟随伊娃,到了巴勒斯坦,希望能赢得伊娃的欢心。见到亨利·德·库特奈,他不禁嫉妒起来,伊娃对库特奈的热情让他感到绝望。多变的局势让爱德华心生忧惧,担心弗朗西斯伯爵跟阿拉伯人合作,但由于没有伯爵谋反的确切证据,这个疑虑也被抛之脑后了。

爱德华仍在生病,埃莉诺拉决定去约旦朝圣,希望在圣约翰的墓前为丈夫的康复而祈祷,弗朗西斯爵士自发引领整个队伍。埃莉诺拉随后记起来,这一路上大部分时间里,他都在照顾伊娃,但是背地里,他几次低声咒骂,所以她认为,他和伊娃的关系发展不顺他的心。他们安全地完成了朝圣之旅,归途中,他们在他泊山附近的一处小树林里休息时,遭遇了一群撒拉森骑兵。他们展开了激烈的厮杀。电光火石之间,刀剑的冷光闪烁,攻击者和防御者四散在树林之中,一些女士在一片混乱中逃走了。撒拉森人终于撤退了,但当埃莉诺拉重整旗鼓准备出发时,却发现弗朗西斯爵士和伊娃都不见了踪迹。

埃莉诺拉非常担心伊娃的安危,于是派人在附近四处寻找。

伊娃的马在附近安然吃草，但它的主人却不知所踪。埃莉诺拉焦急不已，下令全速赶赴阿卡城，并派遣更多人马出来搜寻伊娃。

爱德华的病情仍然不见起色，他实在无法完成朝圣的使命。亨利·德·库特奈很快就发现，之前树林里的那次遭遇有问题，像是有人事先安排好的，因为这场冲突，没有任何流血牺牲，这就证明了撒拉森人没有恶意。弗朗西斯爵士无疑是这场冲突的挑唆者，而他之所以挑起这场冲突，是为了得到伊娃。库特奈虽然急不可耐地想要救下伊娃，但也提高了警惕，这既是为了阿卡城的安全，也是为了他远征的胜利着想。埃莉诺拉一贯的冷静也让她有机会进行观察，了解冲突爆发的每一个细节，以及他们面对的对手的所有细节特征。

有了这些信息，库特奈挑选了一些精兵，出发了，离开阿卡城数小时后，他就遇到了曾和他一起作战的那位高大的骑士克莱尔，他还带了一队援军，这些人都是改变了信仰才加入十字军的。从这位骑士口中，他了解到，那群跟他们发生冲突的撒拉森人朝黎巴嫩山方向去了，以他对撒拉森人的了解，他一想到伊娃可能遭遇的厄运，心就往下一沉。他很急切地想要救伊娃，因此忘记了她之前犯下的所有过错，他只记得她的温柔善良，她无法用语言说出的魅力，她非常受人欢迎的特质。想到这里，他就加快了速度，很快，他们就赶到了黎巴嫩山怪石嶙峋的过道里。

那位高个骑士很熟悉当地的环境，将库特奈他们带到了名为秃鹫之巢的塔楼，这也是山中老人的主要居住地。那位高个骑士跟守护通往这个"危险城堡"之路上的守卫们似乎很熟悉。骑士一打招呼，看门的人就走了过来，骑士给了看门的人一张皱巴巴的羊皮纸，然后他们进入了一个大厅，门口站着一个皮肤黝黑的土耳其人，他半倚着一把巨大的战斧，战斧的手柄上满是短剑。看到骑士进来,一位阿拉伯酋长上前很随和地跟他们打招呼,这种态度是很罕见的,面对骑士热切的询问,酋长示意仆人,很快,就出现了一个坚固的石头装置,石头像被施了魔法般地滚开,出现了一个充满东方韵味的房间。他们震惊不已,但还不等回过神来,就听见房间的另一头传来了一阵轻柔的女声,在乞求放她出去,然后就是一个激动的声音。

"伊娃!你将是我的!我以地狱里所有的恶魔起誓。不,不要冷漠地拒绝我,惹我生气。我弗朗西斯虽然油嘴滑舌,但还是能够保护你。"他说着,拽住了她的手臂,房间里传来了一阵刺耳的尖叫声。

"叛徒!阴险的家伙!放开她!"亨利·德·库特奈喊道,冲到伊娃面前,将她拥入了怀中。

"你们是谁,怎么敢坏我德萨的好事?你们有什么权利干扰我迎娶我的新娘?"

"这是一个父亲的权利,"他身旁响起了深沉而肃穆的声音,高个骑士走上前来,轻轻抱住他的女儿,然后就退到了一旁,好像将长期压抑的情绪都释放了出来,这时,库特奈和弗朗西斯快速地抽出了他们的武器,愤怒地对视,好像都想一下就把对方置于死地。但是酋长制止了他们,提醒说他的城堡是神圣不容侵犯的,他们如果想要争斗,那必须另找开阔的场地。两人眼里闪出了仇恨的火光,不情不愿地收起了武器,高个骑士轻柔地将女儿伊娃放在了床上,并单独跟酋长谈了谈。

山中老人一个示意,两个阿拉伯人立刻冲了出来,抓住了弗朗西斯爵士,将他用皮带捆了起来,带他离开了。伊娃终于不再担忧焦虑了,而且她还找到了一直想找的父亲,还有她的恋人,她终于能够微笑着面对他了,这让他很满足,于是,伊娃急忙准备赶赴阿卡城。那位酋长让他们稍事休息,伊娃也跟父亲愉快地交谈了一会儿,酋长的侍从们对待他们就像对待君王一样。他们出发的时候,看到弗朗西斯爵士被蒙着双眼上了一匹马,脸对着马屁股,双臂牢牢地抱着那个监视他的阿拉伯人,伊娃很难过。

"克莱尔,你跟山上的那位酋长关系似乎很不错,"他们前行的时候,亨利·德·库特奈说。"要不是因为你的女儿,"他瞥了一眼伊娃,说,"我可能会忽略掉那些让我们找到线索的细节的,因为这一次我们并没有人员伤亡。"

"不会,你也会发现的,"克莱尔回应道,"因为人类的历史不会因黎巴嫩山间的这些大胆的强盗而被改写掉。"

"是上帝拯救了我们!"伊娃叫道,她仍然因害怕而面色苍白,"我的经历多么恐怖啊!那个可恶的弗朗西斯声称,他从我们的敌人阿拉伯人手中夺回了我,而且会把我安全送到阿卡城。令我失望的是,他转而把我送到了一个城堡里,里面住着一大群当地的基督徒。这让我心惊胆战,即便现在,一想到我曾经落入了那个在英格兰时,一听到他的名字我就瑟瑟发抖的'山中老人'手中,我就感到后怕。"

"不,亲爱的,"她的父亲轻柔地说,"那位酋长对你并没有恶意,如果不是弗朗西斯插手,他可能已经放了你。"

"那么,他们要求缴税和进贡了?"库特奈好奇地问。

"'要求'这个词用的很棒,"骑士说,"你难道没看到那个粗鲁的家伙手中的战斧吗?据说,那个丹麦式的武器曾经属于这个队伍的创建者,手柄上面的每一把短剑上,都用不同的语言刻着一种罪名,显然是指控那些胆敢不向君主纳贡的亲王的。我的一位先祖,我也不知道究竟是谁,他曾经住在克洛兰附近,从尊者那里得到了一张羊皮纸,就是你看到我用的这张神奇的羊皮纸。我的那位先祖第一次东征时是随当时的英格兰王储出征的,跟他的其他战友们不一样,他平安回来了,自那时起,我们家族的人就认为,这张羊皮纸是有魔力的。

"为东征做准备的时候,我把这个传家宝放进我的行囊里,然后就把它抛之脑后,后来发生了一件奇怪的事,才让我想起了它。我为拯救巴勒斯坦做的计划(因为我也有野心),就是从现在混杂的各民族中挑选精兵能将,组建军队。一开始,我发现那些盗贼可能会要我交钱,我就提高了警惕,我拒绝了所有来向我索要钱财的人。一天早上,我醒过来后,发现身边围满了忠于我的护卫,一把短匕首插在了距我的头不足两指的地方。我仔细检查了上面的篆文,发现跟那把战斧手柄上面的是一样的,然后我决定跟这位酋长做朋友。那位酋长将我的通行证还给了我,带我去参观他的住所,愿上帝保佑,我不想再去那个地方了。他的随从们都很遵守纪律,他们的信仰坚不可摧,首领的每一句话都是一条法律规则。酋长把我带到了一座高大的塔楼里,每一面墙前面都有两名卫兵。只要他一个示意,其中的两人就会从塔楼上跳下去,他们就会粉身碎骨。'如果你希望如此,'这位酋长说,'他们这些人都会这样做。'不过我见得多了,从那时起,我就不想与他为敌。

"将这个叛徒赎回来,我可是花费了巨大的代价的,因为我认为,爱德华应该了解一下,他究竟有多卑鄙,并为此而惩罚他。你们现在已经没有危险了。我不能进入阿卡城,不久后你们就会知道其中的缘由。再见,我的女儿,你跟你母亲长得真像,在我们再见之前,不要把我们的关系透露给他人。再见。"

他用马刺扎了一下马,马就飞跑起来,然后很快就消失在了群山之间。

第7章

同时，阿卡城的王宫里也发生了令人惊恐的事件。自拿撒勒沦陷后，雅法城高官开始跟爱德华谈判协商，宣称希望改信基督教。爱德华对这一圆满的结局非常满意，他很珍惜异教徒提出的这一虚假的希望，并竭力向对方提供机会，让他了解自己这一信仰的教条，参加相关的宗教活动。

他们之间的交往甚密，英格兰卫兵们已经非常熟悉那位黝黑的伊斯兰教信使，他经常裹着阿拉伯头巾，戴着绿色的无檐帽，他们让他自由出入阿卡城，让他进王宫，他甚至能自由进入国王的前厅，而不受人质疑盘问。

叙利亚的气候本来就炎热，这炎热的天气甚至加重了爱德华的疾病状况，让他难以康复，埃莉诺拉为了安抚他躁动的心情，疲累不已。

夕阳沉没在水底，一阵清风从海上吹来，这缓解了埃莉诺拉的疲劳，爱德华躺在窗前的沙发上，终于开始休息时，内侍进入了房间，说雅法派来的使者求见。

"我可不想见这位异教徒，"埃莉诺拉说，语气里透着一丝跟她平常的温柔不相符的不耐烦，"因为他带来的消息总是让我的丈夫发怒。"

"这可不像你，你平常对人都是很和蔼的，"爱德华说，"我还以为你会说,跟这个撒拉森人说话是我在巴勒斯坦获得的无上的光荣呢。你是太累了,亲爱的。去休息吧,你一直衣不解带地照顾我,让你的脸上都没了血色。"

"但是,亲爱的——"埃莉诺拉插话道。

"别,别说了,"爱德华说,"不要让自己太辛苦了,不要太担心这次会面会惹恼我。我会直接去休息,不见他,这样你也能查查伊娃的下落。"

一听到伊娃的名字,埃莉诺拉就心痛不已,她重重地叹了口气,离开了,这时,使者也走进了房间里。

一会儿之后,就传来了一阵猛烈的打斗声和人身体沉重坠地的声响,而埃莉诺拉此时还停留在前厅,听到声响,她冲回了房间里,身后跟着内侍和守卫们。

刺客已经躺在了地上,死去了,他的头被她刚刚拿过的脚手架刺穿。俯卧在他身边的是爱德华,他已经失去了知觉,手臂上的一处伤口里,血液汩汩地流了出来。埃莉诺拉很快就明白了丈夫的危险处境,想到他刚刚面临的险境,她就瑟瑟发抖;仆从们将爱德华从地上扶起来,她轻轻地把他的手臂抬到自己的嘴边,吮吸着伤口处的毒。① 但爱德华刚一清醒过来,就猛地把她推开了,喊道:"我亲爱的埃莉诺拉,你难道不知道那匕首上有毒吗?"

"即便如此,我也不在乎,"虽然爱德华一再抗拒,但埃莉诺拉还是很冷静地继续着。

国王遇险的消息迅速传遍了全城,各路人马纷纷派使者前来

---

① "传说中",富勒说,"他(爱德华一世)的妻子埃莉诺拉在不伤害自己的情况下,用嘴吸出了他伤口处的所有毒素。因为关爱之心,埃莉诺拉竟然创造了这样的奇迹。遗憾的是,这样美好的故事并不是真的(爱的传说中有很多奇迹)。但要驳斥这样温情的故事,我们也没有任何理由。"

探望，有的派遣医生过来帮忙治疗，有的担心国王将故去，还派遣了神父前来听国王忏悔。圣殿骑士团的主将对刺客的作案习惯比较熟悉，此时他们也出现了，他们赞扬埃莉诺拉及时救援，用润肤的软膏涂抹国王的伤处，还给了埃莉诺拉强效的解毒药。

埃莉诺拉这边还未完全恢复平静，内侍又过来报告称，亨利·德·库特奈带着伊娃回来了，这个消息再度掀起了轩然大波。变节的弗朗西斯被囚禁在了诅咒之塔里，等候爱德华的讯问；伊娃因重新获得亨利爵士的倾慕和收获父爱而兴奋不已，她跟埃莉诺拉自由自在地畅谈，度过了这漫漫长夜，她们所共有的情感超过了所有阻碍，将她们团结在了一起。

爱德华终于恢复了健康。双眼不再因发热而透着不正常的红色，病中苍白的容颜也恢复了血色。他健壮的身躯已经击溃了疾病，征服了脆弱和痛苦，他身披华服，坐上王位，"无论从哪个角度看都是王者的派头"。阿卡城大教堂的门打开了，所有骑士都全副武装，圣殿骑士团和医院骑士团成员们也都整理好了自己的装备，教士们都身着教士服，大臣们都身着节日盛装，站在过道和圣坛上，好像是很期待见证什么豪华的仪式。但与这一派盛况形成鲜明对比的是，教堂里的墙壁和窗户上都挂着黑色的布料，看起来像是要举行葬礼一样，而且大家听到了沉穆的钟声，这就像是在希望的坟墓前奏响安魂曲一样。

弗朗西斯·德萨爵士的审讯是由他的同伴们来执行的，他被指控为叛教罪和叛国罪；这一天是他成为爵士的周年纪念日，他的骑士同伴们，以及他看不起的那些侯爵们，还有所有因好奇和怨恨而来观看的观众们，都聚集一堂，看着他被处死。想到之前倾心于自己的人即将被驱逐，伊娃就害怕得瑟瑟发抖，而亨利·德·库特奈借着去瞻仰圣墓的名头，巧妙地避开了这一敏感的场面。作为国君，爱德华有职责来进行审理，这场面的确比死亡本身更令人胆寒。

第一次钟声起，已经给弗朗西斯爵士最后一次穿上官服的随从们引领着他从诅咒之塔向教堂走去。他们刚刚进门，沉重的钟声就停止了，静默了一会儿，其他的骑士们开始吟诵送葬曲，他们的声音嘶哑。

在人们的注视下，一个挂着黑布的高台，被立在了教堂的中殿里，一帮刽子手站在那里，他们的任务就是要将犯人身上佩戴的所有荣誉和勇气的徽章取下来，押着犯人站在那高台之上。

吟诵结束后，爱德华用令人心惊的声音说道："弗朗西斯·德萨爵士！你从国王路易九世手中获得爵位，如今因背叛上帝、背叛真理、背叛你爱的女士而接受我们的审判。据此，你的同伴们都认为，因为你卑鄙无耻，曾让你荣获无限风光和尊荣的爵位，将被收回，你的封号被取消，我们将驱逐你，且你也无法获得任何人的尊重。"很快，钟楼上的爱德华宣布执行刑罚。听到这个命令，法官颤抖着用手取下了弗朗西斯头上的头盔，露出了他苍白憔悴的面孔，唱诗班再次开始吟唱悲哀的挽歌。随后，随从们都开始履行自己的职责。德萨身上所有华贵的服饰都被脱掉了，胸甲、臂铠、护颈套和金属护手相互碰撞的声音传来，大家齐呼："看一看这恶棍的下场吧！"

弗朗西斯因羞愧和惊恐而抬不起头，随行者脱下了他脚上的金色靴子，将他的骑士之剑举过他的头顶，那可怕的挽歌哀鸣，似乎是在为他的陨落而痛哭。

圣殿骑士团的主将走上高台，扛着一个装满了温水的银盆，掌礼官举起这个银盆，喊道："面前的这个罪人姓甚名谁？"

随从们回答:"他受洗时所获得的姓名——随父姓——我们称呼他为弗朗西斯·德萨爵士。"

掌礼官们再次声明:"他接受了错误的信仰,而且谎话连篇;他是个恶棍、叛徒和异教徒。"

随后,主将也模仿洗礼的仪式,将银盆里的水洒在他脸上,说:"那么,我们给你一个合适的名称:叛徒!"

然后,掌礼官们吹起了喇叭,喇叭发出刺耳的轰鸣声时问道:"我们该怎么对待这个叛徒?"爱德华站了起来,用一种激起人嫉恶如仇的腔调,回应道:"让他带着羞愧和耻辱离开基督教王国——让他的同胞们诅咒他,天国的天使也不能为他求情。"

所有的骑士都抽出剑来,剑锋都对准了此刻毫无防御之器的德萨,把他从祭坛上逼下去,刽子手们捉住了他,并把他塞进棺材里,让他躺在尸架上,随行的神父们为他被玷污的名声和不洁的灵魂做了祷告,并完成了葬礼仪式。国王一声令下,一群人抬起了棺材,大家都肃穆地跟随着他们走到城门边,他们将这个备受诅咒的家伙逐出了城,而教堂高塔里的大钟敲响了,控诉着他的恶行:"消失了——消失了——消失了,品行、信念和忠诚,失去了——失去了——失去了,尊荣、名声和爱。"从古老的迦密山到神圣的他泊山,每一座山谷间都回荡着这丧钟般的哀鸣:"消失了,失去了——失去了,消失了"——埃斯德赖隆传来的清风也携带着这回声,匆匆掠过地中海沿岸,将这个可悲的故事告诉了欧洲。

德萨因自己所遭受的耻辱而痛苦不堪,他慢慢地站了起来,盯着面前荒芜的平原,就像他的未来一样,没有丝毫生机。

生活,德萨曾经的生活是什么样? 一个狂热的梦,无尽的欲望和渴求! 品行——尊荣——真理——这些虚无的词,他的耳边仍然回荡着他们嘲弄的声调。他狂奔不停,想要摆脱掉这些可怕的想法，它们就像是魔鬼一样追着他。

德萨靠近了基顺河河岸，冰凉的河水永不停歇地流淌，势要让他狂热的心平息下来，并将他不光彩的名字湮没。他跳进了河里——古老的河流带走了他，他沉入了河水中再也没有上来，一个深沉的声音高呼："你的敌人就这样消失了，噢，上帝啊！"这是伊娃的父亲克莱尔的声音，他当时率军向南方前行，赶到了河对岸，正巧看到了德萨自杀的这一幕。

上述事件过去一周后，伊娃进入了埃莉诺拉的房间，兴奋之情溢于言表，她的手抓着一只信鸽，信鸽的心脏剧烈地跳动着，显然是经过长途飞行而来的。

"这信鸽是哪儿来的，它带给了你什么消息？"埃莉诺拉问道，她对关于东方局势的消息也很感兴趣。

"一个叫普兰的送过来的，"伊娃回答着，快速地剪断了信鸽身上的丝线，从信鸽的翅膀上取下一封信来，信的内容很短："埃及苏丹被伊斯兰教徒严密地监控了起来，真是谈判的好时机。"

信上没有签名，只有一个三叶草的标记，但伊娃却知道，父亲克莱尔已经参与了让爱德华退出远征的计划，因为这次远征对英格兰无益。

爱德华在圣地待了十四个月了。他的军队本来就不足以应对重要的军事行动，因为贫病缠身而逃走了不少人，势力锐减，因此他很高兴地接受了这个不知名的朋友的提议，派遣亨利·德·库特奈带着和约去埃及。

这是库特奈的光荣使命，但害羞而可爱（这一点她无法掩饰）的伊娃严正警告他，埃及的苏丹可是个诡计多端的家伙，她曾开玩笑说，这位苏丹的名字比她手中做刺绣的线还要长。

"如果他就是黑暗之王，那我亲爱的伊娃的爱就能保护我了。"

库特奈勇敢地回应道。

"天啊！"伊娃很不好意思地叫道，"你不知道我有多么脆弱。再怎么坚强，只要找到了我的弱点，一攻即溃，我自己都认为，我需要找一个更坚强的依靠。"

"愿上帝会赐给我这一神圣的使命，让我成为你最坚实的依靠。"库特奈回应道。

"也愿上帝能让我配得上你的付出。"伊娃说着，一想到自己曾故意地冷淡对待他，她就感到很遗憾。

亨利·德·库特奈很顺利地跟苏丹签订了十年的停战协议，因为相比较十字军，苏丹更害怕伊斯兰教。

英格兰人再也不用待在巴勒斯坦了；爱德华也率军返回了欧洲，他取得的成就并没有比他伟大的叔父狮心理查大，但留下的好名声也不比他小。

虽然这次东征最终以签订中止战争的协议收场，但最英勇的封建主义者和宗教狂的后裔们，就跟他们的前辈一样，牺牲在了战火硝烟之中。

路易九世的儿子，勇敢者腓力三世从突尼斯回国，从圣丹尼的陵墓中带回了五口棺材，分别载着父亲路易九世、他的兄弟特里斯坦、他的姐夫蒂博（阿德拉的后裔），以及他深爱的王后和他们的小儿子的尸体。他自己已经虚弱不堪了，却几乎成了法国王室唯一的继承人。野心勃勃的安茹伯爵查理，掠夺了回归的十字军的战舰，拓宽了西西里王国的领土。

死神也光顾了温莎王宫。爱德华和埃莉诺拉的两个孩子都病故了，孩子们的祖父亨利三世，和他们的姑姑苏格兰王后玛格丽特，很快也被葬到了英格兰威斯敏斯特教堂的墓地里。这些悲伤的消息传到了西西里王宫，也传到了耶路撒冷还未撤离的十字军的耳中，他们原本希望能够从这里得胜回去的。

在爱德华一世看来，征服巴勒斯坦所面临的最大的问题还未得到解决，然而，他年纪也大了，既不像年轻时那样朝气蓬勃，也不像那时那样野心勃勃了。在东征的过程中，将领们下达命令的次数频繁，而这些命令也逐渐丧失了号召力；而低级的士官们发现了不用太多的钱也能够变得富庶起来的方法，于是，他们就开始跟军队首领和世袭的贵族们开战了，而且从中世纪开始，劳动阶级日益占据了上风。

格里高利十世仍然想要激起欧洲王室对解救圣墓的热情，但各国都对他的热情号召无动于衷，三年内，"解救耶路撒冷"这句口号曾经激起了多少将士的豪情壮志，这是两个世纪以来让人振奋的口号，无数的将士因为听到这句口号而奔赴战场，马革裹尸，那些侥幸存活下来的将士们，也在捍卫阿卡城的战争中，用自己的鲜血染红了叙利亚的沙地。

参加十字军的各国王室成员们从西西里向罗马前行，他们在罗马受到了教皇格里高利十世的热情欢迎，教皇一直在为各国王室成员担任告解神父，如今也回到了耶路撒冷，担当起了守卫天堂之门的圣彼得的职责。

随英格兰国王一同出征的是他的表兄，也就是康沃尔的理查的儿子亨利，这位年轻人勇猛无比，他曾率部队反击莱斯特，而且骁勇善战的他也为伊夫舍姆的血腥战斗贡献了自己的一份力量。在这风云变幻的时节，他的热心和忠诚让他赢得了爱德华的信任，而他在与异教徒的战争中的勇猛表现，以及在围攻拿撒勒所取得的辉煌战绩更是让爱德华一世对他青睐有加。

年轻的亨利是玛丽公主的未婚夫，因此埃莉诺拉对他也格外关照，而且看他就像看自己的孩子一样。

爱德华一世待在罗马期间,深得他喜爱的亨利得以去那不勒斯附近一处著名的神龛朝圣,将他在巴勒斯坦收集到的各类圣物献祭。跪在祭坛前,闭上眼睛祈祷的时候,他并不知道,他的仇敌,莱斯特伯爵的儿子盖伊·德·蒙特福特也进来了。他偷偷摸摸地溜进来,朝亨利弯下腰去,喊道:"去死吧！杀害我父亲的凶手！"然后,将自己的剑插进了亨利的胸口,飞溅的血液染红了亨利手中的圣物。蒙特福特充满恨意地皱了皱眉头,擦干净了血渍,然后放回剑套里,跨着大步离开了教堂。他麾下的一名忠心耿耿的骑士见他回来,便问道:

"先生,您做了什么？"

"复仇！"盖伊·德·蒙特福特狠狠地答道。

"然后呢？"骑士继续问,"你的父亲,伟大的莱斯特爵士,被带走的时候,不是被公然揪着头发,穿过伊夫舍姆的街道的吗？"

蒙特福特什么也没说,回到了亨利身边,抓住了他,他的双唇仍然因为祈祷而轻轻翕动着,他身边的侍从们还在徒劳无功地替他止血,蒙特福特一把将他抓了过来,拖到了公众场合,并将他丢在了路边,然后就离开了,只剩下惊慌的路人围着奄奄一息的亨利。

现在,杀人者需要想一想怎样保命了,因为亨利爵士的英格兰封臣们都高呼着要复仇,而意大利的民众也因这场教堂惨案而兴奋不已,并纷纷加入了攻击者和受害者的阵营。蒙特福特的拥护者们呼喊道:"安茹伯爵！跟皇帝党[①]一起下地狱吧！"查理公爵率部下前来对事件进行调查时,蒙特福特爵士混入了他们之中,并在他们的掩护下逃往了那不勒斯。

---

① 皇帝党:又名"吉柏林党",和教皇派相对立。(编者注)

这个令人悲伤的消息很快传到了罗马，爱德华一世马上向教皇提出，要求制裁杀人犯。格里高利十世不敢拒绝爱德华一世的请求，但也同样不敢与西西里的暴君决裂，于是他很聪明地选择了拖延政策。然而，发现英格兰国王居然将亨利的葬礼延期，民众也开始咒骂杀人者时，教皇不得不行使教会的职责了。

格里高利十世身着主教服装，进入了奥维多教堂，他的手中拿着厚厚的《圣经》，踏上了高高的祭坛，宣读杀人凶手的罪名，然后宣布将凶手开除出教会。

"德国的亨利，在光天化日之下，被谋害于圣母玛利亚的神龛前，因此，我们圣教会诅咒这起命案的凶手盖伊·德·蒙特福特。由于我们是圣彼得的继承者，因此我们有权做出决定，将盖伊·德·蒙特福特逐出教会，并且免除我们神圣的宗教所赋予的所有特权。我们允许大家抓捕他，命令各省官员逮捕他，我们禁止任何人让他避难，所有的基督徒都不能为他提供帮助，他的所有封臣都不得再忠于他；愿《圣经》的赐福永不会降临到他头上，愿所有人都诅咒他。"说完，他就将《圣经》摔到了地上。

格里高利十世举起了蜡烛，继续说道："愿生命之光不再照耀他，让他的灵魂陷入永恒的黑暗之中。"他说着，将蜡烛扔到了地上，与此同时，教堂里的所有灯光都熄灭了，在这沉沉的黑暗之中，教堂会众们听到了教皇的声音，害怕得瑟瑟发抖，他们也大声喊道："我以《圣经》、以蜡烛、以教堂的钟声诅咒他。"这时，庄严的教堂钟声传来，像是回应这句诅咒，在这静默的黑暗中，会众们一个一个地走出了教堂，仿佛是害怕被牵连到这诅咒之中。

爱德华一世已经将蒙特福特交给了教会处罚，也就不再采取进一步的报复行动了，他友好地跟教皇道别，并继续赶往法国。英格兰王太后摄政之后，国内一片祥和，于是爱德华一世继续去南方的领地巡游了,巡游的数月期间,他总是参加各种游猎活动。

1273年8月2日,爱德华一世和埃莉诺拉回到了英格兰,为王位加冕仪式做准备,英格兰民众热情地欢迎他们回家。议会成员齐聚一堂,为他们进入伦敦而做准备,街道两旁摆满了鲜花,挂满了彩带;而那些富翁们,在他们经过的路上朝随从们丢细碎的金银。

他们的加冕仪式的准备工作可谓是做得空前绝后了。为了搭建民众休息的住所,准备各种美食的厨房,就花费了十四天时间。大量的波尔多葡萄酒、英式麦芽酒,都被放置在随手可以取到的地方,那些口渴的民众甚至还能向酒的主人讨要酒喝。

盛大仪式开始的前一晚,国王和王后却回忆着他们刚刚结婚时的甜蜜时光,回忆着以前的磨难,还谈到了未来。

"亲爱的,我认为,"爱德华一世说着,轻轻握住埃莉诺拉的手,"那时候,你被困在德文郡的郊外,而我也被关在科尼尔沃斯的城堡里时,怎么能想到还会过上如今安定富足的生活啊!"

"确实如此,亲爱的,要不是曾住在那低矮的房屋里,我也不会知道英格兰人原来这样忠诚于王室。"

"愿圣母作证,你比你学者般的哥哥,那位卡斯蒂利亚国王,魔力更强,因为他只会在世间找金子,但你却能发现所有人的优点,即便是个罪人,你也能发现他的忠诚。"

"我记得,"埃莉诺拉说着,露出一个甜蜜的微笑,"有一个勇敢的人,在我心中,他拥有所有高贵的骑士品质。但我一点也不能赞同你所说的我的优点,因为是爱的魔法让我发现了他的价值。"

"除了爱,再没有什么能让人发现别人的优点了,我是个罪人,所以如果不是你能够在人的缺点甚至错误中发现优点,我也会害怕你的审判的。明天,愿上帝保佑,我爱德华有能力,让你埃莉诺拉成为慷慨的施予者,谁会是第一个得到你恩惠的人呢?"

"既然你授予了我这样的权利,"埃莉诺拉欢快地说,"那我就要奖赏那些将我的爱德华从索命的敌人手中救出来的恩人。"

"你说的深得我心,亲爱的,"爱德华说,"既然你提到了我曾经被囚禁的日子,我向圣母祈祷,愿她免除一项让我经常烦恼的义务。昨天晚上,那些仆从们为了明天的盛典做准备,他们来回穿梭忙碌,我好像看到了那个身材高大的骑士,他穿着礼服,戴着蒙头的斗篷,我一会儿觉得他是个神父,一会儿又认为他是莱斯特,他就像个很有经验的老兵一样有远见。他四肢很长,手臂很有力量,见过一次之后,我一直都没有忘记过,如果我没有看错的话,那个人就是跟库特奈率军围攻拿撒勒的人;此外,我还认为,我在别的地方见过这个人。"

"也许是那个在犹太人大屠杀时保护我的高个骑士,而你的到来驱散了那群暴民。"埃莉诺拉回应道。

"以圣巴多罗买的名义起誓,你的想法真不错,"爱德华说,"因为你认识修士,也许你能够帮我找到一个机灵的男孩的消息,我被囚禁的时候,他想方设法跟我取得了联系,而我的其他属下们却都没能联系到我。这样优秀的一位侍者,应该获得爵位;我很乐意将这一荣耀赐予他。我知道,他不是莫蒂默家族的人;但他究竟是组建了王室军队的将领的家臣,还是喜欢冒险的贵族,我也不清楚。"

"那如果他是异教徒的家臣呢?"埃莉诺拉好奇地问。

"只要是救过我的人,无论是谁,我都不会吝惜奖赏的。"爱德华回答。

听到这话,埃莉诺拉脸上露出一丝满足的微笑,打开了她的首饰盒,取出了一个小小的象牙口哨,然后派遣一名随从带着口哨去找伊娃。

不久,他们间的交谈就被一名仆人打断了,仆人说莫蒂默夫人的一位随从等着见国王陛下。

"快让他进来。"爱德华说着,意味深长地朝埃莉诺拉瞥了一眼。

门被推开了,国王心心念念牵挂着的那个长得俊美的男孩出现了,他瑟瑟缩缩地进入了房间,走到了国王面前,热切地为德莫特·德·拉·克莱尔伯爵求情。

"这是怎么回事?"爱德华惊诧地问道,先看了看那位跪着的仆从,然后又看了看自己的妻子,"这是怎么回事? 天啊,我都被吓了一跳,你不是巫婆就是魔法师吧? 这位就是我九年来一直苦苦寻找却没找到的人,你却只用了一个象牙口哨就把他召唤来了。"

"德莫特·德·拉·克莱尔伯爵!"他对假扮成侍从的伊娃说,轻轻地把他扶起来,"你怎么会为这位被放逐出去的爵士求情呢? 让他自己来坦承罪过,并恳求我们的仁慈对待,我们也会承诺公平公正对待,也许还能获得更好的奖赏呢?

"而你,可爱的信使,"爱德华一世一边说,一边看着疑虑重重的伊娃,"'戴着莫蒂默家族的徽章','对政治不感兴趣'的你,居然为一位罪人要封地和爵位! 不用说,你一定是自己想要吧。"

"我是为了自己才提出请求的,陛下,"伊娃说着,再次跪了下去,"我就是您收养的伊娃,德莫特·德·拉·克莱尔是我的生父。"

"你的生父!"爱德华吃惊地叫道,"你是怎么知道的?"

"首先,是那位被救的水手告诉我的,我父亲曾经想率军夺回他的封邑,然而却被剥夺了公权,成了一个罪人。他穿着赶大车的人穿的罩衫,在您逃难之时等在十字路口。还有爱尔兰的象征物三叶草,还有我母亲为了纪念父亲朝圣而绣在围巾上的沙仑玫瑰。

但是,我最强有力的证据就是我的心跳,从在伦敦桥被他抱在怀里,到他在黎巴嫩山秃鹫之巢那里救出我,我相信他的爱,也遵从了他的话,只有父亲才能让我如此相信。"

"你的口才真棒,说的故事也很精彩,"国王爱德华说着,扶着伊娃起来,并让她坐在了他身边,"如果我是个骑士,急切需要赢得王室的青睐,我也会请你来替我求情的,而且根本不必担心会被拒绝。"

伊娃想要开口说谢谢,但她流出了眼泪,哽咽了,埃莉诺拉也很感动,并用伊娃小时候说想成为爱尔兰女王的话来打趣她。

"我担心,"爱德华说着,看着一脸仰慕神情的伊娃,"根据他们的功劳来奖赏我的所有臣民们,这会让我的国库空虚的。这些索要恩惠的人都是厚颜无耻的!今天早上,还有个胆子大的来求娶我们王廷中最美的少女,说是要将这婚事当做对他在东征期间所做贡献的奖赏呢。"

伊娃恳求似地看向了埃莉诺拉,埃莉诺拉点点头示意她离开,而爱德华又继续说话了。

"亲爱的,我希望把伊娃嫁给他,"他说,"因为他是个勇士。"

"关于我们伊娃和亨利·德·库特奈的婚事,"埃莉诺拉说,"只有一点不好。因为名字相似,她甚至曾以为她是伦斯特国王①的后裔,而且还喜欢具有王室品位的饰品,我担心,亨利爵士还没袭爵,可能无法给她提供富足的生活。"

"愿上帝保佑,不要让她像斯特里格爵士那样野心勃勃,不然我们可能就要为我们在爱尔兰的属地开战了。"爱德华说。

"不,伊娃的野心,你不必担心,她只会想着关爱她的丈夫,而

---

① 伦斯特国王:指爱尔兰王国的国王。(编者注)

不会想着给自己收敛财富,其实,是我希望她能嫁给那位高贵的巴辛伯恩爵士,希望他是她的最终归宿。"

"亲爱的,你现在有能力排除众意,将这样高贵的女主人,送给那忠心保护你的百姓。"

埃莉诺拉眼里涌上了激动的泪水,她含情脉脉地看着自己的丈夫,回应道:"你总是以臣民之幸为自己之幸,能嫁给你,我真是每天都要感激上帝。"

"对我来说,再没有什么比你的爱更重要的了,"国王说,"我们的兄弟,苏格兰的亚历山大,他的先辈曾发誓效忠亨利二世,但他却拒绝了继续效忠,他也会成为我们加冕仪式的观礼嘉宾;而那个大胆的卢埃林[①]拒绝来伦敦。"

"我们国内刚刚经历过的那段风起云涌的时光,成了他们猜忌我们的最好借口。"埃莉诺拉说,"但我丈夫的明智和慷慨应该很快就会扬名天下了,那时候,他们就会相信你的能力,并效忠于你了。"

"你是多么想要说服我呀,"爱德华一世说着,哈哈大笑起来,"甚至让我爱上我的敌人,哈哈哈。"

"我应该说服你,"埃莉诺拉说着,微微一笑,"让你把敌人变成朋友。疑心会让人们产生仇恨心理。这时候,站在莱斯特阵营中的大部分人,都是热心而真诚的,他们本应该获得善待,但却因恐惧而不敢出门,也不能表达他们的忠心。"

"你怎么能让我相信他们的忠心呢?"爱德华一世好奇地问。

"因为上帝对我们都是仁慈的,"王后不好意思地回答,"即便我们犯了罪,上帝仍然向我们展现了他对我们的爱,因此我们应该

---

① 卢埃林:指威尔士的统治者。(编者注)

相信他。"

"确实,你说的有几分道理,"国王若有所思地说,"不过还真是闻所未闻,统治者居然要宽宏大量,让臣民们原谅叛国者。"

"好心的法国国王路易九世,"埃莉诺拉急切地说,很小心地不说得太多,"也靠仁慈治国,法国没有哪位国王的统治期比他那时更和平安定。"

爱德华一世沉默了一会儿,看着她,她一副恳求的神情,满满都是为臣民的福利和丈夫的尊荣而忧心的表情,"你说的没错,你说的没错。在这件事上,上帝不会误会我,因为他已经派了天使来做我的顾问了。"然后,他又恢复了平常幽默聊天的本性,继续道:"亲爱的,你想的真好,因为像我这样一位君王,也要竭力地控制自己对权力的欲望,以减少自己的罪过。但是,我可不会为自己的柔情而请求宽恕,因为男人本性就是如此,抵挡不住你们女人温柔的劝说。"

第8章

国王爱德华一世和埃莉诺拉的加冕礼仪式非常盛大,而上一次像如今这样引起英格兰民众关注的盛大事件,都发生于近100年前了。本地的不列颠人、撒克逊人、丹麦人和诺曼人,持异端邪说的敌对势力,虽然之前对战过,但此刻都汇聚在一起,来膜拜一位流淌着斯堪的纳维亚民族血液的国王。非贵族出身的地主、小地主、富翁、工匠、好奇心重的侯爵、高贵的骑士和贵族,都赶来观看这场加冕礼。

无地王约翰的加冕礼臭名昭著,既因为他众所周知的臭脾气,也因为他受伤的侄子当时想要分庭抗礼。而亨利三世的加冕礼是在国内一个偏僻的地方举行的,当时,不列颠岛的一部分仍然被法国所占领,民众们既担心外国人侵犯,也担心被统治者所厌恶。因此,在这个国家,没有人会忘记像爱德华一世和美丽的卡斯蒂利亚的埃莉诺拉的加冕礼这样的盛典。

坎特伯雷大主教将王冠戴在他们头上,人群中的欢呼声一阵高过一阵,但听说免除参与之前暴动的人的责任,并废止那些残暴的法律条文,它们曾让太多的人变成了非法的罪犯和流民,不能回到家中安享生活,狂喜的民众们高呼:"国王爱德华万岁!王后埃莉诺拉万岁!"

埃莉诺拉眼中涌出了欢欣的泪水,因为她看到了人们在为实施免责政策而鼓掌欢呼,这显然证明了,她提出的这个主张是明智的,而且,她也知道,她丈夫这样做显示出了君王的宽宏大量,而这也有助于帮他巩固政权。

在向他致意的人中,爱德华一世发现了那个一直未能找到的人的身影。他刚一坐上王位,就让贴身的侍从去请那位神秘人前来觐见。他走上前来,跪到爱德华一世脚边,埃莉诺拉马上认出,这位就是那个她将自己的生命和丈夫的自由都寄托给他的高个骑士,他就是德莫特·德·拉·克莱尔,她更感到高兴。

"起来吧,尊贵的克莱尔!"爱德华一世叫道,"我的生命和我的王位都是因你的守护而获得安全的,因此你们家族的尊荣和封号也都得到了恢复,还有从莱斯特那儿没收的封地也都赐给你,这是为了你的忠心护主而奖赏给你的,而不是为了你可爱的女儿。"克莱尔伯爵身边马上就出现了一群贵族,都是前来道贺的,他正与他们周旋,国王就点名让亨利·德·库特奈过去,看到他在圣战中英勇的表现,特封他为德文郡伯爵①——并悄声对他说:"我们尊贵的王后人善心慈,她将把她精心呵护的人送给你,你会因此而更感激她的,这恩惠可比我们赐给你的爵位还要厚重。"

其他忠心的封臣也都得到了赏赐,然后,欢呼雀跃的众人便开始了宴会和游戏,加冕日就这样结束了;亨利和伊娃的婚礼于第二

---

① 德文郡伯爵:库特奈家族是路易六世的后裔。除了在君士坦丁堡就任国王的那一支分支外,家族的部分成员也定居在英格兰,十二位名为库特奈的德文郡伯爵均是英格兰的主要贵族,而这一时期延续了两百多年。

他们在名为爱德华和亨利的将领麾下作战,海上和陆上战争都有参与。无论是战场、赛场,还是嘉德勋章最初的名单上,他们的名字都是排在前列的。他们家族的三位兄弟与伍德斯托克的黑王子理查一起赢得了西班牙的胜利。金布营帐中,亨利八世的一名宠臣抵挡住了一支射向法国国王的长矛。另一位被关押在塔楼中的人,是女王玛丽的地下恋人,他为公主伊丽莎白而急慢了她,之后被流放到意大利的帕多瓦,这一段事迹成了编年史中的浪漫故事。(Gibbon, *Rome*)

天举行，这也给加冕庆典增加了喜庆的色彩。

亨利三世疲软无力的统治期间，国内陷入一片混乱之中，但最令人不满的还是假币风波。由于犹太人是这个国家主要的放债人，因此大家一致认为，所有的经济问题都是他们太过贪婪而导致的。

爱德华虽然因东征去过圣地，但对犹太人的偏见却一直没有改变，他认为他们比异教徒们更轻视基督教的礼节。他虽然热衷于公众福利，但却剥夺了这个他讨厌的民族的人的公民权，并将他们的房产收归王室所有，被驱逐出境的犹太富商和官员不少于一万五千人。虽然采取了这样强硬的政策，但他仍然雇佣了一些犹太人来协理假币的问题。

钱币样貌的改变虽然只是一次微小的变化，但却导致了爱德华一世统治期间发生了一系列重要的事件。

威尔士人是古不列颠人的后裔，他们非常相信默林①的预言，根据传言，默林曾用一种神秘的方式决定了国家的命运。这些传说几乎都被忘记了，但是其中有一条传言，据说，一位威尔士出生的王子统治不列颠全岛的时候，英格兰所使用的钱币就是圆形的。因此，新的硬币刚刚开始在梅奈西部开始流通，吟游诗人们就开始将这一改变唱进了诗歌里，想要激起人们对威尔士征服英格兰的热情。他们的王子卢埃林已经成功夺回了曾被诺曼人夺走的所有领地，这极大地刺激了他们的野心。

虽然英王室不追究威尔士亲王的责任，但威尔士亲王仍然效忠于蒙特福特一方，并与那些势力强大的追随者们一起密谋，希望

---

① 默林：默林·安布罗斯，五世纪后半叶著名的英国作家。我们现在所知的他的资料，很多部分都跟传说故事相关，我们很难从中分辨出哪些是他的真实生活经历。他是那个时代最伟大的圣人和数学家，曾经担任过五位英格兰国王的顾问——沃提珍、安布罗修斯、乌瑟、彭德拉根和亚瑟。他说出了许多关于英格兰未来的预言。（*Encyclopedia*）

寻求法国的帮助,继续反叛。为了阻止他们实施阴谋,爱德华派德莫特·德·拉·克莱尔爵士率船队出征,这既证实了这位爱尔兰爵士的忠心程度,也可以证实他的能力。收到岳父来访的消息时,亨利·德·库特奈正跟妻子待在埃克塞特,第二天,伊娃就将父亲带进了他们的新家。克莱尔爵士还带来了一位少女,他将她交付给女儿,并称,女儿一定要好好看住她,直到国王爱德华召见她为止。起初,这个少女还很伤心,不过她终于找到了自己的听众,也就是德文郡伯爵夫人伊娃,她跟伊娃说起了自己的悲惨经历,缓解了自己心中的伤感。这个女孩是西蒙·德·蒙特福特唯一的女儿伊琳诺拉,继承了他们家族坚韧的性格特征,而她的母亲金雀花家族的埃莉诺,经常教育她,告诫她,所以她也继承了母亲柔和的个性。她的哥哥盖伊,终于离开了教会,打算跟威尔士人联盟来复仇,为了巩固这联盟,他让伊琳诺拉嫁给卢埃林,她正想去跟自己的未婚夫汇合,但她的船却被拦截了下来,而她则被克莱尔伯爵俘虏了。她是威尔士准王妃,她担心自己的表兄英格兰国王会对她太过严苛,但伊娃却告诉她,爱德华一世是很大度的,无论双方有什么仇怨,他都不会针对她。虽然伊娃的语气非常肯定,但伊琳诺拉脸上露出的却是不太相信的微笑,并叹了口气,回应道:"唉!夫人,我想,您是不知道人心中的阴暗之处啊!""你长得这样美貌,我看不出你曾经历过什么不幸,"伊娃惊讶地说。"我虽然年纪不大,但经历得多啊。"伊琳说,"虽然我年轻,但我已经见惯了生活的波浪起伏。我父亲一直很在乎人们对亨利三世不公正的诽谤[①],它

[①] 不公正的诽谤:莱斯特带着新婚妻子——国王的妹妹向普罗旺斯的埃莉诺表达敬意时,亨利二世对他大发雷霆,亨利骂他骗了他妹妹,是个被逐出教会的家伙,并下令让仆从们将他赶出王宫。莱斯特想要反驳,但亨利不听,然后莱斯特被赶了出去,他恼恨地发誓会报复年轻的王后,他认为之所以受到这样的待遇是因为王后跟丈夫吹了枕边风。(*Queens of England*)

可能会毁掉我们大英帝国。你不知道,我父亲跟我舅舅剑拔弩张的时候,我母亲的心有多纠结。我一直记得,"女孩一想起过往的事,就激动不已,继续道:"伊夫舍姆惨案发生后,我一直担心母亲,于是再也没有心思玩闹了,我经常待在科尼尔沃斯宫母亲的房间里,她一直在房间里走来走去,不断祈祷,祈祷上天饶恕她的丈夫,救救她的兄弟。哦!真是太可怕了!"她说着,双手捂住了脸,泪水从她的指缝中涌出来,"有一天,我哥哥盖伊冲了进来,带来了我父亲战败死去的消息,并发誓他会继续复仇。""不要再说了!"伊娃叫道,也激动地转过身去抹泪,因为她也想起了在德国教堂被害的亨利,和她曾听说的盖伊·德·蒙特福特被驱逐的消息。"回忆可怕的事是痛苦的,"伊琳诺拉悲伤地说,"但你从我的这些故事里应该知道,我真的很讨厌只渴望复仇的人。""但是,敬爱的王后埃莉诺拉,"伊娃说,"会很高兴抚慰你的伤悲。跟她的女儿们相处,应该能让你快乐一点儿。""别说了,亲爱的夫人,我虽然无法相信你说的话,但还是很感激你。这是不是报应,我不知道,但自我祖父对阿尔比教派开战以来,我们家族所经历的都不顺心。照亮人道路的希望之光,从未眷顾过我。"住在埃克塞特期间,伊琳诺拉一直意志消沉,伊娃想方设法转移她的注意力,但都没有效果,就连对跟卢埃林生活的回忆也无法让她开心起来。不过,国王爱德华过来迎接自己的表妹去温莎城堡时,非常大度且彬彬有礼,这印证了伊娃的话;而埃莉诺拉对她无微不至的关心既缓解了她的悲伤,也让绝望的她对他们建立了信任。

未婚妻被俘彻底激怒了卢埃林,于是他怒气冲冲地率军入侵英格兰。勇猛善战的德文郡伯爵亨利·德·库特奈挂帅,抵挡住了他的入侵,经过四年苦战,他不得不答应效忠爱德华一世,并赶赴伍斯特迎接自己的未婚妻。

埃莉诺拉的关心也让受到照顾的伊琳心生感激，这些年的安定生活，是伊琳有生以来最为舒心惬意的日子，而卢埃林来迎娶她的时候，她也提出，卢埃林必须庄严宣誓效忠英王室，她才答应嫁给他。卢埃林见别无他法，只好发誓效忠，而国王爱德华也亲自牵着表妹的手进入了教堂，埃莉诺拉也在祭坛上扶着新娘行礼，并以她自己一贯的亲和力主持了这场婚宴。威尔士亲王卢埃林和王妃伊琳诺拉随后跟随国王和王后去了伦敦，并完成了规定的册封仪式，跟随卢埃林前来的斯诺登贵族们虎视眈眈地盯着，就像捍卫着边疆的将士们一样。斯诺登贵族们不喜欢英式面包，也不爱喝饲养的母牛产的奶，他们厌恶尖酸刻薄的侍从，他们渴望喝用从斯诺登山间采的蜜酿的蜂蜜酒。他们穿着的是被改过的民族服装，说的话也是变了腔调的母语，这让他们深恶痛绝，他们认为自己受到了嘲弄和侮辱，因此，爱德华一世热情招待客人时，他们不耐烦地等待着，离开的时候，他们低声诅咒道："我们再也不踏足伊斯林顿，直到要来征服它为止。"发现贵族们对英王室不满，伊琳诺拉不懈努力地去调解，人们也就不再公然抱怨英格兰王室了，在她的一生中，卢埃林一直与英格兰王室保持友好的关系。埃莉诺拉经常劝勉丈夫，不要影响百姓的和平生活，不要发动战争，因此英格兰才得以享受这短暂的和平时光，自诺曼征服以来，英格兰极少享有这样的和平时光。凭着王室特权，爱德华一世在私有领地上建立了自治市镇，并授予这些市镇自由贸易权，为了让莱斯特事件不再发生，国王提出自由市镇可以派遣代表参加议会，这也是今后下议院的雏形——这是民治政府在英格兰的第一缕曙光。国内的下层民众也有了议政的权利，而且他们的权利也得到了保护，社会各阶层都开始关注共同的社会利益。

第9章

埃莉诺拉之母琼安过世之后,蓬蒂厄和奥默尔两块封地就失去了主人,国王爱德华和王后埃莉诺拉就需要向法国国王讨要这两块封地,并发誓效忠法王。他们在法国待了好几个月,去处理封地问题,后来,威尔士地区发生了动乱,他们就回国了。

一抵达温莎城堡,埃莉诺拉之女阿卡的琼安就给母亲送来了一封信,她告诉母亲,这封信是一位陌生的修道士送来的,这位修道士原本想直接送到埃莉诺拉手上,但是她不在,所以修道士要求琼安承诺,一定会交给她母亲本人,修道士这才把信给她。这封信是威尔士王妃伊琳诺拉寄来的,内容如下:

"威尔士王妃伊琳诺拉向尊贵的英格兰王后埃莉诺拉致以爱戴和问候。

"我曾想要再次去拜访您,在我最悲伤的日子里,是你们让我第一次感受到快乐,我也想来看看那些让我感到快乐的人。我曾想恳请您为我可爱的孩子祝福,因为我的丈夫答应了,春天到来的时候,我们就会去英格兰,这个消息让疲累的我感到非常开心,因为我一直记着在温莎城堡时那温馨快乐的时光。但是山间春意正浓,而我却变得更加虚弱了,根本无法下床,我的呼吸也很衰弱,我再也没有机会为您曾经的温柔善良而来感谢了。我就要死了!我知道,在花儿盛开之前,我就会躺到坟墓里去,我时日无多了,但还有一件事让我感到很焦虑。

"我的幼女谷多琳已经能够以微笑来回应母亲了。我最近经常想起您对我的关爱和照顾,不过还有谁能够关照年幼的她呢?谁能够像您教导我一样教导她呢?

"我病痛缠身,但还是要给您送上这最后的真挚的祈祷。请收留我的孩子吧,她冷血无情的家人们所抛弃的温和柔善的价值观,请让她重新接受吧。

"也把我的祈祷和祝福送给您的丈夫,我们的国王爱德华,以及你们的女儿们,愿她们甜美的笑容能够让你们的生活更加幸福。再次请求您,收留我的孤女吧,噢!您向上帝祷告的时候,请记得提起我,我是从您那里知道,上帝是仁慈的。"

写信的日期是三月,而此时已经是六月上旬了,埃莉诺拉急忙询问有没有伊琳诺拉和她的孩子的更多消息,但却没得到任何回复。然而,国王爱德华知道了威尔士亲王卢埃林背叛的消息。他马上从旅途的疲惫中恢复过来,召开议会,在会上讨论:卢埃林的兄弟戴维和罗德里克请求英格兰王室帮他们夺回家产,英格兰王室是否给予帮助。

爱德华从这些贵族们那儿得知,威尔士亲王违背了在王妃死前许下的承诺,不愿将女儿送到埃莉诺拉处照顾,而且,由于听到了威尔士人反对英格兰统治的民歌,再加上他麾下的贵族们也有不满英王室统治的,威尔士亲王决定不再履行效忠英格兰国王的诺言,他的兄弟们不支持他,他还剥夺了他们的家产,所以兄弟反目。

议会决定帮助戴维和罗德里克夺回财产,而爱德华一世也很高兴能够完全征服威尔士,于是率军出征。

战争初期,爱德华一世的军队遭遇了失败,但是在比尔斯大战中,卢埃林战死了,他的部下溃不成军,卢埃林头上的王冠被阿方索王子放到了忏悔者爱德华的坟前。但是,战争仍然没有结束。戴维现在成了哥哥的继承者,承袭了王位,并统帅威尔士军队,他也背叛了爱德华一世,于是爱德华一世仍然需要在这里平息叛乱。埃莉诺拉在威尔士山间陪同丈夫作战,她保持着坚强的心态,就像住在德文郡郊外那段令埃莉诺拉焦虑的时间里,以及出征叙利亚时让她勇敢面对各种艰险时一样。

为了埃莉诺拉的安全考虑,爱德华修建并加固了卡那封郡的城堡,如今,这个城堡经过了六个世纪的风云变幻,其内部仍然保持着爱德华陪爱妻埃莉诺拉第一次前来时的状态。

现在,防卫墙包围着城墙,仍然坚挺地竖在那里,模仿爱德华一世身姿塑造的雕像,仍然守卫在城堡正门的前方,手握着短剑,似乎是想要吓住冒险闯进城堡的人。平息叛乱时,国王和王后给鹰塔换上了威尔士宫中的当地装饰,把只有在温莎城堡和汉普敦宫才有的装饰和摆设都撤掉了,他们的孩子小爱德华出生了,他的橡木摇床上,悬挂着铃铛和吊环,安置在房间的一个小角落里,小爱德华睁着懵懂的双眼感受着这世间的光。埃莉诺拉对孩子非常关爱,她想请威尔士人当儿子的老师,教他说威尔士语,不过,她也担心,威尔士人不愿意来,她不得不推迟请老师的事,直到后来叛乱平息了,这不仅让温和的王后请到了老师,还将威尔士的命运也放在了她儿子的手中。

由于威尔士地区多草地,因此威尔士人也是牧民,他们的生活方式很简单,英格兰训练有素的将士们入侵时,他们也就无力抵抗,自然只能被打败。但是,就跟所有能够吃苦耐劳的山民一样,威尔士人似乎从他们家乡的山风中吸入了崇尚自由的精神,他们虽然一直在被英格兰军队追赶,但仍然守护着古时的旗帜,并且激动地聆听着将领们关于未来创建国家的辉煌计划。爱德华一世一直耐心地跟着他们,穿越那崎岖多岩石的山峰峡谷,他全副武装的部队几乎都要累垮了。

威尔士地区可怜的山间居民都逃跑了,没人居住的房屋、被废弃的田地、挨饿的家畜,都显示出这些山民所经受的苦难。夜幕降临之时,英军进入了一处谷地,不过在狭窄的入口处,他们遇到了一群威尔士精兵。

最先引起英格兰军队注意的,是那些挨饿的牲畜们的叫声,经过了一段弯弯绕绕的道路,被派遣出来查看情况的英军部队发现了一处宿营地。这个宿营地有三座简单的建筑,仅能供人遮蔽风雨,没有任何防御措施,周围坐了一群人,他们都注意到了英军的到来。

在营火映照下,那些威尔士人的身影就如鬼魅一样,他们沉着脸,皱着眉,从营地中央传来了粗重的歌声,伴随着军乐器的伴奏音。他们语言粗俗,英格兰军队听不懂他们在唱什么,但是,他们从聆听者的反应中领会了歌词的含义,因为聆听者们在每次暂停的时候都会非常激动地重复吟唱者唱出的词,然后跳起来,抓住自己的矛,刺向自己的盾,并高呼着复仇的话。

威尔士人因爱国的歌曲而激情四射,爱德华一世也明白了他们是在等待英军送上门,而且也看出,只要消灭了这支部队,他就能征服威尔士了。很快,他就传达了击战鼓的指令,他的部下们虽然很疲惫,但听到战鼓声,还是冲上去战斗。

威尔士人本以为自己是安全的,但是突如其来的袭击也让他们惊诧不已,他们也拿起了武器,拼命地冲上去抵抗。欢快的乐音很快就变成了痛苦的哀嚎,然后,这里便陷入了死一般的沉寂。

威尔士人唱的节奏欢快的歌曲,变成了自由的安魂曲。戴维率部下的几位贵族逃到了一座山谷之中,德文郡伯爵库特奈试图切断他的退路,然而,令他感到吃惊的是,在更安全的山间堡垒之中,他发现了一群惊恐不已的女人,他对这群手无缚鸡之力的女囚徒们关怀备至,希望能够减少她们的痛苦。

这群女人之中,有一位似乎身份地位比其他人都要高,但是她把注意力都放在了一个安静地躺在摇床里、对自己所承受的苦难毫无所知的婴儿身上,这引发了库特奈对她们的关注,他很同情这位女士。

亨利·德·库特奈靠近了她,想要缓解她的恐慌,而这位看护却以为他是要让她离开孩子,于是,她用蹩脚的英语大叫道:"不要将小公主从我身边带走,我曾向伊琳诺拉王妃发誓,这孩子只能够托付给好心的英格兰王后照顾。"

"不要担心,好心的女士,"伯爵温和地回应道,"我会亲自将你和这孩子送到卡那封郡,这样,你也可以亲自将这个小孤儿送到她母亲的朋友手中。"伯爵将其他俘虏交给其他将领们负责,将这位女士交给了自己的仆人,他自己则带着孩子和她的摇床上了马,并赶往了卡那封郡城堡。

埃莉诺拉一见到伊琳·德·蒙特福特的女儿①,就流下了眼泪,并像照顾自己的儿子一样照顾着这个小孩。从此,一起养活这

---

① 伊琳·德·蒙特福的女儿:威尔士人遭遇的第一次不幸就是卢埃林的法国新娘被俘。

　　这位年轻的女士是西蒙·德·蒙特福特的女儿,蒙特福特是爱德华一世的敌人,因此爱德华一世在战场上杀掉了他,而这位女士也是爱德华姑姑埃莉诺·金雀花的女儿。他以同胞之礼接受了她,并将她托付给自己善良的王后照顾,让她跟王后一起住在温莎城堡。

　　卢埃林美貌的妻子给他生了一个女儿,然后便过世了。这个名叫谷多琳的女孩婴儿时期就被爱德华一世收养了,她和她的表姐格莱兹一起在修道院长大,格莱兹是戴维王子唯一的女儿。(*Queens of England*)

两个孩子,曾经带着谷多琳过来的女士成了他们的保姆,这位女士很喜欢善良的王后,因此对两个孩子都很照顾;她总是找机会参与当地人的交流,总是宣扬女主人的仁慈善良。

保姆总是说,埃莉诺拉和小爱德华就像圣母玛利亚和圣子一样圣洁,他们也都很善良,很美貌,她还大胆地推测,因为王后对谷多琳就像对自己的女儿一样,那么毫无疑问,小谷多琳以后也会嫁给小王子爱德华。

同时,爱德华一世也成功地实施了自己的军事规划。由于戴维无力组建抵抗英军的军队,因此他总是在逃亡,逃过了一座又一座山,被击退了一次又一次,并最终向英军投降,被押送到了英格兰。

失去了将领的斯诺登贵族们,发现小公主谷多琳已经落入了英格兰国王的手中,也认识到了自己再无力抵抗,于是同意了爱德华一世的提议,去卡那封跟爱德华一世协商。这些威尔士山民们同意尊爱德华一世为至高无上的统治者,但他要允许他们选择自己的君主,因为爱德华不说撒克逊语,也不说法语,他们声称这些外族语言他们根本听不懂。

爱德华一世同意了他们的条件,准备工作都完成了之后,他将小爱德华从鹰塔中带出来,声称他就是威尔士当地人,不会说英语,也不会法语,而且在他可爱的"老师"谷多琳的教导下,他能很快学会威尔士语。"威尔士人根本没有想到会得到这样一位统治者。然而,他们也没有别的选择了,于是,他们恭恭敬敬地上前亲吻推翻了威尔士本地人统治的小爱德华的手,并宣誓效忠于埃莉诺拉的幼子。"

第*10*章

自此,英国国内恢复了和平安定,国王爱德华和王后从坚固的卡那封郡城堡搬到了奢华的康威城堡。在这里,王后埃莉诺拉度过了一段短暂的安宁时光,这时,她无需焦虑担忧。

在这里的一间布置精美的房间里,窗户打开,正对着阳台,从这里能俯瞰下面开阔的土地,埃莉诺拉上午都待在这里,进行晨间接见,她的侍女们则在她开始接见之前为她梳妆打扮。王后谦和的态度也感化了威尔士人,这个半野蛮化的民族第一次领略到基督教文化的魅力,就是从王后埃莉诺拉温和的礼节中感受到的。

不过,虽然埃莉诺拉在英国家庭和睦,竭尽全力帮助别人,受到臣民的拥护和爱戴,但她也没有忘记自己的故国西班牙。

信仰对人的个性有这样一种影响力,在哲学上看起来貌似是悖论,但对基督教这种宗教而言却是事实,即它能够增加人对它教义的共鸣,让人关爱出现在生命中的其他人,正如《圣经》中所言:"爱人如爱己。"

只要能够帮得上他人,埃莉诺拉就会竭尽全力去帮。不断地帮助别人,让她形成了这种习惯。因此,听说哥哥阿方索十世被他不孝的儿子桑乔废黜了之后,她便恳请自己的丈夫接下这个艰巨的任务,帮哥哥复位。

爱德华一世的治国理念跟阿方索十世不一样,因此,面对王后急切的恳求，他有点儿犹豫，但最终还是同意陪她回卡斯蒂利亚看看情况。

他们这次出行的队伍浩浩荡荡，他们的表弟腓力三世在巴黎热情地欢迎他们。他们在波尔多休息了几个月，然后翻过比利牛斯山去了卡斯蒂利亚的布尔戈斯。

勇敢的桑乔很高兴地将他们迎进了他的王宫，很耐心地听完了王后的质疑和抗议。

"我的父亲，"桑乔说，"正在休养，他比处理麻烦的政务时要开心得多。近些年来，他一直在忙着研究火星和木星的运动轨迹，因此没有时间去关心臣民们的生活，而且，虽然我摄政是不对的，但要不是我插手政务，我们美丽的卡斯蒂利亚就会陷入混乱之中。"

"但如果我哥哥更喜欢享受自由的生活，他肯定会挑选他的接班人吧。"埃莉诺拉说。

"不，关于这一点，不同的人有不同的看法，"桑乔说，"我们的祖先哥特人，喜欢将王位授予次子，跟其他民族都是授予长子的风俗不同，也是由于这一点，我才接管了政务。"

"但是，因为利用了这一权利，你剥夺了其他王子的所有权利。"埃莉诺拉指责道。

"那么，"桑乔说，"国王本没有权利以牺牲人民的利益为代价去实现自己的野心，那国王的一句话为什么就能凌驾于人民的意愿之上呢？"

"确实，你说的貌似有一点儿道理，"埃莉诺拉若有所思地说，"我也很怀疑，有的人生在富贵之家，却没有高洁的品质，而有的人生在贫困之家，却品质高尚。我实在是想不通，为什么是这样的。但当我想到莱斯特反叛期间，美丽的英格兰遭受的苦难时，我总是相信《圣经》里的这句话：'凡掌权的，都是神所命的。'"

"这句话说的不就是我嘛,正好合适。"桑乔说着,大笑了起来。

埃莉诺拉叹了口气,"你忘了吗,桑乔,"她说,"上帝给了你国王的尊荣,(因为你误解了我的话,认为这是你应得的,)你难道忘了《圣经》上也说过,'当孝敬父母'这句话?"

"不,不,姑姑,你的指控过分了。明智的阿方索还可以进行他所爱的学术研究,只不过——"

"他被囚禁了。"埃莉诺拉打断了他的话。

"给他所需要的一切,"桑乔继续道,"这是我的职责,但我不能让他干扰我治国。他喜欢跟犹太人和阿拉伯人交朋友。来自意大利城萨勒诺和西班牙萨拉曼卡两城的医生、化缘修士和传教士(说实话,这些家伙给他搜集了修道院里的很多古籍送来,他为此重金奖赏了他们)、伶人和耍把戏的人,还有随从,无论什么人都可以来见他。明天,你们就能看到他,随行的肯定有各种各样的人,我认为到时候,你们就会跟其他人一样,认为他是个傻瓜或者疯子了。"

爱德华一世也跟卡斯蒂利亚的贵族们以及桑乔聊了聊天,跟桑乔做出了同样的结论,于是他也不再坚持要放阿方索十世出来,而是很高兴地接受了邀请,跟卡斯蒂利亚国王桑乔一起,对西班牙南部的摩尔人开战。

他们去南方的这段时间,埃莉诺拉就待在布尔戈斯照顾自己的兄长,其间,她总是担心哥哥的神智可能已经不正常了。阿方索把妹妹看得比其他的任何人和事都要重要,他允许她随时过来找他,而且无论什么时候过来,他都不会生气,他与妹妹在一起时,不再进行深奥难懂的研究,而是开始跟妹妹回忆过去的时光,埃莉诺拉问他关于目前生活状况的问题,他也都会回答。

埃莉诺拉有这样一种特质,从所有的事物里都能够发现有趣的东西,而且她总能从看似错误的事情中领悟到真理。很快,虽然阿方索仍然在自鸣得意地宣扬自己的谬论,但他的脾气却变得更加温和了,对所有靠近他的人也更加彬彬有礼了。埃莉诺拉耐心地听他长篇大论地解释行星的运行,她还竭力去理解哥哥认为能够解释宇宙运行规律的图表、世界末日的概念,还有他自己的庄严使命等,这些都是比他们所读的《圣经》更为古老的存在。

"你看,亲爱的妹妹,"阿方索说,"我们成年之后,仍然像孩童时期那样,容易相信不切实际的故事;因此,那些无知的家伙都认为,整个宇宙都是围着我们所在的这颗微不足道的星球在运转,天上之所以有星星,是为了照亮我们人的世界。"

"事实上,这个说法正体现了人的傲慢自大,"王后轻柔地回应道,"并且提醒挥霍无度的国王,将自己的臣民视作为自己的享乐提供物资支援的来源这种想法是错误的。"

"错误的想法,挥霍无度的国王,"阿方索说道,显然是忽略了王后话语中的暗示含义,"已经在过去的时代中给世界造成了损害。毕达哥拉斯曾经最靠近真理,但也迷失在了荒谬和错误之中。"

"愿上帝保佑我们免遭这样的厄运。"埃莉诺拉突然很严肃地说道。

"反对教会教条的哲学家,听到的是理智之人才能听到的自然之声,他是不会有犯错的风险的,"阿方索自负地说,"《圣经·旧约》上说,上帝在六天的时间里创造了天地万物,但教会也拿不出上帝创造宇宙的证据来。宇宙是永恒的。至于那神圣的太阳的使命只是来照亮大地的这种说法,如果全能的上帝召唤我给他提建议,我会教他①一种更明智的让日夜更替的方案。"

---

① 阿方索十世是活跃于十三世纪的卡斯蒂利亚国王。思考着天体运行规律时,他说:"虽然宇宙是这样构建的,如果上帝在创世的时候叫上我,我会给他很好的建议。"但是,他这样的话并不是因为他不虔诚或是无礼,只是针对古希腊天文学家托勒密而已。

听到这种亵渎上帝的话,埃莉诺拉很震惊,但还是很平静地说:"你所鄙视的《圣经》告诫我们:'凡事察验。'这样的话,你怎么能反驳呢?"

埃莉诺拉做出的反应,阿方索很高兴,他举起一个地球仪,把它放在灯光能够照耀到的地方,让它绕着轴自转,以展示给埃莉诺拉,光源不动,地球上的日夜是如何产生的。

"光源围绕着地球转动,"阿方索说,"自然也能产生同样的效果,让这个地球充满光明,但是花费了多大的代价呀。而地球围着光源转动,那就容易多了,只不过偶尔会产生日食。"

听到这个简单的真理,埃莉诺拉震惊不已,她很崇敬地看着自己的哥哥,但还不等她做出回应,这时进来了一个人——这个人的表情让她有一种似曾相识的感觉,但她却想不起来,究竟是在什么时候、什么地点见过这个人。他虽然穿着一件西班牙紧身上衣,但他的身形显然因为年岁大而显得有点儿佝偻,年轻时肯定是个高大威猛的人,他的眼睛又黑又亮,点亮了他黝黑的面庞,他快速地瞥了他们一眼,但眼神却很有穿透力,似乎一眼就看穿了他们的目的,读懂了他们对他的看法。他飘逸的胡须显露出了灰白色,这给他增添了一些威严感。他沉默着点点头,跟兄妹俩打过招呼,就穿过了房间,小心翼翼地脱下了他的斗篷,安静地坐在了旁边一张堆满了文件的桌子旁,开始了他的工作。见埃莉诺拉看着自己询问的眼神,阿方索回答:"这位是我们聪明的普罗奇达,他是个犹太人,是我最信赖的记录员。"

"希腊人还是阿拉伯人,我不知道,"埃莉诺拉低声说,"但我觉得以前见过这个人。"

听到埃莉诺拉的话,那个陌生人抬起了头,而埃莉诺拉却用双手遮住了眼睛,好像是不想看到什么可怕的场景。

"不可能,不可能的,"她叫道,"他看上去非常像我刚到伦敦时倒在我脚下死去的那个犹太人。"

"普罗奇达,"阿方索说着,显然是误解了她的情绪,"请你回避一下,因为我妹妹是个虔诚的基督徒,她很讨厌犹太人。"

犹太人站起身正要离开,埃莉诺拉却说:"不,哥哥,请原谅,我失礼了。我想跟你的这位朋友谈谈。"

普罗奇达走上前来,沉默着站在一旁,等她先开口。

"你去过伦敦吗?"她急切地问道。

"我尊贵的王后想起的应该不是那个锻造玫瑰金币的雷蒙·鲁柳斯①。也许是想起了小王子阿方索手上的伤了吧,因为他曾经想从坩埚中取融化的金属却被烫伤了手。"

提到自己的儿子,埃莉诺拉便开始流泪了,她说:"我的小阿方索已经跟他的先辈们躺在坟墓里了,但你的长相让我想起的是另一个人。"

"您提到的被杀的犹太人,"普罗奇达很悲伤地说,"正是我的老父亲本·亚伯拉罕。我们全家只有我一个人逃了出来,因为英勇的爱德华王子及时出现,我才得以脱身。"

"啊,现在我知道,你应该很想要去服侍我妹夫吧,"阿方索插话道,然后又转向埃莉诺拉,"要知道,我亲爱的妹妹,我们的秘密只有有学识的人才知道,我是国王,我可以让普罗奇达跟你去英格兰,把水银变成金子,以帮助你们增加收入。"

"那确实能够变出了。"埃莉诺拉说着,露出了不置可否的微笑。

---

① 雷蒙·鲁柳斯:传说,这位著名的炼金术士居住在伦敦期间,为理查一世进行了一次实验,将五万磅水银变成了金子。据说爱德华一世时使用的第一批玫瑰金币,就是用这些金子铸造出来的。

阿方索和普罗奇达意味深长地对视了一眼,但阿方索想起来,妹妹对他的天文学理论是很欣赏的,于是在看到普罗奇达犹豫的表情时说道:"不,这也是我们第一次让他人知道,我妹妹对新知识的渴求是很强烈的,如果她知道了,她不会出卖我们的秘密。"说完,阿方索推开了一扇门,带着埃莉诺拉和普罗奇达进入了一个小实验室,里面有很多实验所用的器具。富有学识的普罗奇达忙着将房间中的瓶瓶罐罐和一个火盆收拾好,以便腾出供人安坐的地方,而国王则打开了一个柜子,取出了一些皱巴巴的干海草,然后丢到了火盆里,点火烧草。海草很快就燃成了灰烬,普罗奇达将这些灰烬放进了一个空的旧坩埚里,然后放到了埃莉诺拉面前,阿方索走上前来,拿起坩埚,问道:"亲爱的,你看这是什么?"

"没用的灰烬。"她回答。

然后,阿方索从坩埚里的瓶子中取出了一根试管,让她仔细看,然后又用试管进行了一系列她看不懂的化学实验,并重复了以上的问题。

"我现在看见,"埃莉诺拉惊讶地回答,"那种灰烬变成了像银子一样闪闪发光的小球。"

"你可以自己用手去拿那些珠子,"阿方索沉默了一会儿才说,"它们不会伤害你。"

疑虑重重的埃莉诺拉犹犹豫豫地倒出了那些珠子,还以为自己的哥哥成了神父们所说的巫师。

"能确认一下,那是金属吗?"阿方索见她若有所思的表情,问道。

"就我所看到的和所感觉到的而言,这确实是金属,但为什么——"

听到这里,阿方索大笑着插话道:"哈哈!这难道不是奇迹吗,这难道不比你认为的圣餐变体论更真实吗?"

埃莉诺拉皱起了眉头——哥哥这样不敬神,她感到很难过,就像他也为她的无知感到难过一样,但她还是勉强笑着回应道:"不,像你这样不信神的人,是不可能创造什么奇迹的。我担心有什么邪灵附上了你的身,就像那些埃及人行妖法的时候那样。"说着,她就把那些珠子还给了阿方索。

"还是放在你那里,等明天再看吧,"阿方索说,"明天我还会用它们开始新的实验。"

埃莉诺拉离开的时候,普罗奇达也跟着她离开了,因为他想跟她谈一谈。

第11章

埃莉诺拉和普罗奇达有过多次会面。他每天都找机会跟她见面——有时是无关紧要的事,有时是给阿方索传话——每次他都找各种借口延长见面的时间,他奇怪的举止最终让埃莉诺拉认为,卡斯蒂利亚肯定发生了比科学研究更为重要的事情。

有了这个想法后,埃莉诺拉就感到不安,她认为,肯定会发生什么事,会给自己的哥哥带来威胁。

因此,埃莉诺拉开始信任普罗奇达,鼓励他说出自己心中的秘密。

"你需要我帮你做什么吗?"问出这个问题后,埃莉诺拉发现,普罗奇达更加焦虑,也更加犹豫了。

"尊贵的英格兰王后,"普罗奇达很抱歉地回答,"我这个以色列被鄙视的流浪汉几乎得不到基督教将士们的同情。"

"不会的,"埃莉诺拉说,"你忘了我们的福音书上是怎么说的吗,'上帝从一本造出万族的人'。"

"如果我忘记了,"普罗奇达苦涩地说,"那也是因为教会并不同意这条训诫。"

"确实如此,"埃莉诺拉说着,叹了口气,"我们在生活中极少履行我们信仰规定的教条,但告诉我,我该怎么帮你?"

"尊贵的王后,"普罗奇达很激动很急切地说,"您知道吗,您的慷慨大方会让您身陷险境的。"

"你说吧,不要担心,"埃莉诺拉说,"我是行善,不担心会受到伤害。"

普罗奇达一直热切地注视着她,像是要知道自己的话可能产生的后果,然后他痛苦地说:"我来自士瓦本的一个贵族之家,从西西里逃了出来,我的女儿也很难寻求法律的保护;她现在藏在布尔戈斯城郊,她的美貌已经引起了一些强势之人的追求,而我却无法保护她。如果可以的话,我请您收她做侍女。"

埃莉诺拉沉默了。当时的欧洲社会对犹太人的偏见太过强烈,就连她也持有这种偏见。王室中将会混进不相信天主教的人这种想法让她感到忧惧,然而,普罗奇达站在她面前,就像是将自己最珍贵的宝贝送到了她手上一样,她无法拒绝他对她的信任。

"那就把你女儿带来吧,"埃莉诺拉亲切地说,"跟我在一起,她就是安全的。"

"真的很感谢您,我甚至愿意为您肝脑涂地。"普罗奇达激动地说着,然后便离开了。

后来,埃莉诺拉再度光顾他哥哥的居所时,身旁还跟着一位貌美如花的少女,她的模样甚至也引起了阿方索的关注。她就像古希腊时期的美女,头发乌黑秀美,乌黑的眼睛灿若星辰,肤色白皙,面若桃花,一颦一笑,顾盼生姿。

"你们英格兰的女孩都是这么楚楚动人吗?"阿方索问道,埃莉诺拉身边这位名叫艾格尼丝的少女听到这话,面色绯红。

"英格兰女人的美貌与西班牙的美女也不相上下啊,"埃莉诺拉躲躲闪闪地说,"我可爱的艾格尼丝就跟我一样,对你们的实验非常好奇,反正我丈夫也不在,我们就来你这里看看,就当是消磨一下无聊的时光也好。"

"欢迎你们，"阿方索热情地说，"这位少女能够跟着你，真是她的福气。"

"你关于行星的理论，"埃莉诺拉说着，仔细地端详着阿方索疲倦的面容，"我思考了很久。之前，那个地球仪围着灯光转，那是因为是你拿着地球仪在转，不过，我们的地球为什么能绕着太阳转呢？"

"有一种无形的力量在控制着地球和其他行星围绕着太阳转，但是我目前还不知道该把这种力量称为什么。"阿方索说。

"那么，哥哥，"埃莉诺拉轻声问道："你确实相信那种你无法用图表表示出来的力量，是吗？"

"那当然，这种力量是肯定存在的。"阿方索说。

"而你无知的妹妹，"埃莉诺拉犹犹豫豫地说，"却相信上帝，上帝的存在，我只能从《圣经》的记载中得到证实。"

"无知的人相信宗教是很好的，"阿方索说，"它也许能让恶人不再犯罪，让他相信，有一个永生的监护者在监视着他的行为举止。"

"也能够给悲伤的人带去安慰，"埃莉诺拉说，"让他认为这永生的监护者能够满足他灵魂的需要。"

"我之前给你的金属，你带来了吗？"阿方索改变了他们交谈的主题，问道。

"带来了，在我的包里呢，"埃莉诺拉说着，打开了提包，把包裹着珠子的纸展开，"啊，哥哥，它又变了，"埃莉诺拉惊诧地叫道："你的银珠又变成了灰烬。"

"不要伤心，"阿方索平静地说，"我用这些东西还能做新的科学实验呢。"

阿方索仍然跟之前那样，将灰尘放进坩埚中，并从一个架子上取下了一块像是碎石块的东西,将它研磨成碎屑,也放进坩埚中跟灰尘混合在一起,然后将坩埚放在火盆里,并加热。

"现在,你看到了什么?"阿方索问。

"一堆灼热的闪着红光的东西。"埃莉诺拉兴致勃勃地回答。

阿方索拿着一根小树枝,粘了一点儿黏糊糊的碎末,然后将它们搓成细细的头发状,就像一根雪白的银丝,他送给了艾格尼丝,微笑着说:"可爱的小女孩,我把这些细小的珍宝送给你,这样你就会记住我这个疯狂的哲学家。"

英格兰王后埃莉诺拉对这位新养女越来越喜欢了,她个性活泼,长相甜美,而且极富洞察力。令人高兴的是,她虽然听的最多的是南方奇妙的传说,但还记得阿拉伯浪漫主义的故事,而且艾格尼丝为人非常真诚。埃莉诺拉见她俏皮可爱的样子,也很高兴,只不过有时候也会指出她身上的缺点,但却不对她发脾气,也不会挖苦嘲笑她。她的活泼美貌让埃莉诺拉想起了伊娃,不过这位犹太女孩非常听话,跟调皮的伊娃个性不同。

迷人的艾格尼丝不仅以自己的活泼可爱取悦埃莉诺拉,而且还体贴入微,她很乐意听从埃莉诺拉的话,满足她的愿望,尤其是她很关爱埃莉诺拉的小女儿比特阿丽斯,这更赢得了埃莉诺拉的欢心。

艾格尼丝每天都能见到自己的父亲,她非常开心,但她却没有发现,父亲的神情愈发地阴云密布。

为了让普罗奇达不再那么担忧女儿的未来,埃莉诺拉只好趁着某次他来访的时候,告诉他,她很喜欢他的女儿。

"您对我们的善良大度缓解了我的苦痛,"普罗奇达说,"不幸的我在逃亡的过程中获得了伟大的英格兰国王的帮助,我这辈子没有白活。"

"我的丈夫很愿意帮助不幸的人,"埃莉诺拉的话让人感觉充满了希望,"而且也不会去理会偏见,只有思想不够坚韧的人才会对他人持有偏见。如果你认为可以说出自己的秘密,那我也会帮你为过去犯下的过错赎罪。"

"我不想为个人的过错赎罪,也并不期望能够让我的家族复兴,我的愿望是,"普罗奇达说着,靠近了王后埃莉诺拉,低沉着嗓音狠狠地说:"复仇!杀掉那个恶名满天下的查理·德·安茹!"

埃莉诺拉听了,震惊不已,但却什么也没说,只是惊恐地盯着普罗奇达那张因愤怒而扭曲变形的黝黑的面庞。

"是的,"普罗奇达继续道,他的身躯似乎也因长期被压抑的怒火释放出来而变得更加高大了,"我会让全欧洲都意识到对士瓦本家族所犯下的过错。"

"我知道,"埃莉诺拉说,她的唇间挤出这几个字来,"圭尔夫派的怒火给我们士瓦本的家人们带去了灾难。不过我不敢去为他们做审判。《圣经》上说:'主说:伸冤在我,我必报应。'"

"啊,确实有这句话,"普罗奇达激动地说,"但上帝是怎样报应的呢?他难道不是通过人的手给罪人惩罚的?难道不是他下令屠杀迦南人、米甸人、亚述人,以及过去那些烦扰他子民的人?被驱逐出境的犹太人举起武器反抗西西里自大的暴君,这难道不是上帝的旨意吗?"

"你,"埃莉诺拉问道,"为什么效忠于那个堕落的家族?"

"我知道,"普罗奇达听到埃莉诺拉的话,非常痛苦,"我很明白,你们神圣的教会拒绝帮助亚伯拉罕的后代。他可能无法拥有房舍和土地,也无法住在祖辈们世代居住的耶路撒冷城,甚至死后也无法被葬在教堂里。我的财产会落入暴君的手中,无辜的后裔们也会遭受残忍冷血的对待,而你们的神父们却说:'要谦卑——

要耐心——要遵守那该死的福音书上的箴言。'"

埃莉诺拉听了,面露同情之色,这是她第一次了解到这个倒霉的家族的厄运,普罗奇达见到她的神情,也住了嘴。

"请原谅,王后,"普罗奇达见到她这样,语气也变得温和起来,"如果有更多像您这样的人,那么犹太人也更容易接受你们的宗教信仰。您刚刚问我为什么效忠于霍亨斯陶芬家族,"他更轻声地继续道,"因为犹太人爱金子。那还爱别的吗?是的,情义。皇帝腓特烈不再迷信了。基督徒、撒拉森人、犹太人,他都能够平等相待,在他那里,有学识和有才干的人,跟军事家一样可以获得爵位和土地。"

"王后,虽然我看起来穷困潦倒,但也曾是腓特烈的宠臣德·普罗奇达爵士,也是那不勒斯海湾最美的那片土地的主人。"

第12章

  布尔戈斯郊外的阿兰森河位于欧洲南部，两侧河岸风景如画，埃莉诺拉经常去那里散步；她最喜欢看树叶颜色的变化，这标志着季节的更替。

  埃莉诺拉最近跟普罗奇达的会面，让她开始了解新的思想和文化。她思考这些美丽的自然现象究竟是如何产生的，也学习到了很多自然科学知识，这让她感受到了前所未有的快乐。她认识到了越来越多的关于创世者的新知识，而且她意志坚定地反对她的哥哥对信仰的质疑。她总是冥思苦想，对跟别人高谈阔论完全没有兴趣，而陪伴她的女眷们，也都不再顾忌宫廷礼仪，自由地享受着这闲散的散步时光。埃莉诺拉有时从沉思中回过神来的时候，总是会去观察她们的嬉戏活动，她发现，面对他人对自己国籍和身份的质疑，犹太少女艾格尼丝总是会有礼有节地避开，这更激起了埃莉诺拉的对她的关爱。

  一次散步的时候，一位化缘修士走到埃莉诺拉面前，告诉她，他有圣弗朗西斯[①]的消息，并乞求施舍。这位修士下巴上的胡须被剃得干干净净，头发也剪短了，刚刚见到的时候，她真的相信他就是个普通的修士，不过他的声音却出卖了他，他就是普罗奇达。

[①] 圣弗朗西斯：中世纪时期的修士，曾创建了弗朗西斯派。（译者注）

埃莉诺拉不知道普罗奇达怎么会打扮成这样来,给了他几个银币,似乎是不想跟他多说话。然而,假扮成修士的普罗奇达却一直停留在那里。过了一会儿,他犹犹豫豫地低声说:"我就要离开布尔戈斯了,离开之前,我特地过来跟您见面。"

"不过为什么要装扮成这样?难道你想要赎罪?"埃莉诺拉问。

"不是的,"普罗奇达推诿地回答,"如果您愿意听的话,我会将这理由告诉您的。"

"我不知道,"埃莉诺拉以一种很少见的责备的口气说,"是不是该相信你,因为我不喜欢谎言,我也不想让你单纯天真的艾格尼丝知道,她的父亲为了某些不可告人的目的,而假扮成了自己所憎恶的人。"

普罗奇达眼里涌出了感动的泪水,他哽咽地说道:"您说得很对。那个可爱的孩子一点儿也不知道她父亲的秘密计划,也不懂得人心难测。但是——"

"我听到了我的侍女们过来的声音,"埃莉诺拉很不耐烦地说,"不要让她们发现你。"

"愿上帝保佑您,"假扮成修士的普罗奇达低声说着,然后便转身离开了。

但是普罗奇达下定决心想要获得王后的信任,第二天他又进宫拜访王后。

"尊贵的王后,"他说,"请允许我再次为士瓦本家族求情,我就要离开这里去云游了,如果我不回来了,请让我的女儿自己来判断我的行为是否正当吧。"

"说吧。"埃莉诺拉被普罗奇达悲伤的神情所感染了。

"我的主人意大利人的皇帝腓特烈,"普罗奇达说,"不热爱教会。教皇讨厌他,因此,他召集了精兵强将,索要自己在意大利应得的财物,因为拒绝参与东征,他被逐出了教会,也因为没有兑现自己的承诺而遭到了惩罚。如果不是忠心耿耿的异教徒米勒·卡迈勒,他很可能就会因为背叛圣城而死去,那些天主教将士们对他的态度还不如那位异教徒呢。

"摆脱了迷信,他就把所有宗教都看作是强加于俗人身上的;通过他的教导,我学会了适应人的偏见,并且利用传递消息的机会,到处游历,而且无论在哪里,也都受到了人们的热情招待[①]。

"我的主人也跟您的哥哥阿方索一样,是个科学家。他在西西里办学校,收留穷苦的学者,用各种方式为臣民们增加福利,但还是逃不过教会的敌人们给他撒下的网。"

埃莉诺拉发现,普罗奇达说这些话的时候,眼中又闪出了曾让她感到惊愕的仇恨之光。

"请原谅,王后,"普罗奇达努力平复自己的心绪,说,"但我主人犯下的过错让我都快疯了。

"他的儿子亨利,因为教皇诋毁的话而奋起反叛,他的幼子思齐奥,被囚禁在博洛尼亚。伟大的腓特烈过世了,而他的臣子普罗奇达发誓要为他报仇。"他因为情绪过于激动而停顿了一会儿,然后继续道:"腓特烈仅存的两个孩子是康拉德和曼弗雷德。康拉德是耶路撒冷女王伊莎贝拉唯一的儿子,而曼弗雷德是腓特烈跟一位撒拉森女人的私生子。康拉德去意大利索要自己的继承权,但却被教皇下了毒。而曼弗雷德则召集了他母亲的朋友,为了父亲的财产和封地而战。曼弗雷德本来可以跟敌人和解,但残忍的安

[①] 无论在哪里,也都受到了人们的热情招待——化缘修士四处流浪——以乞讨为生,生活不需要太优厚的物质条件,而且无论走到哪里都能受到热情接待。他们洞察力很强,口才很棒,也很能干,他们用自己的判断力来裁断俗世尘事。他们是信使、神父,有时也可以做医生,还可以承担如今的邮局和报社的功能。(Michelet, France)

茹却看不起他,蔑视他的提议,并无礼地回复使者称:'告诉诺切拉之王,我只想要开战,不是我送他下地狱,就是他送我上天堂。'听完使者的汇报,曼弗雷德就准备战斗,他戴头盔的时候,头盔两次从他手中滑落。'这是上帝的旨意啊。'他像是预感到了自己的失败,说完这话,就匆忙奔赴战场。贝内文托之战时,我就在曼弗雷德身旁,我们杀掉了很多敌军将士,但突然,一支箭射穿了他的头!残忍的安茹伯爵本来是不让他下葬的,但那些法国士兵们却比他们的主将更有人情味,他们每人搬来一块石头,给他造了一座坟墓。"

"不要再跟我说这么恐怖的事情了!"王后埃莉诺拉说着,露出了痛苦的神情。

"啊,王后,"善解人意的普罗奇达见自己的讲述打动了王后,感到很满意,"听到这些悲伤的故事,您感到难过,但是请您也想一想,腓特烈可怜的女儿也是撒克逊伯爵的妻子。家族覆灭了,伯爵也很后悔跟士瓦本家族联姻。伯爵冷血无情地攻击了他的妻子,而那个不幸的女人认为他是要她的命,于是准备逃离。他们的城堡修建于易北河岸上一块高耸的石头上。一名忠诚的仆人驾船在河上等着她,借着一根绳子,她就准备从石头上跳下去。但是,她突然想起了自己睡在摇篮里唯一的儿子。她多想再次拥抱他一下,她多想在他的脸颊上印上最后一个吻,但是她只能逃跑。她狠狠地咬了咬牙,身后传来了孩子发出的哭声。她没能抓住那根绳子,疯狂的母亲掉了下去,这是落魄的霍亨斯陶芬家族的另一个受害者。

"本应成为耶路撒冷之王的小克拉迪诺(康拉德的儿子),他的母亲温柔单纯,而他们整个家族几乎都已经葬送在意大利了,他却逃了出来,他刚刚成年时,拥护皇帝的吉柏林派就向他求助,他也没有拒绝。战场上，这个年轻人英勇善战，攻无不克。后来，他与奥地利的腓特烈结盟，率领一群精兵，翻过阿尔卑斯山，索要他的继承权。他跟敌人开战——他战败了，被囚禁了——敌人会仁慈地对待他吗？他写信给安茹：'我活着，那你就等死吧。'审判官们认为，他们听到的故事真是闻所未闻。但是关于怎样处理保护克拉迪诺的人，其他人都保持沉默。其中有一个法官认为克拉迪诺有罪，便开始宣读他的罪行。不过安茹的女婿却出于愤怒，一剑刺死了那个该死的法官，喊道：'像你这样的废物还不够格杀害如此尊贵而亲和的爵士。'但死刑还是执行了。我假扮成一个神父站在人群中，等待着教会的判决。我听那个不幸的年轻人遗憾地大叫：'噢，母亲，你将得到关于你儿子的悲伤消息！'他发现了我正看着他，从手指上取下一枚戒指①，丢在了人群之中。我得到了那枚戒指，并重新宣誓复仇。奥地利忠心的腓特烈站在他身边，是第一个被杀害的人。腓特烈的头被砍了下来，克拉迪诺接住了它，用自己的双唇贴上那双唇，就像是死了自己的朋友一样。'活时相悦相爱，死时也不分离。'"

埃莉诺拉流下了同情的眼泪，这泪水让普罗奇达不再那么激动了，埃莉诺拉悲伤地问："那么，思齐奥——"

"思齐奥还是被囚禁，他是个俊小伙，也是他父亲最喜欢的孩子。我去了博洛尼亚，贿赂看守他的人。"我把他装在一个空的葡萄酒桶里，安全地带到了大门口，但是他的一缕头发泄露了天机。'哈！'门口的哨兵大叫道，'只有思齐奥才有这么漂亮的头发。'我拼命逃脱了，但思齐奥那孩子却被杀了。"

---

① 普罗奇达让野心勃勃的阿拉贡的彼得获得西西里王位，而彼得只要宣布他跟曼弗雷德的女儿结婚就可以了，克拉迪诺在上绞架之前给了他的继承者和复仇者一枚戒指。(Gibbon)

"他们家就没留一个活口吗?"埃莉诺拉问。

"勇敢的小腓特烈还活着,他父亲的死对头——曼弗雷德的女儿是阿拉贡王子的妻子。我把那个戒指送到了她那里。皇帝的一位撒拉森仆从说这是个魔法戒指。它应该是整个欧洲联手对抗该死的安茹的信物。"

"我哥哥!他知道你想为腓特烈复仇吗?"埃莉诺拉担心地问。

"我来卡斯蒂利亚是来帮他的,为了获得他的信任,我也学会了点金术,不过他太过专注于那些所谓的科学实验,完全不理会政治纠葛。"

"真是谢天谢地,他的研究让他避免了参与血战。"埃莉诺拉说道,久未得到回应,她才发现,普罗奇达只是一直沉默着注视着她,于是又问,"我应该加入进去吗?"

"请原谅,我一直在说那些令人惊恐的故事。我还想说一些关于我女儿艾格尼丝的事,请不要说她是犹太人。她的父亲早就放弃了犹太人的身份,而她的母亲,可以说她就跟您一样。虽然我不相信那些教士们的神话传说,但它们却似乎能让她获得安宁。因此,我请求您,让她随她母亲的信仰吧。"

"我会遵照你的要求去做的,"埃莉诺拉说,"也愿你和你的女儿一样,生活安宁。"

第 *13* 章

每次埃莉诺拉参观阿方索的实验室,他都会向她介绍新的哲学理念,或者表演新的魔法,这让埃莉诺拉惊讶不已,并询问魔法现象产生的缘由。这位西班牙国王已经有了很多领先于当时科技的发明了,但却犯了哲学家常犯的错误,就是拒绝接受前人的准则和学说。他发现了物质是永恒的,而外部自然环境的改变都是自然变化的结果,他试图以这个理论解释所有的自然现象,因此感到很痛苦。埃莉诺拉沉着冷静,她发现,哥哥有时候表达想法,用的是含糊的表达模式,而这一点,再没有比他本人更清楚的了。

"自然之物,"他说,"都是轮回的;因此天空是个圆球,地也是个凸起的圆球,就像是巨球状的原子。四季轮回,就像是一个无始无终的环,因此,由物质组成的宇宙肯定也是永恒存在的。橡子能长成橡树,橡树又结橡子。所有的外部事物,都只是这浩渺宇宙机器的一个部分而已。"

埃莉诺拉本来在专心欣赏阿方索发明的一个机器,听到他说了这么多,也回应道:"我离开英格兰几个月前,曾经去牛津那位化缘修士培根①的地牢中。但是,我在他那里都没有看到现在所看

---

① 化缘修士培根:虽然是一位超凡脱俗的人,但也无法完全摆脱当时民众对他的偏见。他相信点金石和占星术。他的作品中有很多独创的新观点,如光线、光的折射,以及在地平线上观看时,太阳和月亮看起来比较大的原因等。　　(转下页)

到的这么神奇的东西。"

阿方索听到这句赞辞，马上开始解释自己是如何设计埃莉诺拉所关注的那个机器的，她很感兴趣地听着，听完了之后，她说："凭着这些奇怪的物件，我开始了解哥哥你的想法，这让我感到非常快乐。当我了解到这些设计的神奇妙用时，我就更加崇拜能够做出如此棒设计的人了。"

埃莉诺拉从艾格尼丝手中接过一束花，走到了阿方索面前。"我看到了，"她说，"这些花叶奇怪的造型，五个绿色的叶托，五个黄色的花瓣，五根花蕊，中间还有一个花心。我散步的时候采摘了很多这样的花，每一朵都是这样的。这让我有点儿怀疑，大自然是不是跟我的科学家哥哥一样。"

从阿方索的面部神情可以看出，埃莉诺拉这段话确实道出了真相。"大自然，"他说，"是一种灵活的原则，它的变化既不会增加宇宙的构成成分，也不会减少。这些金属，"他发现埃莉诺拉想要说什么，却继续道，"这些金属，我亲爱的妹妹，就是世间万物的基本。我在人的血液中发现了铁，这是一种有光泽的东西，就像你看到过的那些灰尘所变成的珠子一样。因此，炼金术士们认为，最珍贵的金子，大自然里到处都有，就像植物的种子一样常见，只要有足够的气体让它成型，让它变得像沙滩上的砂石一样多。"

"那这些气体能够变成我们所想要的东西吗？"埃莉诺拉问。

"这些短暂的变化中有无数的障碍需要跨越，"阿方索说，"大自然不让人窥探它的奥秘，我很遗憾，我们的实验并没有取得实际的结果。目前的科技只能让我们获得这些气体，而其他的一切都

（接上页）他还说，雷电反应可以用硝酸钾、硫磺和木炭反应模仿。在培根生活的时代，中国的烟花爆竹作为娱乐品已辗转传到欧洲，为培根所知。

还是未知——如怎样以合适的比例将它们混合在一起,怎样控制能让它们发生改变的温度等。因为最开始的时候,金属其实比植物嫩芽更脆弱,热量过多,植物容易因缺水而枯萎,热量过少,植物则会遭霜冻。金属也是一样,过热成不了型,过冷就会变硬。"

"啊,上帝啊!"埃莉诺拉说着,叹了口气,"我担心,世界末日之前,我的哥哥可能就已经死去了,现在所有的辛苦研究都会白费。"

"亲爱的,"阿方索说着,放下了手中的事情,坐了下来,"你不小心触碰到了我心中的那根刺。在大自然中,没有什么是会被浪费掉的,即便是腐败了的东西,也能够孕育新生命,而万物之尊的人,似乎生来就是没用的。"

"有时候,我也认为,"埃莉诺拉说,好像是在自问自答,而不是在回应哥哥的话,"人活着的乐趣就是获得更高层次的智慧,因为那些低级的生命都是为了满足我们的需求而存在的,而我们所有的烦恼就是因为试图阻碍这个计划而产生的。"

"你的这种想法并不是人类命运的终极解决方案,但我不知道人还有什么别的伟大使命,"阿方索悲伤地说,"我这一生经历坎坷,既享受过奢华的王室生活,也沦落到被囚禁。做科学实验,了解科学知识带给我的快乐比世俗的尊荣带给我的快乐要多得多,而现在我所收获的并不能满足我的求知欲。"

"《圣经》教导我们,明智的人以造福他人为乐,根据这一条,我们可以说,要想获得上帝的赐福,那就必须帮助他人。"埃莉诺拉说。

"确实如此,"阿方索说,再次变得激动起来,"有时候,想得累了,我也会认为,我现在所从事的科学事业,某一天能够比教会下达的军事指令更好地控制人类的命运,这种想法让我觉得慰藉。科学能够开启通往艺术之门,各种科学成果能够延传后世,跨越国界,将所有人都团结起来。战争将被劳作取代,而科学将废除劳动,满足人类的所有需求,这需要我们所有人的共同努力。那时候,人才能够揭开丰饶女神伊西丝①的面纱,甚至还能够去大自然的圣殿中当面询问。"

"哦!生命!生命!"阿方索绝望地喊道,"你为什么这么短暂?我为什么在还未探寻到你的终极秘密时就会死去呢?"

埃莉诺拉一直沉默着,后来,她哥哥终于恢复了平静,说:"不要认为我疯了,亲爱的。如果一个被囚禁的国王和一个隐居的修士能够创造你所见过的那些奇迹,那么,什么时候,自由钻研科学的人才能够获得名和利?你可能听说过那个术士阿尔伯图斯·麦格努斯②,他曾创造了一个人,当做自己的仆人。还有那个愚蠢的传教士托马斯·阿奎那,他发明了一种能够开门,并遵从他命令的机器,但后来又被这个机器吓倒了,砸碎了多年来的这项研究成果。"

"我可以理解他的恐慌,"埃莉诺拉说,"因为我还记得,培根所制造的那个黄铜的头,在桌上朝我这边滚来,很清楚地说出'祝你平安'时,我真是被吓坏了。"

"阿尔伯图斯还有一项更惊人的成就,"阿方索继续道,"有一回,他在修道院的花园里举行宴会,当时是冬天,宴会结束时,客人们都已经准备离开了,园中的树突然变得花繁叶茂,然后消失了。"

---

① 伊西丝:古埃及的母性与生育之神。(编者注)
② 阿尔伯图斯·麦格努斯:他是多明我会创始人,于 1280 年去世,当时,他还是以术士著称,而非修道士。他学识渊博,也很擅长点金术,他自己则称之为魔术,这让他拥有了超凡的能力。据传,他曾创造过一种自动机器,但却被他的弟子托马斯·阿奎那砸坏了,此外,还有切实的史料记载称,阿尔伯图斯曾为荷兰伯爵威廉变过一次戏法,某年冬天,天气寒冷刺骨,但他仍然在修道院的花园里举办了一次宴会,会上,他让花园里的树像春天时一样枝繁叶茂,开满了芬芳的鲜花,而宴会结束之后,这些花叶也像着了魔法一样,枯萎凋谢了。(History of the Popes)

"这奇幻的景象究竟是怎么形成的？"埃莉诺拉问。

"这个我也不清楚，"阿方索说，"无疑是某些能干的术士弄的。"

"你认为宇宙间的大术士是谁呢？"埃莉诺拉热切地问。

"大自然。"阿方索果断地回答。

"如果你无知的妹妹将这位按季节让树木生叶开花的术士称为上帝，你会感到难过吗？"

"当然不会，这个名字不重要，"阿方索说，"如果你们的神父要求这样称呼，从一个更宽泛的角度而言，这并不是犯罪。"

"如果那些无知的、不知道你所说的理论的人，一想到有一位全知的神明在记录自己的行动，就不敢再行坏事，这些人是不是也可以免遭惩罚？"埃莉诺拉问。

"无疑，人最好是保持敬畏之心，不要随意作恶，除非他有比常人更强的能力。"阿方索说。

"而艺术，"埃莉诺拉审慎地说，"要直到你的哲学能够完善到改变人的个性时，才会起作用。"

"你手上有什么规划？"她哥哥好奇地问。

"你知道，我非常喜爱卡斯特兰语，"埃莉诺拉说，"我希望哥哥你能够做造福众生的事，这样你就能赢得万古名声。你的犹太助手说，你应该能够胜任将《圣经》翻译为我们的母语的工作。"

阿方索沉默了一会儿，然后又问道："你知道这个提议会产生什么后果吗？"

"我知道，"埃莉诺拉回答，"它会让你的臣民更加幸福、更加正直，而且，"她想到了他的爱好，继续道："让他们做好准备，迎接你的调查研究所带来的智慧之光。"

"也许还有一种效果是你不知道的，"阿方索说，"它将推翻教会这一宗教权威,因为现在每个人都在询问自己的告解神父,自己有什么职责,而神父如果能读懂神谕,就会想要自己翻译。但你的这个提议我应该可以试试,现在想一想,我们的老国王桑乔聘用的那些有学识的书吏们将西班牙语的律法翻译成卡斯蒂利亚语,他们应该能帮我。"

埃莉诺拉长期耐心规划的事,就交给了这位屈尊来宣传自己本不赞成的教令的国王来完成。阿方索对《圣经》中的言论持批判的态度,空闲的时候他就忙于完成天文图,同时他也在忙着统一西班牙,这也是西班牙的第一次统一。

第14章

冬天里的生活本就单调，没有男士相伴，王室中的女人们更加乏味，枯燥的冬天终于过去，温暖的春天到来了。埃莉诺拉最喜欢的住所旁边，有一条小河，河水刚刚溶化，在山涧中潺潺流淌，淌过河道里坚硬的磐石，银色的浪花飞溅到河岸边的植物枝干上，让这世界披上了新春的绿装。

这是布尔戈斯城的右侧，位于一座山丘的斜坡上，而左侧，一条点缀着各种花草的小道沿着河岸蜿蜒盘旋，直上悬崖顶端，悬崖上倒垂着一块大石头，石头差不多接近了水面。沿着悬崖往西，是一片开阔的平原，原野上草木繁茂，郁郁葱葱，河上还有一座桥。

埃莉诺拉对哥哥讲述的父亲圣费尔南德的故事非常着迷，一个晴朗的下午，她取出了哥哥送她的关于父亲的书，认真地阅读起来，并允许公主们带着随从们去攀爬曾被禁止攀爬的悬崖，由于已经要进入夏天了，所以这里的美景也很受她们的喜爱。埃莉诺拉一直沉浸在故事之中，忘记了时间的流逝，但突然，她听到了一阵欢快的声音，这种欢快的声音让她回忆起了少女时代的美好生活。她从回忆中回过神来时，已经接近日暮时分了，冰凉的露珠提醒着她已经到晚了，她抬头去看公主们有没有回来，却不见她们的踪迹，她有点儿紧张，担心公主们回来得太迟，因为晚上在山间小道上行走可是很危险的。她身旁的哨兵见女主人担心的样子，于是跟同伴们过桥登上山顶去找公主们,这时,埃莉诺拉也镇定下来。她仔细地观察周围,却只听见山风拂过树梢,河水潺潺流淌,除此之外,再没有任何声响。突然,她看见了悬崖边倒垂的石头上,有一只离群的羊,发出哀鸣声,公主们都跑过去,想把羊抱过来。艾格尼丝冲在最前方,她急匆匆地奔过去,由于树木的枝叶遮挡,她并没有发现自己所去之处是悬崖边,她抱着那雪白的羊羔,单薄的身躯沐浴在夕阳的余光中,看上去就像是天国的天使一样圣洁。她高兴地大喊起来,一不留神,脚下的泥土松动、垮塌了,她手中抱着羊就掉了下去,而此时,埃莉诺拉气喘吁吁地赶到了艾格尼丝落水的地方。惊恐的呼叫声回荡在空中。埃莉诺拉带来的侍卫们从各个方向跑过去,希望能找到适合让他们下悬崖的地方,而可怜的艾格尼丝已经落入了河里,随着流水上下起伏。埃莉诺拉马上抓过了岸上的一根长树枝,伸向艾格尼丝的方向,想帮助她爬上来。艾格尼丝伸出一只手抓住了树枝,王后埃莉诺拉很费力地将她拖到了靠近岸边的地方,然而,埃莉诺拉手中的劲儿一松,湍急的河水就再次吞没了艾格尼丝。她沉下去的时候,小羊羔从她怀里脱身,逃到了岸上。

"救救她!噢,愿上帝仁慈,救救她吧!"埃莉诺拉叫道,痛苦地握紧了双手。这时,一位好像是碰巧经过这里的年轻人听到了埃莉诺拉悲伤的呼喊声,连忙赶了过来。"那里,那里!"埃莉诺拉喊道,指着艾格尼丝消失的地方。这个陌生人二话不说,脱下了斗篷和衣服,跳进了河水中。然而河水已经将艾格尼丝带到了他触及不到的远处,他不断地游,强有力的手臂不停地划水,时而沉入水中,时而露出水面,但无论如何都救不到人,他在水流之中停了下来,似乎是不知道该放弃救助上岸,还是该继续找寻。这时候,一只小手出现在他面前的水流之中,不断地扑腾着,似乎是想要抓住树枝救命。他握住了那只小手，强有力的手臂在水中划了几下，就到了岸边。这时，其他人也都赶了过来，众人都伸出手去帮忙，然而他却没有接受救助，直接抱着艾格尼丝爬上了岸，把她放在柔软的泥土上，他跪在她身旁，不断地按压着她的胸部，他和周遭众人的脸上都露出了焦急的神情。在这生死攸关的时候，所有人都不再说话，连呼吸也放轻了。王后埃莉诺拉呆呆地看着失去了知觉的艾格尼丝，仆人们也都又惊又惧地站在一旁，终于艾格尼丝发出了轻叹声，陌生人脸上的焦虑也换成了欣慰。"我的上帝啊，我感谢你！"埃莉诺拉急切地说，所有人都因为艾格尼丝的平安而高兴不已。但那位陌生人断然挥手，阻止他人靠近艾格尼丝。他轻柔地撩起从艾格尼丝头上滑落到他手臂上的发丝，轻轻地抬起她的头，拂掉她苍白的面颊上沾染的尘土，直到她恢复了知觉，慢慢地睁开了眼睛，他才亲吻了一下她洁白如玉的手，将她交给了王后埃莉诺拉。很快，周围的侍女们就围了过来，有的因艾格尼丝获救而高兴地哭泣，有的则高兴地笑，她们都抢着上前帮忙护理照顾可爱的朋友。男侍从们则忙着采集树枝做担架，将艾格尼丝抬回王宫。

同时，这场事故的制造者正在王后埃莉诺拉的脚边瑟瑟发抖，王后急切地命令将它带上前来。夜幕降临，众人重新进入了布尔戈斯城的街道之中。大家都忙成一团之时，那个救人的陌生人悄然离开了，没有人知道他去了哪里，因为所有的侍女们都围着艾格尼丝转。埃莉诺拉记得，他长相俊美，只不过右侧的脸颊上有一道明显的伤痕。

第15章

那次落水,艾格尼丝差点儿丧命,但她并没有受多么严重的伤,恢复期间,大家都在推测,那个神秘的救人者究竟是谁。她们认为,那个陌生人将来肯定会回来,到时候,他就不再是个骑士,而是一位高贵的爵士,或者强势的王子,回来求娶那个离开时自己吻了她的手的人,而听到这话,艾格尼丝脸上泛起了红晕,她们的玩笑嬉闹就更加热闹了。然而数周过去了,什么事都没有发生,最终大家也就不再将那件事当做热门话题了,王宫里的女眷们也都忙着自己惯常要做的事情,闲散时候仍然出去散步。

埃莉诺拉总能收到从丈夫那儿传来的捷报。十字军对抗摩尔人的战争都取得了胜利。阿拉贡国王又征服了马略卡岛和巴伦西亚,还有数不清的从异教徒手中夺回来的城堡和教堂。爱德华一世打算乘船过海去波尔多,一个月后跟王后埃莉诺拉汇合。

但是,普罗奇达派了一位使者过来,单独觐见埃莉诺拉,一看到那位使者,她就认出这是救了艾格尼丝一命的人,这让埃莉诺拉非常激动,甚至比听到国内发生的新闻更激动。她想要为他救下艾格尼丝而跟他道谢,他的态度谦恭有礼,一点儿也不居功自傲。他只是转交了一封信,以普罗奇达使者的身份接受了王后的迎接,看到他这么随和,埃莉诺拉也在他面前直接看信了。

普罗奇达送来的信没有标示日期,只写了送信人的名字和身份——萨克森公爵,也就是小腓特烈,著名的德意志皇帝之孙,信中,普罗奇达替他求娶年轻的艾格尼丝。普罗奇达也顺便提及了要复仇兴国的计划,但在信件的最后,他表达的还是对女儿的爱,而不是复仇的愿望。

"我很担心,敬爱的殿下,"信中还说,"漫长的冬天已经过去,我想跟您写信表示感谢,也算是春天里您收获的第一批果实了。但我预感到会有不好的事发生。我愉快的歌声会变成哽咽和哭声。上帝不再对我微笑,春天的花叶再也无法给我带来欢欣快乐,听到鸟儿们的欢唱,我也无法再高声歌唱。见到故乡西西里一片荒凉,我不禁流下了激动的泪水。我该怎么选择,是给她套上重负,还是带着她走向辉煌?我知道,战乱会让她的孩子们牺牲。我应该让暴君统治这片土地吗?我们美丽的首府巴勒莫就该被敌人玷污吗?强盗入侵了,曾经强势的墨西拿就该任人践踏吗?按兵不动的我,应该挑起战争,引导着西西里人复仇吗?复仇!听到这个词,我满腔的柔情和遗憾全都消弭殆尽。我心中激情满怀,就像是即将喷发的埃特纳火山一样;见到我不幸的民众,这些激情就迸发出来。西西里岛的将士们都已经整装待发,准备对抗希腊人;但是,抽出来的刀剑,不应该捅向那个抽干了无助的民众血液的暴君的胸膛吗?

"但真到了那时,普罗奇达可能也死去了,阿拉贡国王可能无法捍卫曼弗雷德的后裔的权利。到时候,士瓦本的霍亨斯陶芬家族就只会剩下小腓特烈了。如果我普罗奇达的女儿喜欢他,我就会让他在弑父日(3月15日)来接女儿,因为霍亨斯陶芬家族最后的希望,就全托付给小腓特烈了。"

埃莉诺拉收好了信,思考了一下信中的内容。普罗奇达想要保护小腓特烈,不让他参与西西里即将发生的战争,埃莉诺拉很赞同，但是，她也认识到，要处理这样棘手的事情是很困难的。但当她正准备从年轻的公爵那里了解普罗奇达规划的目的时，她发现，年轻的公爵是来向她求娶艾格尼丝的，没有找任何借口托词，因为精明的犹太人普罗奇达已经得到了年轻公爵的承诺，公爵承诺在爱德华的王廷住一年，然后再去向艾格尼丝求婚。普罗奇达将自己的终极目标告诉了年轻的公爵，他还让公爵尽量推迟信中所约定的离开的时间，小腓特烈也就不急着返回西西里，而是接受了埃莉诺拉的邀请，跟她和国王爱德华去波尔多玩一段时间，顺便也请埃莉诺拉帮忙说服爱德华一世，支持普罗奇达的行动，埃莉诺拉同意了。

离开哥哥阿方索时，想到他有了更健康、更有益的工作，而不是一味地沉溺在之前的自然科学研究之中，埃莉诺拉就感到很欣慰，更令她感到满意的是，被废黜的阿方索已经放弃了从政，而且已经准备开始将《圣经》翻译为卡斯蒂利亚语。她和哥哥依依惜别，随后，她带着自己的孩子比阿特丽斯和贝伦加利亚，率她们的侍女侍卫，还有萨克森公爵率领的一小支西班牙部队，一起赶赴阿基坦去见爱德华一世。王后和孩子们都因为旅途中的见闻而兴奋不已，而小腓特烈感受到了一种他平常并不熟悉的温馨氛围，这让他卸下了惯常的严肃神情，变得更加平易近人起来。女孩们总是想象着旅途中可能遇见的美景，艾格尼丝跟她们嬉笑打闹，总会想方设法地避开她们的"攻击"。年轻的公爵对所有的女性都彬彬有礼，女孩们即便是嫉妒彼此，也不会相互抱怨。但只有艾格尼丝能够让他从胡思乱想中回过神来，他说话的时候，总是会本能地去留意艾格尼丝的表情，看她是不是赞同他说的话。他是在苦难中成长起来的，因此个性坚毅，待人接物也是很认真诚实的，但他的心中也有柔情，因为母亲所犯的过错，他对受苦民众有同情心，这让他有点儿犹豫该不该停止国内的纷战，他明白，圭尔夫派和吉柏林派还会有新的冲突爆发。虽然他很崇拜普罗奇达的热情,但善解人意的普罗奇达已经认识到了这位年轻贵族的正直和诚实,所以不愿意让他参与对抗安茹的战争。因为年轻的公爵是自己已故主子的后裔,所以普罗奇达很喜欢他,并且尊重年轻的公爵所具有而自己所没有的品性。因此,普罗奇达将自己唯一的女儿嫁给公爵,主要是因为他是个可靠的人,而不是因为他是王室的后裔,公爵是唯一一个能够理解他的人。

埃莉诺拉一行抵达波尔多数天后,英格兰国王爱德华才赶来跟他们相聚,这段时间里,小腓特烈跟埃莉诺拉说起了自己第一次到访布尔戈斯的缘由。

普罗奇达信任他,因此当时派遣他去见阿拉贡国王;为了秘密完成自己的使命,与此同时享受山间游历的乐趣,他既没有带随从,也没有佩戴象征身份的徽章。他正沿着河岸兴奋地前行,忽然听到了埃莉诺拉的呼喊声,于是他就将艾格尼丝从水中救了出来。他第一次见她,是在她父亲的普罗奇达堡里,那时她还只是个小孩,起初,他并没有认出她来;但她的面色转好之后,他的仰慕之情就变成了一种更深沉的爱恋之情,从那时起,他便决定,要让这个美丽的西西里女孩成为他的夫人。

王室家族的回归标志着英格兰繁荣的开始,因为他们从西班牙带回了数不尽的珍宝。王后带回来的一把水晶餐叉,是她哥哥阿方索在道别的时候送的礼物,后来,英格兰王室使用的餐具都是按这把餐叉制造的。但那只差点儿让艾格尼丝丧命的羊羔,却变成了对整个国家都有利的礼物,其价值无与伦比。如今,科茨沃尔德的牧羊人都会感念王后埃莉诺拉[①],因为她将那只无价的羊羔

[①] 西班牙的绵羊是由埃莉诺拉引入英格兰的。

带进了英格兰。

在南方，国王爱德华将长女埃莉诺拉嫁给了阿拉贡王子阿方索，并跟阿拉贡人结成了联盟。另一个女儿，阿卡的琼安继承了母亲的美貌和坚毅的个性，将要嫁给格洛斯特伯爵吉尔伯特，第三个女儿则嫁给了布拉班特公爵约翰。她们结婚的时候，母亲送给她们每人一个祝福的金杯，上面刻着适合她们个性和生活的《圣经》中的话。虽然小腓特烈和艾格尼丝当时还未举行订婚仪式，但埃莉诺拉也送了一份礼物给艾格尼丝，上面刻着这样一句话："你就像是我女儿一样。"

第16章

普罗奇达致信阿拉贡国王唐佩德罗：

"在阿拉贡时，您告诉过我，将西西里归还给士瓦本家族是一种疯狂的想法。要到最后一战时，教会的强军才会上场去抗击吉伯林派人。要代表落魄的士瓦本家族应战，那就要用黄金去贿赂他人，反对安茹的查理的人不能一起来对抗他们共同的敌人。现在我想起我离开您那里时，您说的话：'控制住状况，不要让局面恶化，阿拉贡的战船已经准备好，为了让曼弗雷德之女继承阿拉贡王位而战斗。'由于听了您的话，我才去西西里流浪。当税务员时，我就从劳工们粗糙的手中抢夺银币；跟猎人出去打猎时，我就把雄鹿皮藏在农夫家里，并抢了牧羊人的东西当做惩罚。因此，我总是在聆听、观察。我'拉扯'着深深嵌入百姓身体中的'铁链'，提醒他们，他们不过是一群奴隶而已。不久，我就翻山越岭，时而混迹在那些等候主人命令的封臣之中，时而参与到山民们的娱乐活动之中，并对每一个抱怨的人低声说：'为曼弗雷德复仇的人在巴勒莫森林的岩洞之中等待机会。'日落时分，我经过牧民家门前时，看到牧民的镰刀挂在手臂上，法国人在他们家的地里收集粮食。牧民赶着家畜们穿过草地，牛羊都没有幼崽——法国人穿的羊绒长袍都来自这些牧民家养的羊。当地的犹太农夫哀悼着那些被狂风刮走的牲畜，但更让他们担心的是那些储存在未受到保护的蜂巢里的蜜蜂和蜂蜜。葡萄园里悄无声息——农夫们忙完了,但红酒却流进了他们的外国主人宴会上的酒杯里。哦,我的西西里同胞们啊!听一听那在每个人耳旁低语的人说的话吧:'带着你们所犯的过错到巴勒莫森林中的岩洞里来吧。'于是,大家都来了——强盗、阿拉伯人、犹太人、诺曼人和德国人——那些享受过士瓦本家族安定统治的人——那些在法国暴君的统治下受苦的人——埃特纳火山像是知道复仇行动即将开始而颤动着,闪耀出熊熊火光,昭告着有罪的压迫者在祭坛前接受'上帝的审判'。

"一艘船从意大利的布林迪西起航了,船上的水手都是能吃苦耐劳的卡拉布里亚人①,他们升起了风帆,耐心地划着船桨。但其中有一个人,无论是风平浪静还是风波翻涌之时,都不离开自己划桨的岗位,是勇气和力量给了他如铁一般坚硬的臂膀;虽然他看不起那些乞求冥福的教士,但他总是向上帝祷告,希望风助他快点儿靠岸,这样他才好继续自己的事业。如果希腊皇帝拒绝帮他,上帝就会告诉皇帝,让皇帝为自己的帝位担心焦虑,并从国库支取钱财以避难。狡猾的拜占庭皇帝曼努埃尔二世犹豫了,但是普罗奇达告诉他,威尼斯已经将船借给了安茹伯爵。而且听说有一位像丹多罗一样的人已经准备好像第五次东征时那样,大张旗鼓地出征了,曼努埃尔二世大吃一惊,他绝望地喊道:'我真不知道该怎么办!''给我一点儿钱,'普罗奇达说,'我会找个人来保护你,他没有钱,但有武器。'曼努埃尔二世于是打开了自己的金库,满足了我这个犹太人对金钱的渴求。曼努埃尔二世最希望跟教皇达成完全的和解,我最想和教皇见一面。

"我们回来的速度比去的时候更快,希腊的使者站在船头,身

---

① 卡拉布里亚人:意大利南部沿海地区的人。(译者注)

着华服；悠然自得地回到了罗马。而病弱的教皇尼古拉斯一想到那沉重的承诺就颤抖不已，然而我已经看穿了他对自己家族的打算。教皇准备让自己的侄女跟安茹伯爵查理的儿子联姻时，我提醒他留意安茹伯爵的拒绝：'因为教皇穿着红色的长袜①，奥尔西尼家族的人②可以跟法国人联姻吗？'这一痛苦的回忆让教皇下定了决心，于是他将和约送给了曼努埃尔二世派来的使者。阿拉贡国王，现在你看到了，'不可能征服的人已经被征服了'，就算你不愿意承认，'曼弗雷德之女对西西里王位是有继承权的'。"

普罗奇达的信还没送到唐佩罗德那里，教皇尼古拉斯就过世了，查理为了将自己家族的人送进罗马教廷而支持红衣主教团。

这些事件让西西里人对未来感到绝望，但不屈不挠的普罗奇达让他们看到了转机。虽然知道查理已经按他所希望的那样做了，落入了他设计的陷阱之中，但普罗奇达仍然待在西西里岛上，暗地里集结人马，让不同阶层、不同利益的人凝聚起来，组成一支庞大的队伍，反抗外国人的压迫。巴勒莫树林中的岩洞里堆满了枯枝，枯枝下面掩盖着民众们私下搜集的各种武器，因为当时法国人下令，西西里人不得拥有武器。普罗奇达很明白西西里人的个性：忠诚、富于激情、天性开朗——他很精明地挑选了合适的时间——美丽的岛国芬芳吐艳，让人们为这里的美景欢庆之时，历时很长的大斋节之后，因为酒肉之欢而受到刺激的人们，也开始纵情享乐。1282年3月30日，复活节后的星期一是对西西里最重要

---

① 红色的长袜：米什莱称，查理曾对教皇穿的紫色半高筒靴进行过讽刺，而普罗奇达正是利用这讽刺的话，让教皇与希腊人的国王签订了和约。
② 奥尔西尼家族：12—18世纪意大利最古老的显赫家族之一。（编者注）

的喜庆日。① 巴勒莫的民众偷偷地忙着准备年度庆典,而那些法国人担心民众们聚集到一起会作乱,于是全副武装地包围了上帝的教堂。

日落时分,一对新人在所有城里居民的簇拥下向教堂出发,所有人都爬上了王室山,去圣母殿的祭坛上见证新人的婚礼承诺——这时,一位法国奸细低声说:"新郎的衣服里藏着武器。"法国的将领赶忙冲上前去,将新郎衣服下的武器抢了过来,然后放肆地挑逗新娘。普罗奇达抽出了剑,喊道:"法国人,去死吧!"并把剑插进了法国将领的胸口。这时,王室山上的圣母殿里传出了晚祷的钟声。这是他们约定好的复仇行动的信号,所有西西里人都在怒吼:"法国人去死吧!"各处都在反对法国的暴政——外国人的住所都被贴上了"拆卸"的标签,甚至连女人和孩子都不放过,那一晚,惨遭杀戮的外国人数不胜数。

普罗奇达成功复仇的信很快就传到了埃莉诺拉手中,但是信中并没有提到令人心惊胆战的大屠杀,艾格尼丝一点儿也不知道,自己的父亲参与了残忍的西西里晚祷事件②。但她还是了解到,阿拉贡王后保护着安茹伯爵唯一的儿子③,并将他安全带出了西西里岛;她嫁给萨克森公爵,离开英格兰王廷时,西西里的暴动还

---

① 细心的历史书籍读者应该会发现,本书中,作者将西西里晚祷的发生时间放在了威尔士战争之后。你们还会发现,书中有一个错误,就是在争夺德国皇位的冲突中,康拉德的对手是阿方索,而不是哈布斯堡的鲁道夫。
② 西西里晚祷事件:1282年发生于西西里岛,反对安茹王朝的西西里国王卡洛斯一世统治的一场冲突。(译者注)
③ 阿拉贡王后康斯坦丝及时赶到,成功阻止了西西里人处死那不勒斯的查理二世。晚上,她将他带离了墨西拿,并将他送到了西班牙。阿拉贡的查理得知自己的部队战败及儿子被俘的消息,如遭雷击,随后得了癫痫,不久就过世了。通过爱德华一世的调停,那不勒斯的查理二世向阿拉贡的阿方索投降,放弃了西西里王位,获得了自由。他凭着母亲的权力而统治普罗旺斯,也是安茹的玛格丽特(英格兰国王亨利六世的妻子)的祖先。

未结束；婚后，她的丈夫便一直呵护着她，她一点儿也不知道安茹伯爵过世的消息，也不知道士瓦本家族重获西西里王位付出了多么惨重的代价。

在这场暴动中，英格兰国王爱德华本应该支持自己的叔叔安茹伯爵，但他的一个女儿嫁给了阿拉贡的王子阿方索，于是他保持了中立的立场。然而，他还是促成了教皇和阿方索的和解，安茹伯爵的儿子——跛足查理也从阿拉贡被释放出来，还获得了那不勒斯的封地。

埃莉诺拉很爱自己的丈夫，她不仅能够发现丈夫的优秀品质，还能够察觉政治事务对丈夫个性产生的影响；她逐渐发现，由于他的军队所向披靡、战无不胜，他就开始目中无人，之前高洁的品行逐渐消失了，他不再追求公正和人性了。

苏格兰国王亚历山大三世是莫德最后的一位直系后裔，他于1285年过世，此后，英格兰和苏格兰之间长期的友好关系逐渐破裂，而英格兰国王爱德华的荣耀时代也一去不返了。

埃莉诺拉想到了亚历山大之死会产生怎样的后果，为了避免这一后果的发生，她让爱德华一世允诺威尔士王子和苏格兰王位继承人挪威公主的联姻。苏格兰民众都很赞成这门亲事，他们甚至也同意让年轻的公主去英格兰的王廷接受教育。埃莉诺拉正忙着为教导未来的英格兰王后做准备时，突然收到消息，苏格兰公主因无法忍受旅途劳顿，在来英格兰的途中病逝于苏格兰北方的奥克尼群岛。她的丧生是苏格兰民族所遭遇的最大灾难，以下的这句话完全可以凸显这一点：

> 北风呼啸着掠过女王玛格丽特沉睡的地方，
> 至今回忆起这位女王

苏格兰人依然眼含热泪。

苏格兰王位顿时成了抢手的香饽饽，而埃莉诺拉之前所预想到的坏事，也让苏格兰的政局更加黑暗。

玛格丽特无后，王位就只能由亨廷顿伯爵戴维的后裔来继承。伯爵有三个女儿，其中一个生了儿子名叫约翰·巴里奥尔，还有一位有个儿子名叫罗伯特·布鲁斯，这两兄弟为王位的继承权争斗过一段时间，最后，他们将这件事交给爱德华一世来决断，就如当初亨利三世请路易九世来调解自己跟其他人的纷争一样。但是爱德华一世可没有路易九世那么仁慈，他马上宣布自己为苏格兰国王，指定巴里奥尔为总督，并派遣六名大臣摄政苏格兰。勇敢的苏格兰人奋起拒绝这一授命，这完全凸显了他们斯堪的纳维亚人的本性，而爱德华急忙派军去苏格兰边境镇压反抗。

王后埃莉诺拉此时正在安布列斯布里，见证自己的女儿玛丽成为修女的洗礼，当时，威尔士公主谷多琳也在场，埃莉诺拉戴着面纱，由她的婆婆，普罗旺斯的埃莉诺照顾。但还不等仪式结束，埃莉诺拉就收到了丈夫的来信，信中催促她跟他一起去苏格兰。

虽然埃莉诺拉当时患上了热病，不适合长途跋涉，但她还是罔顾自己的病体，急匆匆地离开了。途中，她的病情逐渐严重，她命令仆人加快速度，希望至少能赶到安尼克城堡，死在丈夫怀中。但在林肯郡的格兰瑟姆时，她终因体力不支，不能继续前行了。这里住着一位绅士，以前爱德华一世和埃莉诺拉去巴勒斯坦时，这位绅士曾照顾过他们，在他的陪伴下，她等待着爱德华一世的来临。很快，一位使臣就带着她病危的消息去了爱德华一世那里。因为牵挂着爱妻，爱德华一世立刻放下了手中的所有事务，急匆匆地朝格兰瑟姆赶去。埃莉诺拉虽然将死了，但她心中仍然担心着丈夫和他的臣民。她非常希望丈夫像以前一样慈悲仁爱地治国,这是她毕生都在坚持做的。然而,国王爱德华抵达林肯郡的时候,他的爱妻已经咽了气,只留下了一具冰冷的遗体。爱德华悲伤不已,亲自将她的遗体送回了威斯敏斯特教堂下葬,那十三天里,他一直都待在她身旁。爱德华一世每停留一个城镇,当地的神父们都会聚集到一起,将埃莉诺拉的棺材送到教堂的祭坛上,为埃莉诺拉的亡灵祈祷,每到一处,爱德华一世都会竖起一个十字架,以纪念自己"亲爱的王后",这是他对埃莉诺拉的昵称。查令十字街安放了一座查理一世的雕像,但最初,这里竖的是伦敦市民为这位圣洁的王后所做的纪念碑。

一位英国作家为了向这位王后致敬,这样评价她:"对我们这个民族而言,她是一位充满爱意的母亲,也是整个王国的支柱。因此,国王爱德华在她遗体所暂时停留的地方都竖立了那些著名的十字架纪念碑,因为这个世界上,他最爱的就是她。她是一位仁慈而谦逊的王后,就像上帝一样圣明。在她那个时代,英格兰人不曾受到外国人的压迫,而英格兰王室也不曾压迫民众。受苦受难的人,她会去安慰,人们之间即便有再大的仇恨,她都能让他们和解。"

埃莉诺拉悲伤的丈夫为温彻斯特教堂捐赠了大量的财物,用以长期为她唱挽歌、做弥撒,以期超度亡灵。她的坟前总是燃着蜡烛,直到后来的宗教革命破除了迷信,这一行为才得以终止。但她不朽的美德却刻在了每一座纪念碑上,照亮了黑暗的历史,也解释了女性英雄主义的真正含义。

图书在版编目(CIP)数据

十字军东征时代的女性/(英)C. A. 布劳斯著；李菲译. —上海：上海社会科学院出版社，2018
 ISBN 978-7-5520-2459-3

Ⅰ.①十… Ⅱ.①C…②李… Ⅲ.①十字军东侵-历史 Ⅳ.①K56

中国版本图书馆CIP数据核字(2018)第202088号

十字军东征时代的女性

著　者：[英]C. A. 布劳斯
译　者：李　菲
责任编辑：张　晶
封面设计：史彩鲆
出版发行：上海社会科学院出版社
　　　　　上海顺昌路622号　邮编200025
　　　　　电话总机021-63315900　销售热线021-53063735
　　　　　http://www.sassp.org.cn　E-mail:sassp@sass.org.cn
排　版：南京展望文化发展有限公司
印　刷：上海万卷印刷股份有限公司
开　本：890×1240毫米　1/32开
印　张：14.5
字　数：333千字
版　次：2018年11月第1版　2018年11月第1次印刷

ISBN 978-7-5520-2459-3/K·466　　　定价：58.00元

版权所有　翻印必究